Detlef von Elsenau,
Hagen Sarx, Wolfger Strauß,
Axel Torka (Hrsg.)

W0077759

Digitalität

in Schule
und Unterricht

Ein Leitfaden
für die Praxis

Cornelsen

Projektleitung: Maren Krüger, Berlin
Redaktion: Katia Simon, Essen
Umschlaggestaltung: Jule Kienecker, Berlin
Illustration (Cover und Innenlayout): Shutterstock.com/kkssr
Layout Innenteil und technische Umsetzung: krauß-verlagsservice, Ederheim/Hürnheim

www.cornelsen.de

1. Auflage 2021

© 2021 Cornelsen Verlag GmbH, Berlin

Druck: H. Heenemann, Berlin

ISBN 978-3-589-16812-5

PEFC zertifiziert
Dieses Produkt stammt aus nachhaltig bewirtschafteten Wäldern und kontrollierten Quellen.

PEFC™
PEFC/04-31-1156

www.pefc.de

Inhaltsverzeichnis

CHANGEMANAGEMENT – PROZESSE UND HANDELNDE 193

Vorwort

Es entbehrt wohl nicht ganz der Ironie, dass nicht irgendein Computervirus, sondern ein pandemisches Infektionsgeschehen den Digitalisierungsprozess von Schule und Unterricht vor historische Herausforderungen stellt. Wenngleich die Politik in dieser Situation erhebliche finanzielle Mittel zur Ausrüstung der Schulen mit digitalen Medien bereitstellt, wird doch sehr schnell deutlich, dass es an anderen, zwingend erforderlichen Ressourcen zur Bewältigung dieses Prozesses in vielen Schulen unseres Landes mangelt. So fehlt es an fast jeder Schule im personellen Bereich an einer entsprechend großen Anzahl von Lehrerinnen und Lehrern, die über entsprechende digitale Kompetenzen verfügen sowie an Fachkräften, die die Systemadministration, Pflege und Verwaltung der vielen Präsentationsmedien und Endgeräte übernehmen könnten. Darüber hinaus stehen den Schulleitungen kaum Stundenkontingente zur Verfügung, um die notwendige Entlastung bei den einzelnen Verantwortlichen sicherstellen zu können. Vielfältige Widerstände in den Kollegien, aber auch in den anderen Mitwirkungsgruppen unserer Schulen sowie erhebliche systemische Hemmnisse müssen überwunden werden. Darüber hinaus widersetzen sich die räumlichen Bedingungen in den Schulen unserer Republik in aller Regel den Anforderungen innovativer Unterrichtskonzepte. Wenn es sich nicht gerade um einen Schulneubau handelt, bieten Zuschnitt, Größe und Anzahl der Klassenräume sowie deren Ausstattung kaum geeignete Möglichkeiten für selbstständiges Lernen und offene Unterrichtskonzepte.

Hinzu kommt, dass auch auf Seiten des Schulträgers Bedingungen vorzufinden sind, die einer schnellen Umsetzung der technischen Ausstattung der Schulen im Wege stehen. Nicht selten fehlen hinreichend weit entwickelte Medienentwicklungspläne bzw. sind sie dort, wo sie vorhanden sind, nur bedingt krisentauglich, da ein solches Druck-Szenario, wie es durch die Covid-19-Pandemie aufgebaut wird, nicht antizipiert worden ist. Allerorts fehlt es in den entsprechenden Verwaltungsabteilungen am notwendigen Personal, um auf die Bedarfsmeldungen der Schulen angemessen reagieren, die politischen Instanzen konzeptionell beraten und den technischen Support sicherstellen zu können. Darüber hinaus investieren viele Kommunen trotz der Verfügbarkeit erheblicher finanzieller Fördermittel nur mit sehr gebremstem Enthusiasmus, solange die langfristige Finanzierung der Unterhaltungs- und Folgekosten der Ausstattung der Schulen mit digitalen Medien im Rahmen der Konnexität nicht gesichert ist.

Trotz dieser zum Teil einschränkenden Rahmenbedingungen müssen sich die Schulen den Herausforderungen stellen. Herausforderungen, die unter den Bedingungen der Corona-Krise einen zusätzlichen zeitlichen Druck erfahren. Wenngleich es dabei auf den ersten Blick und vordergründig um die Integration moderner, digitaler Medien in die bestehenden Unterrichtsprozesse geht, so muss doch letztlich klar sein, dass ein grundlegend verändertes Verständnis der Lernprozesse in unseren Schulen gefordert ist. Es muss darum gehen, die technischen Potenziale digitaler Medien und Kommunikationsprozesse zu nutzen, selbstgesteuertes, Adressaten orientiertes und zeitgemäßes Lernen konzeptionell und strukturell zu ermöglichen und in unseren Schulen zu verankern, auch wenn das für die meisten Schulen ein sehr langer Weg wird, auf dem man mitunter nur in kleinen Schritten vorankommt.

Vor diesem Hintergrund richtet sich der vorliegende Leitfaden in erster Linie an die Beteiligten in unseren Schulen, also an die Unterrichtenden und Schulleitungen, aber auch an Interessierte aus Eltern- und Schülerschaft. In besonderer Weise angesprochen sind aber auch die Handlungs- und Entscheidungstragenden der Schulabteilungen der Kommunen und der Länder. Er ist darauf ausgerichtet, das komplizierte Bedingungsgeflecht aus gesellschaftlichem Druck, pädagogischen Zielen sowie den sehr unterschiedlichen Handlungsoptionen der einzelnen Schulen transparenter zu machen und Entwicklungs- und Handlungsperspektiven aufzuzeigen. Dabei versteht sich das Buch explizit *nicht* als Beitrag zur wissenschaftlichen Diskussion um den Digitalisierungsprozess in unserer Gesellschaft. Dieser zum Teil mit äußerster Heftigkeit geführte Diskurs um den digitalen Transformationsprozess zielt in erster Linie auf den wissenschaftlichen *Begründungszusammenhang* dieses gesellschaftlichen Prozesses. Auf dieser Ebene ist die akademische Auseinandersetzung um die verschiedenen theoretischen Erklärungsansätze und die damit in Zusammenhang stehenden Begrifflichkeiten im Hinblick auf die systematische Erkenntnis und Beschreibung der Prozessvariablen und des Prozessverlaufs erwartbar, hilfreich und notwendig.

Für all diejenigen, die sich jedoch nicht so intensiv mit den theoretischen Zusammenhängen des Digitalisierungsprozesses befassen, kann die Auseinandersetzung um die begriffliche Abbildung dieses Prozesses durchaus irritierend sein. Ist man sich in der wissenschaftlichen Gemeinde noch weitgehend einig, dass die *Gutenberg-Galaxis* von der *Turing-Galaxis* abgelöst worden ist, so gibt es heftige Debatten darüber, ob der Begriff der *Digitalisierung,* besonders in den Fällen, wo er mit dem Lernbegriff zusammen verwendet wird, überhaupt noch angemessen ist. Nicht weniger kontrovers wird die Frage diskutiert, ob die Begriffe *digitale Transformation* und *digitaler Wandel* synonym verwendet werden können bzw. dürfen. So bedeutsam diese Diskurse zur theoretischen Erschließung und Abbildung des Prozesses zweifelsohne sind, bezogen auf die Zielperspektive des vorliegenden Leitfadens sind sie aber eher sekundär.

Das zentrale Anliegen der Herausgeber und der Autorinnen und Autoren ist es, den *Praxiszusammenhang* dieses Prozesses in den Fokus zu rücken. Denn die Herausforderungen, die sich für die allermeisten Schulen als einen ‚Sprung ins (sehr) kalte Wasser' darstellen, entwickeln ihre Dynamik für die Entscheidungs- und Handlungsträger in aller Regel zunächst in relativ trivialen, aber dafür nicht weniger relevanten Praxiszusammenhängen. Weit entfernt von akademischen Auseinandersetzungen um die Bewertung der Bedeutsamkeit des Lernens mit digitalen Medien, um die Angemessenheit der Verwendung des Digitalisierungsbegriffs oder um die Schrittigkeit des Transformationsprozesses geht es für viele Schulen zunächst erst einmal nur darum, mit einer praxistauglichen Bandbreite ans Netz angeschlossen zu sein, auf eine ausreichenden Anzahl an Präsentationsmedien und Endgeräten zugreifen zu können und mit den vielfältigen personalen und systemischen Widerständen in und außerhalb der eigenen Schule klarzukommen.

Konkret hier setzt der Leitfaden an. Er ist von einem Team aus Autorinnen und Autoren verfasst worden, das unmittelbar aus der Praxis kommt und aus der Perspektive ihrer beruflichen Bereiche und Erfahrungen heraus versucht, die vielfältigen Herausforderungen, vor denen die Schulen im Moment stehen, systematisch zu erfassen, Widerstände zu antizipieren und Lösungsalternativen zur Diskussion zu stellen. Um diesen Anspruch realisieren zu können, haben sich Autorinnen und Autoren zusammengetan, die über ein hohes Maß an professioneller Erfahrung im Bereich des Digitalisierungsprozesses von Unterricht und Schule verfügen. Dabei ist besonders darauf geachtet worden, dass ein multiperspektivischer Blick auf die verschiedenen Aspekte des digitalen Transformationsprozesses in unseren Schulen gewährleistet ist. So werden neben dem Erfahrungswissen von *Unterrichtenden* und von *Schulleitungen* auch die Perspektiven der *Lehrerinnen- und Lehrerbildung* eröffnet. Die Autorinnen und Autoren aus den Bereichen *Medienberatung, Schulentwicklung* sowie *Datenschutz* sollen mit ihrer jeweiligen Expertise die professionelle Außensicht auf Schule sicherstellen. Mit der Komplettierung des Autor/-innenkreises durch eine *Schulgesundheitsfachkraft* wird eine weithin fehlende aber absolut notwendige Blickrichtung eröffnet.

Wir hoffen, mit unserem Leitfaden einen Beitrag liefern zu können, die vielen Handelnden und Betroffenen im Prozess der Digitalisierung von Schule und Unterricht möglichst praxisorientiert dabei zu unterstützen, die digitalen Voraussetzungen dafür herstellen zu können, innovative Wege der Konzeptionierung und Durchführung von Unterricht einzuschlagen, um den Schülerinnen und Schüler in unseren Schulen neue Perspektiven des Lernens zu eröffnen.

Dortmund im Februar 2021
Detlef von Elsenau, Hagen Sarx, Wolfger Strauß und Axel Torka

GESELLSCHAFT UND DIGITALER WANDEL

1 Neue Herausforderungen – Druck-, Zug- und Wirkfaktoren der digitalen Transformation unserer Schulen

Detlef v. Elsenau, Hagen Sarx, Wolfger Strauß & Axel Torka

Die Herausforderungen, denen sich unsere Schulen im Zusammenhang der digitalen Transformation stellen müssen, sind sehr komplex. Letztlich geht es um nichts weniger, als Schule und Unterricht neu zu erfinden. Die Bedingungen hierfür sind allerdings alles andere als vorteilhaft. Einerseits scheinen für diesen Entwicklungsprozess unerwartet viele und hohe Geldmittel zur Verfügung zu stehen und auch die technischen Realisierungsmöglichkeiten kaum begrenzt zu sein, andererseits fehlt es an den meisten Schulen sowohl an den vorhandenen Kompetenzen bei Lehrkräften wie Schülerinnen und Schülern als auch an den zeitlichen und räumlichen Ressourcen, diesen Entwicklungsprozess systematisch nach vorne zu bringen. Auch mit Blick auf den konzeptionellen Entwicklungsprozess stellt sich für die Schulen im Moment die Situation nicht gerade komfortabel dar. Wenngleich es in der wissenschaftlichen Community eine breite Diskussion – zum Teil sogar heftige Kontroversen – gibt und eine große Menge an Literatur zur Verfügung steht, so stellt man fest, dass die Diskussion in den allermeisten Fällen auf einer weitgehend akademischen Ebene verbleibt und da, wo sie praktisch wird, in erster Linie Beispiele von Best-Practice bietet; Beispiele, die mit den eigenen Bedingungen an den Schulen in der Regel kaum kompatibel sind. Was nutzt es einem, von erfolgreichen Konzepten zu lesen, wenn es an der eigenen Schule schon mit der Ausleuchtung im WLAN-Bereich hapert oder der Anschluss ans Internet so unzureichend ist, dass das System bereits zusammenbricht, wenn sich mehr als eine Handvoll Nutzende im Netz bewegen. In den Schulen wird darüber hinaus häufig die Erfahrung gemacht, dass sich die propagierten Beispiele gelungenen digitalisierten Unterrichts unter den Bedingungen von Digitalisierung auch schon deshalb nicht umsetzen lassen, weil die baulichen Gegebenheiten der eigenen Schule den eigenen Innovationsbemühungen sehr enge und häufig kaum zu überwindende Grenzen setzen. Selbst die Beschaffung der in den Best-Practice-Beispielen angesprochenen Schulmöbel kann häufig nicht einmal im Ansatz realisiert werden, da die Kommunen in ihren Rahmenverträgen die Anschaffung solcher Möbel gar nicht vorsehen. An diesen herausfordernden Situationen in unseren Schulen setzt der vorliegende Leitfaden an und versucht, aus der Perspektive der Schulen möglichst praktische Handreichungen zu entwickeln.

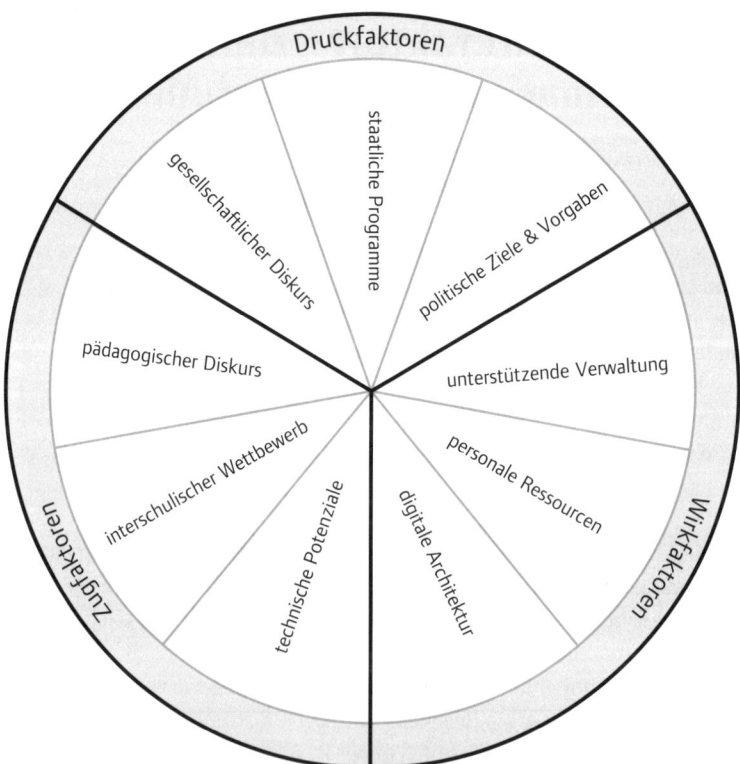

Abb. 1: Einflussfaktoren der digitalen Transformation an Schulen (© Cornelsen/Detlef von Elsenau)

Da die Gelingensbedingungen im schulischen Bereich von einer Vielzahl unterschiedlicher Faktoren abhängig sind, scheint es sinnvoll, zunächst ein Verständnis dieses multifaktoriellen Prozesses zu entwickeln. Deshalb liegt diesem Leitfaden eine Modellvorstellung des Digitalisierungsprozesses unserer Schulen zugrunde, die es erstens ermöglichen soll, eine Übersicht über die Einflussfaktoren zu gewinnen. Zweitens soll das Modell die Evaluation des eigenen Entwicklungsstandes unterstützen und drittens soll es einen Überblick über die verschiedenen strategischen Unterstützungspotenziale des Entwicklungsprozesses eröffnen.

Es wird dabei davon ausgegangen, dass der Erfolg der einzelnen Schulen davon abhängt, diese Faktoren zu kennen, die Stärke der Faktoren einschätzen und die Beeinflussbarkeit der einzelnen Faktoren nutzen zu können. Aus der Sicht der Herausgeber lassen sich diese Einflussgrößen im gesellschaftlichen Bereich, im pädagogischen Diskurs und in den konkreten Bedingungen jeder einzelnen Schule festmachen.

Es zählt sicherlich zu den gemeinsamen Erfahrungen der Entscheidungs- und Handlungstragenden in unseren Schulen, dass sie in diesem Innovationsprozess häufig in Situation geraten, die einer Zerreißprobe gleichkommen. Dem erheblichen gesellschaftlichen Druck, möglichst schnell die inhaltlichen und technischen Voraussetzungen für das Unterrichten und Lernen unter den Bedingungen von Digitalisierung zu schaffen, stehen vielfältige und zum großen Teil erhebliche Widerstände und Hemmnisse gegenüber. Die Situation wird dadurch nicht einfacher, dass der gesellschaftliche Druck durch eine spürbare Sogwirkung erhöht wird, die dadurch erzeugt wird, dass technischer und wissenschaftlicher Fortschritt in nicht geringer Zahl bereits heute entsprechende Lösungsalternativen anbieten – praktische Lösungsansätze, wie sie bereits in anderen Ländern erfolgreich eingesetzt werden. Ein beredtes Beispiel hierfür ist Dänemark, wo es seit mindestens zehn Jahren gelungen ist, die digitale Transformation im Bildungswesen erfolgreich umzusetzen. Somit ergibt sich zumindest auf der Legitimationsebene die berechtigte Frage, warum das in unserem Land und in unseren Schulen bisher nicht oder nur in sehr geringem Umfang gelungen ist. Um dieses multifaktorielle Spannungsfeld modellhaft abbilden zu können, sollen diese Faktoren begrifflich als *Druck-, Zug-* und *Wirkfaktoren* differenziert werden. Dabei gilt es zu betonen, dass dieses Modell ausschließlich heuristische Funktion hat. Da die einzelnen Faktoren keine trennscharfen Kategorien darstellen, entfalten sie doch ihre Wirkung in aller Regel im Zusammenspiel miteinander.

Die *Druckfaktoren* bezeichnen jene Einflussgrößen, die von den einzelnen Schulen am wenigsten zu beeinflussen sind, jedoch starke Wirkung auf den gesamten Prozess haben. In diesem Zusammenhang spielen insbesondere der durch die je aktuelle gesellschaftliche Realität ausgelöste und beeinflusste gesamtgesellschaftliche Diskurs, die konkreten politischen Ziele und Vorgaben sowie der zunehmende globale Wettbewerb entscheidende Rollen. Die Corona-Krise macht besonders deutlich, wie stark und nachhaltig dieser Druck auf die Entwicklung des Digitalisierungsprozesses wirken kann. Dabei sind es nicht nur die häufig sehr konkreten inhaltlichen Forderungen, die aufgrund ihrer gesellschaftlichen Virulenz von außen an die Schulen herangetragen werden. Auch staatlich finanzierte Förderprogramme üben einen erheblichen Druck auf den Entwicklungsprozess aus. Häufig trifft dieser finanzielle Druck nicht auf die entsprechenden Möglichkeiten der Adressat/-innen der Programme, – in der Regel die kommunalen Schulträger –, diese finanziellen Mittel sinnvoll einzusetzen, sodass es immer wieder vorkommt, dass nur ein kleinerer Teil der zur Verfügung stehenden Fördermittel auch wirklich abgerufen werden und in den Schulen wirksam werden kann.

Mit der Bezeichnung *Zugfaktoren* sollen solche Faktoren verstanden werden, die auf der Ebene der einzelnen Schulen einen *Entscheidungssog* erzeugen, den Digitalisierungsprozess zu beschleunigen, konkrete Vorstellungen zu entwickeln und differenzierte Forderungen an die Entscheidungstragenden zu richten. In erster Linie verantwortlich hierfür ist der pädagogische Diskurs in den Schulen selbst. Es geht dabei insbesondere um die pädagogische Auseinandersetzung mit Schul- und Unterrichtsentwicklung innerhalb der einzelnen Gremien und zwischen den einzelnen Mitwirkungsgruppen selbst. Die Dynamik des innerschulischen Diskurses entfaltet sich insbesondere durch die Sogwirkung publizierter erfolgversprechender Konzepte digitalisierten Unterrichts sowie durch die Angebote der Schulbuchverlage bzw. durch die Perspektiven, wie sie sich etwa im Bereich der Open Educational Resources (OER) auftun. Darüber hinaus bietet die technologische Entwicklung digitale Lösungsansätze, die für Schule und Unterricht neue Perspektiven eröffnen und in Teilen der Kollegien das Bedürfnis erzeugen, digitale Medien auszuprobieren und in den eigenen Unterricht zu integrieren.

Diesen Entwicklungsfaktoren der Digitalisierung von Schule und Unterricht stehen die personellen, strukturellen und konzeptionellen Bedingungen der einzelnen Schulen gegenüber. Diese Faktoren können als *Wirkfaktoren* bezeichnet werden. Als besonders wirksam müssen hier die politischen Entscheidungen der einzelnen Schulträger angesehen werden, da sie maßgeblich für die Entwicklung der digitalen Bildung in ihren Kommunen sind. Die jeweiligen politischen Gremien entscheiden über den Entwicklungsprozess auf der Basis von Medienentwicklungsplänen und über die Verteilung der zur Verfügung stehenden finanziellen Mittel und haben somit unmittelbaren und wesentlichen Einfluss auf die Situation in den einzelnen Schulen. Nicht zu unterschätzen ist in diesem Zusammenhang auch die Bedeutung der einzelnen *Verwaltungsebenen* auf der kommunalen wie auch der Regierungsebene. Hier geht es nicht nur um die finanzielle Ausstattung, sondern auch darum, wie der Support organisiert wird und inwieweit die Entscheidungstragenden der einzelnen beteiligten

Institutionen bereit sind, auf die Bedingungen der jeweils einzelnen Schule individuell zu reagieren.

Die entscheidenden Wirkungsfaktoren bei der Entwicklung digitalisierten Unterrichts beziehen sich allerdings auf die Ebene der an den Schulen vorhandenen *personalen Kompetenzen*. Der Wirkungseffekt in diesem Zusammenhang wird dadurch stark beeinflusst, dass in den einzelnen Schulen eine hinreichend große Anzahl an Kolleginnen und Kollegen mit einer entsprechenden Affinität zu den digitalen Endgeräten und Präsentationsmedien vorhanden ist. Darüber hinaus sollte die Bereitschaft gezeigt werden, sich im Bereich des Digitalisierungsprozesses fortwährend fortzubilden und sich mit etwaigen Widerständen inhaltlich und strategisch auseinanderzusetzen. Im Hinblick auf die technische Realisierung digitalisierten Unterrichts sowie dessen möglichst reibungslosen Ablauf im Unterrichtsalltag ist es nahezu unverzichtbar, kompetente Personen im Kollegium zu haben, die die System-Administration übernehmen.

Über den personellen Aspekt hinaus hat die konzeptionelle Fundierung des Digitalisierungsprozesses an unseren Schulen große Bedeutung. Das konzeptionelle Grundgerüst einer Schule muss dabei so angelegt sein, dass die verschiedenen Aspekte und Elemente des Lernens unter den Bedingungen der Digitalisierung in den Blick geraten und zusammengebracht werden. Diese *digitale Architektur* muss von den Gremien der Schule entwickelt werden und den engen Zusammenhang zwischen der digitalen Ausstattung der Schule einerseits und den pädagogischen Grundsätzen, der schulprogrammatischen Ausrichtung und den Entwicklungszielen der Schule andererseits herstellen.

Versucht man die Situation an den Schulen in dem vorgestellten Modell formalisiert darzustellen, so wird man feststellen, dass die größten Herausforderungen bei der Umsetzung der Digitalisierung im Bereich der *Wirkfaktoren* sind. Ohne den Gesamtzusammenhang des Digitalisierungsprozesses aus den Augen zu verlieren, richtet sich der Schwerpunkt des vorgelegten Leitfadens auf die Bewältigung dieser Wirkungszusammenhänge.

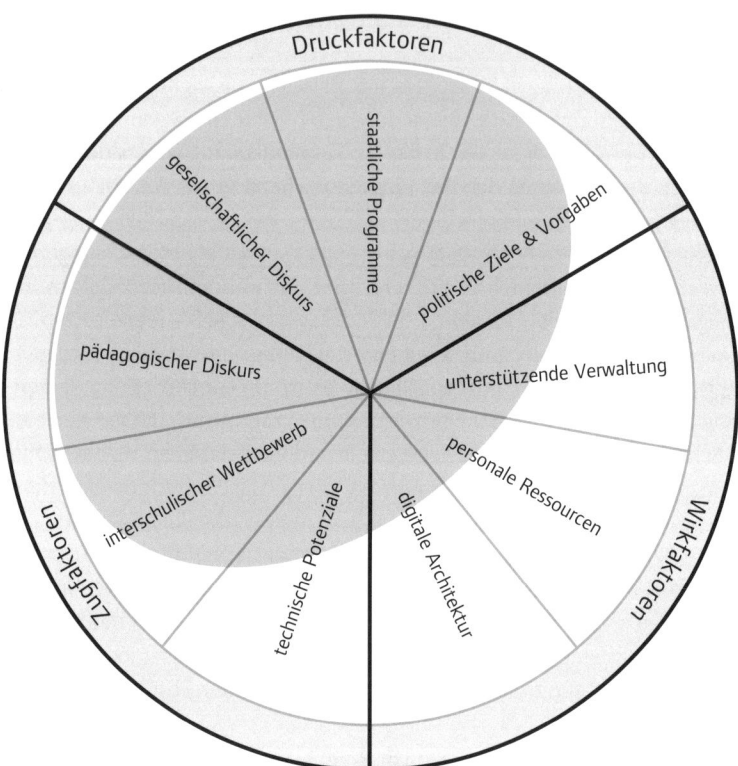

Abb. 2: Schematische Darstellung der aktuellen Stärke der Faktorenbereiche (© Cornelsen/Detlef von Elsenau)

Dieser Leitfaden stellt den Versuch dar, den Entwicklungsprozess an den einzelnen Schulen zu unterstützen, indem die verschiedenen Handlungsfelder in pragmatischer Hinsicht beleuchtet werden. Die Autorinnen und Autoren bemühen sich dabei nicht nur, unterschiedliche Handlungsoptionen aufzuzeigen, sondern auch Widerstände antizipierbar zu machen und entsprechende Argumentationshilfen für die Auseinandersetzung in Schulen, mit den Schulträgern und anderen Institutionen an die Hand zu geben.

2 Bildung und Digitalität – ein Überblick über eine komplexe Beziehung

Richard Heinen

Texte über die Potenziale der Nutzung digitaler Medien im schulischen Lernen zeichnen sich bereits über Jahrzehnte durch eine gewisse Gleichförmigkeit aus. Transformationen und Revolutionen werden in Aussicht gestellt und treten doch oft nicht, nur in sehr bescheidenem Rahmen oder sehr verzögert ein. Liest man viele dieser Texte, ohne auf das Erscheinungsdatum zu schauen, dann sind es einzelne Schlüsselwörter, die das Alter des Textes verraten. Vom *globalen Dorf* und der *Datenautobahn* oder gar dem *Education Highway* spricht heute niemand mehr. Aus den *neuen* Medien sind *digitale* Medien geworden. Aus Beamern wurden erst interaktive Whiteboards, dann Touchpanels und bei den Endgeräten forderte man zunächst (mehr) PC-Räume, dann Laptop-Wagen oder -Klassen und nun Tablets für alle. Auch wenn man einen Wandel in den Einstellungen der Lehrkräfte feststellen kann, wenn sich die Ausstattung auf niedrigem Niveau kontinuierlich verbessert hat und durch ein viel beachtetes Strategiepapier der KMK das Themenfeld *Medienkompetenz/Medienbildung* in den Fokus curricularer Überlegungen gerückt wurde, zeigt die aktuelle Pandemie-Situation, dass es auf das gesamte Schulsystem gesehen noch nicht weit her ist mit dem, was oft verkürzt *digitale Bildung* genannt wird.

Allerdings wurde die Riege der Signalwörter, die auf den Entstehungszeitraum eines Textes hinweist in den letzten Monaten um einige wichtige Worte ergänzt: *Distanzlernen*, *Hybridunterricht*, *Videokonferenzen*. Im Frühjahr 2020 monierte eine führende Bildungswissenschaftlerin des Landes, dass kaum eine Schule über ein Distanzlernkonzept verfüge. Dieser Befund, nur wenige Wochen früher formuliert, hätte ausschließlich verwunderte und verständnislose Blicke verursacht.

Die Pandemie, die im Jahr 2020 begann, hat sowohl den Blick auf schulisches Lernen als auch auf die Anforderungen an digitale Medien verändert. Die zu Beginn des Jahres 2021 aktuelle Debatte um die Schulschließungen im Dezember 2020/Januar 2021 zeigt, wie stark traditionelle Auffassungen von Schule, Unterricht und Lernen immer noch in den Köpfen der Menschen verankert sind. Dabei geht es aber weniger um die Potenziale digitaler Medien, sondern vielmehr darum, welche Vorstellung davon herrscht, wie schulisches Lernen zu organisieren sei. Präsenzunterricht wird als das über jedem didaktischen Konzept stehende Ziel propagiert. Digitale Medien kommen in diesen Vorstellungen als ein Substitut vor, mit dem Schule nachgebildet werden kann, wenn der Zugang zum Schulgebäude versperrt ist. Die Erwartungen aber, dass man mit Tablets, Videokonferenz und Lernplattformen einen klassischen Stundenplan abbilden und ein durch die Lehrkraft gesteuertes Lernen im Klassenverband und mit einer festen Taktung durchführen kann, wird sich nicht erfüllen lassen. Viele Schulen liefern hierfür gerade den Beleg – im negativen Sinn. Dabei sind unzureichende Ausstattungen in Schule und zu Hause aber nur vordergründige Hindernisse. Im Kern gilt es die Frage zu stellen, wie Lernende zu einem erfolgreichen Lernen befähigt werden können, unabhängig davon, an welchem Ort sie sich befinden.

Oder um es anders zu formulieren: Digitalen Medien wird und wurde immer ein Potenzial für einen individuellen, kooperativen, kreativen etc. Unterricht zugesprochen. Dies ist sicher nicht falsch. Aber digitale Medien können Lernen auch gleichförmiger, isolierter, frontaler machen. Wie auch immer ein didaktisches Konzept aussieht, digitale Medien können dieses Konzept verstärken, sie induzieren kein anderes Lernen.

Die aktuelle Debatte fokussiert stark auf Ressourcen und Ausstattungsfragen, die Frage danach, wie Lernen zu gestalten sei, um den Anforderungen der Zeit gewachsen zu sein, wird dabei kaum gestellt. Mehr noch: Es besteht die Gefahr, dass wir mit dem wünschenswerten Ende der Pandemie wieder in Formen des Unterrichtens zurückkehren, die wir vor der Pandemie praktiziert haben, ohne zu hinterfragen, was wir aus einer – hoffentlich – befristeten Extremsituation lernen können, um Schule, Unterricht und Lernen besser zu gestalten. Wer diesen Text bei seinem Erscheinen liest, wird diese Frage hoffentlich beantworten können, wo dem Autor aktuell nur Spekulationen möglich sind.

2.1 Gesellschaftliche und politische Rahmenbedingungen

Dieser Beitrag greift zunächst die gesellschaftlichen und politischen Rahmenbedingungen und Anforderungen, die auf das Lernen mit digitalen Medien einwirken, auf und analysiert sie. Im zweiten Teil des Kapitels wird vor diesem Hintergrund darüber reflektiert, wie Lernen zu organisieren und zu gestalten sei, um diesen Anforderungen gerecht zu werden. Im dritten Teil schließen einige Überlegungen den Beitrag ab, wie mit aktuellen und zukünftigen Förderszenarien umzugehen sei, damit Schulen die bereitgestellten Mittel gut abgreifen und lernförderlich nutzbar machen können.

2.1.1 Die Aufgabe von Schule

Einfach gesagt: Schule hat die Aufgabe, junge Menschen auf ein erfolgreiches, kreatives, selbstbestimmtes und sicheres Leben in unserer Gesellschaft vorzubereiten. Dies schließt Aspekte einer umfassenden Bildung im Sinne einer werteorientierten Persönlichkeitsbildung ebenso ein wie Aspekte einer berufsvorbereitenden Ausbildung, in der wichtige Kompetenzen erworben werden können. Ein Gedanke dabei ist: Erfolg im Beruf, gesellschaftliche Teilhabe und die Möglichkeiten, sich kreativ auszudrücken und sich Wissen anzuzeigen, bedürfen in einer immer digitalisierteren Welt auch digitaler Kompetenzen. Die KMK hat sich daher eine Strategie „Bildung in der digitalen Welt" gegeben, die in der Fortführung zu Maßnahmen der Länder geführt hat, Aspekte von Medienkompetenz und informatischer Bildung in die Curricula der Schulen zu integrieren. Ein richtiger und wichtiger Schritt, aber vermutlich nicht ausreichend, weil im Wesentlichen inhaltliche Aspekte zum Lernen mit und über Medien ergänzt werden ohne entscheidende Impulse zu setzen, ist die Organisation von Lernen zu verändern.

2.1.2 Bildungsgerechtigkeit

Bildungsmöglichkeiten, so der gesellschaftspolitische Anspruch, sollten weitgehend unabhängig vom sozialen oder wirtschaftlichen Hintergrund der Lernenden sein. Herkunft, Bildungsstand, Einkommen, soziale Stellung der Eltern sollen die Bildungsmöglichkeiten ihrer Kinder nicht determinieren. Ein frommer Wunsch, der aber in Deutschland weit entfernt ist von der Realität.

Die aktuelle Pandemie hat gezeigt, wie wichtig der Zugang zu digitaler Technik für einen gerechten Zugang zu Bildungsmöglichkeiten ist. Es ist davon auszugehen, dass die Bildungsgerechtigkeit in Deutschland in der Pandemie eher abgenommen hat. Es wäre aber ein Kurzschluss, daraus abzuleiten, dass Distanz- oder Hybridlernen das Lernen insgesamt schwieriger machen und Kinder aus sozial weniger gut gestellten Familien pauschal schlechter stellen. Für viele Lernende waren die Zeiten des Lockdowns auch Zeiten, in denen sie deutlich besser lernen konnten, ungestört von Umgebungen in zu engen Klassen mit zu vielen Gleichaltrigen. Die Pandemie brachte auch die Möglichkeit, die zeitliche Struktur und den Ort des Lernens selbstbestimmt zu wählen. Vielfach fühlten sich Lernende zwar alleingelassen, wussten nicht, was sie machen sollten und wo sie Antworten auf ihre Fragen und Rückmeldung zu ihren Ergebnissen bekommen sollten, oft war es aber auch so, dass sie sich Lernstoff und Zeit selbst einteilen konnten und Themen, die ihnen besonders herausfordernd oder interessant erschienen, intensiver bearbeiten konnten. Digitale Ausstattung war hierfür eine notwendige, aber keine hinreichende Voraussetzung. Viel wichtiger war es, dass Lehrkräfte Lernen so organisiert haben, dass Lernende selbstbestimmt und selbstorganisiert ihre eigenen Wege gehen konnten. Dazu gehörten klare Strukturen jenseits eines streng getakteten Stundenplans. Vielfältige kognitiv anregende Aufgaben und Herausforderungen, die Möglichkeit zur freien Lernorganisation, klare Ansprechpersonen und -zeiten für Fragen und ein verlässliches unterstützendes Feedback. Die Erfahrungen, im ersten Lockdown im Frühjahr 2020 viele Lernende hilflos zurückgelassen zu haben, hat vielerorts dazu geführt, dass die Fokussierung auf Fachinhalte gegenüber der Begleitung im Lernprozess zurückgetreten ist, als die Schulen zum Ende des Jahres wieder die Gebäude schlossen und dennoch mit dem Unterricht fortfahren mussten. Positiv: Bei Zeitstrukturen, Aufgabenformaten und Feedbackkultur ging man mancherorts neue Wege. Negativ: Diese Veränderungen bezogen sich meist nur auf die Distanzsituation. Im Klassenzimmer blieb alles beim Alten – oder kehrt zum ganz Alten zurück, weil Lernende Abstand haltend nicht mehr in Gruppen zusammenarbeiten durften, sondern an den eigenen Arbeitsplatz im wahrsten Sinne des Wortes gebunden waren.

2.1.3 Gesellschaftliche Perspektive auf schulisches Lernen

Ein weiteres negatives Beispiel aus der Zeit der Schulgebäudeschließungen: Schulen bilden den klassischen Stundenplan in Videokonferenz ab. 30 Lernende sitzen vor dem Laptop, Tablet oder Smartphone und schauen einer Lehrkraft beim Unterrichten zu. Oft haben sie dabei die Kamera und das Mikrofon ausgeschaltet. Ob und wie aufmerksam sie dem Vortrag lauschen sei dahingestellt. Kaum eine erwachsene Person, die in der gleichen Zeit erfahren hat, dass viele berufliche Meetings auf Zoom, Webex und Co. verlagert werden können, kann sich vorstellen, dass in einer solchen „Lern"-Situation effektiv gelernt werden kann. Und doch: Eben dieses Szenario wurde nicht nur von Lehrkräften umgesetzt, es wurde von Schulleitungen und Schulaufsichten angeordnet und von Eltern eingefordert. Dahinter steht die wohl tief verwurzelte Einstellung: Lernen findet statt, wenn eine Lehrkraft zu Lernenden spricht, Stoff wird dann gelernt, wenn er durch die Lehrkraft vermittelt wurde. Und Lernende lernen dann, wenn sie durch eine Lehrkraft beaufsichtigt werden. Leider muss man anerkennen: Gerade an der letzten Hypothese ist oft etwas Wahres dran. Dies liegt aber nicht daran, dass Lernende nicht Lernen wollen und der Aufsicht bedürfen, um zu lernen, sondern es liegt daran, dass die Aufgaben, die sie bearbeiten, sie nicht fesseln und dass sie das Handwerkszeug, das sie brauchen, um selbstorganisiert zu lernen, nicht erworben haben.

Die KMK und viele Kultusministerien haben in der Zeit der Pandemie den Präsenzunterricht zur Krone, zur Königsdisziplin schulischen Lernens erhoben. Vermutlich, weil ihnen die Fantasie fehlte, wie es anders gehen könnte. Weil sie sich nicht vorstellen konnten, dass Lernen auf Distanz oder hybrides Lernen mehr sein könnte als der reine Präsenzunterricht in der Klasse. Dass sich dabei offenbarte, dass eine nicht unwesentliche Aufgabe von Schule, die Betreuung von Kindern ist, damit Eltern ungestört arbeiten können, sei nur am Rande erwähnt.

2.1.4 Erlasse statt unterstützter Schulentwicklung

Die Schulentwicklungsforschung seit den frühen achtziger Jahren kommt immer wieder zu der Erkenntnis: Schulentwicklung braucht die einzelne Schule, um erfolgreich zu sein. Konzepte lassen sich nicht von außen in Schulen implementieren, vorschreiben. Pädagogische Konzepte, die für eine Schule passend sind, verfehlen unter anderen Rahmenbedingungen ihre Wirkung.

Auch hier hat die Pandemie nicht unerhebliche Schwächen des Schulsystems deutlich gemacht. Gebannt schauten Eltern, Lehrkräfte und Schulleitungen immer wieder auf die Webseiten der Schulministerien, oft freitagabends spät, um in Erfahrung zu bringen, unter welchen Voraussetzungen am folgenden Montag Schule stattfinden darf. Meist waren die Medien schneller informiert und der Interpretation der dort verkürzten Informationen war immer wieder Tür und Tor geöffnet. Häufig konnten Schulleitungen die mühsam erarbeiteten Pläne dann schlicht mit einem Klick in den virtuellen Papierkorb befördern, weil sie nicht zum neuen Erlass passen. Manch eine Schulleitung entwickelte in dieser Zeit auch renitente Verhaltensweisen, widersetzte sich den Erlassen. Entweder flog sie damit unter dem Radar von Schulaufsicht und Presse oder suchte bewusst das Licht der Öffentlichkeit, geleitet von dem Bestreben, in schwierigen Situationen passende Lösungen zu finden.

Zu den immer wieder wechselnden Erlassen kam die Aufforderung immer wieder Konzepte vorzulegen. Schulaufsichten hatten nicht die Aufgabe, Schulen Ideen und Konzepte vorzulegen und anzubieten, wie sie mit der schwierigen Situation umgehen könnten. Sie überprüften, ob Konzepte erarbeitet wurden. So entstanden viele Konzepte, die nie umgesetzt werden konnten, weil die Erlasse, die schulisches Leben determinierten, ihre Umsetzung unterbanden, in dem Augenblick, in dem die Situation eintrat, für die sie geschrieben wurden.

Schulen, das wurde in dieser Situation deutlich, haben nicht die Freiräume für gute Schulentwicklung und erhalten oft nicht die dafür erforderliche Unterstützung.

2.2 Veränderungen von Lernen im digitalen Wandel

Die Pandemie hat vielfältige Schwachstellen in Schule sichtbar gemacht. Digitalisierung wird aktuell als ein wichtiger Hebel gesehen, diese Schwächen zu beseitigen. Sie kann ein starker Hebel sein, doch er muss an der richtigen Stelle angesetzt werden. Der Verweis auf zu erwerbende Medienkompetenzen greift zu kurz. Der Hinweis auf Skills für das 21. Jahrhundert ebenso. Hilfreich ist ein Blick in zukunftsweisende Erkenntnisse zur Gestaltung von Lernen, die durch die Nutzung digitaler Technik verstärkt werden können. Zu fragen ist also zunächst: Was muss sich grundsätzlich an der Art und Weise ändern, wie wir Schule gestalten, um dann abzuleiten, wie diese Veränderung durch digitale Technik unterstützt werden kann. Die Erfahrungen aus der aktuellen Krisensituation lassen die Erkenntnisse stärker in den Vordergrund treten.

Im Folgenden sollen exemplarisch fünf Ansätze vorgestellt werden.

2.2.1 Teamschule

Schulen zeichnen sich immer noch durch ein großes Einzelkämpfer/-innentum aus. Immer noch ist oft die einzelne Lehrkraft diejenige, die für „ihren" Unterricht verantwortlich ist. Erforderlich ist aber eine vertrauensvolle Zusammenarbeit aller Lehrkräfte in einer Schule. Lernformate, Zeitstrukturen, Prüfungsformate und vieles mehr kann nicht die einzelne Lehrkraft verändern, sondern diese Veränderungen müssen von der gesamten Schulgemeinde getragen werden. Für die Verbreitung neuer Konzepte sind keine zentralen Fortbildungen erforderlich, sondern ein kontinuierlicher Peer-Austausch. Bei all diesen Veränderungen bieten digitale Medien eine Arbeitsumgebung, die eine niederschwellige Kommunikation ermöglicht.

2.2.2 Individuelle Lerngestaltung

Lernende bedürfen der Möglichkeit, Verantwortung für ihr Lernen zu übernehmen. Zu dieser Verantwortungsübernahme müssen sie langsam und schrittweise befähigt werden. Die Umgebung, in der sie dies tun, sollte ihnen die Möglichkeit geben, selbst zu entscheiden, wann und wie lange sie ein Thema bearbeiten, bis sie es in der erforderlichen Tiefe durchdrungen haben. Neben der Freiheit der Planung bedürfen sie dabei einer intensiven Begleitung und Betreuung. Nicht nur die Zeit sollten Lernende individuell planen können, auch die Orte des Lernens sollten sie ihren Bedürfnissen entsprechend wählen können, dazu braucht es geeignete Lernorte, innerhalb und außerhalb der Schule. Der Zugang zu den begleitenden Lehrkräften, muss dabei synchron und asynchron erfolgen können.

Wenn für die individuelle Lerngestaltung eine kontinuierliche Lernbegleitung und Lernberatung erforderlich ist, müssen Lernende und Begleitende auf eine transparente Lerndokumentation zurückgreifen können. Damit diese jederzeit verfügbar ist, sollte sie digital geführt werden.

2.2.3 Kooperatives Lernen

Damit Lernen kognitiv aktivierend und anregend ist, müssen Lernende nicht nur individuell Themen erarbeiten. Forschendes und entdeckendes Lernen bedarf der Teamarbeit. Forscherteams arbeiten – als Vorbereitung auf das Berufsleben – arbeitsteilig und kooperativ. Gemeinsam werden Themen identifiziert, Fragen formuliert, Forschungen durchgeführt und Ergebnisse präsentiert. In einem fächerübergreifenden Projektlernen werden die durch die KMK definierten Medienkompetenzen, aber auch die immer wieder eingeforderten 4K-Kompetenzen erworben und eine vertiefte Auseinandersetzung mit dem Lerngegenstand ermöglicht.

2.2.4 Feedback

Üblicherweise erhalten Lernende am Ende von Lerneinheiten in zentral in der Lerngruppe abgelegten Prüfungen Feedback zu ihrem Lernstand. Dieses Feedback ist wertend und abschließend – und damit nicht zwingend lernförderlich. Die Zeit der Pandemie hat vielen Lehrkräften ins Bewusstsein gebracht, dass Lernende kontinuierlich Feedback benötigen, um sich in ihrem Lernen entwickeln zu können. Digital unterstützt werden kann dieses Feedback in mehrfacher Hinsicht: Digital dokumentierte Lernwege erleichtern der einzelnen Lehrkraft das Feedback. Hilfreich für die Lernenden ist aber auch eine feste, kontinuierliche Begleitperson, die den gesamten Lernprozess in unterschiedlichen Fächern und Themenfeldern nachvollziehen kann und so eine umfassende Lernberatung ermöglicht.

2.2.5 Öffnung von Schule

Schule lässt sich sicherlich weiter als der zentrale Ort des Lernens beschreiben. Die Pandemie hat aber gezeigt, Lernende können auch an anderen Ort lernen und – wichtiger noch – andere Orte sind für ein aktivierendes Lernen fast unerlässlich. Die Grenzen von Schule verwischen, werden durchlässig. Dies kann dadurch erfolgen, dass sich Lernende an andere Orte begeben, um zu lernen oder dadurch, dass sie digitale andere Orte in die Schule einlassen.

2.2.6 Zwischenfazit

Mögliche Veränderungen von Unterricht und Lernen sind in diesem Abschnitt skizzenhaft angedeutet worden. Wichtig ist dabei: Die Frage des Erwerbs von Medienkompetenz oder der Nutzung digitaler Medien steht nicht im Mittelpunkt. Zentral ist die Frage, wie Lernen konsequent aus der Perspektive der einzelnen Lernenden gedacht und umgesetzt werden kann. Die Nutzung digitaler Medien ist dann ein zentrales Element für die erforderlichen Veränderungen.

Die Pandemie hat wichtige Schwachstellen erkennbar gemacht:

▸ Fehlende Möglichkeit zur zeitlichen und räumlichen Eigenständigkeit
▸ Fehlendes kontinuierliches, lernförderliches Feedback
▸ Fehlende Gestaltung von Lernprozessen im Team
▸ Fehlende Verbindung der Schule nach außen

In allen Bereichen können digitale Medien helfen, neue Wege des Lernens zu gehen. Die Kernaufgabe besteht aber nicht darin, digitale Medien zu nutzen, sondern die beschriebenen Missstände zu erkennen und in der Schule nach Lösungen zu suchen. Zunächst unabhängig von der medialen Umsetzung.

2.3 Förderszenarien

Die Digitalisierung der deutschen Schulen ging lange schleppend voran. Zuständig für die Ausstattung von Schulen sind die Schulträger, meist also die Kommunen – und die gehören nicht unbedingt zu den Einheiten im öffentlichen Leben, die über üppige Finanzmittel verfügen. Selbst wenn also der Wille vorhanden gewesen wäre, Schulen gut digital auszustatten, hätte es an den Mitteln gefehlt. Oft fehlte es aber auch schon am Willen zur Ausstattung. Gerade in kleineren Kommunen waren Einheiten für die Ausstattung zuständig, denen kein Vorwurf daraus zu machen war, wenn sie nicht gut über die Anforderungen an einen zeitgemäßen digitalen Unterricht informiert waren und deshalb zögerten. Die Praxen der Mittelvergabe führten aber auch zu zwei Dilemmata. Durch die Ministerien dazu angeregt, knüpften die Sachaufwandstragenden die technische Ausstattung an das Vorliegen eines Medienkonzeptes. Diese Medienkonzepte konnten im Idealfall tatsächlich aus kooperativen Prozessen in Schulen entstehen und den Lehrkräften Anregungen für den Unterricht geben. Oft war es aber auch so, dass sie beschrieben, wozu eine Ausstattung genutzt werden sollte, die man noch nicht hat und daher nicht erproben konnte, ob sie für die vorgesehenen Nutzungsszenarien geeignet waren. Viele Medienkonzepte verkamen zu zahlosen Papiertigern, die lediglich die formale Begründung für eine Ausstattung lieferten, ohne darüber hinaus in Schule wirksam werden zu können.

Das zweite Dilemma: Technische Ausstattung war ob der beschränkten finanziellen Mittel oft eine Mangelverwaltung. Es gab etwas, aber wenig. Zu wenig, um nachhaltigen Einfluss auf die Schulen als Ganzes zu haben. Das führte dann oft gar dazu, dass Technik nur wenig, aus Perspektive der Investierenden zu wenig, genutzt wurde und so die Bereitschaft für weitere Investitionen nicht unbedingt stieg.

Und ein Letztes, das im Zusammenspiel von Schulen und Schulträger nicht immer dazu beigetragen hat, die Ausstattungssituation zu verbessern: Dem Schulträger, also der Kommune, muss es darum gehen, den Familien, die mit ihren Kindern in der Kommune leben, insgesamt eine gute Schulausstattung anbieten zu können. Gute Schulen locken Familien an, gut ausgebildete junge Erwachsene sind wichtig für den lokalen Arbeitsmarkt. Schulen aber stehen oft in Konkurrenz zueinander. Sie kämpfen um die besseren Schülerinnen und Schüler oder bei sinkenden Nachwuchszahlen auch gegeneinander ums Überleben als Schule. Einer gemeinsamen, kooperativen Planung war das nicht immer zuträglich.

Die Pandemie hat die Mittel, die Schulen für technische Ausstattung zur Verfügung stehen, deutlich erhöht und es besteht die Hoffnung, dass diese Mittel auch dauerhaft zur Verfügung stehen, dass sich in politischen Kreisen auf Ebene der Länder und des Bundes die Erkenntnis durchsetzt, dass Kommunen bei der Finanzierung dauerhaft massive Unterstützung brauchen. Denn auch hier greift wieder der Ruf nach Bildungsgerechtigkeit, damit Kinder in wirtschaftlich schwachen Regionen nicht auch in weniger gut ausgestatteten Schulen lernen müssen. Das Prinzip müsste eigentlich umgekehrt werden – und ein Teil des Digitalpaktes greift dies schon auf: Schulen in wirtschaftlich und sozial schwierigen Lagen müssten mit mehr Ressourcen ausgestattet werden.

Anzunehmen ist aber auch, dass es noch eine Weile dauern wird, bis die erforderlichen Mittel in Form einer grundständigen Basisfinanzierung zur Verfügung gestellt werden. Wahrscheinlich bleiben das Prinzip der Förderung und damit die Notwendigkeit der Beantragung von Mitteln noch lange bestehen. Die Kunst wird daher zumindest mittelfristig darin bestehen, auf wechselnde Förderszenarien vorbereitet zu sein. Hierbei können die folgenden Arbeitsweisen hilfreich sein.

2.3.1 Kooperation mit dem Schulträger und Schulen

Förderungen zur Verbesserung der Ausstattung werden immer wieder zunächst an die Kommunen gehen. Es gilt daher eine gute und kontinuierliche Zusammenarbeit mit dem Schulträger aufzubauen, die weit über die heute oft üblichen Ausstattungsplanungsgespräche in meist langen Zyklen hinausgehen. Wenn Schulen und Schulträger ein gemeinsames Bild davon haben, wie der aktuelle Zustand der Schulen ist und welcher Zustand erreicht werden soll, dann fällt es leichter, auf neue Förderprogramme zu reagieren.

Häufig findet die Planung der Ausstattung noch eher bilateral zwischen Schulträger und einzelnen Schulen statt. Wenn Schulen in ihrer Gesamtheit aber gemeinsam mit dem Schulträger arbeiten und gemeinsam erprobte und verantwortete Szenarien und Vorgehensweisen entwickelt werden, lässt sich auch beim „Auftauchen" neuer Fördermöglichkeiten schneller zu gemeinsamen Anträgen kommen.

Hierzu müssen Schulen auch gegenseitig die jeweiligen Anforderungen und Handlungsprinzipien kennen. Runde Tische, an denen Schulträger und Schulen gemeinsam planen, Schulnetzwerke, in denen Schulen voneinander und miteinander lernen, sind Arbeitsweisen, die zu Strukturen führen, die neue Ausstattungsszenarien vorbereitet aufnehmen und umsetzen können.

2.3.2 Fortgeschriebene Medienkonzept als dokumentierte Unterrichtspraxis

Viele Schulen verfügen über Medienkonzepte, die aber oft schon lange nicht mehr aktualisiert wurden. Oft ist eine neue Ausstattungsinitiative des Schulträgers, der ein Medienkonzept einfordert, erst der Impuls zur Aktualisierung. Bereits im Wechselspiel mit dem Schulträger wird diese Aufgabe als zusätzliche Belastung wahrgenommen. Schwieriger noch wird dies, wenn Förderszenarien politisch motiviert bestimmte Mängel in den Blick nehmen. Dann bedarf es nicht nur eines Medienkonzeptes, sondern einer dezidierten Begründung für einen Mangel, der ggf. in der Schule nicht wahrgenommen, aber im Kontext einer Förderung bedient werden soll, um Fördermittel nutzbar zu machen.

Eine alternative Vorgehensweise kann Medienkonzepte zu nützlichen Werkzeugen einer schulinternen Unterrichtsentwicklung machen und zu einer wertvollen Fundgrube für Förderanträge. Dazu müssen Medienkonzepte nicht mehr als auf die Zukunft gerichtet Planungen wahrgenommen werden, sondern als Dokumentationen gelebter (medien-)didaktischer Praxis. Wenn Schulen eine Praxis entwickeln, in der erprobte Unterrichtsvorhaben dokumentiert werden und dabei Entwicklungspotenziale dieser Szenarien verzeichnet werden, kann eine solche wachsende Sammlung nicht nur ein wichtiges Werkzeug in der Unterrichts- und Personalentwicklung sein, sondern auch Begründungen für unterschiedliche Förderszenarien liefern.

2.4   Fazit

Die Rahmenbedingungen für eine weitere Entwicklung von Schulen im digitalen Wandel sind in Deutschland nach wie vor nicht optimal. Konnte man dafür noch vor kurzem die mangelnde Ausstattung als Hauptgrund identifizieren, wird mehr und mehr deutlich, dass die Kernprobleme an anderer Stelle liegen.

Die Verkürzung, die davon ausgeht, dass gute Ausstattung auch zu guten Konzepten und guten Bildungsangeboten führt, führt in die Irre. Damit Schulen nicht nur digitalisiert werden, sondern auch gute Bildungsangebote entwickeln, bedürfen sie einer Vision einer guten Schule in der digitalen Welt. Diese Vision müssen sie mit dem Schulträger und daher auch mit weiteren Schulen in der Kommune teilen.

Der Hauptimpuls zur Veränderung muss aus der Schule heraus entwickelt und durch die Schulleitung getragen und gefördert werden, doch die Aufgabe und Herausforderung ist zu groß, als dass eine einzelne Schule ihr gewachsen wäre. Vor allem in der lokalen, aber auch in der regionalen und überregionalen Vernetzung gewinnen Schulen Partner/-innen und Helfer/-innen auf diesem Weg.

Bildungsadministration und Bildungspolitik erweisen sich zunehmend als die größere Bremse als die Schulen selbst. Die Trägheit des Systems, die Schulen immer wieder vorgeworfen wird, ist heute eher auf den oberen Ebenen des Systems verankert. Schulen, mit einer sich wandelnden und immer heterogeneren Schülerschaft konfrontiert, spüren den Druck zur Veränderung. Lehrkräfte erkennen immer öfter die Möglichkeiten digitaler Medien. Die Veränderung schulischen Lernens scheitert eher an starren Vorgaben: zu Notengebung, Zeitstrukturen, Inhalten und vielem mehr.

Es wäre aber zu kurz gegriffen, die Verantwortung nur bei der Administration zu sehen. Ein System kann sich nur verändern, wenn es herausgefordert wird. Schulen können mit innovativen Konzepten, Administration herausfordern und sich so neue Freiräume erarbeiten.

DIGITALE TRANSFORMATION UND PÄDAGOGISCHER DISKURS

3 Veränderungen unserer Schule durch Digitalität – mögliche und unmögliche, erwartbare und wünschenswerte

Tobias Oppenhäuser

Mögliche, erwartbare, unmögliche und wünschenswerte Veränderungen im Rahmen der Digitalisierung sollen in diesem Kapitel in den Blick genommen werden. Dazu müssen Blickwinkel eröffnet und verschiedene Ebenen betrachtet und berücksichtigt werden. Das Lernen an sich, das Bildungssystem und die Gesellschaft im 21. Jahrhundert werden thematisiert. Wie schön wäre es doch, könnte man beschreiben, wie sich unsere Schule durch die digitale Revolution verändern wird. Um Ihnen, liebe Leserinnen und Leser, alle Illusionen direkt zu Beginn des Kapitels zu nehmen: Das ist nicht möglich!

Zum einen sind die Startbedingungen vielfältig. Zum anderen wird die halbwegs realistische Einschätzung schon während der Beschreibung von ständigen Wunschgedanken konterkariert. Also beginnen wir mit dem eigentlichen Problem: Kann die digitale Revolution eine Veränderung in Schule bewirken?

3.1   Gesellschaftliche Realität und Digitalität

Die digitale Revolution schafft einen neuen Kontext, sie stellt neue Bedingungen dar. Aber sie ändert unsere Schule nicht. Eigentlich müssen wir fragen, wer oder was Veränderung an Schule überhaupt bewirken kann. Und wer initiiert diese? Und soll das bestehende System überhaupt verändert werden? Wer hat ein Interesse daran? Oder anders gefragt, *warum* sollten wir ein Interesse daran haben? Dazu schauen wir uns die gesellschaftliche Realität und die entsprechende wissenschaftliche und gesellschaftliche Diskussion an.

Gesellschaftliche Realität ist, dass die drei größten soziale Netzwerke jeweils mehr Nutzer/-innen haben als China Einwohner hat (vgl. Statista 2020). Der ehemalige amerikanische Präsident Trump betrieb Politik und steuerte Meinung über Twitter. Terror wird über Telegram u. a. Dienste organisiert. Wir unterhalten uns über WhatsApp. Flüchtlinge finden die Routen mit Hilfe von Google Maps und halten Kontakt über Messenger-Dienste, Banking findet online statt und vergessen wir unser Handy zu Hause, kommt das mitunter einer Katastrophe gleich. Amazon erwirtschaftete im Jahr 2020 einen Umsatz von 386 Milliarden US-Dollar (vgl. Tagesschau.de 2021, 1).

Und wir fangen an zu überlegen, wie wir „dieses Digitale" in die Schule kriegen?! In der wissenschaftlichen Diskussion ist längst angekommen, dass es nicht um Veränderungen durch die digitale Revolution geht oder um digitale Bildung. Das Buzzword lautet *zeitgemäße Bildung*. Krommer et al. (2020, 1) sprechen von der Verwendung dieses Begriffs, „um uns von dieser Fehlkonzeption terminologisch abzugrenzen und zu verdeutlichen, dass Bildung unter Bedingungen der Digitalität einen grundlegenden Wandel auf vielen gesellschaftlichen Ebenen impliziert."

Wir müssen uns also Gedanken machen über Bildung heute und in diesem Zuge den alles durchdringenden Aspekt der Digitalität berücksichtigen. So machen sich die Autoren des CCR-Framework „Die vier Dimensionen der Bildung. Was Schülerinnen und Schüler im 21. Jahrhundert lernen müssen" (Fadel et al. 2017) Gedanken darüber, welche Dimensionen zu berücksichtigen sind. Neben dem *Wissen* sind das auch *Skills* bzw. die als 4K bezeichneten Kompetenzen *kritisches Denken, Kreativität, Kommunikation, Kollaboration* sowie *Charakter* (oder Persönlichkeit) und *Meta-Lernen*, also wie wir reflektieren und uns anpassen.

Nehmen wir einmal die Kreativität, als eines der 4K aus dem CCR-Framework.

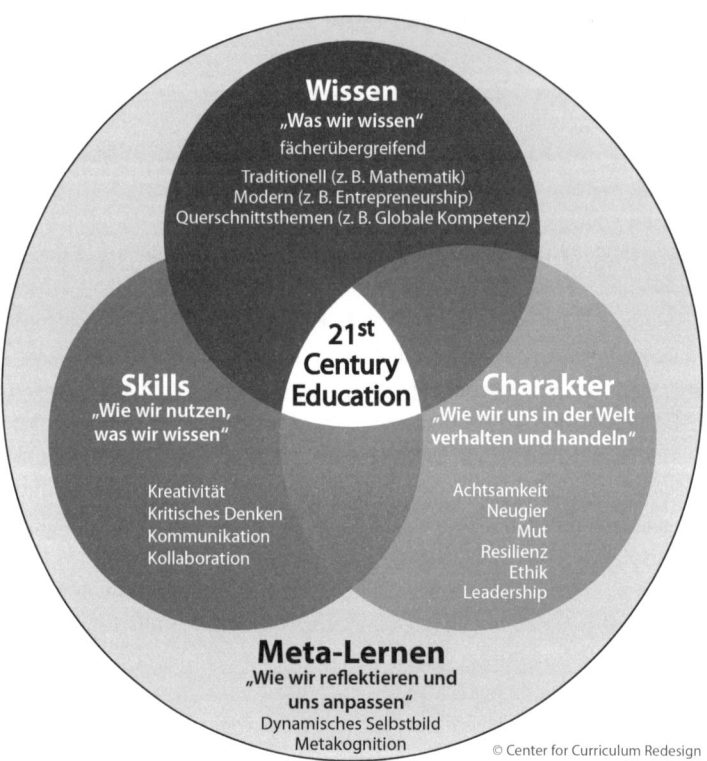

Abb. 1: CCR-Framework (© Center for Curriculum Redesign o. J.)

Großartig erklärt Ken Robinsson (2010, 1) wie unser Bildungssystem es systematisch schafft, die Kreativität unserer Kinder im Laufe der ersten Schuljahre verkümmern zu lassen. Unsere Kinder lernen, was richtig und falsch ist; es steht ja in den Lehrplänen. Während sie von Geburt an entdeckend lernen, verschwinden die Möglichkeiten der Entdeckung rapide und die Unterweisung hält Einzug. Die mit der Kreativität eng verknüpfte Problemlösekompetenz kann ebenso wenig erhalten, geschweige denn ausgebildet werden.

Wenn die Kreativität im Rahmen der 4K eine zentrale Kompetenz im 21. Jahrhundert darstellt, die wir brauchen, um kompetent in der Gesellschaft zu agieren, dann haben wir im bestehenden Bildungssystem ein großes Problem.

Abb. 2: Das 4K-Modell (© Kristina Wahl, diefraumitdemdormedar.de, o. J., CC BY-SA 4.0)

Ein weiterer Gedankengang bringt uns zu den gleichen Schlüssen: Das Dagstuhl-Dreieck zeigt drei Perspektiven auf, aus denen sämtliche „Kernaufgaben der Allgemeinbildung wie Förderung von Verantwortungsbewusstsein, Urteilsfähigkeit, Kreativität, Selbstbestimmtheit, Partizipation und Befähigung zur Teilnahme am Arbeitsleben" (Gesellschaft für Informatik 2016, 2) betrachtet werden sollen. „Inhalte und Kompetenzen der Informatik und der Medienbildung" (ebd.) müssen damit verknüpft werden, weil sie zentrale Inhalte und zugleich Wirkprinzipien der heutigen Zeit darstellen.

▶ Technologische Perspektive: Wie funktioniert das?
▶ Gesellschaftlich-kulturelle Perspektive: Wie wirkt das?
▶ Anwendungsbezogene Perspektive: Wie nutze ich das?

Auf der Grundlage der Erkenntnisse aus den ersten beiden Perspektiven lässt sich eine fundierte Entscheidung über die Nutzung digitaler Systeme treffen. Kompetenzen können so erworben werden.

In der Dagstuhl-Erklärung wird das Zusammenwirken der drei Perspektiven am Beispiel des Bereichs „Kommunikation und Kooperation" aufgezeigt: „Digitale Kom-

munikation und Kooperation ist eine Voraussetzung der Teilnahme an allen Lebens-
bereichen (sozial, kulturell, ökonomisch, politisch) geworden" (Gesellschaft für Informatik 2016, 2).

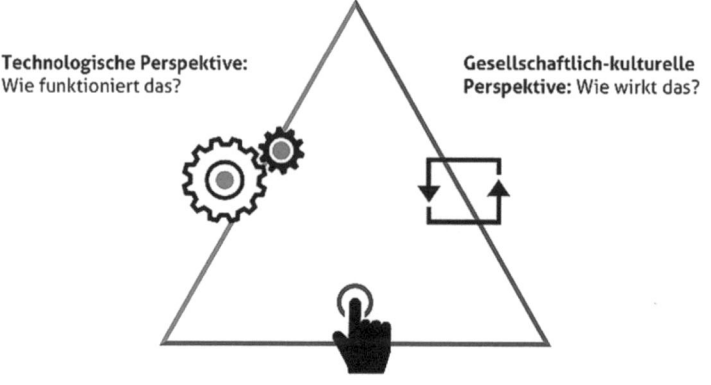

Abb. 3: Dagstuhl-Dreieck (© Döbeli Honegger/Salzmann 2016; CC BY-SA 4.0)

Hier werden die Kompetenzen in der digitalisierten Welt und ihre Bedeutung für das
Lernen offenbar. Erst die Erfassung und Zerlegung der Wirkprinzipien digitaler Sys-
teme ermöglicht uns die kompetente und konstruktive Teilnahme an Gesellschaft.
Lassen wir also unsere Schülerinnen und Schüler diese Erfahrungen machen. Gestal-
ten wir Lernsettings so, dass der Umgang mit digitalen Systemen geübt werden kann.
Lassen wir sie scheitern, Erkenntnisse gewinnen und Schlüsse ziehen für ein nächstes
Handeln. Der Mut, eine Fehlerkultur zu etablieren, kann nur belohnt werden.

Aus Fehlern lernt man!
(deutsches Sprichwort)

Basierend auf der Haltung, dass Kinder diese zukunftsweisenden Kompetenzen brauchen und ausgehend von dem Ziel, dass Kinder in unseren Bildungseinrichtungen
diese Kompetenzen erwerben können, kann es uns leichter fallen, entsprechende
Schulentwicklungsschritte zu planen und entsprechende Strukturen zu schaffen (vgl.
hierzu auch Abb. 5). Mit dieser Blickrichtung können schulische Ziele leichter gefunden werden.

Die umfassenden Kenntnisse über das Lernen aus Wissenschaft, Best Practice und
gesundem Menschenverstand lassen keine Rückschlüsse auf die Veränderungen in

Schule zu. Es gibt längst genügend Erkenntnisse darüber, wie Lernen in der heutigen Gesellschaft stattfinden könnte. Komplexe Zusammenhänge in der Steuerung (Land, Bund, Kommunen, innere und äußere Schulangelegenheiten) und fehlender politischer Druck verhindern aber in der Regel größere Veränderungen (siehe hierzu auch Kap. 20.2.4 Organisationssystem).

In der gesellschaftlichen Diskussion, welche wir in der Presse und im Netz verfolgen können, werden insbesondere folgende Punkte immer wieder genannt: fehlende Ausstattung, fehlende Kompetenz bei Lehrkräften, mangelnder Datenschutz. Und das ist nicht verwunderlich. Sind es doch die Geräte, welche sinnbildlich die Digitalisierung darstellen, die in jedem Zeitungsartikel zum Thema abgebildet werden.

Und diese sind doch nur Zugangsgeräte zum eigentlich Digitalen, nämlich Social Media, KI, Big Data etc. Ohne Geräte geht es nicht und nun werden endlich Gelder in zuvor kaum vorstellbarer Höhe bereitgestellt. Aber auch diese werden dauerhaft nicht reichen. Außerdem sind kommunale Strukturen nicht darauf ausgelegt, diese Gelder in einem sinnvollen Prozess zu nutzen. Es fehlt an personaler Ressource, Kompetenz und Support-Strukturen. Diese Strukturen müssen aufgebaut und mit weiteren Geldern „am Leben gehalten" werden.

Die fehlenden Kompetenzen bei den Lehrkräften werden vielfach genannt. Dass Learning by Doing die Akteure in diesem komplexen Themenfeld nicht ausreichend voranbringen kann, haben nicht nur verschiedene Beispiele im Distanzunterricht gezeigt.

Und dann haben wir noch die große Diskussion um den Datenschutz. Gute Online-Infrastrukturen von den großen „Datenkraken" wären erste Wahl für schulisches Lernen, weil sie einfach in der Nutzung und professionell konzipiert sind. Aber können unsere Kinder dort sicher lernen, ohne sensible Daten preiszugeben?

Wir brauchen umfassende staatliche (Online-)Digitalstrukturen oder gute Verträge mit den großen Anbietern, die Sicherheit in diesem Bereich garantieren. Die staatlichen Angebote (z. B. LOGINEO NRW, mebis in Bayern) erfahren in Corona-Zeiten großen Zulauf und werden weiter ausgebaut.

Nach unserem multifaktoriellen Modell mit Druck-, Wirk- und Zugfaktoren stellt die digitale Revolution einen großen Druckfaktor dar. Dieser Druck trifft nun auf viele Lehrkräfte, die ihr aktuelles Handeln und Wirken gestört bzw. gefährdet sehen. Und es trifft auf Lehrkräfte, die diesen Druck als sehr hilfreich empfinden und zur Veränderung nutzen wollen. Bei diesen können wir noch mal unterscheiden zwischen denen, die schon länger eine Veränderung der Bildung wollen und die Digitalisierung nun dazu nutzen, und denen, die Digitalisierung so wichtig finden und darin den Grund zur Veränderung der Schule sehen. Es sind also auch die Zugfaktoren angesprochen; der pädagogische Diskurs und die Einstellung der Lehrkräfte bzw. deren Haltung.

Beat Döbeli Honegger nennt ebenfalls verschiedene Innovationstypen, die in der Haltungsdiskussion wichtig sind. Sie sind im folgenden Schaubild grafisch dargestellt:

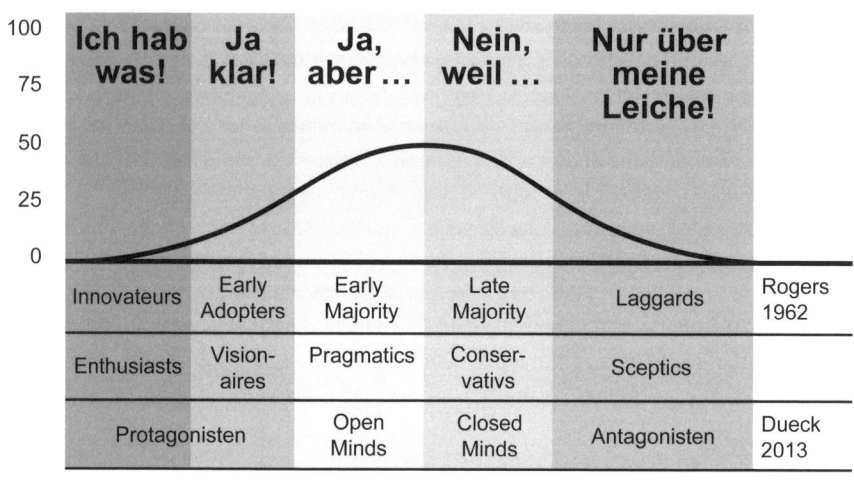

Abb. 4: Innovationstypen (Döbeli Honegger 2017, 106)

3.2 Gelingensbedingungen

Welche Veränderung es in Schulen nun geben wird, hängt also auch stark von den jeweiligen Bedingungen und Konstellationen der Kollegien ab. Das Zusammenspiel von Druck-, Wirk- und Zugfaktoren ist eine entscheidende Grundlage. Eine Veränderung ist in Schulen nur mit entsprechender, möglichst breit übereinstimmender Grundhaltung möglich, insbesondere im Kollegium der Schule aber auch der Kommune als ausstattender Instanz (vgl. Forum Bildung Digitalisierung 2020, 24 f.). Lassen wir das Land an dieser Stelle als rahmende Instanz z. B. mit Lehrplänen, Lehrkraftstellen und somit weiterer Druckfaktoren, einmal außen vor.

Die Haltung ist einer der entscheidenden Faktoren im gesamten Wirksystem. Mit dem Wissen um die gesellschaftliche Realität ist es einfacher, eine Haltung einzunehmen, die Veränderung in unserem System begünstigt und uns den notwendigen Prozess unterstützen lässt.

Damit sich Schule und Unterricht ändern, bedarf es Aktivitäten auf vielen Ebenen, wie in Abb. 5 deutlich wird. Der Unterrichtsentwicklung, welche viele beim Stichwort „Digitalisierung" im Kopf haben, muss ein Schulentwicklungsprozess zugrunde liegen, der die Veränderungen im Unterricht ermöglicht und strukturell fundiert und rahmt. Dieser Prozess findet auf verschiedenen Ebenen der schulischen Struktur statt. Diese müssen bedacht oder eben aufgebaut werden.

Das sind die Führungs-, die Beteiligungs-, die Steuerungs- sowie die Umsetzungsebene (siehe u. a. Kap. 4 Schulentwicklung 5.0 – programmatische Konzepte und agile Prozesse), wie in dieser Grafik dargestellt.

Kooperationsarchitektur: Die Kooperation auf den Strukturebenen von Schule sinnvoll verzahnen

Abb. 5: Schulische Kooperationsebenen (Friedrich/Müller-Hessling 2016)

Um den Kolleginnen und Kollegen eine Positionierung in der Gesamtthematik zu ermöglichen, muss Raum für Diskussionen an verschiedenen Stellen gegeben werden. Dabei sollten neben den bereits thematisierten auch folgende Aspekte berücksichtigt werden. Diese können an dieser Stelle aber nicht vertieft werden:

▸ individueller Förderung
▸ Heterogenität
▸ Inklusion
▸ DaZ/DaF
▸ politische Bildung

3.3   Potenziale

Nach der Beschreibung der Gelingensbedingungen werfen wir zunächst nun einen Blick auf die *wünschenswerten Veränderungen* und die Potenziale, welche es zu entdecken gibt. Einzelne Schulen machen uns vor, in welche Richtung es gehen kann. Aus dieser Gruppe der Schulen erhalten immer wieder einzelne den Deutschen Schulpreis. „Es gab schon immer gute Schulen und Modellschulen. Was wir von ihnen lernen können, ist, dass Schulen, die gegen die Regeln verstoßen, oft besonders erfolgreich sind. Wenn Sie sich die Schulen ansehen, die in den letzten Jahren mit dem Deutschen Schulpreis ausgezeichnet wurden, werden Sie feststellen: Sie haben sich nicht immer an alle Regeln gehalten" (Dziak-Mahler 2020, 1). Schulen könnten eine Fehlerkultur etablieren. Fehler bieten die Möglichkeit, Erkenntnisse zu gewinnen. Sie weisen in die richtige Richtung, um mit den unwägbaren zukünftigen gesellschaftlichen Situationen umzugehen.

Wünschenswerte Veränderungen ermöglichen auch, dass ...

- ▶ Lernsettings individuell wählbar sind.
- ▶ die Heterogenität kreativ genutzt wird.
- ▶ Schülerinnen und Schüler jederzeit ihren Lernstand digital überprüfen können.
- ▶ entsprechende Lernszenarien bereitgestellt werden.
- ▶ Lernen auf Distanz und in Präsenz möglich ist.
- ▶ die Wahl der Medien und deren qualitative Konnotation nicht von wenigen bestimmt, sondern individuell festgestellt werden kann.
- ▶ die Schule Raum für kontroverse Diskussionen bietet.
- ▶ technischer Support jederzeit gewährleistet ist.
- ▶ pädagogischer Support jederzeit gewährleistet ist.
- ▶ ein Coaching allen Beteiligten zur Verfügung steht.
- ▶ Steuerungsprozesse in der Schule eine Kultur des Ausprobierens und Scheiterns ermöglichen und fördern.
- ▶ scheitern als Kompetenzgewinn wahrgenommen wird.
- ▶ die Schule ihre kurz-, mittel- und langfristige Ziele transparent darstellt.
- ▶ Netzwerke aufgebaut und genutzt werden.
- ▶ Schülerinnen und Schüler demokratisch gebildet und gefestigt aus der Schule in die Gesellschaft entlassen werden.

3.4   Erwartbare Veränderungen

Weniger innovativ, dafür wohl realistischer ist der Blick auf die *erwartbaren Veränderungen*. Es ist zu erwarten, dass die Schulen zunehmend gut ausgestattet sind. Die Infrastruktur mit schnellem Internet, WLAN, mobilen Endgeräten und Anzeigeeinheiten sowie weiterer zusätzlicher unterrichtlicher Hardware wird in den kommenden Jahren vorhanden sein. Die Rahmenbedingungen insbesondere durch Schulformen und Lehrpläne sowie durch vergleichbare landesweite Abschlüsse werden sich nur träge verändern, und es werden punktuelle Angleichungen vorgenommen. Eine Anpassung an die gesellschaftliche Realität bezogen auf die Digitalisierung findet nur zögerlich statt. Der Unterricht wird sich zunehmend digitalisieren, aber nicht grundlegend ändern. Voraussichtlich werden Kompetenzen, wie sie von der Kultusministerkonferenz gefordert sind, im Lehrplan-bezogenen Unterricht erworben werden können. Metakompetenzen, wie sie in den 4K gefordert bzw. beschrieben sind, finden nur punktuell Einzug. Leuchtturm-Schulen zeigen uns den Weg auf. Sie werden aber mehr bewundert als nachgeahmt. Der alltägliche Druck auf Schule bleibt zu groß. Hier lauert die Gefahr und hier liegen die riesigen Potenziale. Es stellt sich nicht zum ersten Mal die Frage: Wollen wir das Lernen unter aktuellen Bedingungen verändern und verbessern? Soll es digital oder anders werden?

Schon im Rahmen der europäisch verpflichteten Inklusion wurden die Grenzen des Systems aufgezeigt. An verschiedenen Stellen hat es Veränderung gegeben. Der Blick auf individuelle Bedarfe hat sich erweitert. Dem Gedanken der Inklusion sind wir aber nur auf dem Papier gerecht geworden. Rücksicht auf die individuellen Bedarfe *aller* in einem gleichschrittigen System ist ein Ding der Unmöglichkeit.

Veränderungen durch die Digitalisierung scheinen nach heutigem Stand (Corona-Pandemie 2020/21) möglich, weil das Thema omnipräsent ist und Lösungen bietet, an der Stelle, wo der klassische Unterricht keine Antworten mehr auf die Herausforderungen bietet. Denken wir an das Distanzlernen bei Schulschließungen. Gerade heute bietet das Prozessmodell SAMR nach Ruben Puentedura (2006) eine gute Orientierung, auf welchem Stand Schulen sich befinden und welche die nächsten Schritte sein könnten (siehe hierzu ausführlich Kap. 5.2 Das SAMR-Modell). Die Gefahr, dabei zu kleine Schritte zu gehen, anstatt große Sprünge zu wagen, beschreibt Jöran Muuß-Merholz (vgl. 2020a). Man könne sich in kleinen Schritten verlieren, anstatt lange notwendige Veränderungen einzuleiten. Richtig angewandt hilft das SAMR-Modell, das einzelne Schulsystem in seinem Prozess zu beleuchten und so die Stellen herauszuarbeiten, bei denen es sich lohnt anzupacken.

3.5   Fazit

Um noch einmal auf den anfangs angesprochenen Ken Robinson zu kommen: Wir brauchen eine komplett andere Schule, die die Gegebenheiten der heutigen Gesellschaft berücksichtigt und auf die Zukunft vorbereitet, von der wir noch nicht wissen, wie sie aussieht. Das funktioniert nicht nur über die Aneignung verabredeten Wissens, sondern über den Erwerb von Kompetenzen wie Kreativität, kritischem Denken, Kommunikation und Kollaboration. Ergänzend sollten die Problemlösekompetenz und der Mut, Fehler zu machen und zuzulassen, und tiefgehende Sozialkompetenzen genannt werden. Gesellschaft bedeutet immer *miteinander*, wenn wir nicht wollen, dass sie *gegeneinander* bedeutet.

Mit dieser Vision besinnen Sie sich auf die realen unterschiedlichen Gegebenheiten vor Ort und treffen die wichtige Entscheidung, welchen Weg Sie gehen. Stimmen die Rahmenbedingungen bei Ihnen insoweit, dass Ausstattung, Zusammenspiel mit Kommune und Haltung im Kollegium es zulassen, große Sprünge zu machen, so wagen Sie große Sprünge. Sind die Rahmenbedingungen durchschnittlich, so behalten Sie große Ziele im Auge und gehen Schritt für Schritt voran. Eine Orientierung am SAMR-Modell sowie an den Prozessschritten aus der Schulentwicklung ermöglicht Ihnen eine mittel- bis langfristige Planung, um die großen Ziele zu erreichen. Wichtig sind dabei ausreichend Zwischenziele. Nutzen Sie Ihre internen, Ihre regionalen und überregionalen (Online-)Netzwerke. Halten Sie die Augen auf und lassen sich inspirieren von anderen Schulen und z. B. vom #twitterlehrerzimmer (#twlz). Kooperieren Sie und bringen Sie sich in die Netzwerkarbeit ein. Dies ist mit Sicherheit ein lohnender Invest.

Seien und bleiben Sie kritisch. Überprüfen Sie, ob Bildung an Ihrem System zeitgemäß ist. Dann sehen Sie, welche Veränderung unsere Schule im Zuge der digitalen Revolution durchläuft.

4 Schulentwicklung 5.0 – programmatische Konzepte und agile Prozesse

Jenny Radzimski

Wussten Sie schon, dass die NASA Dank der Erfindung des 3D-Druckers Equipment quasi per Mail zur Raumstation schicken kann? Auf faszinierende Weise zeigt dies im Kleinen, dass sich unserer Welt gerade im Großen verändert. Nicht selten erleben wir dabei Flüchtigkeit (auch Volatilität), Unsicherheit, Komplexität und Ambivalenz. Unter dem Akronym VUKA werden die Folgeerscheinungen des grundlegenden Transformationsprozesses aller Lebensbereiche zusammengefasst. Die Anforderungen der Gesellschaft, der Wissenschaft und der Wirtschaft ändern sich stetig und rasant. Ausgehandeltes Wissen hat eine deutlich kürzere Halbwertszeit. Gegebenheiten müssen schnell und bedarfsorientiert an neue Herausforderungen angepasst werden. Als neue Form der Gemeinschaft und des Zusammenarbeitens werden Netzwerken und Kollaboration vorausgesetzt. Die Schule, als Institution im Zentrum der Gesellschaft, ist in diesem Kontext keine Insel des Althergebrachten, und sie darf es auch nicht sein!

4.1 Konzeptioneller Entwicklungsrahmen

Grundsätzlich muss es Auftrag und Anspruch einer jeden Bildungseinrichtung sein, Lernende auf eine selbstbestimmte und aktive Teilhabe am gesellschaftlichen Leben vorzubereiten und sie dabei zu unterstützen, die dafür notwendigen Kompetenzen auszubilden und zu vertiefen. Fundamental veränderte Gegebenheiten bedürfen folglich auch einer zielgerichteten Evolution im Bereich der schulischen und beruflichen Bildung.

Exhibit 1: Students require 16 skills for the 21st century

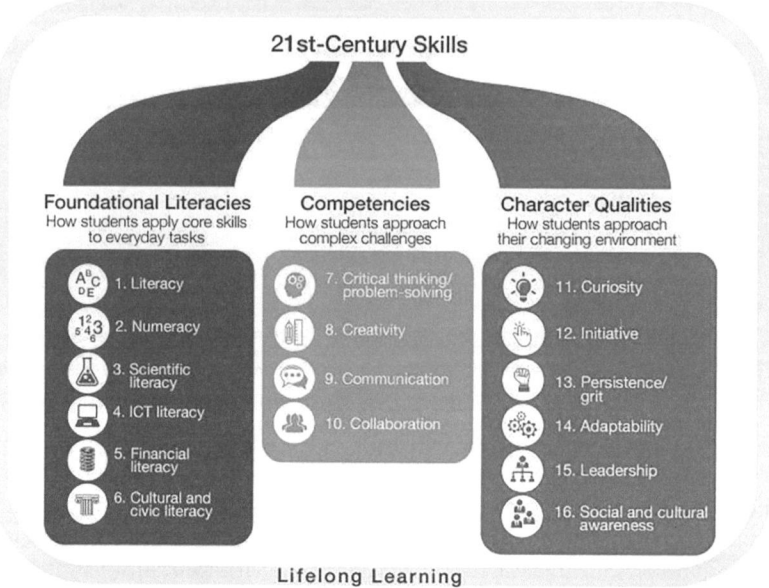

Abb. 1: 21st Century Skills (World Economic Forum 2016, 4)

Unter dem Begriff der „21st Century Skills" (World Economic Forum 2016) wurden jene elementaren Kompetenzen und Charaktereigenschaften sowie allgemeinbildendes Wissen zusammengefasst, die unabdingbar sind. Obwohl die Zukunft nicht umfassend vorhersehbar ist, scheint es überaus logisch, dass wir Menschen unsere Stärken in eben jenen Bereichen ausbauen müssen, in denen uns Maschinen dauerhaft unterlegen sind. Darin enthalten sind z. B. die 4Ks: kritisches Denken, Kreativität, Kommunikation und Kollaboration. Lesen, Schreiben und Rechnen sowie naturwissenschaftliche Erkenntnisse sind weiterhin von hohem Wert. Dazu kommen allerdings weiterführende Kompetenzen mit Blick auf das IT-Wissen, die ökonomische sowie kulturelle Bildung. Diese Kompetenzen liegen in Abb. 1 in der Säule „grundlegende Kompetenzen", die für die Teilhabe am täglichen Leben notwendig sind. Die dritte Säule zeigt wichtige Charaktereigenschaften: Neugierde und Initiative sind hier ebenso relevant wie Beharrlichkeit und Anpassungsfähigkeit. Leadership sowie soziales und kulturelles Bewusstsein runden diesen Bereich ab.

Zweifelsfrei sind viele dieser Elemente nicht grundlegend neu für den Schulsektor. Dennoch bedürfen sie einer konsequenten Erweiterung, Überarbeitung und Fokussierung. Denn wenn sich das gesellschaftliche Miteinander und die Lebens- und Arbeitswelt so grundlegend ändern, muss die Schule auf diese Veränderungen auch grundlegend anders vorbereiten. Der Wandel der Schule muss sich dabei mit der Gesellschaft und inmitten der Gesellschaft vollziehen. Weil wir heute nicht wissen, was morgen sein wird, können wir nicht mit den Mitteln von gestern agieren.

Für die tatsächliche Mitgestaltung unserer digital transformierten Gesellschaft, für die Orientierung in einer Welt mit neuen Leitmedien (vgl. Döbeli Honegger 2017, 37) kann das nur bedeuten, dass neben den allgemeinen bildungspolitischen Anforderungen auch der Blick in die Zukunft Abbildung finden muss. Das konsequente Mitdenken der 21st Century Skills (vgl. Rotherham et al. 2010), die Konzentration auf das Nichtautomatisierbare (vgl. Döbeli Honegger 2017, 47), liefert diesbezüglich Anker und Rahmen für den Horizont eines zukunftsfähigen Schulprogramms.

Mit einem Schulprogramm entwickelt jedes Einzelsystem einen Markenkern, der darüber hinaus u. a. durch Milieu- und Standortfaktoren sowie weitere individualisierende Elemente eine identitätsstiftende Ausschärfung erfährt. Definiert werden nicht nur das *Wer*, *Wo* und *Warum*, sondern auch das *Wie* und *Wann* der Entwicklung einer jeden Schule. Ein Schulprogramm muss dabei die grundlegende pädagogische Orientierung ausweisen und Transparenz bezüglich des inhärenten Erziehungsauftrags herstellen. Die Vision und das Leitbild einer Schule sind dabei immanente Bestandteile des Selbstkonzepts. Die Schule, das sind die Menschen; folglich bilden das Miteinander und die professionelle Gestaltung von Beziehungen aller am Entwicklungsprozess Beteiligter den Kern und das Ziel aller Bestrebungen. Kollaborative Arbeitsformate, Hybridformen des Lehrens und Lernens, tatsächliche Partizipation und Kooperation sowie schulinternes Netzwerklernen unterstützen das Einzelsystem, sich den Herausforderungen einer Welt im stetigen Wandel konstruktiv zu stellen. Digitale Medien dienen dabei durchaus als wertvolle Tools der Ermöglichung. Unabdingbar jedoch ist das weitreichende und geteilte Verständnis, dass es Achtsamkeit und Nachhaltigkeit sind, die das Verhältnis von Mensch und Umwelt charakterisieren. Die folgenden Überlegungen bewegen sich in diesem Spannungsfeld der Schulentwicklung und machen Angebote zur systemischen Prozesssteuerung.

4.2 Systemische Prozesssteuerung

Deutschland hat nicht nur 80 Millionen Bundestrainer, wir haben auch mindestens genauso viele Experten wenn es um Schule geht. Weil jeder schon einmal da war, glauben alle, mitreden zu können. Oft wird ein düsteres Bild gezeichnet, durchaus vorhandene Unterschiede in der Wahrnehmung oder Erinnerung werden gekonnt nivelliert und wenn es darum geht, Ideen zu entwickeln, wie man Schule verbessern kann, bleibt es oft bei leeren Phrasen und Schulterzucken, gefolgt von der Erkenntnis, dass die meisten den Job der Lehrenden oder der Leitenden nicht machen wollten. Tatsächlich positive Beispiele sind meist verknüpft mit zwischenmenschlichen Erfahrungen, mit der Gestaltung einer Beziehungsebene und selten mit der Institution an sich. Es ist also Zeit, sich dem Begriff von Schule mit Offenheit zu nähern, denn irgendwo zwischen der Annahme, dass Schulen Gebäude sind, in denen sich Lernende tagsüber langweilen und Lehrende zermürbt werden von immer neuen bildungspolitischen Setzungen und der Hoffnung, dass an jenen Orten relevantes Wissen erworben, Kompetenzen entwickelt und Lernprodukte geschaffen werden, muss es sich verbergen, unser Verständnis von guter Schule. Dies müssen wir verhandeln und transparent dokumentieren, um Schulen konsequent im Sinne aller weiterzuentwickeln.

Schulen sind Orte, aber auch mentale Einheiten, die mit dem Ziel der Vorbereitung der Lernenden auf die aktive Teilhabe am gesellschaftlichen Leben u. a. durch die Schaffung von Ermöglichungsräumen und im Rahmen von bildungspolitischen Vorgaben ihr individuelles Profil schärfen und so unter Wahrung der Standards Individualität ausbilden. Sie sind dabei sowohl Arbeits- als auch Lebensraum für alle: Lernende, Lehrende und nicht-pädagogisches Personal und müssen es schaffen, Beziehungen positiv und professionell zu gestalten.

Um den bildungspolitischen Zielen gerecht zu werden, müssen sich alle am Schulleben Beteiligten u. a. auf gemeinsame Ziele und Werte einigen. Festgeschrieben werden diese im Schulprogramm, das das Leitbild, pädagogische Grundorientierungen, den Erziehungsauftrag und Entwicklungsvorhaben dokumentiert. Der gesellschaftliche Wandel ist dabei stets eine Leitplanke, die mal mehr, mal weniger gut in die Strukturen der Schule implementiert wird. Auf dem Hintergrund der digitalen Transformation ergibt sich nun die absolute Notwendigkeit, sich den Herausforderungen zu stellen und die Schule zu einem tatsächlichen Element der realen Welt zu machen. Schule muss mitten im Leben stehen und die gesellschaftlichen Veränderungen sowohl abbilden als auch erfahren unterstützen. Denn mit der Digitalisierung wird nicht etwa, wie es so schön heißt, „eine neue Sau durchs Dorf getrieben". Es entscheidet sich hier, welchen Stellenwert Schule als Bildungseinrichtung zukünftig haben wird. Welche Daseinsberechtigung sie auf Dauer hat. Am Leben vorbei oder darauf vorbereitend?! Dies zu ermöglichen setzt ein Schulprogramm als Steuerungselement der zielgerichteten Schulentwicklung jedes schulischen Einzelsystems voraus, das auf Reflexion, Selbststeuerung und Selbstorganisation setzt.

Zwar gibt es durchaus auch andere Modelle der Schulentwicklung, jedoch hat sich insbesondere das Drei-Wege-Modell durchgesetzt. Weiterentwickelt zum Changemanagement beinhaltet es zum einen den Bereich der *Organisationsentwicklung.*

Dieser beschreibt eine Entwicklung, die sich von innen heraus, durch ihre Mitglieder vollzieht und auf einen Zeitraum von ca. fünf Jahren anzulegen ist. Die Einrichtung *professioneller Lerngemeinschaften* kann als geeignetes Mittel dienen, Schulen zu (selbst-)lernenden Institutionen zu entwickeln. Der Bereich der *Unterrichtsentwicklung* zeichnet sich durch Systematik im Herangehen, durch einen teamorientierten Ansatz und die Ausweitung von Prozessen auf die Schule als Ganzes aus. Sie umfasst die „Gesamtheit der systematischen Anstrengungen, die darauf gerichtet sind, die Unterrichtspraxis im Sinne eines sinnhaften und effizienten Lernens zu optimieren" (Rolff 2018, 20). Der dritte Bereich ist die *Personalentwicklung*. Auch als Persönlichkeitsentwicklung zu verstehen, geht es hier um Fortbildung, Personalführung und -förderung (ebd., 24). Einerseits sind Schulen Systeme, die sich durch die notwendige Ausrichtung an den Lernenden immer weiterentwickeln müssen. Andererseits herrscht gerade hier auch der Wunsch, Bekanntes zu bewahren. Unabhängig von der Art des Systems gehen Mitglieder stets unterschiedlich mit der Prämisse der Weiterentwicklung um. Deshalb ist der Umgang mit Widerständen elementar für die erfolgreiche Einleitung des Changes und alle, die Innovator/-innen und die Skeptiker/-innen, müssen einbezogen werden (siehe hierzu ausführlich Kap. 20 Kollegiale und systemische Widerstände – Chancen und Hemmnisse). Und obwohl die Corona-Pandemie sicher zu einer Beschleunigung von Entwicklungen beigetragen hat, sind deren Zusammenführen und die gezielte und reflektierte Steuerung grundlegend wichtig, wenn Unterricht in der digital transformierten Gesellschaft den Anforderungen an gelingenden Unterricht tatsächlich entsprechen soll. Damit einher geht u. a. die Akzeptanz, dass sich aufgrund des Verlusts des Informationsmonopols die Rolle der Lehrenden nachhaltig wandelt, und dass Lernenden zeitgleich sehr viel mehr Eigenverantwortung für ihren Lernprozess übertragen werden muss (vgl. Döbeli Honegger 2017, 52).

4.3 Der Qualitätskreislauf als strukturierendes Element

Nachdem die Notwendigkeit einer nachhaltigen Schulentwicklung auf der Grundlage eines steuernden Schulprogramms insbesondere im digitalen Wandel dargelegt wurde und die dafür notwendigen Bereiche der Organisationsentwicklung, Unterrichtsentwicklung und Personalentwicklung ausgewiesen wurden, werden nun strukturierende Elemente für einen zielführenden Entwicklungsprozess vorgestellt.

Im klassischen Setting hat sich dafür der *Qualitätskreislauf* als ein strukturgebendes Tool etabliert. Beginnend bei der allgemeinen Bestandsaufnahme werden folgend Prioritäten für die Veränderung bzw. Entwicklung gesetzt. Daraus werden konkrete, *smart* formulierte Ziele abgeleitet und die für die Erfüllung notwendigen Maßnahmen ausgewählt. Smart bedeutet, dass die Ziele spezifisch, messbar, akzeptiert, realistisch und terminiert sind. Deren konkreter Einsatz muss dann detailliert geplant werden. Der Durchführung der Maßnahmen folgt die Evaluation, die ihrerseits wieder in eine Bestandsaufnahme mündet und für einen Neubeginn des Kreislaufs sorgt. Einsatz findet diese Prozessstrukturierung sowohl im Großen, also bei der Vorbereitung, Durchführung und Evaluation großer Veränderungen, als auch bei Teilschritten eben dieses Changes.

Die Leitung einer Schule spielt bei Entwicklungsprozessen eine zentrale Rolle (siehe hierzu ausführlich Kap. 17 Leitungshandeln – Entscheidungen treffen, Impulse geben, Prozesse sichern). Wenn sie es schafft, konfluent zu agieren, teilt sie die Führungsaufgaben auf, nutzt die Methode des Co-Managements und führt letztlich wieder alle Aufgabenfelder situationsbezogen zusammen. Betrachtet man die mannigfaltigen Aufgaben einer Schulleitung, so ist die verteilte Führung, auch *distributed leadership*, eine geeignete Methode, mit der drohenden Rollenüberlastung umzugehen (vgl. Rolff 2018, 207). Mit Blick auf Schulentwicklungsprozesse bedeutet das, mit Unterstützungskräften, z. B. mit der erweiterten Schulleitung, der Steuergruppe oder auch Fachschaften, vertrauensvoll zu kooperieren.

Generell gilt, dass ein gemeinsam entwickeltes Leitbild als Teil des Schulprogramms Identität stiftet und Entwicklungsvorhaben plausibel macht. Ist diese Bedingung gegeben, wird es leichter, Veränderung innerhalb eines Systems anzustoßen und durchzuführen. Insbesondere, weil Entwicklung Zeit braucht und erst mit einem größeren Abstand messbare Veränderungen offenbart, bleibt es Aufgabe der steuernden Instanz, die Beteiligung aller zu ermöglichen und für kontinuierliche Transparenz zu sorgen.

4.4 Lernen neu denken – zur Notwendigkeit eines Paradigmenwechsels

Schule muss sich an dem Anspruch messen lassen, Lernende auf eine aktive Teilhabe am gesellschaftlichen Leben vorzubereiten und muss die tatsächliche Welt deshalb authentisch abbilden. In Zeiten des Paradigmenwechsels, in der sich unsere Gesellschaft in Netzwerken organisiert und sich z. B. das Machtmonopol Wissen auflöst, verlangt dies folglich nach einer grundlegenden Erneuerung. Wenn Wissen allgemein zugänglich und stets verfügbar ist, geht es z. B. eben nicht mehr allein darum, dieses in sich anzuhäufen. Für das Selbstverständnis von Lehrenden bedeutet das, allen am Lernprozess Beteiligten noch mehr als zuvor auf Augenhöhe, mit Offenheit und einem positiven Menschenbild zu begegnen. Die Lehrenden werden im Unterrichtssetting zu Gastgebenden, die Lernangebote schaffen, die sich an den individuellen Bedürfnissen der Lernenden orientieren. Dieser Wandel der Lehrenden hin zu Lernberater/-innen und Lerncoaches bzw. Lerncoachinnen kommt für viele Lehrende einem Paradigmenwechsel gleich. Zudem muss jede/-r Lehrende den/die Lernende/-n in sich selber (wieder-)finden und voranbringen. Lernen muss generell so angelegt werden, dass es für die Lernenden erfolgreich ist. Dies dient als Basis und stiftet Motivation für eine positive Grundhaltung gegenüber dem lebenslangen Lernen, das zukünftig und mehr denn je existenzsichernd ist. Neugier, Lust und Erfolg beim Lernen bilden die Eckpfeiler dieses pädagogischen Konzepts. Die Lernprofis in einer solchen Konstellation sind die Lernenden (jeden Alters) selbst, die durch die Lehrenden auf ihren persönlichen Lernwegen gestärkt und zum Erfolg geführt werden. Wenn die Lernenden als Menschen im Mittelpunkt stehen und sich der Unterricht bzw. die Lernaufgaben an ihren individuellen Bedürfnissen ausrichten, bedeutet das im Umkehrschluss, dass den individuellen Lernenden ein hohes Maß an Eigenverantwortung übertragen wird, was z. B., übereinstimmend mit der Arbeitswelt, die Bildung von analogen und digitalen Wissensnetzwerken voraussetzt.

Ein solcher Change der Lehr- und Lernkultur gelingt nur, wenn allen Stakeholdern einer Schulgemeinde genügend Fortbildungen, Zeit, Vertrauen, Geduld und zusätzliche finanzielle Ressourcen zur Verfügung stehen. Schulleitungen sind hier besonders gefordert. Sie sollten das Thema einerseits durch entsprechende Priorisierung fokussieren und konsequent in allen Entwicklungsprozessen abbilden. Andererseits sollten sie die unterstützenden Rahmenbedingungen schaffen und mit ihrer eigenen, veränderten Haltung beispielhaft vorangehen. Denn nur innerhalb eines vertrauensvollen Schulklimas, mit einem Kollegium, das die Beziehungsebenen pflegt und auf multiprofessionelle Teams setzt, werden die Stärken der Lehrenden und Lernenden erkannt. Nur hier können sie eigene Entwicklungsbedarfe eingestehen und bevorstehende Prozesse wertschätzend und gemeinsam gestalten. Es bedarf einer neuen Fehlerkultur, die Misserfolge als Lernchancen betrachtet.

Um diesen Wandel erfolgreich zu gestalten, sollten wir auf die individuellen Stärken aller am Schulleben Beteiligter setzen und zusätzlich von den positiven Effekten profitieren, die kollaborative Arbeitsformen hervorbringen und dabei zusätzlich auch andere Stakeholder einbeziehen. Nur so können wir unsere Vision von einer zeitgemäßen Schule nachhaltig entwickeln. Ein wesentlicher Schlüssel zum Erfolg ist folglich Multiperspektivität; das mag an sich nicht neu sein, bedarf aber der Einbeziehung aktueller Gegebenheiten, was wiederum nicht trivial ist und z. T. das klassisch hierarchische Top-Down-Prinzip des Bildungssektors aushebelt. Auch dies ist zweifelsohne ein Paradigmenwechsel.

Zeitgemäße Projektmanagement-Konzepte berücksichtigen die Tatkraft multiprofessioneller Teams und schaffen Räume zur Erprobung und Ermöglichung von Entwicklung und können daher klassische Vorgehensweisen ergänzen oder gar ersetzen. Sie setzen bewusst auf Kooperation und etablieren Kollaboration innerhalb des eigenen Systems, aber auch mit anderen Systemen oder Stakeholdern. Das bedeutet z. B., dass institutionell zwar durchaus ein unterstützender organisatorischer Rahmen gegeben sein sollte, die Mitglieder eines Teams diesen aber innerhalb einer gewissen Größe nach ihren eigenen Bedürfnissen gestalten können. Grundlegend sind ein angepasstes Aushandeln von Rollen und ein gemeinsames Commitment. Arbeitsprozesse können unter Zuhilfenahme geeigneter Applications phasenweise asynchron stattfinden und Ergebnisse abgeglichen werden, so wird den unterschiedlichen Bedürfnissen der Teammitglieder Rechnung getragen. Die Nutzung geeigneter Feedback-Instrumente hat sich begleitend als hilfreich erwiesen. Ein pädagogischer Tag mag ein geeignetes Instrument sein, über einen Arbeitsstand zu informieren und gemeinsam einen Auftakt zu machen oder um in Präsenz miteinander weiterzuarbeiten. Wesentlich ist aber auch die Kontinuität, in der die Arbeit ausgeführt und wertgeschätzt wird.

4.5 Scrum – agile Entwicklung in der Schule

Eine Möglichkeit, Prozesse agil zu gestalten, bietet Scrum. Ursprünglich als Managementframework im Rahmen von Software-Entwicklung entstanden, hat sich dieser Ansatz für Projekte etabliert und fasst seit ein paar Jahren u. a. als EduScrum auch im Bildungssektor Fuß. Es basiert auf dem 2001 von 17 Software-Entwicklern geschriebenen agilen Manifest, das Individuen und Interaktionen gegenüber Prozessen und Werkzeugen priorisiert. Ein funktionierendes Produkt auszuliefern ist dabei wichtiger als umfangreiche Dokumentation. Die Zusammenarbeit mit dem Kunden/der Kundin ist wertvoller als Vertragsverhandlungen mit ihm/ihr. Wesentlich ist ebenso die Erkenntnis, dass die Reaktion auf Veränderungen wichtiger ist als das Einhalten eines Plans.

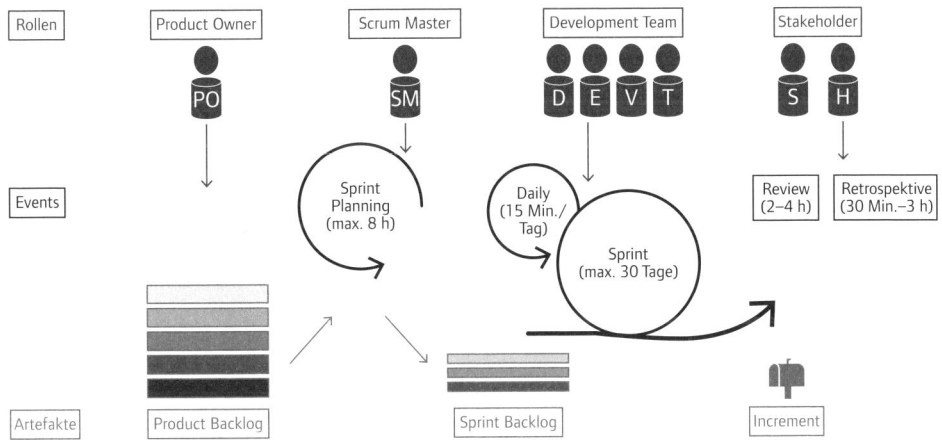

Abb. 2: Scrum Framework (© Cornelsen/Jenny Radzimski)

In diesem Sinne werden innerhalb kurzer Arbeitszyklen, sogenannter Sprints, durch ein festes Team, das über das dafür notwendige Wissen und die Fähigkeiten verfügt und das außerdem produktiv zusammenarbeiten kann, zuvor priorisierte Produktinkremente erzeugt. Das Team muss dabei autonom sein, also ohne wesentliche externe Abhängigkeiten das Sprint-Ziel erreichen können (vgl. Pichler 2009, 14). Das setzt voraus, dass Teams interdisziplinär zusammengesetzt sind und selbstorganisiert arbeiten. Dafür trifft sich das Team täglich, im Daily, und bringt sich binnen 15 Minuten gegenseitig über zurückliegende und bevorstehende Aufgaben auf Stand und meldet Unterstützungsbedarfe an. Eine Teamleitung oder eine/-n Manager/-in gibt es nicht. Der Scrum Master dient dem Team; er hat zwar Einfluss, aber keine Autorität und agiert als Coach/-in. Seine Aufgabe ist es, Hindernisse zu beseitigen, Probleme anzusprechen „und ins Bewusstsein des Teams zu rücken" (ebd., 21). Außerdem sichert er die direkte Zusammenarbeit mit dem Product Owner (PO). Dieser trägt eine wesentliche Verantwortung im Prozess, denn durch seine Rolle wird die Entwicklung gesteuert. Einerseits besteht die Notwendigkeit der engen Zusammenarbeit mit dem Team, andererseits repräsentiert der PO die Kund/-innenwünsche; er beschreibt sie und übernimmt sie in das sogenannte Product Backlog, das alle Anforderungen an das Produkt enthält. In den oben genannten Sprints, die regulär maximal 30 Tage dauern, werden jene Aufträge bearbeitet, die zuvor durch das Team aus dem Product Backlog in das Sprint Backlog überführt wurden. Jeder Sprint endet mit einer Auslieferung im maximal vierstündigen Sprint Review. Konsequentes Testen der Zwischenergebnisse und die ritualisierte Einbindung von Feedback durch den Kunden bzw. die Kundin sichert eine enge Bindung und schafft die Möglichkeit, agil auf Veränderungen und wechselnde Bedürfnisse zu reagieren. Jedem Review schließt sich eine Retrospektive an, die bei einem einmonatigen Sprint drei Stunden dauert. Hier nehmen das Team, der Product Owner und der Scrum Master teil. Letzterem kommt in dieser Phase eine besondere Bedeutung zu, weil er zielführende Aktionen auswählt, um einen guten Rahmen zur Selbstüberprüfung zu schaffen. Im Fokus stehen die Individuen, ihre Beziehungen, die Prozesse und Werkzeuge. Ziel ist es, die Produktivität des Teams kontinuierlich zu steigern, indem Impediments, also Störungen, identifiziert und nachhaltig abgebaut werden. Erst wenn dieser Baustein des Frameworks erfolgreich beendet wurde, startet mit dem Sprint Planning ein neuer Durchgang. Der Umfang jeder neuen Teilaufgabe wird währenddessen durch das Team eingeschätzt. So können Aufträge nach Kapazitäten vergeben und eine Überforderung des Teams vermieden werden.

Mit Blick auf den Bildungsbereich muss das Framework nach Siegert selbstverständlich angepasst werden (vgl. Siegert 2021, 13). Er hat die Werte des agilen Manifests für den Bildungsbereich übersetzt und sagt:

► Individuen und Interaktionen sind wichtiger als traditionelle Prozesse und Werkzeuge.

► Arbeitsprojekte und -ergebnisse sind einer umfassenden Dokumentation und Verschriftlichung vorzuziehen.

► Die Zusammenarbeit mit allen am Schulleben Beteiligter ist wichtiger als das Festhalten an Regelungen, Zuständigkeiten und Hierarchien.

► Die Reaktion auf Feedback, dieses wahr- und anzunehmen ist dem Festhalten an fixen Plänen vorzuziehen.

Siegert setzt Agilität gleich mit einer Kultur, mit Denkweisen (vgl. ebd., 18), die man auch als eine veränderte Haltung beschreiben kann. Diese Haltung kann unterstützen, sich in unserer Welt zurechtzufinden, die sich unaufhaltsam und grundlegend verändert.

Gerade in turbulenten Zeiten und gerade im Bildungssektor können die drei Säulen der Empirie Inspektion, Adaption und Transparenz aus dem Scrum Framework einen wertvollen Beitrag zum Erfolg eines Projekts leisten, weil sie allen Beteiligten Kontrolle und so auch Halt und zielführenden Gestaltungsraum geben. Transparenz steht dafür, dass alle Informationen das Projekt betreffend für alle jederzeit zugänglich sind. Das Team verfolgt ein gemeinsames Ziel und niemand hat eine versteckte Agenda. Im Rahmen der Inspektion prüft jedes Teammitglied das Produkt und den Prozess auf Vollständigkeit und Qualität und gemeinsam werden ggf. durch die Adaption kontinuierliche Verbesserungen initiiert.

Macht sich also eine Schule agil auf den Weg, z. B. das eigene Schulprogramm zukunftsfähig zu überarbeiten, stehen ihr eine Vielzahl an Möglichkeiten und unterstützenden Tools dafür zur Verfügung.

Kanban-Boards können helfen, Arbeitsstände und Aufgabenpakete während eines Sprints transparent zu dokumentieren. Sie sind in Spalten organisiert und Ziel ist es, die Kärtchen mit den unterschiedlichen Arbeitsaufträgen über die Phasen *To-do, Doing, Review* schrittweise nach rechts in die letzte Spalte *Done* zu bringen. Die Verwendung eines solchen Boards schafft Transparenz mit Blick auf die anstehenden Arbeiten, ihren Umfang und den Bearbeitungsstand, und zwar auch dann, wenn Teammitglieder parallel an unterschiedlichen Aufgaben arbeiten. Dies ist insbesondere deshalb wichtig, weil die Gestaltung von Schulentwicklung, die Durchführung von Projekten, nie der einzige schulbezogene Auftrag von Lehrenden ist. Es handelt sich dabei immer um absolut notwendige Zusatzaufgaben, die neben der Unterrichtsverpflichtung stattfinden müssen. Daher ist die Ermöglichung des asynchronen Arbeitens immanent wichtig.

Steve Jobs sagte, dass große Dinge nicht von einer Person allein, sondern von einem Team guter Leute erreicht werden. Was bedeutet es, ein solches Team im schulischen Kontext zusammenzusetzen? Der Blick auf die studierten Fächer darf dabei nicht das einzige Kriterium sein. Viel wichtiger scheint es, dass Lehrende und das nicht-pädagogische Personal ihr persönliches Portfolio erstellen und regelmäßig pflegen. Denn es sind gerade Zusatzqualifikationen, Querschnittsthemen oder unerwartete Interessen, die für ein Team besonders wertvoll sein können. Selbstverständlich muss darüber hinaus für die Zusammenarbeit eine zwischenmenschliche Basis bestehen, aber es ist Teil unseres professionellen Grundverständnisses, dass wir uns mit Blick auf das gemeinsame Ziel bestmöglich in den Prozess einbringen und dafür kooperativ miteinander interagieren. Der Scrum Master begleitet das Team dabei, die vier Phasen nach Tuckman, Forming, Storming, Norming und Performing, zu durchlaufen, um die Produktivität des Teams kontinuierlich zu steigern (vgl. Wilson 2017, 22 f.).

Während der Arbeit am Projekt würde sich das Scrum-Team täglich 15 Minuten lang treffen. Das zu organisieren, stellt aufgrund der unterschiedlichen Arbeitszeiten, -orte und Stellenumfängen eine große Herausforderung dar, die anzunehmen jedoch gewinnbringend ist. Hier zeigt sich einmal mehr, dass die Planung von Entwicklung präzise auch in einzelnen Schuljahren erfolgen muss, um Gelingensbedingungen z. B. durch die Erstellung eines begünstigenden Stundenplans zu berücksichtigen. Meetings müssen dabei nicht immer zwingend vor Ort stattfinden. Man kann zwischendurch auch auf digitale Alternativen zurückgreifen. Dennoch sollte das Team in der Schule einen festen Raum haben, um zu arbeiten, sich zu besprechen und Ideen zu entwickeln.

Zu den Reviews sollten gezielt alle interessierten Kolleginnen und Kollegen eingeladen werden, denn aus ihren Rückmeldungen kann das Team wertvolle Hinweise für die folgenden Arbeiten ableiten. Wie in der Wirtschaft sorgt eine solche Form der stetigen Einbeziehung darüber hinaus für eine enge Bindung zwischen dem Team und dem Kollegium und eröffnet so noch mehr Raum für die Zuschreibung von persönlicher Bedeutsamkeit. An dieser Stelle wird deutlich, welche Vorteile das Scrum Framework im Vergleich zu klassischen Verfahren der Schulentwicklung hat. Oft wird zwar ein größerer Aufschlag mit dem gesamten Kollegium unternommen, um möglichst alle mental an Bord zu holen und die Relevanz des Themas zu erklären. Sicher wird zwischendurch im Rahmen von Kollegiumskonferenzen neben vielen anderen Themen auch über Arbeitsstände berichtet. Aber die verantwortliche Arbeitsgruppe agiert meist für sich allein und kann rückwirkend maximal auf die Parameter verweisen, die richtungsweisende Entscheidungen innerhalb des Teams motiviert haben. Bei der Präsentation des Endergebnisses, z. B. im Rahmen einer weiteren Kollegiumskonferenz, können Rückmeldungen kaum noch in das Endprodukt einfließen, weil Veränderungen in einem Bereich oft auch ein Nachsteuern in einem anderen provozieren. Ein derart holpriger Start kann den Erfolg eines Vorhabens nachhaltig negativ beeinflussen, denn Frustration führt selten dazu, dass Konzepte Anwendung finden und institutionell tatsächlich gelebt werden.

Dieses Kapitel beschäftigt sich mit der zielgerichteten Entwicklung von Schule. Aber selbstverständlich beinhaltet dies auch die Weiterentwicklung von Unterricht, in welchem Scrum ebenso Anwendung finden kann. Im Zeitalter der digitalen Transformation sollten Schule und Lernen auf die Lernenden ausgerichtet sein und diesen zum Forschen anregen. Lernaufgaben sollten nach Rosa (2017) problemorientiert, perspektivisch, kontextualisiert und ergebnisoffen sein. Sie müssen Sinn stiften und zum Austausch anregen; sie sollten Lernende motivieren, Lösungen oder Antworten finden zu wollen (vgl. ebd.). Wenn man dies unter Verwendung des Frameworks erreichen möchte, übernimmt die Lehrkraft in Anlehnung an Mittelbach die Rolle des Product Owners (vgl. Mittelbach 2021, 174) und gibt das Ziel, also das zu erreichende Lernprodukt, vor oder handelt es mit den Lernenden aus. Die Teams setzen sich multiprofessionell zusammen und arbeiten gemeinsam an der Erfüllung der Aufgabe. Dabei gleichen sie ihre Arbeitsstände immer wieder miteinander ab und unterstützen sich gegenseitig. Das Framework liefert eine sinnvolle Rahmung, Unterrichtsvorhaben außerhalb der Grenzen von Fächern und ggf. sogar außerhalb fester Jahrgangsstufen zu arrangieren. Lehrende, die in diesem Kontext miteinander kooperieren, könnten dann als Scrum Master für Teams fungieren, sie methodisch unterstützen und Teamprozesse beobachten und positiv begleiten. Primär hieße das, „Kommunikations- und Interaktionsprozesse sowie Entscheidungs- und Leitungsstrukturen zu beobachten" und in Konfliktsituationen hilfreiche Lösungsstrategien zu vermitteln (Reuter 2021, 35). So würde der Scrum Master dafür sorgen, dass „die Gruppe wieder effektiv arbeiten kann".

4.6 Schulentwicklung 5.0

Mit dem Ansatz der Society 5.0 setzt die japanische Regierung auf die Schaffung von gesellschaftlicher Akzeptanz für eine „nachhaltige, intelligente und komplett vernetzte Gesellschaft, die sich modernste Technologie zunutze macht, um sowohl die eigene Lebensqualität als auch die Welt selbst zu verbessern" (Klaus 2019). Zentral geht es dabei darum, in den Bereichen der Fertigung (Smart Factory), des Gesundheitswesens (Smart Healthcare), des Städtebaus (Smart City) und der Verwaltung (Smart Government) smarte Technologien und neue Entwicklungen in den Dienst der Gesellschaft zu stellen und nachhaltig und ressourcenschonend mit der Welt umzugehen.

Mit Blick auf den Bildungsbereich startet die UNESCO in Kooperation mit dem Bundesministerium für Bildung und Forschung im Jahre 2021 mit dem Programm Education for Sustainable Development: Towards achieving the SDGs (Sustainable Development Goals) kurz BNE 2030 in eine neue BNE-Dekade (Bildung für nachhaltige Entwicklung). Die dafür entwickelte Roadmap sieht in diesem Kontext vor, die fünf prioritären Handlungsfelder der UNESCO (1. politische Unterstützung, 2. ganzheitliche Transformation von Lern- und Lehrumgebungen, 3. Kompetenzentwicklung bei Lehrenden und Multiplikatoren, 4. Stärkung und Mobilisierung der Jugend und 5. Förderung nachhaltiger Entwicklung auf lokaler Ebene), den UNESCO-Japan Preis für BNE sowie die nationalen und internationalen Partnernetzwerke systematisch weiterzuentwickeln. Ziel ist es,

> „die BNE-Aktivitäten auf der ganzen Welt anzustoßen und zu intensivieren [und] Bildung und Lernen so zu gestalten, dass jeder Mensch das Wissen, die Fähigkeiten, Werte und Einstellungen erwerben kann, um zu einem gerechteren, friedlicheren und nachhaltigeren gesellschaftlichen Zusammenleben beitragen zu können. Zum anderen soll die Rolle der Bildung in allen Programmen, die nachhaltige Entwicklung fördern, gestärkt werden." (UNESCO 2021, 1)

Abb. 3: Unesco BNE-Programm 2030 (© Visual Facilitators/Pertoft 2020)

Wenn es gelingt, nicht nur schulische Einzelsysteme, sondern das Bildungssystem als Ganzes inmitten der gesamtgesellschaftlichen Transformation zukunftsfähig aufzustellen und kontinuierlich weiterzuentwickeln, bedeutet das die Etablierung einer Smart Education; einer Bildung 5.0, die die gesellschaftliche Netzwerkstruktur abbildet und sich nachhaltig und intelligent die modernste Technologie zunutze macht. Nur so können wir unsere Lernenden auf die aktive Teilhabe am gesellschaftlichen Leben und dessen Mitgestaltung vorbereiten und ihnen helfen, sich in Zeiten von künstlicher Intelligenz (AI) und virtueller Realität (VR) zurechtzufinden und sicher zu verorten. Nicht vergessen werden dürfen dabei die Werte der Nachhaltigkeit, denn wir sind nicht nur eine Schule, ein Bundesland, ein Land. Wir sind eine Weltgesellschaft.

4.7 Fazit

Wir alle hoffen, nach erfolgreicher Beendigung der Corona-Pandemie genügend Erkenntnisse gewonnen zu haben, zukünftig besser auf globale Herausforderungen dieser Art vorbereitet zu sein und schrittweise zu gewohnten Mustern des Zusammenlebens und der Lebensgestaltung zurückkehren zu können. Zu denken, dass digitale oder hybride Formen des Unterrichts damit auch wieder verschwinden und sich auch schulisch das Altbekannte neu etabliert, ist jedoch ein Irrglaube. Die Transformation unserer Gesellschaft wird sich nicht mehr zurückdrehen, im Gegenteil. Der Schub, den die Krise der Digitalisierung verschafft hat, muss dringend konzeptuell gefasst und verarbeitet werden, um nicht, wie Muuß-Merholz sagt, mit neuen Medien alte Pädagogik zu optimieren (vgl. Muuß-Merholz 2019).

Die digitale Transformation hat Einfluss auf alle Lebensbereiche und verändert diese grundlegend und nachhaltig. Wir können uns digitale Medien zunutze machen, um die für das 21. Jahrhundert notwendigen Skills zu erlernen oder zu vertiefen und diese kompetent und reflektiert einzusetzen. Es geht um uns Menschen und um unser Selbstverständnis als Individuen in einer digital transformierten Welt. Es geht um die Akzeptanz, dass alle stets Lernende bleiben und durch die Schulbildung in die Lage versetzt werden sollen, methodisch, technisch, selbstständig und kontinuierlich das eigene Wissen, die eigenen Fähigkeiten lebenslang zu erweitern. Diese veränderte Haltung hat per se nichts mit Technik oder der technischen Ausstattung eines Systems zu tun. Den neuen Anforderungen werden jedoch erst dann alle gerecht, wenn wir über Geräte, Leitungen, Bandbreiten, Lernmanagementsysteme, zeitgemäße Bildung und entsprechende Prüfungsformate sowie verfügbare Fortbildungsangebote nicht mehr sprechen müssen. Dafür bedarf es von bildungspolitischer Seite des Geldes, des entsprechenden Raums und des Vertrauens. So notwendig Standards mit Blick auf Bildungsgerechtigkeit auch sind, dürfen diese Innovation nicht verhindern. Von Seiten der Einzelsysteme bedarf es Offenheit, Mut und Vertrauen, sich inmitten der Gesellschaft mit dieser weiterzuentwickeln. Es geht eben nicht nur darum, die Schule des 19. und 20. Jahrhundert zu optimieren (vgl. Muuß-Merholz 2019, 49), sondern darum, sie völlig neu zu denken. Unterstützend können Schulen auf erprobte Frameworks wie Scrum zurückgreifen, um ihren Entwicklungsprozess agil und mit größtmöglicher und kontinuierlicher Beteiligung aller zu gestalten. Schulentwicklungsprozesse sind nur dann erfolgreich, wenn sie nachweislich bei den Lernenden ankommen und zu einer positiven Veränderung führen. Das wünsche ich allen: den Lernenden, uns und der Gesellschaft.

5 Lernen mit und über Medien – Orientierungen für eine zeitgemäße Unterrichtsentwicklung

Sören-Kristian Berger & Thomas Rensinghoff

> „Der Bildungs- und Erziehungsauftrag der Schule besteht im Kern darin, Schülerinnen und Schüler angemessen auf das Leben in der derzeitigen und künftigen Gesellschaft vorzubereiten und sie zu einer aktiven und verantwortlichen Teilhabe am kulturellen, gesellschaftlichen, politischen, beruflichen und wirtschaftlichen Leben zu befähigen. Dabei werden gesellschaftliche und wirtschaftliche Veränderungsprozesse und neue Anforderungen aufgegriffen." (Auszug aus der KMK-Strategie „Bildung in der digitalen Welt" – KMK 2016, 10)

Wenn wir in der Schule diesem Bildungs- und Erziehungsauftrag nachkommen möchten, dann funktioniert das nur, wenn sich die digitale Transformation auch im Bildungsbereich stärker abbildet. Wie diese Transformation im Bildungsbereich gestaltet werden muss, lässt sich unter anderem in der im Jahr 2016 durch die Kultusministerkonferenz verabschiedeten Strategie „Bildung in der digitalen Welt" nachvollziehen. Bis heute ist dieses Strategiepapier Grundlage für die Medienbildung in den Schulen, Hochschulen und weiteren Bildungseinrichtungen. Wesentlicher Teil der Strategie ist es, das Lernen mit und über digitale Medien als Querschnittsaufgabe für alle Schulfächer zu etablieren.[1]

Die Integration neuer Medien in das schulische Lernen, seien es Wandtafeln oder Bücher gewesen, hat schon immer die grundlegenden Prinzipien des Lernens in der Schule verändert. Der unterrichtliche Einsatz digitaler Medien hat sogar das Potenzial, Unterricht in der bisherigen Form komplett zu verändern, indem sich das Verständnis von Lernen und Schule wandelt.

---

[1] Im Oktober 2021 folgte eine Stellungnahme zur Weiterentwicklung der KMK-Strategie „Bildung in der digitalen Welt" durch die ständige wissenschaftliche Kommission der Kultusministerkonferenz (SWK). https://www.kmk.org/fileadmin/pdf/KMK/StaewiKo/2021/2021_10_07-SWK_Weiterentwicklung_Digital-Strategie.pdf

5.1 Argumente für den Einsatz digitaler Medien

Nach Döbeli Honegger (2017) gibt es vier grundlegende Argumente für das Digitale als Werkzeug und als Thema in der Schule (vgl. Abb. 1).

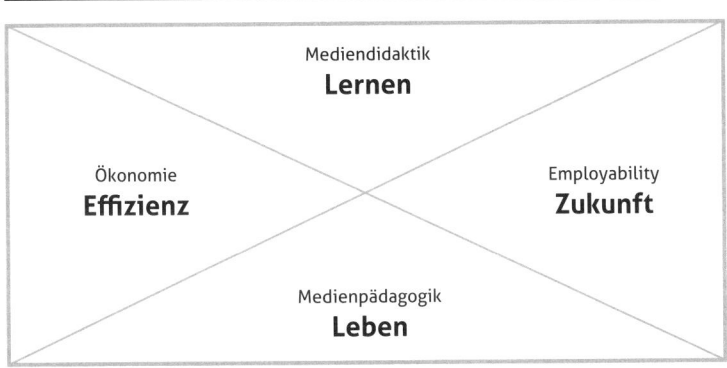

Abb. 1: Argumente für das Digitale als Werkzeug und als Thema in der Schule (Döbeli Honegger 2017, 64)

Das **Lernargument**: Es steht im Vordergrund und besagt, dass die Nutzung digitaler Medien das Lernen fördern kann.

Das **Lebensweltargument**: Es gibt an, dass Digitales in die Schule gehört, weil es die Alltagsrealität der Schülerinnen und Schüler prägt.

Das **Zukunftsargument**: Es besagt, dass digitale Kompetenzen heute eine notwendige Kulturtechnik darstellen.

Das **Effizienzargument**: Hiermit ist gemeint, dass sich mit digitalen Medien gewisse Abläufe in der Schule effizienter gestalten lassen.

Dem Lernargument werden beim Einsatz digitaler Medien zahlreiche Potenziale zugeschrieben. Diese sind nicht isoliert zu betrachten, sondern weisen gewisse Schnittmengen miteinander auf:

1. Erhöhung der Werkzeug- und Methodenvielfalt
2. Erweiterte, multimediale Kommunikations-, Kollaborations- und Publikationsmöglichkeiten
3. Veranschaulichung mit Multimedia
4. Motivationsförderung
5. Unmittelbare Rückmeldungen
6. Sanktionsfreie Rückmeldungen

7. Adaptivität
8. Individuelles Lerntempo
9. Interaktive Simulation
10. Aktuelle Lerninhalte und Beispiele

5.2 Das SAMR-Modell

Doch mit dem Einsatz neuer Medien geht nicht immer automatisch ein neues Lernen einher. Wenn digitale Medien analoge Medien einfach nur ersetzen, ändert sich das Lernen nicht. Dieses Vorgehen wäre auch nicht wünschenswert. Der Einsatz digitaler Medien im Unterricht und die damit verbundenen Auswirkungen auf Schule, Unterricht und das Lernen sind viel komplexer und tiefgehender. An dieser Stelle soll deshalb ein Modell exemplarisch vorgestellt werden, das diese komplexen Sachverhalte zunächst vereinfacht. Es bietet sich daher grundsätzlich für Novizen an, die vor der Herausforderung stehen, ihren Unterricht um digitale Möglichkeiten erweitern zu wollen und einen Überblick zu erhalten. Aber auch fortgeschritteneren Lehrkräften bietet das Modell eine Möglichkeit, ihren bisherigen Unterricht mit digitalen Medien kritisch zu überprüfen und zu evaluieren, um dabei immer übergeordnete Ziele und Kompetenzen im Blick zu behalten.

Das SAMR-Modell von Ruben Puentedura (2006) beschreibt die schrittweise Integration technischer Möglichkeiten in den Unterricht auf vier Stufen und macht deutlich, wie sich das Lernen und Lehren durch diesen Einsatz jeweils verändert bzw. welche neuen Möglichkeiten sich ergeben.

SAMR steht dabei für die ersten Buchstaben der einzelnen vier Stufen:
1. **S**ubstitution (Ersatz)
2. **A**ugmentation (funktionale Erweiterung)
3. **M**odification (Umgestaltung des Lernprozesses)
4. **R**edefinition (neuartige Lernprozesse)

Abbildung 2 zeigt eine deutsche Übersetzung des Originalmodells und verdeutlicht zugleich, dass das Modell von unten nach oben zu lesen ist.

Auf der ersten Stufe stellt der Einsatz digitaler Medien lediglich einen direkten Ersatz für analoge Arbeitsmittel und -weisen dar. Es kommt zu keiner funktionalen Änderung. Auf der zweiten Stufe ist der Einsatz digitaler Medien ebenso ein direkter Ersatz für analoge Arbeitsmittel, hier jedoch mit einer funktionalen Verbesserung. Findet ein Medieneinsatz auf diesen ersten beiden Stufen des Modells (S und A) statt, kann insgesamt von einer lernförderlichen Anreicherung des bisherigen Unterrichts gesprochen werden.

Abb. 2: Das SAMR-Modell nach Puentedura (© Adrian Wilke)

Auf der dritten Stufe des Modells ermöglicht der Einsatz digitaler Medien eine beachtliche Neugestaltung von Aufgaben und auf der letzten Stufe sind durch den Einsatz digitaler Medien neuartige Aufgaben möglich, die zuvor unvorstellbar waren. Bei einem Medieneinsatz auf diesen letzten beiden Stufen (M und R) kann von einer Umgestaltung oder auch Transformation des bisherigen Unterrichts gesprochen werden.

Die Übergänge zwischen diesen Stufen sind fließend und nicht einfach abzugrenzen. Eine deutliche Abgrenzung ist aber auch gar nicht notwendig, da das Modell nicht zwangsläufig als lineare Entwicklung zu verstehen ist. Sie dienen lediglich einer ersten Orientierung bzw. ermöglichen die Reflektion der eigenen Unterrichtspraxis.

Im Folgenden sollen für jede der vier Stufen konkrete Unterrichtsbeispiele gegeben werden, um die Unterschiede zu verdeutlichen:

S	a) Anstatt der Verwendung des analogen Schulbuches lesen die Schülerinnen und Schüler einen Text in der digitalen Version. Dabei handelt es sich lediglich um das Dokument im PDF-Format.
	b) Beim Vermessen von Winkeln im Mathematikunterricht wird eine App anstelle des Geodreiecks verwendet.
	c) Die übliche Plakatpräsentation findet nun digital statt, indem die Ergebnisse in einem Textverarbeitungsprogramm dargestellt wurden und per Beamer präsentiert werden.
A	a) Die digitale Version des Schulbuches verfügt über funktionale Verbesserungen. Eingebettete Fotos können vergrößert werden. Animierte Grafiken und Videos reichern die bestehenden Informationen an.
	b) Im Fremdsprachenunterricht wird die Wörterbuch-App verwendet. Diese funktioniert schneller, macht alternative Vorschläge und zeigt Verbindungen auf. Außerdem werden Rechtschreibfehler angezeigt.
	c) Über QR-Codes können digitale Arbeitsblätter mit zusätzlichen Informationen oder differenzierendem Material angereichert werden.
M	Die Schülerinnen und Schüler einer Gruppe arbeiten in einem kollaborativen Dokument und können damit orts- und zeitungebunden zusammenarbeiten.
R	Die Schülerinnen und Schüler veröffentlichen die Unterrichtsergebnisse eines Projektes in ihrem unterrichtsbegleitenden Blog, stellen ihre Ergebnisse damit weltöffentlich zur Verfügung, kommentieren und bewerten die Ergebnisse ihrer Mitschülerinnen und -schüler und vernetzen sich digital mit externen Experten.

Abb. 3: SAMR – Unterrichtsbeispiele (© Cornelsen/Sören-Kristian Berger & Thomas Rensinghoff)

5.3 Die Verstärker-These

Schule ist ein träges System. Nicht zuletzt die Corona-Pandemie und die damit verbundenen temporären Schulschließungen haben deutlich gemacht, dass der digitale Wandel zwar größtenteils in der Gesellschaft angekommen ist, im Bildungsbereich aber großer Nachholbedarf besteht.

Nach Muuß-Merholz (2020) könnte sich dieser Umstand sogar als ein Vorteil für die Schulen herausstellen, indem man aus den Erfahrungen, die in den vergangenen Jahren mit digitalen Medien in anderen gesellschaftlichen Bereichen gemacht worden sind, profitiert. Weiterhin stellt Muuß-Merholz die These auf, digitale Medien fungieren als mächtige Verstärker. Die Richtung, in die dabei verstärkt wird, ist nicht fest vorgegeben. Die nachfolgenden Beispiele sollen deutlich machen, inwiefern digitale Medien bestehende Muster entsprechend verstärken können:

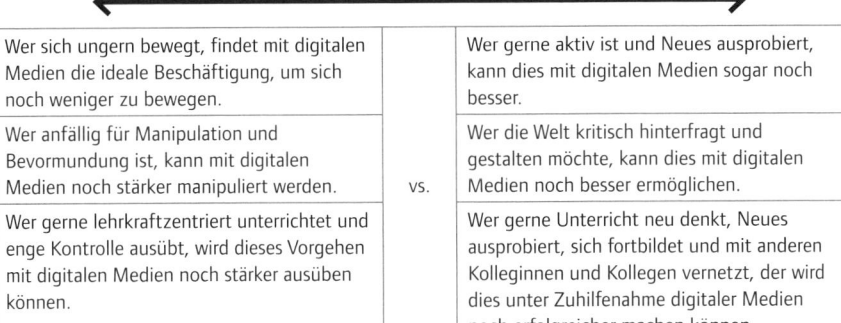

Wer sich ungern bewegt, findet mit digitalen Medien die ideale Beschäftigung, um sich noch weniger zu bewegen.		Wer gerne aktiv ist und Neues ausprobiert, kann dies mit digitalen Medien sogar noch besser.
Wer anfällig für Manipulation und Bevormundung ist, kann mit digitalen Medien noch stärker manipuliert werden.	vs.	Wer die Welt kritisch hinterfragt und gestalten möchte, kann dies mit digitalen Medien noch besser ermöglichen.
Wer gerne lehrkraftzentriert unterrichtet und enge Kontrolle ausübt, wird dieses Vorgehen mit digitalen Medien noch stärker ausüben können.		Wer gerne Unterricht neu denkt, Neues ausprobiert, sich fortbildet und mit anderen Kolleginnen und Kollegen vernetzt, der wird dies unter Zuhilfenahme digitaler Medien noch erfolgreicher machen können.

Abb. 4: Beispiele für die Verstärker-These (© Cornelsen/Sören-Kristian Berger & Thomas Rensinghoff in Anlehnung an Muuß-Merholz 2020)

Die Beispiele auf persönlicher Ebene machen deutlich, dass diese dargestellten Verstärkungen ebenso auf die Weiterentwicklung der Schule im Zusammenhang mit der Verwendung digitaler Medien übertragen werden können. Demnach können nach Muuß-Merholz (2020, 24) digitale Medien dazu benutzt werden, die traditionelle Schule, die für Lehrkraftzentrierung, Belehrung, isoliertes Lernen und festgelegte Ergebnisse steht, zu verstärken und zu manifestieren oder aber im Sinne einer progressiven Schule mehr Schüler/-innenorientierung herzustellen, forschendes und problemorientiertes Lernen zu fördern und zu Austausch und Vernetzung aufrufen. Welcher Weg dabei gewählt wird, hängt also keineswegs allein vom Einsatz digitaler Medien ab, sondern ist letztlich eine Frage der Haltung und des allgemeinen Lernverständnisses.

Lisa Rosa (2017) verweist dabei auf die unterschiedlichen Lernverständnisse in der Epoche des Buchdruckzeitalters und im digitalen Zeitalter. Die unten dargestellte Abbildung macht den Paradigmenwechsel anhand konkreter Elemente dieses neuen Lernverständnisses fest.

Buchdruckzeitalter	digitales Zeitalter
lehrerzentriert	lernerzentriert
belehrend	erforschend
systematisch	problemorientiert
objektivistisch	perspektivisch
dekontextualisiert	re-kontextualisiert
allein	im Austausch
festliegendes Ergebnis	ergebnisoffen
vorgegebene Bedeutung	persönlicher Sinn
Denkmodell: büffeln	**Denkmodell: rauskriegen**

Abb. 5: Lernverständnisse in der Epoche des Buchdruckzeitalters und im digitalen Zeitalter (Rosa 2017)

5.4 Vier Dimensionen der Bildung

An dieser Stelle bietet sich nun für das Lernen mit aber auch über Medien mit dem CCR-Framework ein weiteres Modell zur Unterrichtsplanung bzw. -entwicklung an, das mit der Betrachtung der Bereiche Wissen, Fertigkeiten, Charaktereigenschaften/ Haltung und Meta-Lernen vier Dimensionen der Bildung abbildet (vgl. Fadel et al.). Dieses Rahmenwerk beschreibt notwendige Kompetenzen der Lernenden für das 21. Jahrhundert und ist Ergebnis einer Analyse internationaler Curricula (Center for Curriculum Redesign für „Education 2030", OECD).

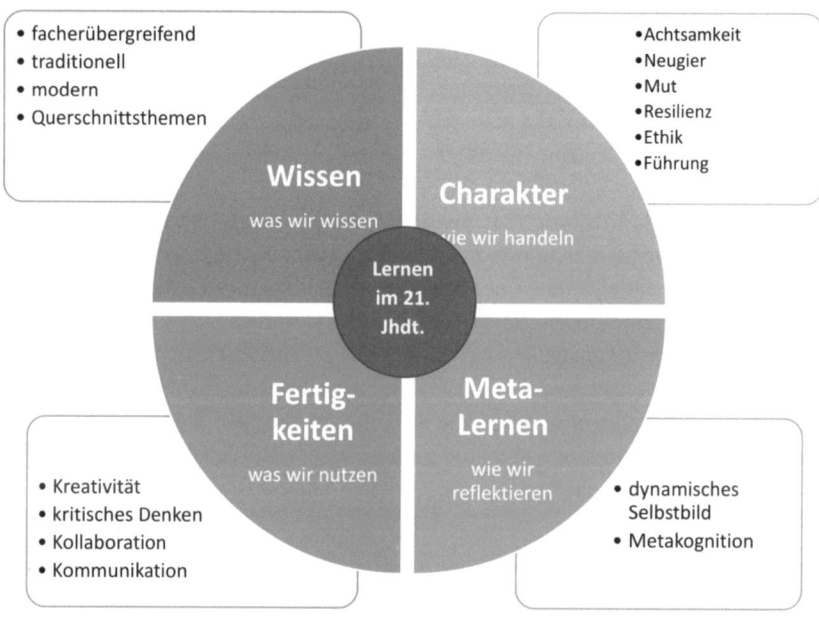

Abb. 6: Rahmenwerk notwendiger Kompetenzen der Lernenden für das 21. Jahrhundert nach Center for Curriculum Redesign für „Education 2030" (© Klinger/Wardemann 2018)

Die erste Dimension bezieht sich auf das traditionelle, fachliche „Wissen" (Knowledge) bzw. Verständnis (Zuordnung zu klassischen Schulfächern) sowie das moderne Wissen, welches weitere überfachliche, interdisziplinäre Themenbereiche wie z. B. Big Data, Umweltbewusstsein und Systemdenken aufführt.

Die Dimension „Fertigkeiten" (Skills) mit den sogenannten 4K beschreibt Fähigkeiten, auf welche Art und Weisen wir unser Wissen nutzen/einsetzen. Auch diese Kompetenzen werden mit weiteren Unterkompetenzen aufgeschlüsselt:

▶ *Kreativität* – Bezug zur Inspiration (darin z.B. Entwickeln und Suchen neuer Ideen/ Entwickeln persönlichen Geschmacks/Entwickeln einer persönlichen Ästhetik/Risiken, Unwägbarkeiten und Scheitern auszuhalten sowie drei weitere)

▶ *Kritisches Denken* – Bezug zum Problemlösen (darin Identifizieren, Überprüfen und Organisieren von Informationen/Betrachten anderer Standpunkte u.a.)

▶ *Kommunikation* – Bezug Diskussion/Dialog (darin Fragen stellen und aktives Zuhören/Ideen oder Botschaften artikulieren/Kommunikation über unterschiedliche Kanäle u.a.)

▶ *Kollaboration* – Bezug zu Gruppenzusammenhängen/Zusammenarbeit (darin Verantwortung mit anderen teilen oder übernehmen)/Nutzen von Fertigkeiten von Gruppenmitgliedern u.a.)

Die „Charaktereigenschaften" (Character) als dritte Dimension beziehen sich auf Einstellung, Haltung, Persönlichkeit, Werte und neben weiteren u.a. auf soziale und emotionale Fertigkeiten und beschreiben, wie wir uns verhalten und (in die Welt) einbringen werden. Schwerpunkte bilden demnach:

▶ Achtsamkeit

▶ Neugierde

▶ Mut

▶ Resilienz/Widerstandsfähigkeit

▶ Ausrichtung an ethischen Grundsätzen

▶ Menschenführung

Diesen Dimensionen ordnet das Autor/-innenteam das „Meta-Lernen" über, welches die OECD als Reflektiertheit beschreibt (vgl. Fadel et al. 2017, 165). Es nimmt die Lernenden und ihr Lernen in den Fokus und zielt auf die Fähigkeit ab, wie wir reflektieren und (Gelerntes) anpassen.

Den in den vier Dimensionen dargelegten Kompetenzen misst man die Bedeutung bei, dass sie nicht nur zur Bewältigung der zukünftigen Anforderungen in der Arbeitswelt erforderlich sind und somit den Weg in die Lehrpläne finden sollten, sondern ebenso die Grundlage für die Fähigkeit zum erfolgreichen lebenslangen Lernen legen.

Gerade das Zusammenspiel der Kompetenzen der 4K in der Dimension „Fertigkeiten" (Skills) erhält hier ein besonderes Gewicht, da ihm im Kontext Lernsituationen im Unterricht mit digitalen Medien in puncto Medienrezension, -produktion und -analyse (Ausbildung zur Medienkompetenz) eine besondere Rolle zukommt. Ziel sollte es daher sein, Unterricht so anzulegen, dass Schülerinnen und Schüler diese überfachlichen Kompetenzen durch Handlungs- und Produktionsorientierung erwerben können.

Ein weiteres Kompetenzmodell nimmt entscheidenden Einfluss auf die deutschen Lehrpläne: Die Strategie „Bildung in der digitalen Welt" der Kultusministerkonferenz. Sie legt seit 2016 den Grundstein für verbindliche Vorgaben zur Entwicklung von Lehrplänen bzw. Medienkompetenzrahmen. Das Besondere an dem Strategiepapier ist die konkrete Forderung für deren Umsetzung:

> „Die Länder verpflichten sich dazu, dafür Sorge zu tragen, dass alle Schülerinnen und Schüler, die zum Schuljahr 2018/2019 in die Grundschule eingeschult werden oder in die Sek. I eintreten, bis zum Ende der Pflichtschulzeit die in diesem Rahmen formulierten Kompetenzen erwerben können." (KMK 2016, 19)

Die Kompetenzbereiche sind Orientierung für die Landesvorgaben und finden sich dort identisch oder angelehnt wieder:
1. Suchen, verarbeiten und aufbewahren
2. Kommunizieren und kooperieren
3. Produzieren und präsentieren
4. Schützen und sicher agieren
5. Problemlösen und handeln
6. Analysieren und reflektieren

Welcher Vorlage man sich schließlich für die Unterrichtsentwicklung im eigenen System bedient: Es wird deutlich, dass in allen Fächern eine umfassende Entwicklungsarbeit ansteht, die das Lernen mit und über Medien in den Blick nimmt. Die Anzahl der zu erwerbenden Kompetenzen verdeutlicht, welche Anstrengung dies bedeutet und auch wie unterschiedlich die Ausgestaltungen an unterschiedlichen Schulen aussehen können, wenn man Lehrmittel und technische Ausstattungen dazu in Betracht zieht.

5.5 New Learning

Auch das 2020 veröffentlichte Hagener Manifest der FernUniversität Hagen zu New Learning macht auf die Bedeutsamkeit des Lernbegriffs und dessen Wandel bereits in der Präambel aufmerksam, indem dort die Frage gestellt wird, wie wir zukünftig lernen wollen, können und müssen (vgl. FernUniversität in Hagen 2020, 2). Dort heißt es, es fehle insgesamt ein Verständnis dafür, „wie die Digitalisierung auch das Lernen von

Grund auf verändert hat – und weiter verändern wird. […] Unsere Vorstellung vom Lernen, unser Lernbegriff muss sich wandeln" (ebd. 2).

In zwölf Thesen wird festgehalten, was New Learning bedeutet und was es braucht, um dieses neue Lernverständnis umzusetzen. Im Folgenden werden einige dieser Thesen herausgegriffen und näher beleuchtet.

Dabei müssen u. a. folgende Fragen beantwortet werden: Wie muss Unterricht gestaltet werden, damit die Lernenden in den Mittelpunkt rücken? Wie werden die Lernenden zu einem selbstbestimmten und lebenslangen Lernen befähigt? Wie gelingt Lernen unter den Bedingungen der Digitalität?

▶ **Die Lernenden stehen im Mittelpunkt**
Lernen ist ein individueller Prozess. Das wissen wir bereits. Warum wird dies bisher jedoch nur unzureichend umgesetzt? New Learning möchte das Lernen konsequent von den Lernenden her denken und die individuellen Stärken unterstützen. Dies kann durch eine persönliche Lernbegleitung als auch durch digital gestützte Systeme und adaptive Lernumgebungen geschehen, die sich der Individualität der Lernenden anpassen.

▶ **Verändertes Rollenverständnis von Lehrenden und Lernenden**
Lehrende werden nicht als allwissend wahrgenommen und nehmen sich auch selbst nicht als solche wahr. Sie bestimmen nicht alleine über das Lernen. Stattdessen schaffen sie bewusst Freiräume und begleiten und moderieren Lernprozesse. Sie passen ihren Unterricht an die Bedürfnisse der Lernenden an und verstehen sich selbst auch als Lernende.

▶ **Vernetztes Lernen**
Die Welt um uns herum ist vernetzt. Auch das Lernen muss folglich vernetzt gestaltet werden, indem sinnvolle Zugänge zum Lernen auf verschiedenen Ebenen geschaffen werden, neue Formen der Zusammenarbeit und Vernetzung gelebt und die Möglichkeiten digitaler Medien sinnvoll und lernförderlich eingesetzt werden.

▶ **Flexibles und selbstbestimmtes Lernen**
Frontale und lehrkraftzentrierte Lernformen werden durch individuelle, selbstbestimmte und zeitlich sowie räumlich flexible Formate abgelöst. Exemplarisch sei hier als Idealform das Lernen in Projekten genannt.

▶ **Messung von Lernerfolgen an individuellen Zielen**
Summative Beurteilungen, also die Beurteilung eines Produktes am Ende eines Lernprozesses, überwiegen weiterhin in der Schule. Lernerfolg jedoch nur am Ergebnis festmachen zu wollen, blendet große Bereiche des gesamten Lernprozesses aus. Eine formative Beurteilung, die eben diese Prozesse, also den Weg zum Lernprodukt, abbildet, ist hingegen wünschenswert. Dies geht einher mit einer gelebten

Fehlerkultur, die Fehler nicht verteufelt, sondern als einen produktiven Aspekt des gesamten Lernprozesses sieht.

▶ **Technologie als Chance, ohne die Risiken zu ignorieren**
Technologische Weiterentwicklungen und ihre Auswirkungen wie Künstliche Intelligenz oder Big Data haben einen großen Einfluss auf das Lernen. Neben einem kritisch-reflektiven Umgang dienen sie vor allem als Grundlage für die Entwicklung neuer Möglichkeiten des Lernens und erweitern die Interaktions- und Kommunikationsformen ungemein.

▶ **Förderung der digitalen (Medien-)Kompetenz und Data Literacy**
In einer digitalen und digitalisierten Gesellschaft zu leben, erfordert einen bewussten, souveränen und selbstbestimmten Umgang mit Daten und deren Quellen sowie Medien im Allgemeinen.

5.6　Fazit

Versucht man sich an einem Fazit der oben vorgestellten Empfehlungen des Hagener Manifests zum New Learning, so wird schnell deutlich, dass ein projektorientierter Unterricht, der die Themen und nicht die Fächer in den Vordergrund stellt, der den Schülerinnen und Schülern individuelle Lernwege, aber auch Lernprodukte, ermöglicht und die Verwendung digitaler Medien erfordert und zugleich ermöglicht, den Inbegriff des sogenannten New Learnings darstellen könnte.

Detailliertere Informationen zur Umsetzung eines Projektlernens im digitalen Zeitalter können den folgenden empfehlenswerten Beiträgen von Lisa Rosa auf ihrem Blog „Shiftingschool" entnommen werden:

▶ Projektlernen im digitalen Zeitalter
▶ Lernen im digitalen Zeitalter

6 Das schulische Medienkonzept – Grundlagen und Entwicklungsperspektiven

Marc Seegers & Thomas Rensinghoff

Das schulische Medienkonzept stellt dar, wie die Medienkompetenzförderung systematisch über alle Fächer und Themenfelder hinweg im schulinternen Lehrplan konkret und verbindlich verankert wird. Dem pädagogischen Teil des Konzepts liegt in der Regel ein Kompetenzrahmen zugrunde, wie ihn z. B. die KMK in ihrer Strategie für die „Bildung in einer digitalen Welt" (2016) definiert oder wie ihn inzwischen die meisten Lehrpläne der Länder ausweisen. Der Kompetenzrahmen definiert die zeitgemäßen Kompetenzen von der Anwendungsebene über die Informations-, Produktions- und Programmierebene bis zur analytisch-kritischen Reflexionsebene. Aus dem schulischen Medienkonzept resultieren Angaben über die Ausstattung, die für den Medienentwicklungsplan des Schulträgers als Sachaufwandsträger wichtig sind, und es enthält Angaben zur systematischen Fortbildung der Lehrkräfte, um die Lern-Szenarien umsetzen zu können und die eigenen Medienkompetenzen auf einem aktuellen Stand halten zu können.

6.1 Der politische Rahmen

❙ Der politische Wille ist da!

Das schulische Medienkonzept dient der systematischen, weil fächerübergreifenden, schulweiten Medienkompetenzförderung. Ein schulumfassendes Medienkonzept unterstützt das systematische Lernen mit Medien und über Medien, die selbstverständliche Integration digitaler Medien und Methoden in den Lehr- und Lernprozess und ermöglicht die transparente Darstellung aller Aktivitäten der Medienbildung einer Schule. Die schulische Medienbildung nimmt die digital vernetzte Welt dabei aus technologischer, gesellschaftlich-kultureller und anwendungsbezogener Perspektive in den Blick (vgl. bspw. Dagstuhl-Erklärung 2016).

Die Verbindlichkeit wird entweder durch einschlägige gesetzliche Bestimmungen auf Bundes- oder Länderebene oder durch Beschlüsse der Lehrkräfte- und/oder Schulkonferenz auf Schulebene hergestellt. In Deutschland gibt es hierzu seit 2016 erstmalig einen Beschluss aller Bundesländer auf Ebene der Kultusministerkonferenz (KMK), in der Schweiz bildet der „Lehrplan 21", in Österreich der „digi.komp" die Grundlage (vgl. Eickelmann 2017).

Das KMK-Strategie-Papier „Bildung in der digitalen Welt" vertieft und erweitert die bisherigen Empfehlungen der KMK zur Medienbildung (vgl. KMK 2012). Darin wird festgelegt, dass „das Lernen mit und über digitale Medien und Werkzeuge bereits in den Schulen der Primarstufe beginnen" soll (KMK 2016, 11).

> „Die Länder beziehen in ihren Lehr- und Bildungsplänen sowie Rahmenplänen, beginnend mit der Primarschule, die Kompetenzen ein, die für eine aktive, selbstbestimmte Teilhabe in einer digitalen Welt erforderlich sind. Dies wird nicht über ein eigenes Curriculum für ein eigenes Fach umgesetzt, sondern wird integrativer Teil der Fachcurricula aller Fächer" (ebd.).

Die Bundesländer haben sich verpflichtet, dafür Sorge zu tragen, dass alle Schülerinnen und Schüler, die zum Schuljahr 2018/2019 in die Grundschule eingeschult werden oder in die Sekundarstufe eintreten, bis zum Ende ihrer Pflichtschulzeit die in diesem Rahmen formulierten Kompetenzen erwerben.

Mit Blick in die Praxis deutet sich hier schon ein wesentlicher Fallstrick der Medienkonzeptarbeit ab: Die Verbindlichkeit ist häufig genug noch nicht bei Schulleitungen und Lehrkräften angekommen oder das Thema wird alibimäßig mit ein paar schulinternen Fortbildungstagen abgehandelt, um wieder „in Ruhe" arbeiten zu können. Wenn die Bedeutung des Themas nicht erkannt oder das Thema im schulinternen Prozess vonseiten der Schulleitung nicht gesetzt wird, kommt das Medienkonzept nicht über den Status des Papiertigers hinaus.

Das Medienkonzept gliedert sich im Wesentlichen in die drei Bereiche (1) pädagogische Umsetzung, (2) Ausstattung und (3) Fortbildung, ergänzt durch die Aspekte Leitbild, Kooperationen und Evaluation bzw. Fortschreibung. Dem pädagogischen Teil des Konzepts liegt in der Regel ein Kompetenzrahmen zugrunde, wie ihn die KMK in ihrer Strategie für die „Bildung in einer digitalen Welt" (ebd., 15 ff.) definiert oder die Bundesländer in daran angelehnten Fassungen ausweisen. Nicht alle Bundesländer sind dem politischen Auftrag bisher nachgekommen.

Bundesland	Medienkompetenzrahmen
Baden-Württemberg	eigene Leitperspektive Medienbildung, integriert in Bildungsplan (2016)
https://www.lmz-bw.de/medien-und-bildung/weiterfuehrende-schulen/leitperspektive-medienbildung/ (aufgerufen: 28.09.2021)	
Bayern	eigener Kompetenzrahmen zur Medienbildung (2017)
https://www.mebis.bayern.de/mk/p/2913 (aufgerufen: 28.09.2021)	
Berlin und Brandenburg	eigenes Basiscurriculum Medienbildung, integriert in Rahmenlehrplan (2015)
https://bildungsserver.berlin-brandenburg.de/ rlp-online/b-fachuebergreifende-kompetenzentwicklung/basiscurriculum-medienbildung/bedeutung (aufgerufen: 28.09.2021)	
Bremen	eigener Bildungsplan Medien (2012)
https://www.lis.bremen.de/sixcms/detail.php?gsid=bremen56.c.15219.de (aufgerufen: 28.09.2021)	
Hamburg	Kompetenzrahmen der KMK (seit 2018 in Umsetzung)
https://digitallearninglab.de/ (aufgerufen: 28.09.2021)	
Hessen	Praxisleitfaden Medienkompetenz (2019), Kompetenzrahmen der KMK
https://medienkompetenz.bildung.hessen.de/ (aufgerufen: 28.09.2021)	
Mecklenburg-Vorpommern	Rahmenplan „Digitale Kompetenzen" (2018), Kompetenzrahmen der KMK
https://www.bildung-mv.de/lehrer/medienbildung/rahmenplan-digitale-kompetenzen/ (aufgerufen: 28.09.2021)	
Niedersachsen	eigener Orientierungsrahmen Medienbildung (2020), basierend auf KMK
https://www.nibis.de/orientierungsrahmen-medienbildung-in-der-schule_7223 (aufgerufen: 28.09.2021)	
Nordrhein-Westfalen	eigener Medienkompetenzrahmen (MKR NRW, 2017), basierend auf KMK
https://www.medienkompetenzrahmen.nrw/ (aufgerufen: 28.09.2021)	
Rheinland-Pfalz	eigener Kompetenzrahmen (2017), basierend auf KMK
https://medienkonzept.bildung-rp.de/startseite/ (aufgerufen: 28.09.2021)	
Saarland	Basiscurriculum Medienbildung und informatische Bildung (2019), basierend auf Medienkompetenzrahmen NRW
https://www.digitale-bildung.saarland/home/schul-und-unterrichtsentwicklung/basiscurriculum-medienbildung-und-informatische-bildung/ (aufgerufen: 28.09.2021)	

Bundesland	Medienkompetenzrahmen
Sachsen	Kompetenzrahmen der KMK (seit 2019/20 in Lehrpläne integriert)
https://www.medienbildung.sachsen.de/schulische-medienbildung-4494.html (aufgerufen: 28.09.2021)	
Sachsen-Anhalt	Kompetenzrahmen der KMK (seit 2019/20 in Umsetzung)
https://lisa.sachsen-anhalt.de/unterricht/lehrplaenerahmenrichtlinien/	
Schleswig-Holstein	Kompetenzrahmen der KMK (seit 2018 in Umsetzung)
https://medienberatung.iqsh.de/medienkonzeptionelle-arbeit-an-schulen.html (aufgerufen: 28.09.2021)	
Thüringen	eigene Kompetenzrahmen in Kursplan Medienkunde in der Grundschule (2017/18) und Kursplan Medienkunde für weiterführende Schulen (2010)
https://www.schulportal-thueringen.de/lehrplaene (aufgerufen: 28.09.2021)	

Abb. 1: Übersicht über die Medienkompetenzrahmen der Bundesländer – Stand: 10/2021
(© Cornelsen/Marc Seegers & Thomas Rensinghoff)

Der Kompetenzrahmen definiert die jeweils zeitgemäßen Kompetenzen von der Anwendungsebene über die Informations-, Produktions- und Programmierebene bis zur analytisch-kritischen Reflexionsebene samt Sicherheits- und Datenschutzaspekten. In der Konkretisierung auf Schulebene erfordert dies, in allen Fächern und über die Fächergrenzen hinaus Lern-Szenarien mit und über Medien zu formulieren (1), um eine systematische Kompetenzförderung zu erreichen. Aus dem schulischen Medienkonzept erwachsen dann folgerichtig Angaben über die Ausstattung (2), die für den Medienentwicklungsplan des Schulträgers als Sachaufwandsträger wichtig sind, und es enthält Angaben zur systematischen Fortbildung (3) der Lehrkräfte, um die Lern-Szenarien umsetzen zu können und die Medienkompetenzen der Lehrkräfte auf einem aktuellen Stand halten zu können.

Das schulische Medienkonzept ist in der Regel ein verbindlicher Teil des Schulprogramms. Es wird in einzelnen Bundesländern auch Medienbildungskonzept und ganz vereinzelt Medienentwicklungskonzept genannt. Meist wird es als eigenständiges Konzept zu Papier gebracht oder als eigenes Kapitel im Schulprogramm veröffentlicht. Gerade der Begriff Medienentwicklungskonzept ist zu unterscheiden vom Medienentwicklungsplan (MEP) des Schulträgers, der sich in der Summe aus den schulischen Medienkonzepten der Schulen vor Ort ergibt und unter anderem die Beschaffungen, deren Kosten und die Erneuerungszyklen aufseiten des Sachaufwandsträgers für alle seine Schulen darstellt.

6.2 Der Prozess der Medienkonzeptentwicklung

❙ Das Medienkonzept ist kein technokratisches Konzept.

Es gibt Schulen, die kaum mehr als drei Seiten zu Papier bringen und dennoch eine hervorragende Medienkompetenzförderung betreiben, weil das Lernen über und mit Medien „gelebt" wird. Für die Schulaufsicht, für Qualitätsanalysen oder für viele Förderprogramme ist meist jedoch ein umfangreiches Medienkonzept nötig.

6.2.1 Grundlagen des Medienkonzepts

Ein wie auch immer geartetes Medienkonzept umfasst dann weit mehr als Ausstattungs- und Infrastrukturaspekte, es geht um mehr als um Zahlen für PCs, Beamer oder die Gigabit-Anbindung. Mit der (Weiter-)Entwicklung des Medienkonzepts werden nach unserem Verständnis umfassende Prozesse angestoßen, die sich auf alle Bereiche der Schule erstrecken: die Unterrichtsentwicklung, die Organisationsentwicklung und die Personalentwicklung sowie die durch Schulz-Zander (1999) ergänzten Dimensionen Technologieentwicklung und Kooperationsentwicklung, die unmittelbar und mittelbar mit dem Medienkonzept zusammenspielen. Je nach Schulform, Fach oder Bildungsgang unterscheiden sich die Anforderungen an Unterricht und dessen Organisation sowie Infrastruktur und Ausstattung. Die Prozesse betreffen dennoch immer alle Bereiche des Systems Schule und bedingen sich gegenseitig.

Das Medienkonzept ist so Inhalt, Ausdruck und Fahrplan der gelebten Schulentwicklungsarbeit und macht den strukturierten, geplanten Prozess der Medienkonzeptarbeit bzw. der Schulprogrammarbeit transparent. Es wird damit auch Ausdruck der pädagogischen Haltung einer Schule zum Thema Lernen im digitalen Wandel, zum Lernen in einer Kultur der Digitalität und nicht zuletzt zum Selbstverständnis von Schulentwicklung.

Zur Erstellung des Medienkonzepts können die Schulen in der Regel von staatlicher Seite Beratung in Anspruch nehmen, beispielsweise in Baden-Württemberg durch Multimediaberater/-innen (MMB), in Bayern durch Beraterinnen und Berater digitale Bildung (BdB) oder in Nordrhein-Westfalen durch Medienberater/-innen und Schulentwicklungsberater/-innen. Bei der Entwicklung des Medienkonzepts können, hier exemplarisch dargestellt, folgende Kapitel in den Blick genommen werden:

- ▶ Leitbild
- ▶ Unterrichtsentwicklung
- ▶ Organisationsentwicklung
- ▶ Personalentwicklung

- Technologieentwicklung
- Kooperationen
- Evaluation und Fortschreibung

Die wichtigsten Bereiche sollen hier näher erläutert werden. Auf den Bereich Evaluation und Fortschreibung gehen wir nicht weiter ein, er erklärt sich nahezu von selbst. Der Bereich Kooperationsentwicklung umfasst mögliche Kooperationen mit externen Institutionen, die einen regelmäßigen Beitrag zur Medienbildung in Schulen leisten können. Das können Bibliotheken, Medienzentren, Volkshochschulen, Vereine oder Stiftungen sein, die häufig Angebote wie Medienscouts, Digitale-Helden-Programme oder spezielle MINT-Workshops bieten.

Auch wenn staatliche Unterstützungssysteme meist vorhanden sind und der politische Wille seit einigen Jahren auch deutlich zur Schau getragen wird, ist eine systemische Funktionsstelle hierfür im System Schule bisher selten. Zudem zeichnet sich zwischen den pädagogischen Anforderungen an schulische IT-Systeme und deren Umsetzung durch IT-Spezialisten häufig ein „Übersetzungsproblem" ab, dazu kommen technische und datenschutzrechtliche Vorgaben, die flexible, sichere und rechtlich einwandfreie IT-Systemarchitekturen höchst anspruchsvoll werden lassen.

Die Ausführungen zeigen bereits, dass ein Medienkonzept nicht nebenbei erstellt werden kann, sondern dass die systematische, überfachliche Medienkompetenzförderung und deren Implementation in die schulinternen Lehrpläne ein umfänglicher und länger andauernder Schulentwicklungsprozess ist – besonders, weil diese Konzeptarbeit idealerweise einen Qualitätskreislauf (siehe Kap. 4.3 Der Qualitätskreislauf als strukturierendes Moment) durchläuft und alle Beteiligten der Schulgemeinschaft eingebunden werden.

> Für den Prozess sollte eine Lehrkraft verantwortlich zeichnen, die dafür entsprechend Zeit und Raum zur Verfügung gestellt bekommt, ein generelles Problem in Schule und hier ein großer Fallstrick. Meist ist diese Aufgabe mit Bezeichnungen wie Medienbeauftragte/-r oder Medienkoordinator/-in versehen, einige Schulen werten die Aufgabe durch eine Beförderung auf.

Zu betonen ist dabei, dass es eine gute Verzahnung mit der Schulleitung (siehe Kap. 17 Leitungshandeln – Entscheidungen treffen, Impulse geben, Prozesse sichern) und (soweit vorhanden) einer Steuer- und einer Projektgruppe Medien geben muss. Aufgaben und Ziele müssen klar kommuniziert und aufgeteilt sein, Zwischenstände transparent und einsehbar sein, sodass die Steuerung des Gesamtprozesses durch Schulleitung und Steuergruppe erfolgreich erfolgen kann und dass Medienbeauftragte dementsprechend den Schwerpunkt auf die medienpädagogische Perspektive oder technische Umsetzungsdetails legen können.

Dieser Gesamtprozess ist sehr anspruchsvoll, da viele sich gegenseitig bedingende Teilprozesse mit vielen Beteiligten zusammengeführt und abgestimmt werden müssen (z. B. die Vorarbeiten der Fachschaften zu einem Medienkompetenzrahmen, die wiederholte Einbeziehung der Elternschaft und diverse Absprachen mit dem Schulträger zu Infrastruktur und Anschaffungen).

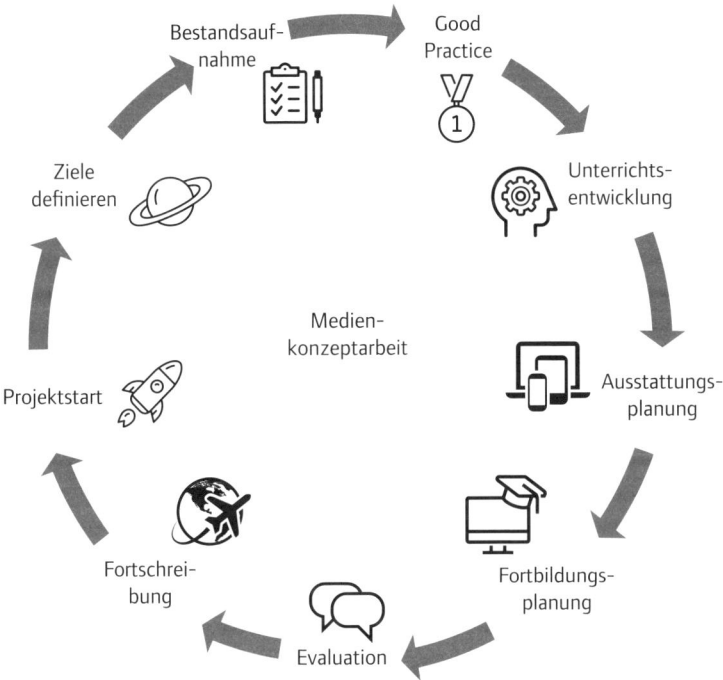

Abb. 2: Qualitätskreislauf der Medienkonzeptarbeit (© Cornelsen/Marc Seegers)

Die Weiterarbeit samt Meilensteinen ist zu koordinieren und es bedarf in diesem Prozess zudem wiederholt (meist externer) Beratung, um die Lehrenden mit Neuerungen und Möglichkeiten vertraut zu machen, damit sie ihren Unterricht kreativ gestalten und gemäß curricularen Vorgaben durch einen Medienkompetenzrahmen weiterentwickeln können. Bis hierdurch nachhaltige Veränderungen angestoßen werden können, müssen die Beteiligten neue Ansätze erproben, sich darüber austauschen, diese bewerten und für eine spätere verbindliche Implementation abstimmen. Dieser Bedarf an Beratung muss natürlich erkannt werden.

Fortlaufend muss dieser Prozess evaluiert werden. Neue, kommende Möglichkeiten werden ergänzt, andere angepasst, ausgetauscht oder gestrichen. Wenn es hier gelingt, z. B. durch Mikrofortbildungen, Hospitationen, Mentor/-innenmodelle oder den Austausch in Peer-Learning-Gruppen einen Diskurs aufrechtzuerhalten, „Good Practice"-Beispiele transparent abzubilden und als Grundlage für Weiterentwicklungen zu sehen, dann ist eine Schule auf einem guten Weg, nicht nur diese große Aufgabe als solches zu meistern, sondern auch mit den technischen Möglichkeiten der Kollaboration und des Feedbacks ihre Arbeitskultur gewinnbringend zu verändern.

Folgende *Leitfragen* helfen dabei, die Anzahl der Prozessbeteiligten zu erhöhen und die Grundlage für eine breit angelegte Kooperation zu legen:

▶ Wie transparent wird der Prozess gestaltet? Kann das Kollegium an diesem Prozess teilhaben und z. B. den aktuellen Arbeitsstand einsehen (zentrales Dateimanagement)? Ist es möglich und erwünscht, während der Erarbeitung im Dokument (Kommentarfunktion) Rückfragen zu stellen, Vorschläge zu unterbreiten oder gar Anpassungen (als Änderungsvorschlag) vorzunehmen?

▶ Wie steht es um die Arbeitskultur der Großgruppe?

▶ Wie und wann können Schulträger, Schülerinnen und Schüler und Eltern Arbeitsergebnisse einsehen und beurteilen? Stellt man unentschiedene Details einer anderen/größeren Öffentlichkeit (als nur der Kollegiumskonferenz) zur Debatte? (Schulkonferenz, Schulpflegschaft, gesamte Schulgemeinde)

6.2.2 Leitbild

Das veränderte Lernen in einer Kultur der Digitalität erfordert eine Schulentwicklung insgesamt, zum Beispiel im Hinblick auf die Qualifikation ihrer Lehrkräfte, veränderte interne und externe Kommunikation oder Kooperationen mit externen Partnern. Digitale Schlüsselkompetenzen in der Ausprägung von Medienkompetenzen, Anwendungs-Know-how und informatischen Grundkenntnissen ergänzen die umfassende Handlungskompetenz in den Dimensionen Fach-, Selbst- und Sozialkompetenz. Das schulinterne Verständnis dieses Lernens wird oft in einem Leitbild festgehalten. Das Leitbild wiederum ist Teil des Schulprogramms, in dem die Schule ihre grundlegende Konzeption und Entwicklungsvorhaben formuliert. Das Schulprogramm enthält darüber hinaus z. B. Elemente wie eine Präambel, Arbeitspläne, Standards, Kooperationsvereinbarungen, Konzepte zum gemeinsamen Lernen, zur Inklusion, zur Weiterentwicklung und eben ein Medienkonzept. Es sollte also ein Bezug vom schulischen Leitbild zum Medienkonzept erkennbar sein. Oder andersherum gedacht:

> „Bei der Erstellung und Weiterentwicklung schulischer Medienkonzepte geht es zentral darum, in einem Aushandlungsprozess ein gemeinsames Verständnis über die eigenen schulischen Zielsetzungen zu schaffen. Dieser Aushandlungsprozess und die Vereinbarung von Zielsetzungen bilden die Grundlage für erfolgreiche Schulentwicklungsprozesse und damit für Qualitätssicherung und -entwicklung. Wenn sowohl fachliche als vor allem auch überfachliche Zielsetzungen verankert werden sollen, ist ein zwischen den Fächern bzw. Fachgruppen abgestimmtes Konzept wichtig." (Eickelmann und Gerick 2017, 51)

Ziel der Medienkonzeptentwicklung ist es demnach, mit allen Beteiligten eine pädagogische Grundhaltung für das Lernen im digitalen Wandel aufzubauen und dies auch im Leitbild festzuhalten. Folgende Leitfragen können dazu dienen:

▶ Gibt es bereits ein schulisches Leitbild? Weist das Leitbild eine Haltung zum Lernen in einer Kultur der Digitalität aus?
▶ Welches Leitbild haben wir ansonsten in Bezug auf das Lernen in einer Kultur der Digitalität?
▶ Welche Impulse kann das Thema „Medien" für das schulische Leitbild liefern?
▶ Gibt es ein aktuelles Medienkonzept? Passt das Medienkonzept zum Schulprogramm?
▶ Welche Ziele verfolgen wir medienpädagogisch? Was hat sich schon bewährt, welche Bereiche sind zu entwickeln?

6.2.3 Unterrichtsentwicklung

Der Kernprozess der Arbeit am Medienkonzept ist die Unterrichtsentwicklung. Die Nutzung digitaler Medien in schulischen Lehr- und Lernprozessen ist integraler Bestandteil im (Fach-)Unterricht (vgl. KMK 2016, 10 f.; Eickelmann und Gerick 2017, 71). Es kann sinnvoll und hilfreich sein, die Unterrichtsentwicklung auf Basis mediendidaktischer Modelle vorzunehmen. In den meisten Lehrplänen der Länder ist vom Lernen über Medien und vom Lernen mit Medien die Rede. Eickelmann arbeitet vier Bereiche heraus (vgl. Eickelmann 2018, 47 ff.):

▶ Vermittlung von Fertigkeiten im Umgang mit digitalen Medien
▶ Nutzung digitaler Medien zur Verbesserung des fachlichen Lernens
▶ Unterstützung des Erwerbs digitaler Kompetenzen
▶ Entwicklung und Umsetzung neuer Formen des Unterrichtens mit digitalen Medien

Um den Einsatz digitaler Medien im Unterricht zu reflektieren, ist etwa Mitte der 2010er-Jahre das SAMR-Modell wiederentdeckt worden, das bereits 2006 von Puentedura entwickelt wurde. Das Akronym SAMR steht für Substitution, Augmentation, Modification und Redefinition, eine Übersetzung im Sinne des Modells wäre: Ersetzung, Erweiterung, Veränderung, Transformation (siehe hierzu ausführlich Kap. 5.2 Das SAMR-Modell). Die Reflexionsspanne reicht demnach von der Frage, ob analoge Medien durch digitale Medien lediglich ersetzt werden oder ob neue Aufgabenformate durch neue Technologien ermöglicht werden. In Anlehnung an Krommer (2018) sei dies durch folgendes Bild veranschaulicht: Vor 100 Jahren wäre es im Wortsinn nicht denkbar gewesen, morgens beim Frühstück in Hamburg zu überlegen, ob man abends in Paris ins Restaurant möchte. Erst die technologischen Entwicklungen haben diesen Gedanken überhaupt denkbar gemacht.

Demnach ist die zentrale Frage, welche Technologien heute das Lernen derart verändern können, wie es bisher nicht denkbar gewesen ist. Bis vor 20 Jahren war es nicht denkbar, dass eine Schülerin ihr Lernen in einem Blog darstellt, (teil-)veröffentlicht, der Tandemschülerin der Partnerschule im Ausland zur Diskussion stellt, Expert/-innen via Social Media einlädt, auf Reaktionen eingeht, revidiert, reflektiert. Heute wäre es für Schülerinnen und Schüler ein Leichtes, ein Lerntagebuch, ein Dossier oder ein Portfolio online zu gestalten, eine virtuelle Sprachreise ins Zielland zu organisieren, mit Schülerinnen und Schülern aus anderen Ländern in Kontakt zu treten, gemeinsam an Projekten zu arbeiten, digitale Lernprodukte zu erstellen und diese wiederum mit anderen Lernenden auf der ganzen Welt zu teilen. Wir hätten eine erste Transformation von Lernen erreicht. Das Beispiel reißt die Möglichkeiten nur an, Wampfler zeigt beispielsweise für das Fach Deutsch tiefergehend, inwieweit Technologie für das Lernen genutzt werden kann (vgl. Wampfler 2017, ders. 2020). Hier ist angedeutet, was den Kern der Medienkonzeptarbeit ausmacht: Unterrichtsentwicklung, oder besser gesagt, Weiterentwicklung des Lernens. Um Kriterien für die eigene Unterrichtsentwicklung zu operationalisieren, entwickeln viele Länder Checklisten oder Reflexionsbögen, auch die Qualitätsrahmen der Schulaufsichten wurden und werden durch entsprechende Kriterien zur Medienbildung erweitert.

Bei der Unterrichtsentwicklung geht es also nicht darum, welchen Mehrwert digitale Medien für den bisherigen Unterricht bieten. Es geht nicht um einen digitalen Dualismus, um eine Dichotomie des Analogen und des Digitalen, um die Anreicherung des Unterrichts mit digitalen Medien. Es geht auch nicht um Fragen, ob iPads, Surfaces oder Chromebooks besser sind, es geht nicht um Microsoft® oder Open Source. Das Analoge soll und kann nicht durch das Digitale ersetzt werden. Deshalb passt auch der deutsche Begriff der Digitalisierung nicht, den es so beispielsweise im angloamerikanischen Raum nicht gibt, denn er suggeriert, mit einer gewissen Technisierung des Unterrichts sei die Entwicklung zu einer digitalen Bildung vollzogen. Auch die Marken- und Monopolfragen können nicht gänzlich umgangen werden, solange staatliche Bildungssysteme keine funktionalen und belastbaren Alternativen an Hardware, Software und Plattformen zur Verfügung stellen können.

Dagegen bedeutet zeitgemäße Unterrichtsentwicklung einen Transformationsprozess, der nicht die Digitalisierung, sondern nach Stalder die Digitalität im Sinne einer Vernetzung von digitalen und analogen Wirklichkeiten betrachtet (vgl. Stalder 2016).

Hier liegt ein besonderer Fallstrick verborgen: Medienkonzeptarbeit wird als Arbeit an einem Konzeptpapier missverstanden und nicht als Arbeit am eigenen Unterrichtsverständnis der Lehrkraft, am eigenen Verständnis von Lernen, an der eigenen Haltung zur längst eingetretenen Epoche der Digitalität.

Kern der Medienkonzeptarbeit ist diese Unterrichtsentwicklung. Kern des Medienkonzepts ist es, diese Implementierung digitaler Medien in den Unterricht zu systematisieren und darzustellen. Die Vermittlung der Teilkompetenzen eines Medienkompetenzrahmens, wie ihn etwa die KMK-Strategie vorgibt (vgl. u. a. Kap. 5.4 Vier Dimensionen der Bildung), wird über möglichst viele Fächer in möglichst vielen Jahrgängen verbindlich in Unterrichtsvorhaben verankert – idealerweise als ein mit allen Jahrgangsstufen und Fachschaften abgestimmtes Spiralcurriculum der Schule. Der KMK-Kompetenzrahmen zählt insgesamt 51 Teilkompetenzen in sechs Kompetenzbereichen. Der Medienkompetenzrahmen NRW, der auch von anderen Bundesländern genutzt wird, versucht diese 51 Teilkompetenzen in einem Raster von sechs mal vier Teilkompetenzen zusammenzufassen (vgl. www.medienkompetenzrahmen.nrw).

Das bedeutet für die schulische Medienkonzeptarbeit, dass diese 24 Teilkompetenzen in den Jahrgängen eins bis vier der Primarstufe vermittelt werden, um sie dann in weiterführenden Schulen auf anderem Niveau mehrfach erneut zu vermitteln. Mit Abschluss der Sekundarstufe, die in der Regel nach der zehnten Klasse endet, sollten die Schülerinnen und Schüler dann, so das Ziel, medienkompetent sein. Es sei erwähnt, dass manche Schule und manches Berufskolleg die Medienkompetenzen auch in der Oberstufe zu implementieren versuchen.

Da Medienthemen wie der Schutz persönlicher Daten, Cybermobbing, Hate Speech, Deepfakes oder Künstliche Intelligenz einem schnellen Wandel unterliegen und auch praktische Kompetenzen wie Online-Recherche, Präsentieren, Quellendokumentation oder die Programmierung eines Roboters oder einer App auf dem Niveau einer fünften Klasse anders vermittelt werden als auf dem Niveau einer zehnten Klasse, empfiehlt es sich, die 24 Teilkompetenzen im Laufe der Sekundarstufe unbedingt mehrfach zu vermitteln, also beispielsweise aufgeteilt auf die Jahrgänge 5 bis 7 und auf die Jahrgänge

8 bis 10. Einige Schulen entscheiden sich auch, die Teilkompetenzen in so vielen Unterrichtsvorhaben zu vermitteln, dass der Medienkompetenzrahmen in den Doppeljahrgangsstufen 5/6, 7/8 und 9/10 mindestens je einmal erfüllt werden kann. Dabei werden Teilkompetenzen innerhalb eines Jahrgangs oder einer Doppeljahrgangsstufe im Sinne des Spiralcurriculums auch mehrfach vermittelt.

Folgende Leitfragen können diesen Arbeitsschritt unterstützen:

▸ Welche unterrichtlichen Vorhaben mit und über Medien aus den bestehenden schulinternen Lehrplänen haben sich bewährt und überschneiden sich mit Teilkompetenzen aus dem Medienkompetenzrahmen? Müssten oder könnten diese Vorhaben eventuell angepasst, aktualisiert oder vertieft werden?

▸ Mit welcher Ausstattung und welchen personellen Ressourcen werden die bestehenden Vorhaben bisher umgesetzt? Werden mit diesen Vorhaben alle Schülerinnen und Schüler des Jahrgangs erreicht?

▸ Welche neuen Vorhaben sollen in welche Fächer oder Themenfelder eingebunden werden? Welche Ausstattung und Fortbildungen sind dafür notwendig?

▸ Wie können Schülerinnen und Schüler und Eltern in die Medienkompetenzvermittlung eingebunden werden?

Die notwendige Verbindlichkeit wird wie oben beschrieben über Beschlüsse hergestellt. Dass eine solche Verbindlichkeit Folgen für die Ausstattung und die Kompetenzen der Lehrkräfte nach sich zieht, zeigen die folgenden Abschnitte.

6.2.4 Organisations- und Technologieentwicklung

Die Medienkonzeptarbeit als Teil von Schulprogrammarbeit erfordert eine Organisationsentwicklung im System Schule. Rolff (2018) sieht Schule als Organisation immer von innen heraus weiterzuentwickeln, und zwar im Wesentlichen durch deren Mitglieder selbst, wobei der Leitung eine zentrale Bedeutung zukommt und nicht selten Prozessberater/-innen von außen hinzugezogen werden (vgl. French und Bell 1990, zit. n. Rolff 2018, 17).

Neben der Unterrichtsentwicklung, bei der die Lehrkräfte beteiligt werden und damit auch Personalentwicklung geschieht (siehe unten), müssen auch Prozesse auf der Organisationsebene gesteuert werden. Heutige Organisationsentwicklung von Schule wird darüber hinaus als partizipativer Prozess gesehen, bei dem nicht nur Lehrkräfte beteiligt werden, sondern vor allem auch Schülerinnen, Schüler und Eltern (vgl. Zylka 2018; Förtsch, 2020).

Um einen weiteren Fallstrick zu umgehen, sollte die Einrichtung einer Projektgruppe Medien obligatorisch sein. Zudem ist es empfehlenswert, wenn eine in der Schule installierte (und geschulte) Steuergruppe durch das Mandat der Lehrerinnen und Lehrer sowie der Kollegiumskonferenz mit der Prozesssteuerung für die Medienkonzeptentwicklung beauftragt ist. Erfolgreiche Schulen besetzten eine solche Projektgruppe nicht nur mit Lehrkräften, sondern mit allen an Schule beteiligten Gruppen und insbesondere mit denen, um die es geht, den Schülerinnen und Schüler.

Wir wissen gleichwohl, dass Steuergruppe und Projektgruppe in (kleineren) Schulen häufig identisch sind. Die Schulleitung ist der Motor der Gesamtentwicklung, sie initiiert und kontrolliert konkrete Vorhaben (Controlling), die Steuergruppe organisiert den Prozess, die Fachschaften entwickeln (ggf. mit der didaktischen Leitung) die schulinternen Lehrpläne weiter und die Projektgruppe Medien arbeitet die medienpädagogische und technische Ebene aus. Fortbildungsbeauftragte orientieren sich für ihre Vorschläge an den entstehenden Bedarfen in den Entwicklungs- und Implementationsprozessen, idealerweise werden diese Prozesse von externen Beratenden begleitet.

Folgende Leitfragen können die Arbeit der Projektgruppe unterstützen, um die Grundlage für die Technologieentwicklung der Schule und die damit verbundene Zusammenarbeit mit dem Schulträger zu legen:

▶ Wer bildet die Projektgruppe? Wie können wir die Gruppe möglichst heterogen besetzen, also auch Innovatoren und Skeptiker einbinden?

▶ Wie können Schülerinnen und Schüler und Eltern beteiligt werden?

▶ Wie kann die Gruppe produktiv arbeiten, am besten auch zeit- und ortsunabhängig?

▶ Welche infrastrukturelle und technische Ausstattung liegt bisher vor? (Glasfaseranbindung, strukturelle Verkabelung, WLAN, Device- und Identity-Management usw.)

▶ Wie ist die Zusammenarbeit mit dem Schulträger organisiert? Gibt es regelmäßige runde Tische, Investitions- und Bilanzgespräche?

▶ Welche Hardware kommt wo zum Einsatz? (PC-Räume, Mobilgeräte, Peripheriegeräte usw.)

▶ Welche Software und Apps kommen wo zum Einsatz? (lokale Installationen, Software as a Service (SaaS), Clouds, Apps, Lizenzkosten usw.)

▶ Welche Plattformen kommen wo zum Einsatz? (Organisationsplattform, Arbeits- und Kommunikationsplattform, Wissensmanagement, Learning-Management-System usw.)

▶ Welche Geräteausstattung wird grundsätzlich angestrebt? Soll jede/-r Schüler/-in mit einem eigenen Gerät lernen können (1:1-Modell)?

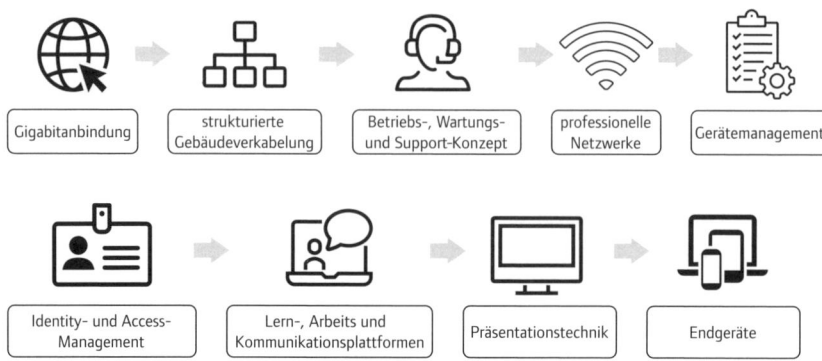

Abb. 3: Projekte der schulischen IT-Infrastruktur (© Cornelsen/Marc Seegers)

Gerade auf dieser organisatorischen Ebene kann man auch gleich digitale Medien einsetzen, um die Zusammenarbeit in der Projektgruppe und mit dem Kollegium zu erleichtern und gleichzeitig Potenziale von digitalen Medien und zeitgemäße Arbeitsweisen und Wissensmanagement aufzuzeigen (Cloud-Computing, Collaboration, File-Sharing usw.).

Wo früher regelmäßige Sitzungen vor Ort nötig waren, sind heute auch Online-Sitzungen via Videokonferenz möglich, wo früher mühsam jemand das Protokoll suchen musste, können heute alle gemeinsam und gleichzeitig die Notizen schreiben, wo früher das Protokoll per Mail rundgeschickt wurde, kann es heute via Cloud für alle Beteiligten freigegeben werden. Ein Brainstorming kann mit Online-Tools auch zeitlich asynchron erfolgen, die verschiedenen parallelen Schulentwicklungsprozesse können in einem schulinternen Wiki dokumentiert, untereinander verlinkt und leicht im Blick gehalten werden (vgl. Zylka 2018, 79 f.).

Fachschaftsarbeit kann leichter organisiert und koordiniert werden. Schulinterne Curricula können gemeinsam, zeitgleich und genauso gut arbeitsteilig und asynchron in einem Dokument bearbeitet werden, das Original ist immer im gleichen Online-Ordner verfügbar, wird automatisch gesichert und versioniert, sodass auch frühere Versionen nachvollzogen oder wiederhergestellt werden können. Das Rundmailen der vermeintlich aktuellsten Version ist passé. Mit gestuften Freigabemöglichkeiten können gleichzeitig Schreibrechte an Autorinnen und Autorinnen und Lese- oder Kommentierungsrechte an mittelbar Beteiligte oder Externe vergeben werden.

Kurzum, digitale Tools für kollaborative Mindmaps, Wikis oder Dokumente oder die digitale Lern-, Arbeits- und Kommunikationsplattform (KMK 2016, 37 f.), die pädagogisch etabliert werden soll, werden selbstverständlich auch zur Organisation der

Medienkonzeptarbeit genutzt, Organisationsentwicklung als „(nicht linearer) Lernprozess von Menschen und Organisation" mit Prozessorientierung (Rolff 2018, 17). Kommunikations- und Arbeitsprozesse werden dadurch kollaborativ und jederzeit transparent. Schulen und Schulträger finden staatliche und nicht-staatliche Hilfen zur Prozessgestaltung online, beispielsweise die neuen Angebote auf den Websites von schultransform.org, forumbd.de und deutsche-schulakademie.de.

6.2.5 Personalentwicklung

Durch schulweit verbindliche Unterrichtsentwicklung entstehen neue Bedarfe an Ausstattung und in der Lehrerfortbildung. Um festzustellen, welche Ausstattung und welche Fähigkeiten im Kollegium bereits vorhanden sind, empfiehlt sich auch in diesem Bereich eine Bestandsaufnahme. Die Fortbildungsplanung sollte dann in enger Abstimmung mit der Fortbildungsbeauftragten der Schule erfolgen.

Der größte Fallstrick an dieser Stelle hat nichts mit Medien zu tun, sondern mit den staatlichen Fortbildungssystemen. Exemplarisch sei auf das Fazit der Analyse des staatlichen Lehrerfortbildungssystems in NRW verwiesen: „Das System der Lehrerfortbildung in NRW wird als suboptimal eingeschätzt. Die Strukturen sind unübersichtlich mit unklaren Zuständigkeiten, die Effekte der Fortbildungsanstrengungen sind unbefriedigend" (Ministerium für Schule und Bildung NRW, 2019, 2). In einigen Bundesländern sind Fortbildungen verpflichtend, werden aber kaum nachgehalten, in einigen Bundesländern stehen Verpflichtungen nur vage auf dem Papier, in einigen Ländern können Abonnements von Fachzeitschriften als Fortbildung angerechnet werden. Bisher gibt es nur wenige systematische Ansätze zur Lehrerfortbildung, ein verbindliches Mediencurriculum für Lehrkräfte gibt es meist nicht.

Kompetenzen, die Lehrkräfte in der heutigen Zeit haben sollten, sind lange definiert worden, das umfangreichste und noch aktuelle Modell ist von der Europäischen Kommission erarbeitet worden: der European Framework for the Digital Competence of Educators, kurz DigCompEdu (vgl. European Commission, 2017). Auf der Website von ec.europa.eu gelangen Lehrkräfte unter dem Stichwort „digcompedu" nicht nur zum theoretischen Konzept, sondern auch zu einem umfangreichen Selbsttest der eigenen Kompetenzen, der sich in der Auswertung an den europäischen Referenzrahmen für Sprachen von A1 bis C2 anlehnt. Ein hilfreiches Diagnosetool, um die eigenen Kompetenzen zu analysieren und dann gezielt nach Fortbildungen zu suchen.

Der österreichische digi.kompP beispielsweise ähnelt in seinem ebenfalls umfassenden und 2019 aktualisierten Modell weitgehend dem DigCompEdu. Das österreichische Modell beinhaltet auch einen Check mit Selbsteinschätzung und anschließendem Test zum Abgleich. Eine konkrete Empfehlung oder ein passgenaues Angebot für die eigene Fortbildungsplanung erfolgt allerdings auch hier nicht.

Aus unserer Erfahrung heraus ist der DigCompEdu-Selbsttest sehr hilfreich, er ist eher auf höherem Niveau angesiedelt, zeigt Kompetenzen auf, die in der breiten Lehrerschaft häufig noch erworben werden müssen. Für die Fortbildungsplanung im gesamten Kollegium führt meist eine einfache Online-Abfrage schnell zu gezielten Fortbildungsbedarfen. Wir können die Bedarfe aus der Beratung heraus meist in drei Bereiche einteilen, wenngleich diese Einteilung stark vereinfacht: informations- und kommunikationstechnische Grundlagen (1), allgemeindidaktisch-methodische Fortbildungen (2) und fachdidaktische Fortbildungen (3).

Folgende Leitfragen können bei der Arbeit helfen:

▶ Welche Grundlagenangebote brauchen wir? Welche Unterstützung können Kolleginnen und Kollegen geben?

▶ Welche allgemein- und fachdidaktischen Fortbildungen brauchen wir?

▶ Welche Medienkompetenzen existieren im Kollegium bereits? Wer ist wofür Expert/-in?

▶ Welches Konzept für Mikro-Fortbildungen nehmen wir? Welcher Raum, welche Zeit und welcher Turnus eignen sich?

Die Grundlagen (1), landläufig auch „Knöpfchenkunde" genannt, weil die Bedienung der Tasten und Buttons im Vordergrund steht, können häufig durch VHS-Kurse oder durch das Selbststudium von Online-Angeboten (z. B. MOOCs auf den Websites von oncampus.de oder auf der Website von imoox.at) erworben werden, hier ist jede Lehrkraft auch selbst in der Pflicht. Die allgemeindidaktisch-methodischen Fortbildungen (2) umfassen beispielsweise digitale Medien, die in vielen Fächern in unterschiedlichen Lernszenarien zur Anwendung kommen können, etwa der Einsatz eines Wikis, eines Etherpads oder die Erstellung von E-Books oder Podcasts als Lernprodukte. Es braucht hier ein Verständnis aller Akteurinnen und Akteure, dass die Aufgabenerfüllung von Schule und speziell der Lehrpläne nicht mehr uneingeschränkt gegeben ist, wenn Schülerinnen und Schüler auf eine noch weniger vorhersehbare Zukunft vorbereitet werden sollen (vgl. VUCA-Welt). Lehrkräfte können nicht darauf warten, bis die Lehrplanvorgaben auf das 21. Jahrhundert aktualisiert werden, dieser Diskurs muss jetzt geführt werden.

Bei den fachdidaktischen Fortbildungen (3) kommen dann fachspezifische Anwendungen zum Tragen wie etwa eine App zur Messung physikalischer Vorgänge, eine Webseite zur Analyse der eigenen sprachlichen Textgestaltung oder eine Augmented-Reality-App, um Zeitzeugen des Zweiten Weltkriegs in den Geschichtsunterricht zu holen.

Bei der Erhebung der Fortbildungsbedarfe und angesichts des schnellen Wandels digitaler Technologien wird deutlich werden, dass ein kontinuierliches Fortbildungskonzept nötig ist. Zwei wesentliche Strömungen aus der Kultur der Digitalität haben hier in den letzten Jahren zu enormen Effekten im Bildungsbereich geführt: das Bar-Camp-Konzept und das Konzept Mikro-Fortbildungen. Ersteres ist ein Konzept zur Organisation schulinterner, ganztägiger oder mehrtägiger Fortbildungsveranstaltungen – das inzwischen auch für externe Lehrerfortbildungen genutzt wird –, zweiteres eignet sich zur Organisation unterjähriger kurzer Fortbildungen (sog. Learning Nuggets) zwischen den großen Fortbildungstagen.

Das BarCamp-Format kommt ursprünglich aus der IT und wanderte etwa 2010 in Deutschland in den Bildungsbereich ein. Kurz gesagt handelt es sich um ein Unkonferenz-Format, i. e. ein Konferenz-Format, das von den Teilnehmerinnen und Teilnehmern selbst gestaltet wird, externe Experten sind dazu nicht notwendig (vgl. ausführlich Muuß-Merholz 2019a). Die Vorteile gerade für größere Kollegiumsgruppen sind überzeugend: Es kommt heterogenen Ausgangslagen entgegen, das Programm wird an den eigenen Bedarfen ausgerichtet, die Experten kommen aus den eigenen Reihen und sind später noch verfügbar, das kollegiale Peer-to-Peer-Learning führt zu einem guten Arbeitsklima, um nur einige zu nennen.

Das Konzept Mikro-Fortbildungen ist eigentlich auch nicht neu, wird nur meist aus Mangel an Ressourcen oder Mangel an Umsetzungswillen vernachlässigt. Aus einschlägigen Forschungen zu professioneller Lehrerfortbildung ist bekannt, dass mehrphasige Konzepte mit Lernpartner/-in und konkreten Umsetzungsmöglichkeiten effektiver sind als ganz- oder halbtägige, externe Einzelveranstaltungen, wie sie in den meisten staatlichen Lehrerfortbildungssystemen Standard sind. Mikro-Fortbildungen dagegen finden in der eigenen Schule statt, können beliebig oft angesetzt werden – die Frequenz reicht von wöchentlich bis alle zwei Monate – und sie können durch Tandems nachhaltiger gestaltet werden. Sie heißen Morning Learnings, Wissen vor 8, Kurs-Kiosk, Fobi-Snack, digitale Mittagspause oder Mikro-Schilf (**sch**ulinterne **L**ehr**erf**ortbildung). Die kürzesten Mikro-Fortbildungen sind 15 Minuten lang, die längsten dauern nicht mehr als 60 Minuten. Eine 45-Minuten-Einheit hat sich häufig als ideal erwiesen, um in der ersten Viertelstunde ein digitales Tool oder eine Methode vorzustellen, dann eine Viertelstunde Praxisphase und eine abschließende Fragerunde zu ermöglichen. Diese Mikro-Fortbildungen können von praktischen Fragen (Wie spiegle ich die Endgeräte kabellos auf den Beamer? Wie baue ich eine sequenzierte Lektion im LMS? Wie vernetze ich meine Lerngruppe via eTwinning mit anderen?) bis zu methodischen reichen (Wie gestalte ich ein digitales Gruppenpuzzle? Wie gebe ich formatives Feedback zu E-Portfolios?).

Im Idealfall gibt es natürlich nach wie vor Input von außen, gehen Kolleginnen und Kollegen auch weiterhin zu externen Veranstaltungen, kommen Expertinnen und Experten auch in die Schule, aber sie tragen diese Erkenntnisse dann über pädagogische Ganztage oder Mikro-Fortbildungen wieder systematisch ins Kollegium, die Schulleitung räumt die Ressourcen ein, die bzw. der Fortbildungsbeauftragte hält das Schneeballsystem im Auge.

Die große Online-Community der Education Experts weltweit, die für Impulse wie BarCamp oder Learning Nuggets sorgt, hält viele solche spannenden Impulse für den Bildungsbereich parat, von Methoden (Pecha-Kucha-Vortrag, Scrum in die Schule) über Organisationsentwicklung (Agile, basisdemokratische Schulentwicklung) bis hin zu didaktischen Fragen (Was ist für das 21. Jahrhundert relevant?). Ein Blick auf Industrie und Wirtschaft würde weitere Möglichkeiten zur Fortbildung befördern: da, wo es um praktische Handhabung einer Hard- oder Software geht (z. B. Tabletbedienung nach einem Update), wo es um Wissensvermittlung geht (z. B. Aktualisierung des Datenschutzrechts), wo es um einzelne, kleine Lerneinheiten geht (z. B. Durchführung einer Video-Konferenz, Das 1×1 der Erklär-Videos), werden sog. Learning-Nuggets auf E-Learning-Plattformen eingesetzt. Hier können Schulen noch einige individuelle Angebote für individuelle Bedarfe entdecken, die es im Netz bereits gibt, nicht alles muss über Präsenzfortbildungen abgedeckt werden. Hier bräuchte es seitens der Bildungsministerien aber auch noch breit angelegte Fortbildungsangebote für ICT-Grundlagen.

Es sollte selbstverständlich sein, dass lebenslanges Lernen für Lehrkräfte auch bedeutet, das Netz als Ressource einzubeziehen (vgl. DigCompEdu 2017, 16 ff.). So kann sich eine Schule beispielsweise ein eigenes Fortbildungscurriculum zu digitalen Medien zusammenstellen, falls es landesseitig keine Vorgaben gibt, viele Ideen wurden in der Online-Community bereits miteinander geteilt:

Module	Inhalte (exemplarisch)
Kultur der Digitalität	– soziale Netzwerke: Social Media, Digital Natives, Hate Speech, Netiquette – Medienwelten: Clickbaiting, Inszenierung, Fake News, Deepfakes – künstliche Intelligenz: Social Bots, News Automation, Arbeit 4.0, Deep Learning/Machine Learning, Ethik – Spiele: PCs und Konsolen, Gamification, Sucht – Effekte: Algorithmen, Filter Bubble, Echokammer, Referenzialität
Recht und Gesetz	– Datenschutz und Persönlichkeitsrecht – Urheberrecht und Creative Commons – Open Educational Resources (OER) – digitale Notenverwaltung – Straftatbestände: Cybermobbing, Sexting, Grooming …

Module	Inhalte (exemplarisch)
Digitale Werkzeuge	– Web-Tools, Tablet-Apps, Whiteboards, Videokonferenzen – Plattformen: LMS, CMS, Worksuites – mobile Devices: Smartphones, Tablets, Convertibles, Chromebooks
Digitale Ressourcen	– (staatliche) Sammlungen: Mebis, Mundo, WirLernenOnline, OER World Map – OER-Plattformen und Werkzeuge – digitale Schulbücher, E-Books – Weiterbildung: MOOCs, P2P, E-Learning, Online-Seminare
Lernen mit Medien	– Video-based Learning: Flipped Classroom, Erklärvideos nutzen, Lernvideos erstellen – digitale Portfolios, multimediale Präsentationen, Podcasts, WebQuests – personalisierte Lernangebote und selbstorganisiertes Lernen – Community-Prinzipien: Collaboration, Creating, Sharing, Social Tagging – Projekte: Medienscouts, eTwinning, Empatico, Global Goals, FreiDay, Ring-a-Scientist
Konzepte und Modelle	– Politik: KMK-Kompetenzrahmen, Ländermodelle, DigCompEdu – zeitgemäße Prüfungsformate, formative Assessment, Produktorientierung, Feedback-Kultur – Konzepte: 21st Century Framework (CCR), Blended Learning, P2P-Learning, Konstruktivismus, Konnektivismus – Modelle: SAMR, Dagstuhl, TPACK, MiLd, Pedagogy Wheel

Abb. 4: Module eines schulinternen Fortbildungscurriculums zu digitalen Medien (© Cornelsen/Marc Seegers, erweiterte Darstellung in Anlehnung an Busch 2015, Wörner 2017)

6.3 Fazit

❚ Das Medienkonzept kann eine Seite lang sein und trotzdem funktionieren.

Das Medienkonzept selbst endet üblicherweise mit dem Kapitel „Evaluation und Fortschreibung", um dann wieder von vorne zu beginnen. Denn in der heutigen Zeit wandelt sich kein Bereich schneller als der technologische. Daher unterliegt auch das Medienkonzept einem deutlich stärkeren Wandel als andere Bereiche der Schule. Während Schulen in Deutschland im Jahr 2021 immer noch kein flächendeckendes WLAN haben und Schülerinnen und Schüler erst langsam mit Geräten ausgestattet werden, werden in Dänemark seit Jahren Abiturprüfungen online abgenommen, wird in Uruguay der Matheunterricht landesweit durch die App eines deutschen Start-Ups unterstützt, werden weltweit die Chancen von Augmented und Virtual Reality für das Lernen ausgetestet, beispielsweise für das immersive Lernen von Fremdsprachen (siehe Kap. 11.3.1 Augmented Reality & Virtual Reality):

Halten wir an dieser Stelle zusammenfassend fest, dass die Erstellung eines Medienkonzeptes zu einem der größten und umfassendsten Schulentwicklungsprozesse der letzten Jahre gehört, und dass es für die erfolgreiche Arbeit am Medienkonzept Verschiedenes braucht:

- ein grundlegendes Verständnis der Gründe für die Konzept- und Implementationsarbeit
- ein Verständnis der Notwendigkeit einer Medienkompetenzbildung in allen Fächern aufgrund der medialen Lebenswirklichkeit der Kinder
- einen ganzheitlichen (überfachlichen) Blick auf das Arbeitsfeld aller Akteur/-innen
- erste Kenntnisse über Möglichkeiten des Einsatzes digitaler Medien und Werkzeuge, denn ohne erste Erfahrungen und Beispiele ist kreative Unterrichtsgestaltung zwecks Füllens der Kompetenzmatrix mit Unterrichtsvorhaben kaum gewinnbringend und weiterentwickelnd möglich
- eine gute Gesamtorganisation (z. B. professionelles Projektmanagement durch die Steuergruppe) sowie eine zielgerichtete Kooperation aller Beteiligter
- (trotz laufendem Tagesgeschäft) Zeit und Ausdauer
- eine gerechte Aufgabenverteilung, Möglichkeit von Ausgleichen
- ein gutes Controlling
- externe Beratung, schulende Einführungen in das Thema sowie weitere fachübergreifende und fachliche Fortbildungen
- eine Projektbegleitung zur Sicherstellung nachhaltiger Entwicklungen
- Klarheit durch im Team genau formulierte, *smarte* Ziele (SMART: spezifisch, messbar, akzeptiert, realistisch/relevant und terminiert)
- Transparenz im Prozess und Partizipationsmöglichkeit für alle Interessierte
- freier Zugang zu Arbeitsständen, regelmäßiges Feedback und weiterführender Austausch zu Teilergebnissen und eine darauf ausgerichtete Arbeitskultur mit neueren Arbeitsweisen mit kollaborativen Werkzeugen, technischer Unterstützung der Prozessverwaltung (Kanban-Boards, Online Office) und Ermöglichung asynchroner Arbeitsweisen
- idealerweise ein gut funktionierendes Teamwork
- Wissen über die Besonderheiten eines Changemanagements und besonderer Hemmnisse und Hindernisse (vgl. Kap. 15 bis 20)
- intensive(re) Bemühungen ein Angebot zu entwickeln (externe Unterstützungsangebote als auch interne Arbeit an der Unterrichtsentwicklung), sodass zukunftsorientierte Kompetenzen durch den Unterricht sichergestellt werden können; daraus entstehende Standards müssen evaluiert und weiterentwickelt werden
- ein regionales Netzwerk zum Austausch von Good Practice

Bei der Geschwindigkeit der technologischen Entwicklungen und ihren Wirkungen auf die Gesellschaft muss sich also der (fach-)curriculare Blick weiten und müssen sich alle Beteiligten mit der Kultur der Digitalität jetzt und initiativ auseinandersetzen. Als Lehrkraft darauf zu vertrauen, dass ein Ministerium die Vorgaben schon zeitnah erneuern wird, hat sich in den letzten zwei Jahrhunderten als untaugliche Strategie erwiesen. Jüngst die Pandemie und das Distanzlernen verdeutlichen, dass ein Abbilden des bekannten Unterrichts in digitalen Formaten kaum für ein erfolgreiches Lernen funktioniert.

Es bedarf der Ausbildung von Medienkompetenz aller und immer wieder der Instruktion und des Selbststudiums zu Geräten, Werkzeugen und Anwendungen, auch unter den Lehrenden. Lebenslang werden wir uns damit beschäftigen, was es Neues gibt, wozu wir es nutzen können und welchen Einfluss es auf unser Handeln nimmt. Die Offenheit und der Lernwille gegenüber digitalen Technologien sollten für Lehrende genauso selbstverständlich sein, wie sie es von den Lernenden erwarten. Das sollte über jedem Medienkonzept stehen, das in Schulen in Angriff genommen wird. Dann kann Medienkompetenzbildung gelingen, auf wenigen Seiten festgehalten, in vielfältiger Weise umgesetzt.

MEDIENEINSATZ UND DIGITALE ARCHITEKTUR

7 Software und Digitalität – Struktur und Integration der wachsenden Anwendungslandschaft

Hagen Sarx

Architektur ist im lateinischen Wortsinn die Baukunst. Notwendiger Bestandteil der Baukunst ist das planvolle Entwerfen, Gestalten und Konstruieren. Die digitale Schule bedarf großer Baukunst bei dem Entwurf und der Konstruktion einer tragfähigen, Hardware und Software umfassenden Infrastruktur, die darüber hinaus flexibel genug sein muss, der schnellen Entwicklung in den digitalen Technologien folgen zu können. Der ganzheitliche Blick auf unterschiedliche Teile der Infrastruktur als digitale Architektur der Schule soll hierbei helfen, beim Aufbau als auch bei der Weiterentwicklung den Überblick zu behalten und eigene Leitlinien zu definieren. Ziel der digitalen Architektur ist eine stets lernförderliche Infrastruktur bereitzustellen, die eine möglichst durchgängige Verfügbarkeit ohne Medienbrüche gepaart mit einer zeitgemäßen Alltagstauglichkeit für die Handelnden in der Schule bietet (vgl. Breiter et al. 2015, 14).

Die Anwendungen stellen die oberste Ebene der digitalen Infrastruktur dar und sollen deshalb zuerst betrachtet werden. Im Prozess der Digitalisierung entwickelt sich dieses Feld besonders rasant mit hoher Dynamik, sodass es leicht zu verpassten Chancen oder Fehlern kommen kann, die später im laufenden Betrieb nur schwer auszugleichen sind. Basierend auf eigenen Erfahrungen und aktueller Literatur beschreiben wir die Struktur der neuen wachsenden Anwendungslandschaft und zeigen einen möglichen Weg zur Integration auf. Die hier aufgestellten Thesen sind also erfahrungsgestützt, aus schulischer Sichtweise entstanden und in ihrer konsequenten Betonung der schulischen Entscheidungsfreiheit auch durchaus kontrovers.

Schaut man sich Schulen an, die sich aktuell mitten im Prozess der Digitalisierung befinden, dann findet man in der Regel eine Vielzahl von Anwendungen auf den mobilen Endgeräten als auch auf den stationären Endgeräten in Computerräumen und Verwaltung. Auch ein bereits vorhandenes Learning Management System (LMS) ändert an der Nutzung einer Vielzahl von Systemen und Anwendungen im Schulalltag meist nichts. Hinzu kommen bewusst eingezogene Barrieren, denn bei der Verwaltung von Schüler/-innenleistungen und bei der Stunden- und Vertretungsplanung kommt Spezialsoftware zum Einsatz, die in Deutschland aus Sicherheitsgründen häufig in einem getrennten Netz läuft.

In Kapitel 8 (Learning Management Systeme – schulische Lern-, Arbeits- und Kommunikationsplattformen) wird auf das LMS näher eingegangen, aber sollte nicht das LMS von der Grundidee her als umfassendes System verstanden werden, das idealerweise alle schulischen Anwendungsbedürfnisse in sich vereint? Dieses Verständnis kann angezweifelt werden, denn allgemein halten es IT-Experten heutzutage nicht mehr für erstrebenswert und auch nicht notwendig, sämtliche Prozesse einer Organisation in *einer* Software abzubilden, denn die Nachteile eines solchen Monolithen sind eine unübersichtliche Projektgröße und -dauer und vor allem die Trägheit in Bezug auf Veränderungen. Die Möglichkeit zur schnellen Anpassung, die Agilität ist aber im Zeitalter der Digitalität eine entscheidend wichtige Eigenschaft. So nennen Zies und Schmid in ihrer Veröffentlichung zur Studie der Bain Company, der eine Befragung von 150 CIOs zugrunde lag, drei Thesen für die Zukunft der IT-Architektur im Bereich Anwendungen:

1. „Lose gekoppelte Systeme verdrängen Monolithen."
2. „Nutzung von Microservices erhöht Agilität, Stabilität und Skalierbarkeit."
3. „Software as a Service beschleunigt Innovationszyklen und vermindert Implementierungsaufwand." (2016, 3)

Diese Thesen sind zwar in Zusammenhang mit der Betrachtung der IT von Unternehmen entstanden, spiegeln aber einen allgemeinen, weltweiten Trend wider, der inzwischen die IT-Systeme aller Arten von Organisationen und Lebensbereiche erfasst hat. So ist denn z. B. *Software as a Service* (SaaS) bei den Schulen über die Apps auf den mobilen Endgeräten der Lernenden und Lehrenden längst angekommen, wird aber nach unserer Einschätzung in den Schulen noch zu selten systematisch genutzt. Messenger, digitale Pinnwandsysteme, Videoplattformen etc. aus der Digitalität vor der Schule finden zumeist unsystematisch ihren Weg in die Schule und bringen dabei nicht nur Probleme in Bezug auf Jugend- und Datenschutz mit sich. Wenn es aber Schule gelingt, den schulischen Einsatz solcher Apps zu strukturieren und zum integrierten Bestandteil der Software bzw. Anwendungslandschaft der Schule zu machen, würde der Einsatz wertvoller, nachhaltiger und unter anderem aus Datenschutzsicht weniger problematisch.

Dazu ist zunächst nichts anderes notwendig, als ein Verständnis über das Zusammenspiel von Anwendungen in der eigenen Schule zu entwickeln, Leitlinien und Auswahlkriterien zu definieren und einen Prozess zur Wahrnehmung von Innovation und Integration neuer Anwendungen zu etablieren. Mit einer Anwendungslandkarte kann dieses Verständnis über die eigene Softwarelandschaft anschaulich visualisiert werden (vgl. Lankes et al. 2005). Sie ist Ausgangspunkt bei Veränderungen wie der Aufnahme neuer Anwendungen oder dem Ablösen und Ersetzen alter Anwendungen. Ein lohnender Nebeneffekt dieses Vorgehens ergibt sich aus der engen Verzahnung und den Synergien mit dem Datenschutz z. B. bei dem für jede Schule zu erstellenden Verarbeitungsverzeichnis.

Die Anwendungen gehören für Schulen in der Digitalität zum Kerngeschäft. Mobile Endgeräte und Netzwerke sind ohne Anwendungen nutzlos. Schulleitungen sollten also einen guten Überblick und Einblick in die an ihrer Schule genutzten Anwendung haben. Eine Anwendungslandkarte ist hierfür ein anschauliches Hilfsmittel.

Nähern wir uns schrittweise und beginnen mit einem praxisorientierten Ansatz, in dem wir die an Schulen eingesetzten Anwendungen strukturieren.

7.1 Strukturierung der Anwendungslandschaft an Schulen

Pflanzelt beschreibt in seinen Veröffentlichungen zur Schul-IT der Schulen des bayrischen Projektes „Digitale Schule 2020" aus den Jahren 2016 und 2020 eine Strukturierung nach Prozessen (Pflanzelt 2020, 1 f.). Er sieht hier zum einen die Prozesse des Lernens, Lehrens und Prüfens sowie die Verwaltungsprozesse zur Administration, Information und Kommunikation.

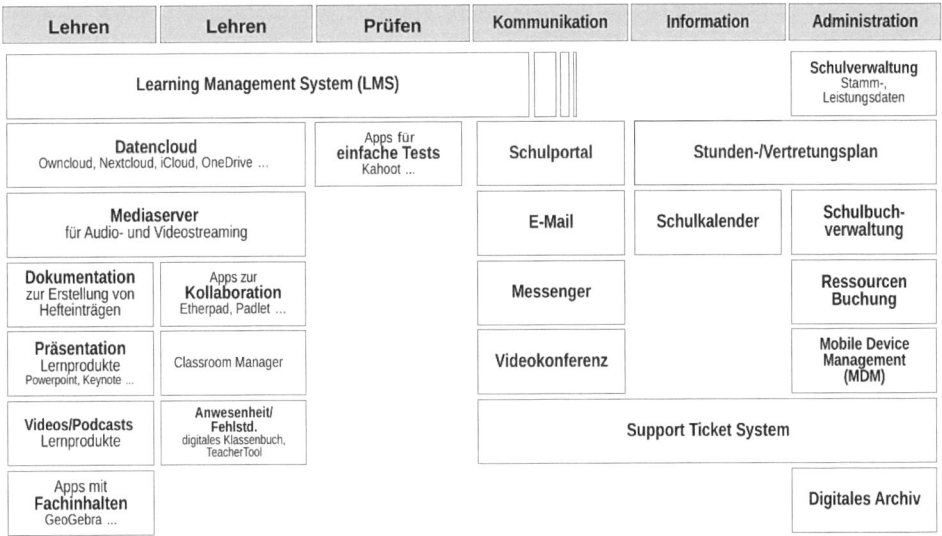

Abb. 1: Nach Prozessen strukturierte Übersicht typischer schulischer Anwendungen (© Cornelsen/ Hagen Sarx)

Abbildung 1 gibt einen Überblick über typische Anwendungen und deren Zuordnung zu den Prozessen des Unterrichtens und der Verwaltung. Bei Anwendungen wie Präsentation, Dokumentation usw. handelt es sich häufig auch aus finanziellen Gründen um lokal installierte Offline-Anwendungen oder um lokale Anwendungen mit Cloudspeicherung, die auf den mobilen Endgeräten auch ohne WLAN-Internet-Verbindung benutzt werden können. Diese müssen nicht weiter integriert werden. Eine Vorkonfigurationen und die Softwarepflege erfolgt sinnvollerweise dezentral über ein *Mobile Device Management* (MDM). Darüber hinaus kann mit dem MDM gesteuert werden, welche Apps mit welchen Rechten auf den mobilen Endgeräten installiert werden sollen. Genaueres zum MDM wird in Kapitel 10 (Endgeräte – Eckpfeiler für Bildung in der digitalen Welt) ausgeführt. Das MDM selbst muss also über Daten zu den Benutzern verfügen.

Eine weitere typische Gruppe von Apps, wie Padlet, Kahoot, YouTube usw., sind zwingend auf eine WLAN-Internet-Verbindung angewiesen, da sie lediglich einen Client zu einem Cloud-Service darstellen. Der Vorteil ist, dass nur die Daten der Nutzenden geladen werden müssen, da die Bedienoberfläche sich mit der App bereits auf dem Endgerät befindet. Auch diese Apps können über das MDM konfiguriert und gepflegt werden.

Die dritte Gruppe von Anwendung sind die serverbasierten Web-Anwendungen, auch Web-Apps genannt, die durch Aufrufen einer Internetadresse im Webbrowser gestartet werden. Typische Beispiele sind Web Mailer, Datencloud, LMS usw. Die Anwendung läuft hierbei vollständig auf dem Server und zum Browser werden nur die Informationen zur Darstellung der Benutzeroberfläche übermittelt sowie Benutzereingaben empfangen. Der Übergang zwischen der zweiten und dritten Gruppe ist allerdings fließend, da für viele Web-Apps, z. B. Nextcloud, Moodle, zusätzlich auch lokal installierbare Apps existieren.

7.2 Zusammenspiel der Anwendungen

Die tabellarische Darstellung stellt noch keine Anwendungslandkarte dar, denn in der Tabelle fehlen die Beziehungen zwischen den Anwendungen. Betrachten wir dazu exemplarisch LMS, E-Mail und Datencloud. Alle drei Systeme sind nutzendenbasierte Systeme, denn man muss sich als nutzende Person anmelden und bekommt seine eigene Umgebung angeboten und kann mit anderen in Kontakt treten. In einer gelungenen Integration greifen die Systeme auf einen gemeinsamen Verzeichnisdienst zu, sodass die Nutzungsdaten z. B. Anmeldename und Passwort für alle Systeme gleich sind und somit eine übergreifendes *Identity- und Access-Management* existiert. Einen solchen Verzeichnisdienst stellen z. B. LDAP oder Active Directory dar. Die Verwendung eines zentralen Verzeichnisdienstes hat dabei gleich mehrere Vorteile:

1. Die Nutzenden können sich an allen Systemen mit dem gleichen Zugangsdaten anmelden.
2. Die Administrator/-innen müssen die Nutzungsdaten nur in einem System pflegen, was den Aufwand minimiert und Inkonsistenzen vermeidet.
3. Bei der Zusammenführung von Daten gibt es keine Zuordnungsprobleme, da es nur eine eindeutige Zuordnung der Daten der nutzenden zur realen Person gibt.

Anwendungen oder Systeme, die eine Integration mit dem in der Schule etablierten Verzeichnisdienst unterstützen, sind bei der Auswahl gegenüber Systemen vorzuziehen, die vielleicht andere und noch beeindruckendere Funktionen anbieten aber den Verzeichnisdienst nicht unterstützen.

Betrachten wir als zweites Beispiel die bei immer mehr Lehrenden sehr beliebte, kollaborative, digitale Pinnwand-App Padlet. Schnell ist ein erster kostenloser Account durch die Lehrkraft registriert und die Lernenden melden sich zumeist als unregistrierte Gäste mit frei gewählten Namen an. Da viele der Kolleginnen und Kollegen dem Beispiel folgen, entsteht aus Sicht einer strukturierten und integrierten Anwendungslandschaft ein Horrorszenario, denn eine für das Lehren und Lernen wesentlich App wird mit individuell angelegten Nutzenden ohne Bezug zur Schule genutzt. Statt dass Daten aus der App in die Schule zurücklaufen, werden Daten an den Anbieter abgeführt und von diesem zur Finanzierung des Cloud-Services verkauft. Zusätzlich hängt die für den Unterricht wichtige Identifikation der agierenden kollaborativen Nutzenden vom guten Willen und der Disziplin der Lernenden ab.

Aber es geht auch anders: Die Anbietenden solcher populären Apps mit Cloud-Service bieten nicht selten für Schulen auch die Möglichkeit der Integration in ein bestehendes LMS nach dem „Learning Tools Interoperability®"-Standard (LTI) mit den bekannten Anmeldenamen und ohne Datenabfluss oder gar Werbung. LTI ist hierbei ein seit über 20 Jahren international bewährter Standard und mit dem Ziel entwickelt worden, speziell in Bildungseinrichtungen Systeme und Assets miteinander zu verbinden (vgl. Nitzsche 2018). Niemand muss also warten, bis das LMS in der Art erweitert ist, dass es eine ähnliche Funktion bereitstellt, die die von den Lernenden und Lehrenden gern genutzte App ersetzt. Aber wenn LMS und App bzw. der über die App bereitgestellte Cloud-Service sich in der beschriebenen Weise koppeln lassen, so wird aus einer privaten App der Lehrenden in kürzester Zeit ein in die Anwendungslandschaft der Schule integrierter *Software as a Service* (SaaS). Schulen können auf diese Weise viel agiler eine Anpassung ihrer Anwendungslandschaft vornehmen. Dafür muss die Schule allerdings, wie bei SaaS üblich, eine Nutzungslizenz mit jährlichen Kosten erwerben. Solche Kosten stellen für viele Schulen aber ein Problem dar, da sie in ihren Budgets nicht vorgesehen sind und auch die existierenden Förderprogramme ihren Schwerpunkt auf Finanzierung von Hardware legen.

Um das Lernen in Schulen erfolgreich zu digitalisieren, benötigen Schulen modulare Softwaresysteme mit offenen und standardisierten Schnittstellen und ein ausreichendes jährliches Budget für Software-Lizenzen und Software-Dienstleistungen.

Aus den beiden Beispielen formt sich ein Bild für die Praxis des Zusammenspiels der schulischen Anwendungslandschaft. In einem inneren Zirkel der Anwendungen bzw. Systeme werden Daten der Nutzenden über den zentralen Verzeichnisdienst zur Verfügung gestellt. Der Verzeichnisdienst speist sich aus den Stammdaten aller Lernenden und Lehrenden, wie sie typischerweise aus dem Schulverwaltungssystem gewonnen werden können. Um hier Eindeutigkeit bei der Zuordnung sicherzustellen, kann z. B. der eindeutige Anmeldename herangezogen werden. Dieser sollte bei der Anlage neuer Nutzender in das Schulverwaltungssystem zurückgespiegelt werden. Verzeichnisdienst und Schulverwaltungssystem stehen also in engem und regelmäßigem Austausch, bei dem das Schulverwaltungssystem als führendes System für die typischen

Stammdaten eingesetzt wird, während die Eindeutigkeit des Anmeldenamens über den Verzeichnisdienst sichergestellt wird. Im äußeren Bereich werden externe Dienste als SaaS oder Cloud-Services über standardisierte Schnittstellen an die inneren Anwendungssysteme z. B. das LMS angebunden und die lokal installierten Anwendungen und Apps werden durch das mit dem Verzeichnisdienst verzahnte MDM verwaltet.

Die Abbildung 2 zeigt das zuvor beschriebene Zusammenspiel in grafischer Darstellung und kann als Ausgangsbasis für die Erstellung einer konkretisierten Anwendungslandkarte für die eigene Schule dienen.

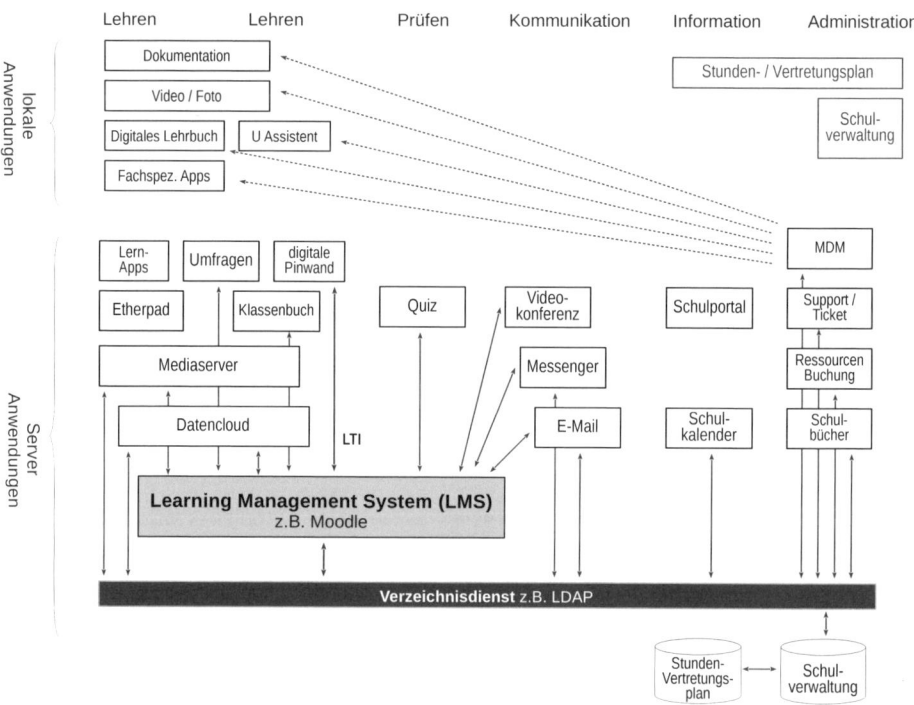

Abb. 2: Anwendungslandkarte mit Beziehungen (© Cornelsen/Hagen Sarx)

Betrachtet man die Fläche, die server- oder cloudbasierte Anwendungen gegenüber lokal installierten Offline-Anwendungen einnehmen, so lässt sich gut erkennen, dass sich das Wachstum oder die Transformation der Anwendungslandschaft bei den auch gerne als zentrale Dienste bezeichneten Anwendungen abspielt. Dabei müssen sich die Serversysteme für die zentralen Dienste wie LMS, Datencloud usw. nicht in der

Schule befinden. Vielmehr bietet sich die Platzierung in einem Rechenzentrum mit unmittelbarer Internetanbindung an, da sie für die Lernenden und Lehrenden auch genauso problemlos von außerhalb der Schule erreichbar sein müssen. Nicht zuletzt diese Verschiebung in der Anwendungslandschaft macht Schulen für öffentliche und private Rechenzentrumsbetreibende interessant. Dabei machen die zentralen Dienste nur einen Anteil von 3 % bis 5 % der geschätzten konsumtiven Kosten für eine lernförderliche IT-Infrastruktur aus. Doch auch der mit 65 % bis 75 % deutlich größere Anteil für Wartung und Support lässt sich durch die Verschiebung zunehmend als Fernwartung erbringen (vgl. Breiter et al. 2017, 2 ff.). So ist es nicht verwunderlich, dass kommunale IT-Dienstleister ihre IT-Kompetenz in den Ring werfen und nach der Überführung der schulischen IT-Infrastrukturen in professionelle Betriebs- und Supportstrukturen rufen (KDN AK Schul-IT 2020, 3). Die Nutzung dieser Strukturen wäre für Schulen noch attraktiver, würden sie nicht häufig auf Kosten der schulischen Entscheidungsfreiheit gehen.

In diesem Konfliktfeld zwischen vereinheitlichter, zentraler Bereitstellung von IT-Infrastruktur und individuellen Anforderungen und Entscheidungsfreiheiten der Schulen stellen modulare Systeme mit offenen standardisierten Schnittstellen einen technisch umsetzbaren Lösungsweg dar, mit dem beide Ziele realisiert werden können. Die Basisplattform wird in der Schule fest zugeordneten Systemen vereinheitlicht und zentral aus einem professionell betriebenen Rechenzentrum bereitgestellt. Der Schule kann dann die Handlungsfreiheit eingeräumt werden, die bereitgestellten Basisplattformen zu verwalten und in Eigenverantwortung mit Erweiterungen und über die standardisierten Schnittstellen angekoppelten App- bzw. Cloud-Diensten (SaaS) zu individualisieren (vgl. Arbeitskreis Schul-IT 2020, 8 f.).

Modulare Softwaresysteme, die auf der Schule zugeordneten Systemen als Basisdienst bereitgestellt werden, bieten ausreichende Handlungsfreiheit für Schulen, ihre lernförderliche IT selbst zu gestalten und gleichzeitig eine professionellen Betriebs- und Supportstruktur zu nutzen.

8 Learning Management Systeme – schulische Lern-, Arbeits- und Kommunikationsplattformen

Marc Seegers

Ein Learning Management System (LMS) kann das Lehren und Lernen mit digitalen Medien wirkungsvoll unterstützen. Das hängt teilweise auch, aber nicht nur, von den Funktionen ab, die das jeweilige LMS mitbringt. Es hängt aber vor allem davon ab, welches Verständnis von zeitgemäßem Lernen mit digitalen Medien vorliegt. Dieses Verständnis beeinflusst die Auswahl der schulischen Lern-, Arbeits- und Kommunikationsplattformen. Leitfragen können bei der Orientierung helfen.

8.1 Lernplattform ungleich Learning Management System

Der Begriff Lernplattform wird im deutschsprachigen Raum für diverse Plattformen, Services und Dienste genutzt. An vielen Schulen kommen demnach bereits Lernplattformen zum Einsatz, aber nicht unbedingt Learning Management Systeme (LMS). An der einen Schule werden Aufgaben und Arbeitsblätter über eine Online-Pinnwand an Schülerinnen und Schüler verteilt. Lehrkräfte, Eltern oder Medien sprechen hier schnell von einer digitalen Lernplattform. Die Arbeitsmaterialien und Aufgaben werden digital distribuiert, es findet aber oft kein Lernen auf oder mit dieser Plattform statt. An der anderen Schule werden Nachrichten und (Haus-)Aufgaben über einen schulischen Messenger verschickt. Viele schulische Messenger bieten inzwischen Dateiordner mit Up- und Downloadfunktion für Material an. Arbeitsblätter müssen dann meist heruntergeladen und ausgedruckt werden, Lernen findet auch hier nicht auf der Plattform statt. An der nächsten Schule ist mit Lernplattform der lokale Schul-Server oder die kommunale Schul-Cloud gemeint. Einige dieser Server und Clouds bieten Werkzeuge zum Online-Lernen auf der Plattform an, auch zum gemeinsamen Lernen, sie wurden aber bisher eher selten zum Online-Lernen genutzt.

Ein LMS im „traditionellen" Sinne (Petko 2010, 18) ist eine Software, die speziell für die Erstellung, Bereitstellung, Nutzung und Verwaltung von Lerneinheiten entwickelt wurde. Ein LMS verfehlt seine Funktion, wenn darüber nur Arbeitsblätter im PDF- oder Word-Format bereitgestellt werden, die dann nicht einmal ausgedruckt oder barrierefrei angezeigt und bearbeitet werden können, weil Drucker oder Programme auf Seiten der Schülerinnen und Schüler fehlen. Dafür brauchen Schulen kein LMS. Es verfehlt seine Funktion natürlich erst recht, wenn es aufgrund von fehlenden Geräten und Internetzugang nicht orts- und zeitunabhängig zugänglich ist, letztlich eine Voraussetzung für die Nutzung einer jeden schulischen Online-Plattform. Ein „Kulturzugangsgerät" (Rosa 2014) sollte daher in einer „Kultur der Digitalität" (Stalder 2016) zur Standardausstattung von Schülerinnen und Schülern gehören und wird hier für die weiteren Ausführungen vorausgesetzt (siehe hierzu ausführlicher Kap. 10 Endgeräte – Eckpfeiler für Bildung in der digitalen Welt).

Die KMK definiert im Jahr 2016 „Lern- bzw. Kommunikations- und Arbeitsplattformen" als „integrale[n] Bestandteil schulischer IT-Infrastrukturen. Lernplattformen flankieren die lernförderliche IT-Ausstattung, indem über einen Netzzugang orts- und zeitunabhängig auf sie zugegriffen werden kann." (KMK 2016, 37 f.) Eine schulische Lernplattform ist also nicht mehr nur eine sinnvolle Ergänzung, sie ist in heutigen Zeiten ein Muss. Das muss aber nicht zwangsläufig ein LMS sein.

Eine Lernplattform kann also vieles sein, selbst Tablets werden bisweilen als Lernplattform bezeichnet. Damit ist aber nicht zwangsläufig ein LMS im eigentlichen Sinne gemeint. Und auch wenn der Begriff Lernplattform nicht nur umgangssprachlich, sondern auch wissenschaftlich häufig mit Learning Management System gleichgesetzt wird (vgl. Arnold et al. 2018, 87; Kerres 2018, 468), wird hier zwischen einem LMS und weiteren zum Online-Lernen geeigneten Plattformen unterschieden. Zur weiteren Abgrenzung etwa zu Konzepten wie *Virtuellen Lernumgebungen* oder *Learning Content Management Systemen* (LCSM) sei auf Arnolds E-Learning-Handbuch (Arnold et al. 2018) verwiesen.

8.1.1 Definition klassischer LMS

Als „traditionelle" LMS (Kerres 2018, 216) werden solche Software-Systeme definiert, die im Wesentlichen über folgende Funktionen verfügen:
- ▶ *Administration* (Kursverwaltung, Zugangsverwaltung, Rollen- und Rechtevergabe, Anmeldung, Verschlüsselung etc.)
- ▶ *Inhalte* (multimediale Dateien, sequenzierte Lernpfade, Lektionen, Dateiablage, Metadaten etc.)
- ▶ *Aufgaben und Aktivitäten* (Verteilung, Einsammeln, Bewertung, Rückmeldung, Umfragen, Wiki, Blog etc.)
- ▶ *Kommunikation* (Chat, Foren, Kalender, Mail, Video-Konferenz etc.)

▶ *Monitoring* (Test, Selbsttest, Lernfortschritt, Statusberichte etc.)
(vgl. auch Schulmeister 2003, 10; Clayton et al. 2014, 7–9; Arnold et al. 2018, 91; Kerres 2018, 467 ff.)

Den meisten LMS gemein ist die Organisation in Klassen- bzw. Kursräumen und die Bereitstellung der Lernaktivitäten durch die Lehrenden. LMS eignen sich daher gut, die Schulstruktur virtuell nachzubilden. Die einzelnen Klassen und Kurse der Jahrgangsstufen werden üblicherweise in eigenen Online-Kursräumen für jede Lerngruppe organisiert. Dazu wird etwa ein dreistufiges Kurssystem innerhalb des LMS angelegt, gestaffelt in verschiedene Kursbereiche, eine weitere Untergliederung innerhalb eines einzelnen Kurses ist zusätzlich oder alternativ möglich:

▶ Kursbereich Klassen/Kurse, z. B. „Klasse 5b"
  ▷ Kursbereich Fächer, z. B. „5b Deutsch"
    ○ Kursbereich Themen, z. B. „Deutsch Roman: Rico, Oscar und der Tieferschatten"

Die Kurse können prinzipiell als Selbstlernkurse (E-Learning), als ergänzende tutorierte Kurse (Blended Learning) oder als tutorierte Fernlernkurse (Distanzlernen, Fernunterricht) angelegt werden. Die Potenziale eines LMS liegen darin, den Lernenden sowohl didaktisierte geführte Lernpfade oder Selbstlernlektionen ohne und mit adaptivem Feedback anzubieten, als auch individuelles und gemeinsames Lernen inklusive persönlichem Feedback durch die Lehrkraft in tutorierten Kursen. Einerseits können Lerneinheiten vom fünfminütigen „Lernnugget" bis zum längeren Vertiefungskurs angeboten werden, die im besten Fall aufgrund der erfassten Daten adaptiv und individuell Feedback geben. Der individuelle Lernfortschritt kann beobachtet und bewertet werden. Dabei sind die Möglichkeiten und Grenzen von Learning Analytics zu diskutieren (vgl. Hartong 2018).

Andererseits können über jedes LMS Aufgaben gestellt, terminiert und Abgaben der Lerner eingefordert werden, jede einzelne Abgabe wiederum kann durch die Lehrkraft rückgemeldet und bewertet werden. Teilweise sind durch Peer-Feedback-Systeme auch gegenseitige Beurteilungen unter Schülerinnen und Schülern möglich.

In Blogs, Wikis oder Glossaren können Lernende außerdem zum kooperativen Lernen online zusammengeführt werden. Im besten Fall enthält das LMS weiterer Funktionen oder Erweiterungen (dazu gleich mehr) wie E-Portfolio, damit Schülerinnen und Schüler ihr Lernen selbst organisieren und reflektieren können, darüber miteinander in den Austausch treten, sich gegenseitig Rückmeldungen geben und im besten Falle auch externe Lernpartnerinnen und Lernpartner bis hin zu Expertinnen und Experten einbinden können.

Forderungen und Forschungen zur Zukunft des LMS gehen schon seit Ende der 2000er-Jahre über das klassische LMS hinaus. Äquivalent zur Weiterentwicklung des Internets zum „Web 2.0" (O'Reilly 2005) werden notwendige Entwicklungen hin zu einem LMS 2.0 gesehen, das mehr Lernendenorientierung, mehr soziale Interaktion, mehr kollaboratives Lernen, mehr Anschlussfähigkeit an die Lernwelt außerhalb der Schule bietet. Um die damit verbundene Kritik am Konzept des klassischen LMS zu verstehen, muss man den bisher typischen Einsatz von LMS in Schulen reflektieren.

8.1.2 Typische Einsatzszenarien und Kritik daran

Einige Schulen hatten bis 2020 schon Learning Management Systeme installiert, wenn auch hauptsächlich an weiterführenden Schulen im Sekundarbereich oder an berufs-bildenden Schulen. Klassische LMS sind bisher auch nicht für die Nutzung im Be-reich der Primarbildung konzipiert worden, eine Einführung und Nutzung fand bis zur Corona-Zäsur 2020 nur an wenigen Grundschulen statt und dann meist erst behutsam und sukzessive ab der dritten Jahrgangsstufe. Dies ändert sich seitdem, auch viele Grundschulen nutzen inzwischen ein LMS. Dennoch sind steigende Zahlen über LMS-Installationen an Schulen nicht aussagekräftig, da sie nicht die tatsächliche Nutzung und die Art der Nutzung wiedergeben.

In Schulen kamen bisher kaum ausgereifte E-Learning- oder Blended-Learning-Konzepte zur Anwendung. In der intendierten Art und Weise würden LMS bisher kaum eingesetzt, so eine gängige Kritik an LMS (Petko 2010, Döbeli Honegger 2010, Arnold et al. 2018). Kerres hält noch 2018 fest, dass „LMS in den überwiegenden Fällen zunächst dazu genutzt [werden], um digitale Ressourcen zur Verfügung zu stel-len. Genau betrachtet sind LMS [...] *Lehrplattformen*, auf denen *Lehrende* die Aktivi-täten von *Lernenden* organisieren" (Kerres 2018, 468, Herv. i. O.). Nach Kergel und Heidkamp-Kergel (2020, 61) reproduzierten LMS „in ihrer Tiefenstruktur folglich eher lehrerzentrierte Formen des digital-gestützten Lernens, die nicht den Potenzialen der medialen Struktur digitaler Kommunikation gerecht werden." Unter LMS-Expert/-in-nen wird deshalb auch gerne von „PDF-Schleudern" gesprochen (Blatter/Hartwagner 2015, 50), weil nur Arbeitsblätter und vielleicht noch der ein oder andere Internet-Link oder Erklärfilm bereitgestellt würden. In wenigen Fällen werde das Potenzial von LMS ausgenutzt, „um eine vielfältige und abwechslungsreiche Lernumgebung" zu schaffen (ebd.).

Vor einer möglichen Einführung eines Learning Management Systems in Schulen ist deshalb diese Kritik genau zu prüfen. So wie der Begriff des Web 2.0 die Entwick-lung zum interaktiven Mitmach-Web verdeutlicht, wo Consumer von Internetseiten zu Prosumern im Social Web, die Nutzenden zu Autoren bzw. Autorinnen werden (vgl.

Kerres 2018, 216), soll das LMS 2.0 – auch vom LMS 3.0 oder „NextGenLMS" ist inzwischen die Rede –, von der Lernplattform als abgeschotteter schulischer „Insel im Internet" zum „Portal ins Internet" (ebd., 217) entwickelt werden, von der Lernplattform zur Lernumgebung, auf der „Lernende ihre persönliche Lern- und Arbeitsumgebung" (ebd.) konfigurieren können. Die Forderungen sind auch für schulische Plattformen nicht neu (Petko 2010, 18). Die Wissenschaft spricht schon lange vom Personal Learning Environment (PLE) (Attwell 2007, zit. nach Kerres 2018, 2017f., Arnold et a.l. 2018, 92ff.). Dem durch die Web-2.0-Entwicklungen ausgelösten Paradigmenwechsel müsste längst auch auf pädagogischer und technologischer Ebene Rechnung getragen werden.

8.2 Das „Next Generation LMS"

Dieser Paradigmenwechsel spiegelt sich im viel diskutierten Leitmedienwechsel wider. Döbeli Honegger fragt denn auch pointiert, ob das in Schulen „erst im Aufbau begriffene zentrale Learning Management System (LMS) bereits durch attraktiver erscheinende Web-2.0-Dienste abgelöst werden" sollte? (Döbeli Honegger 2017, 111). Die Forschung sieht seit Jahren eine Notwendigkeit in der Weiterentwicklung des klassischen Learning Management Systems: „Moodle & Co. [müssten sich] auf den Weg zur Personal Learning Environment" machen (Hafer et al. 2014) (siehe hierzu ausführlich Kap. 7.2 Zusammenspiel der Anwendungen).

Die Potenziale eines „NextGenLMS" (Forschungsverbund CampusSource) würden sich dann darin zeigen, den Lernenden nicht nur geführte Lernpfade oder Selbstlernlektionen anzubieten, sondern auch die Freiheiten, ihr Lernen selbst zu organisieren. Wenn die Lernenden ihr Lernen möglichst selbst organisieren sollen, braucht es dafür einen digitalen Raum. Dies kann im Sinne des offeneren Konzepts eines Personal Learning Networks (PLN) selbstorganisiert und muss nicht institutionell sein. Dafür kann das ganze Internet genutzt werden, am vielfältigsten einsetzbar wäre ein eigener Blog. Dokumentation, Veröffentlichung, Vernetzung und Reflexion funktionieren darüber gleichermaßen. Die Lernenden speichern ihre Artefakte, stellen ihre Ergebnisse zusammen, teilen sie ganz oder teilweise mit anderen, fordern im Kommentarbereich zur Diskussion auf und reflektieren ihre Lernprozesse und die der anderen. Oder mit den Worten von Arnold et al.: „Erst durch die Beiträge der Lernenden wird eine Lernplattform lebendig." (2018, 51)

Oder es kann auf einem LMS 3.0 institutionell organisiert werden, das die Funktionen im Sinne eines Personal Learning Environment (PLE) mitbringt, sodass das Lernen individuell organisiert und erweitert werden kann.

> „Eine PLE ist weniger die Bereitstellung einer neuen Software-Komplettlösung zum Lernen als vielmehr die Aggregation verschiedener Informations-, Kommunikations-, Reflexions- und Evaluationsmodule in einem offenen System." (Arnold et al. 2018, 95)

Wenn Arnold weiterhin schreibt, dass Lernende diverse Software wie „Textverarbeitung, Datenbank, Bild- und Grafikbearbeitung, Tabellenkalkulation und andere Arbeitsprogramme" zur Verfügung haben müssten, um damit ihre erarbeiteten Ergebnisse differenziert und anschaulich präsentieren und zur Diskussion stellen zu können (ebd.), so folgen daraus Anforderungen, die viele klassische LMS nicht erfüllen.

LMS 1.0	LMS 3.0/NextGenLMS
lehrkraftzentriert, Inhalte werden vorgegeben	lernendenzentriert, Inhalte werden produziert
Lernende sind Nutzende, Consumer	Lernende sind ist Autor/-innen, Prosumer, Creator
Kurs-basiert	Portfolio-basiert, PLE
begrenzte, vorgegebene Werkzeuge	Einbindung externer Werkzeuge möglich
geschlossene Lernumgebung	permeable Lernumgebung, Teil des PLE
individuell, kooperativ	sozial, kollaborativ, vernetzt
situativ, temporär	allgegenwärtig, lebenslang
Instruktionismus, Konstruktivismus	Konstruktivismus, Konnektivismus

Abb. 1: Vergleich LMS 1.0 und LMS 3.0 ((c) Cornelsen/Marc Seegers nach Arnold et al. 2018, Kerres 2018, Kergel und Heidkamp-Kergel 2020)

> „Insgesamt bleibt festzustellen, dass der Wandel von formalen und vorgefertigten Lernangeboten in einer Lernplattform hin zu nonformalem oder informellem Lernen in einer PLE eine Vielzahl von Anforderungen an die Nutzer sowie das technische System stellt. Andererseits ist der mit einer PLE potenzielle Gewinn nicht zu unterschätzen, da die Lerner die Möglichkeit bekommen, sich selbst organisiert, bedarfsgerecht und nach eigenen Präferenzen das angestrebte Wissen anzueignen bzw. zu erarbeiten." (Arnold et al. 2018, 95)

Die Diskussionen zum zeitgemäßen Lernen mit digitalen Medien, die eine Schule also zwangsläufig führen muss, können im Ergebnis zu einem LMS führen, sie können aber auch zu einer anderen Art Arbeits- und Kommunikationsplattform führen, wie auch ein kurzer Blick in den Bildungsmarkt zeigt.

8.3 LMS-Marktüberblick im Bildungsbereich

LMS gibt es im Bildungsbereich seit über 20 Jahren, die ersten Systeme sind Ende der 1990er-Jahre entstanden. „Vor einigen Jahren existierten verschiedene konkurrierende Lösungen […], mittlerweile hat sich dies auf einige wenige Produkte mit einer hohen Verbreitung und ähnlicher Funktionalität reduziert" (Kerres 2018, 468). In den USA ist das proprietäre Produkt Blackboard Learn (1997) das am weitesten verbreitete LMS, durch Zukäufe (*Web Course in a Box*, *Prometheus* und besonders *WebCT*) hat man seinen Marktanteil in den 2000er-Jahren stark vergrößert (vgl. Dahlstrom et al. 2014). In den letzten Jahren – befördert durch immer günstigere Produktentwicklung und Cloud-Computing – machen wieder neue Systeme wie Canvas, Course Network, Edmodo (alle USA) oder Showbie (Kanada) mit teilweise besonders nutzungsfreundlichen, kommunikativen oder lernerorientierten Ansätzen auf sich aufmerksam. Die genannten Produkte haben hierzulande aber bisher kaum Marktanteile.

Im deutschsprachigen Raum kommt auch Blackboard nur an wenigen Universitäten zum Einsatz. Hier sind die Open-Source-Systeme Moodle (Australien, 1999), ILIAS (Deutschland, 1997) und OLAT/OpenOLAT (Schweiz, 1999/Deutschland, 2011) weit verbreitet. Alle drei Systeme werden, neben vielen kleineren Systemen, an Universitäten häufig eingesetzt. Im Schulbereich ist von den genannten Open-Source-Systemen fast ausschließlich Moodle verbreitet. So bieten viele Bundesländer ihren Schulen inzwischen flächendeckend eine kostenlose Moodle-Installation an. Ebenfalls als Open Source konzipiert ist die HPI-Schul-Cloud, die von 2017 bis zunächst 2021 vom Bund gefördert wird und als Schul-Cloud in Brandenburg, Niedersachsen und Thüringen eingesetzt wird.

Neben diesen Open-Source-Systemen gibt es auch im deutschsprachigen Raum einige proprietäre, kommerzielle LMS und andere Lernplattformen, die sich in den letzten Jahren am Markt zu etablieren versuchen. Die bekanntesten LMS sind das norwegische itslearning, das 2015 den Konkurrenten Fronter aufgekauft hat, und das deutsche WebWeaver, das seit 2006 auch die technische Basis für lo-net und für die schweizerische educanet war. Bremen und Schleswig-Holstein setzen itslearning ein, Baden-Württemberg seit Ende 2020 optional zu seinem Moodle-Angebot für Schulen.

Etwas anders sieht es bei zweien der Big Five aus: Google und besonders Microsoft® drängen in den Bildungsmarkt. Google bietet in seinem Paket „Google Workspace for Education" (bis 2020 „G Suite for Education") – mit dem Modul „Classroom" ein Online-Kurssystem und der Definition nach ein Learning Management System (LMS) an. Das LMS-Modul ist aber nur ein Modul von vielen. Da Googles Classroom mit allen anderen Google-Diensten (z. B. Docs, Slides, Forms, Sites, YouTube, Suche) verknüpft ist und über ein ausgereiftes Sharing-Konzept verfügt, ist der Google Workspace for

Education als Arbeits-, Kommunikations- und Lernplattform ein verbreitetes Produkt auf dem internationalen Bildungsmarkt. In Deutschland bisher nur an wenigen Schulen im Einsatz, hat Google beispielsweise mit der Schweiz einen Rahmenvertrag für Schweizer Schulen verhandelt.

Einen solchen Rahmenvertrag hat Konkurrent Microsoft® ebenfalls mit der Schweiz und auch mit Österreich abgeschlossen, um den Schulen die Cloud-Plattform Microsoft® 365 anbieten zu können. Mit OneNote – das auch ohne das Paket Microsoft® 365 genutzt werden kann – stellt Microsoft® ein Produkt zu Verfügung, das die Kriterien eines LMS erfüllt und darüber hinaus in Kombination mit Microsoft® Teams – dann nur im Paket Microsoft® 365 – und den weiteren Modulen (z. B. Office, Forms, Sway) für viele Schulen attraktiv ist. In Baden-Württemberg wurde 2021 die Integration von Microsoft® 365 an Schulen als Teil der landeseigenen digitalen Bildungsplattform erfolglos pilotiert. Insgesamt bleibt abzuwarten, wie es in Deutschland in puncto 365 weitergeht, eine DSGVO-konforme Nutzung wird von Datenschützer/-innen stark bezweifelt.

Der Vendor-Lock-in-Effekt der beabsichtigten frühen Kundschaftsbindung muss natürlich bei allen proprietären, kommerziellen Produkten und insbesondere bei den Big Five unbedingt bei der Entscheidungsfindung berücksichtigt werden. Der Lobbyismus großer Konzerne im Schulbereich wird seit Jahren kritisiert (vgl. Engartner 2019). Viele Initiativen wie „Open-Source-LMS" (siehe Website von opensourcelms) oder die „Open Source Business Alliance" (siehe Website von osb-alliance) fordern daher für den öffentlichen Sektor mehr Einsatz von Open-Source-Software: „Mehr Open Source wagen!" (Ganten & Laguna de la Vera 2020, 1).

Vor dem Hintergrund der notwendigen Weiterentwicklung des LMS 1.0 sind einzelne kleinere europäische Entwicklungen bei den LMS in den letzten Jahren als vielversprechend zu bezeichnen. So gibt es einige Plattformen, die als so intuitiv betrachtet werden, dass sie auch in vielen Primarschulen erfolgreich eingesetzt werden, eine Lücke, die bisher kaum ein LMS füllen konnte. Alte und neue Ansätze des selbstorganisierten Lernens, des Wochenplan-Lernens, des Lerntagebuchs, des Lernbüros und des Projektlernens werden gleich bei der Konzeption stärker berücksichtigt. Die Plattformen folgen meist auch auf Ebene der Lehrkräfte gleich dem Sharing-Prinzip des Web 2.0: Erstelle Inhalte und teile sie. So müssen Kurse, Lerninhalte oder Kompetenzraster nicht erst im Internet gesucht, exportiert und importiert werden, sondern können innerhalb der eigenen Instanz aus anderen Instanzen der Community übernommen werden.

Zu solchen vielversprechenden Ansätzen zählen das Schweizer Forschungs- und Entwicklungsprojekt „LearningView" oder die deutsche Startup-Entwicklung „Scobees". Die deutsche Montag-Stiftung pilotiert mit Lernlog ein digitales Lerntagebuch, die niederländische Plattform „Peppels" stellt ebenfalls den Gedanken des Portfolios in den Vordergrund. Unter dem Aspekt des E-Portfolios wäre die Open-Source-Software „Mahara" eine interessante Plattform, wenngleich bereits 2006 erschienen – und eine sinnvolle Erweiterung, wenn nicht sogar eine Must-have-Erweiterung für Schulen, die schon Moodle nutzen, denn beide Plattformen lassen sich kombinieren.

8.4   Viele Länder setzen auf Moodle

Die Open-Source-Software „Moodle" war bisher an allen Schulformen in Deutschland am weitesten verbreitet, wenn denn ein LMS genutzt wurde, und Moodle erfuhr durch die Pandemie einen großen Schub. In 11 der 16 Bundesländern wird Moodle den Schulen von Landesseite angeboten, teilweise schon seit einigen Jahren wie in Bayern (mebis), Hessen (SchulMoodle) oder Rheinland-Pfalz (moodle@rlp), teilweise befördert durch die Schulschließungen wie in Baden-Württemberg (Moodle) oder Nordrhein-Westfalen (als LOGINEO NRW LMS) (vgl. Eickelmann 2017, 50 ff.).

Das Akronym „Moodle" steht dabei für *Modular Object-Oriented Dynamic Learning Environment* und verweist auf das Prinzip der modularen Bauweise. Lerninhalte und Arbeitsmaterialien in Kursen können Texte, Links, Bilder, Videos oder Dateien sein. Lernaktivitäten können Foren, Tests, Aufgaben, Lektionen, Glossare, Wikis sein, seit 2020 kann H5P direkt in Moodle genutzt werden. Die Autor/-innenwerkzeuge in Moodle erlauben dabei unterschiedliche didaktische Ansätze, etwa einen instruktionalistischen, um die Lernenden in Lernpfaden oder Lektionen enger zu führen oder einen konstruktivistischen, um ihnen mehr Freiraum beim themenorientierten Lernen zu geben.

Bemängelt wird an Moodle und auch an Mahara allerdings seit Jahren eine wenig intuitive Bedienung in einem antiquierten Design. Wie die Nutzungsfreundlichkeit von Moodle durch Code-Anpassungen gesteigert werden kann, zeigen zwei MOOC-Plattformen, die auf Moodle basieren, zu finden auf den Websiten von oncampus. de und imoox.at. Mit dem nächsten großen Release auf Moodle 4.0 Ende 2021 wird die User Experience (UX) und damit die Nutzungsfreundlichkeit vermutlich von Hause aus deutlich besser. Die bisher gezeigten Prototypen sehen vielversprechend aus. Denn auch das ist ein wesentlicher Faktor bei der Auswahl einer Plattform:

> Die User Experience entscheidet stark über die Akzeptanz eines LMS, das gilt für Schulen genauso wie für den freien Markt.

Moodle haften weitere Mankos an: Moodle sei wie oben erwähnt wenig intuitiv, für untere Jahrgänge wenig geeignet, nicht vollständig responsiv, also mobil-optimiert, die einzelne Moodle-Instanz werde meist leer ausgeliefert und muss aufwändig administrativ vorbereitet und mit Content befüllt werden. Moodle ist üblicherweise ein geschlossenes System, Gastzugänge können nur unter administrativem Aufwand ermöglicht werden, deshalb sei der Austausch über Instanzen hinweg erschwert. Der administrative Aufwand bleibe in der Regel von Schulen, sprich von Lehrkräften, zu leisten, selbst dann, wenn Hosting, Sicherung und Updates zentral über einen Anbieter des Landes erfolgten, denn damit einher gingen wiederum Einschränkungen bei individuellen Erweiterungswünschen (Plugins) seitens der einzelnen Schulen.

Einen „virtuellen Bildungsraum" (Arnold et al. 2018, 91) im Sinne eines PLE bietet Moodle allein nicht, es könnte aber durch die Plattformen Nextcloud und Mahara sinnvoll erweitert werden. Die deutsche Open-Source-Arbeitsplattform Nextcloud bietet einen File-Server mit Sharing-Funktionen und durch ihre modulare Struktur etwa ein kollaboratives Online-Office sowie viele weitere Funktionen (E-Mail, Chat, Video-Konferenzen, Kanban-Boards, Umfragen u. v. m.). Mahara, wie Moodle eine australische Open-Source-Plattform, ist ein E-Portfolio-System, das ebenfalls mit Moodle kombiniert werden kann und damit einen lehrkraft- und lernendenzentrierten Ansatz verknüpft. Mahara unterstützt dabei nicht nur, wie der Begriff E-Portfolio vermuten lässt, die Verarbeitung und Veröffentlichung von Lernergebnissen, sondern fördert auch die Reflexion über den Lernprozess. Durch Gruppenfunktionen werden das Teilen von Lernergebnissen untereinander und die Möglichkeiten zum wechselseitigen Feedback unterstützt. Alle drei Systeme, Nextcloud, Moodle und Mahara, lassen sich von einem Account aus bedienen.

Weil jedes Bundesland seine eigenen Moodle-Ressourcen aufzubauen versucht, hätten sich zentrale Tauschbörsen für Moodle-Kurse noch nicht etabliert, so eine weitere Kritik. Tolle Moodle-Kurse zum Tauschen kann es aber auch deshalb kaum geben, weil die Erstellung eines wirklich guten Moodle-Kurses Kenntnisse in Instructional Design bzw. E-Learning-Design erfordert und von Lehrkräften fachlich und zeitlich nicht nebenbei zu stemmen ist. Dafür gibt es professionelle E-Learning-Designer (vgl. Kergel und Heidkamp-Kergel 2020, Erpenbeck et al. 2015). Wenn von Landesseite ein komplexes und potenziell wirkmächtiges LMS wie Moodle angeboten wird, so könnte dieses Angebot durch vorkonfektionierte und vorkonfigurierte Instanzen unterstützt werden, durch angepasstes User Interface, professionellen Content, einen kollaborativen File-Server und ein inter-schulisches Netzwerk – und ein standardisiertes Identity- und Accessmanagement, das die Nutzungs- und Lizenzverwaltung von externen Ressourcen erleichtert. Und selbst damit hinke der Bildungssektor der technologischen Entwicklung immer noch weit hinterher.

> Denn es sei „ernüchternd festzustellen, dass von Entwicklung einer neuen Technologie bis zur breiten Nutzung in der Schule mindestens zehn Jahre, wenn nicht mehr, vergehen", schreibt Döbeli Honegger zu Lernplattformen – im Jahr 2010 (sic!) (2010, 188).

Mit einer modernen landesweiten oder vielleicht bundesweiten Plattform, einem „NextGenLMS", würde vielleicht nicht nur die Forderung der KMK erfüllt werden können, „auch weitere[n] schulische[n] Akteure[n], wie Schulamt, Schulbehörde, Ausbildungsseminare oder [dem] schulische[n] Beratungs- und Unterstützungssystem, einen Zugang zur Plattform" zu ermöglichen, um „in den schulübergreifenden Handlungsfeldern Fortbildung, Lehrer/-innenbildung, Bildungsplanarbeit, zentrale Abschlussprüfungen oder Qualitätsentwicklung die Plattform als Kooperations- und Koordinierungswerkzeug zu nutzen" (KMK 2016, 38). Gemeinsame, länderübergreifend genutzte Plattformen ermöglichen nicht zuletzt auch einen effizienten Mitteleinsatz. Und vielleicht würden auch die Anforderungen an Plattformen und an Kompetenzen für zeitgemäßes Lernen mit digitalen Medien erfüllt (vgl. Döbeli Honegger 2017, Eickelmann et al. 2019, Arnold et al. 2018).

Viele Schulen setzen aus verschiedensten Gründen auf ein LMS, häufig aus pragmatischen und Datenschutzgründen, wenn es vom Bundesland gestellt wird. Moodle ist dabei weit verbreitet. Technologisch ist das System als klassisches LMS vielleicht up to date, inwieweit es lerntheoretisch State of the Art ist, muss die Diskussion über zeitgemäßes Lernen zeigen. Moodle könnte mit Nextcloud und Mahara jedenfalls heute schon sinnvoll erweitert werden.

8.5 Hilfreiche Leitfragen und Kriterienkatalog

„Die beste Lernplattform ist nicht die mit den meisten Funktionen oder Instrumenten" (Arnold 2018, 97). Für den Auswahlprozess sei es hilfreich, einen Kriterienkatalog zu entwickeln, empfiehlt Arnold weiter. Die daraufhin in Auswahl kommenden Lernplattformen sollten in einer Produktpräsentation und einer Testphase geprüft und erprobt werden. Nach der Auswahl erfolgen dann die Implementierung und der schrittweise Rollout samt regelmäßiger Schulungen. Hier deutet sich der umfangreiche Implementierungsprozess einer schulischen Plattform an. Aber auch wenn bereits ein LMS vorhanden ist, lohnen sich vor der Auswahl einer Plattform zur Reflexion des eigenen Lernverständnisses die folgenden Fragen:

> ▶ Wie können Schülerinnen und Schüler ihr Lernen auch digital selbst in die Hand nehmen? Wie können sie ihr Lernen digital in Portfolios oder Projekten organisieren und sichtbar machen?
> ▶ Wie können sie Lernergebnisse mit Mitschülerinnen und Mitschülern oder Lehrkräften teilen oder teilweise im Web veröffentlichen?
> ▶ Wie können sie ihre Lernprozesse reflektieren?
> ▶ Wie können die Lehrkräfte zu all dem und die Mitschülerinnen und Mitschüler sich untereinander Feedback geben?

Wenn wir die Lernendenperspektive für das Lernen im 21. Jahrhundert stärker in den Vordergrund rücken, folgen daraus weitere Fragen. Kann das Lernen auf einer Plattform so organisiert werden, dass Wochenpläne, Lernbüros oder Freiarbeit besonders für die jüngeren Jahrgänge abgebildet werden können oder Epochenunterricht, Lernzeiten oder fächerübergreifendes, projektorientiertes Lernen für alle Jahrgänge? Dann wäre vielleicht eine andere Plattform zu suchen als ein klassisches LMS.

8.5.1 Leitfragen

Die folgenden Leitfragen sollen Schulleitungen, Medienkoordinator/-innen oder Steuergruppen helfen, innerhalb der Schule in dieser Frage weiterzukommen. Die Fragen können natürlich nicht abschließend sein, weil die Bedarfe vieler Schulen ganz unterschiedlich sind, helfen aber hoffentlich bei den Überlegungen:

> ▶ Kann auf der Plattform das Lernen für jede/-n einzelne Schüler/-in z. B. per Wochenplan, Lerntagebuch oder als Lernbüro, Epochenlernen, Lernzeit oder in Projekten organisiert werden?
> ▶ Können die Schülerinnen und Schüler ihr Lernen in einem persönlichen Bereich (meist als Portfolio bezeichnet) selbst organisieren, beispielsweise Lernergebnisse darstellen und Lernprozesse reflektieren? Können sie diese Ergebnisse ganz oder teilweise an den Lehrerinnen und Lehrer oder Mitschülerinnen und -schüler oder auch Externe (z. B. ein Expert/-innen- oder Bewerbungsportfolio) freigeben?
> ▶ Gibt es zu der Plattform eine von Lehrkräften genutzte Community, in der Aufgaben miteinander ausgetauscht werden können oder können beispielsweise Themen, Lernpfade oder Kompetenzraster übernommen werden?
> ▶ Kann die Lehrkraft Lernerfolgsüberprüfungen und Selbsttests anlegen?
> ▶ Bekommen Schülerinnen und Schüler automatisch Feedback zu den gestellten Aufgaben?
> ▶ Kann die Lehrkraft einer ganzen Klasse, einzelnen Gruppen und jeder einzelnen Schülerin bzw. jedem einzelnen Schüler Feedback geben?

- ▶ Können Kompetenzraster/Curricula eingebunden werden?
- ▶ Kann die Lehrkraft die Zusammenarbeit der Schülerinnen und Schüler untereinander ermöglichen? Können Kursbereiche oder Ordner und Dateien für Einzelne und Gruppen freigegeben werden?
- ▶ Können die Schülerinnen und Schüler selbst Gruppen bilden oder Ordner und Dateien freigeben?
- ▶ Können Dateien (Texte, Tabellen, Präsentationen) gemeinsam und gleichzeitig bearbeitet werden (kollaboratives Office)?
- ▶ Können Mindmaps, Umfragen, Quizzes oder Wikis erstellt und gemeinsam bearbeitet werden?
- ▶ Können auch Schülerinnen und Schüler o. g. Aufgaben erstellen und freigeben?
- ▶ Können Leistungsüberprüfungen im „Klassenarbeitsmodus" durchgeführt werden?
- ▶ Kann der Lernfortschritt sowohl für die Schülerinnen und Schüler selbst als auch für die Lehrkraft dargestellt werden?

8.5.2 Modul-Checkliste

Modul	Check	Modul	Check	Modul	Check
Wochenplan		Lerntagebuch		Lernbüro	
Lerneinheit		Lektion		Lernpfad	
Individuelles Feedback		Peer-Feedback		Automat. Feedback	
Test		Selbsttest		Lern-Check	
Quiz		Wiki		Mindmap	
Portfolio		Online-Office		Sharing-Funktionen	
Kursraum		Lernfortschritt		Glossar	
Whiteboard		Umfrage		Abstimmung	
Messenger		Gruppen-Chat		Video-Konferenz	
Curricula		Kompetenzraster		Zertifikat	
Community		Networking			

Abb. 2: Modul-Checkliste (© Cornelsen/Marc Seegers)

Die Leitfragen beziehen sich auf den Bereich Lernen, weitere Leitfragen und Modul-Checklisten zu den Bereichen Kommunikation, Arbeitsorganisation und Administration sind online zu finden (vgl. Seegers 2020).

8.6   Vorläufige Folgerungen

Digitale Medien sind in der Entwicklung so schnell, dass sich ein Fazit verbietet. „Traditionelle" Learning Management Systeme (LMS) halten bereits vielfältige Funktionen zum Online-Lernen bereit. Sie haben meist funktional bedingte Grenzen und werden derzeit noch stark lehrkraftzentriert verwendet. Deshalb sollte ein LMS heute idealerweise mit einer kollaborativen, also gemeinsam und gleichzeitig nutzbaren Office-Suite, Werkzeugen zum selbstorganisierten Lernen (SOL) und einem File- und Media-Server mit Sharing-Funktionen kombiniert sein, um den Entwicklungen des Web 2.0 Rechnung zu tragen und die technologische Basis für ein Personal Learning Environment (PLE) zu bieten. Eine Schule kann sich so mithilfe einer kollaborativen Lern-, Arbeits- und Kommunikationsplattform zeitgemäß weiterentwickeln.

Einige cloudbasierte Plattformen und einige Schulserver enthalten darüber hinaus Module zur Organisation des Schullebens, von Abwesenheitserfassung, digitalem Klassenbuch über Kurs-Wahl und Vertretungsplan bis Videokonferenz und erleichtern damit den Schulalltag. Diese Plattformen werden in der Regel nicht als LMS eingestuft und daher hier nicht behandelt, sie können aber Alternativen oder Ergänzungen darstellen.

Abschließend muss man feststellen, dass es vermutlich noch keine „Software-Komplettlösung" (Arnold 2018, 95) gibt, die alle Erwartungen an eine Lern-, Kommunikations- und Arbeitsplattform erfüllt. Es gibt aber Produkte, die dem sehr nahekommen, und mit zwei, vielleicht drei sich ergänzenden Plattformen sollte man eine Schule weitgehend digital abbilden können – oder umkrempeln im Sinne eines Paradigmenwechsels.

9 WLAN – Netzwerk für mobiles Lernen und Lehren

Hagen Sarx

> „Lernplattformen flankieren die lernförderliche IT-Ausstattung, indem über einen *Netzzugang orts- und zeitunabhängig* auf sie zugegriffen werden kann. Zusammen mit dem *schulischen WLAN-Ausbau* und der Nutzung *mobiler Endgeräte* ist die Einrichtung von Lernplattformen zentraler Teil einer Strategie, mit der der Einsatz digitaler Medien direkt im Klassenzimmer ermöglicht werden soll" (Hervorhebungen des Autors) (KMK 2016, 40).

Ohne ein flächendeckendes WLAN ist die Digitalisierung von Unterricht und Schule nicht denkbar. Die Schule in der Digitalität baut auf hunderten von mobilen Endgeräten auf, die ihren Wert für Lernende und Lehrende nur mit einem ständig, überall und in ausreichender Bandbreite verfügbaren WLAN und der Anbindung zum Internet entfalten können. Die Bereitstellung einer solchen Infrastruktur ist nicht trivial! Die Veröffentlichung von Speer et. al. aus dem Jahr 2016 zeigt, dass eine Problemstellung des WLAN-Ausbaus an Universitäten nun auch die Schulen erreicht, dort heißt unter anderem: „Die zunehmende Verbreitung mobiler Endgeräte und die Möglichkeit der systematischen Nutzung im Rahmen der Lehre erfordert inzwischen jedoch eine massive Erhöhung der WLAN-Versorgungsdichte zu einem High Density WLAN."

Man braucht nicht lange zu überlegen, um zu dem Schluss zu kommen, dass High-Density auch die Situation einer vollständig digital ausgestatteten Schule beschreibt. Gehen wir davon aus, dass jede Person in der Schule mindestens über ein mobiles Endgerät verfügt, hinzu kommen weitere mobile Geräte der schulischen Infrastruktur, so versammeln sich in einem Klassenraum typischerweise mehr als 30 Geräte auf einer Fläche von rund 60 bis 80 m² was einer WLAN-Endgerätedichte von ca. einem Gerät pro zwei Quadratmeter entspricht. Damit sind die Anforderungen von Schulen an das WLAN nicht mit Bürogebäuden sondern eher mit Veranstaltungsorten oder eben Hörsälen vergleichbar. Weiteren Stress erfährt das WLAN durch das unterrichtsbedingte Kommunikationsverhalten, bei dem je nach Unterrichtsphase Schülerinnen und Schüler einer oder gar mehrerer Klassen nahezu zeitgleich auf im schulischen Netzwerk oder Internet befindliche Ressourcen zugreifen wollen. Die Anforderungen an das WLAN in Schulen sind also extrem hoch und so auch die Gefahr, mit dem schulischen

WLAN Schiffbruch zu erleiden. Deshalb empfehlen zuständige Träger- und Landesbehörden wie z. B. das LAND NRW in seiner aktuellen Broschüre zum WLAN an Schulen, wegen der Komplexität eines solchen Projektes einen IT-Dienstleister mit Planung und Realisation zu beauftragen (vgl. Harhoff und Rehorst 2020). Doch Spezialisten sind teuer und im aktuellen Digital-Hype schwer verfügbar. Schulträger wiederum sind oft durch die Vielzahl von Schulen mit der Bewältigung der Aufgabe überfordert oder können keine zeitnahe Realisierung anbieten. In solchen Situationen wächst der Wunsch in Schulen, die Sache selbst in die Hand zu nehmen.

Schulen, die selbstständig, mit eigenen Kräften und damit ggfs. schneller Vorgehen wollen, als es ihnen ihr Schulträger ermögliche kann, finden in diesem Leitfaden praktische Hinweise zu technischen Grundlagen, Planung, Realisation und Betrieb eines flächendeckendem High-Density-WLANs, das eine möglichst hohe Dichte von Endgeräten versorgen kann. Der Artikel baut dabei auf dem aktuellen Stand der Technik, auf Veröffentlichungen zu vergleichbaren WLAN-Installationen als auch auf den Erfahrungen auf, die wir selbst mit dem Aufbau und dem Betrieb des WLANs an unserer Schule mit ca. 850 Schülerinnen und Schülern und ca. 80 Lehrerinnen und Lehrern gemacht haben. Abschließend werden noch Maßnahmen zum Jugendschutz angesprochen und Argumente gegen mögliche Gefahren durch WLAN-Strahlung diskutiert, da solche Ängste in Zusammenhang mit dem flächendeckenden Ausbau des WLANs oftmals aus der Schulgemeinschaft herangetragen werden.

9.1 Technische Grundlagen

Wireless Local Area Network (WLAN) basiert auf dem internationalen IEEE 802.11-Standard, der wiederum auf dem 802.3-Standard für Ethernet aufbaut. Es ist also im Prinzip drahtloses Ethernet (vgl. Rech 2012, 25 ff.). Seit der ersten Fassung aus dem Jahr 1997 wurde der Standard mit zahlreichen Erweiterungen weiterentwickelt, um den gestiegenen Anforderungen z. B. an den Datendurchsatz Rechnung zu tragen. Dabei ist der größte Pluspunkt des WLANs die drahtlose Verfügbarkeit des Netzwerkzugangs, gleichzeitig sein größter Nachteil, denn die Nutzenden in der Nähe eines drahtlosen Zugangspunkts teilen sich die verfügbare Bandbreite. Es kann immer nur ein Gerät mit dem Zugangspunkt kommunizieren und Datenpakete senden oder empfangen. Aus dem Ethernet wurde das Grundprinzip übernommen, dass alle Endgeräte, die sich einen Zugangspunkt teilen, gleichberechtigt sind. Wenn von einem Teilnehmenden Daten gesendet werden und das Funkband belegt ist, verhalten sich die anderen ruhig, solange bis die Sendung beendet ist. Ist das Funkband frei, dürfen alle jederzeit eine Sendung beginnen. Versuchen zufälligerweise zwei oder mehrere

Teilnehmende gleichzeitig eine Sendung zu beginnen, wird das als Störung gewertet und der Versuch aller abgebrochen, gewartet und nach dem Ablauf von festgelegten Timern ein neuer Versuch gestartet. Alle Nutzenden stellen für die anderen also auch eine potenzielle Störung dar, die das Senden oder Empfangen von Daten stört und damit eine Wiederholung des Übermittlungsversuchs notwendig macht. Drahtlose Kommunikation entspricht also in ihren Grundzügen der Situation in einer Klasse oder Gruppe, in der eine Verständigung unmöglich wird, wenn zwei oder mehrere Personen gleichzeitig reden. Man kann sich vorstellen, dass dieses Verfahren mit wenigen Teilnehmenden problemlos funktioniert. Je mehr Teilnehmende aber vorhanden sind oder je häufiger und länger kommuniziert wird, umso eher steuert das System ins Chaos, bei dem eine Kommunikation für niemanden mehr möglich ist, weil alle ihre Sendung wiederholen, aber nie mehr störungsfrei loswerden. Diese Situation gilt es unbedingt zu verhindern, in dem sich möglichst wenige Teilnehmende einen Zugangspunkt teilen. Je größer der Kommunikationsbedarf in Bezug auf Datenmenge und Häufigkeit ist, desto weniger Teilnehmende sollte das WLAN haben. Ideal wäre eine 1:1-Situation, bei der nur ein/-e Teilnehmer/-in mit dem Zugangspunkt kommuniziert und sich diesen nicht mit anderen teilen muss.

Dieses 1:1-Modell realisiert durch Switching hat das kabelgebundene Netzwerk revolutioniert, den Siegeszug von Ethernet gegenüber anderen Protokollen eingeläutet und Kommunikation mit immer höheren Bandbreiten ermöglicht, sodass uns die kabelgebundene Netzwerkkommunikation heute als unproblematisch und nahezu unbeschränkt erscheint. An Schulen aber ist im WLAN eine 1:1-Situation im normalen Lernbetrieb nicht herstellbar. Allerdings zeichnet sich mit dem neuen Wi-Fi 6 Standard eine ähnliche Entwicklung ab, die es zumindest ermöglicht, dass eine Access Point mit zwei, vier oder acht Endgeräten über die MU-MIMO-Technologie gleichzeitig und störungsfrei auf einem Kanal kommunizieren kann (vgl. Hill 2020 und LANCOM 2017). Bis Geräte mit dieser Technik in Schulen breit verfügbar sind, wird es aber vermutlich noch einige Jahre dauern. Aktuell muss man mit den vorhandenen Möglichkeiten der unterschiedlichen Kanalwahl arbeiten.

9.2 Systementscheidung

Wie oben bereits erwähnt, sind die Anforderungen an das schulische WLAN hoch, sodass die Wahl nur auf ein Enterprise-WLAN-System fallen kann, welches die Verwaltung von 50 und mehr WLAN Access Points mittels eines Controllers unterstützt. Der Controller sollte über eine grafische Benutzeroberfläche verfügen, mit der sich alle Access Points konfigurieren und überwachen lassen und mit dem man statistische Daten zum gesamten WLAN erhält. Nur so ist es möglich, im Betrieb Schwachstellen fest-zustellen und das WLAN geeignet anzupassen. Die Access Points sollten POE (*Power over Ethernet*) also Stromversorgung über das Datenkabel unterstützten, sodass keine zusätzliche Stromversorgung am Installationsort des Access Points bereitgestellt wer-den muss. Die Kosten für einen WLAN Access Point der Enterpriseklasse liegen aktuell im Bereich von ca. 100 bis 300 EUR. Hinzu kommen WLAN-Switches zur Vernetzung und Stromversorgung und Zusatzgeräte für Dienste wie Controller, Gateway usw., so-dass mit Investitionskosten von ca. 10. bis 20.000 Euro je nach Größe der Schule allein für die Hardware zu rechnen ist, worin Dienstleistungskosten für Planung, Aufbau und Wartung des Systems sowie Weiterbildung noch nicht eingeschlossen sind. Wegen zahlreicher Förderprogramme von Bund und Ländern sind Schulträger inzwischen in der Lage, solche Systeme zu finanzieren (vgl. Harhoff 2020, 4). Hierbei müssen güns-tigere Systeme von kleineren innovativen Herstellern nicht unbedingt schlechter sein als die Systeme der Branchenriesen.

Der Bedarf an Dienstleitung kann in der Praxis durch Eigenleistung der Schule ver-ringert werden. Wir können und wollen hier keine Empfehlung abgeben, ob man Auf-bau und Wartung besser an einen externen Dienstleister abgibt, da diese Entscheidung von den Gegebenheiten und der IT-Strategie der Schule und des Schulträgers abhängt. Ein Eigenbetrieb hat den Vorteil des tiefen Verständnisses für die schulischen Situation und die Chance auf kurze Reaktionszeiten bei Problemen und vor allem Freiheit bei der Weiterentwicklung. Diese Vorteile werden allerdings damit erkauft, dass die Lehr-kräfte einen nicht unerheblichen Teil ihrer Zeit mit der Betreuung des WLAN verbrin-gen, statt zu unterrichten. Spezielle IT-Fachkräfte für die Systembetreuung an Schulen wären wünschenswert und werden inzwischen massiv eingefordert, sind aber derzeit noch Zukunftsmusik.

9.3 Access-Point-Positionierung und Site Survey

Will man ein flächendeckendes WLAN aufbauen, so wird von Expert/-innen eine Funkausleuchtung, ein sogenannter Site Survey, dringend empfohlen (vgl. Rech 2012, 423 ff.). Wenn das Ziel ist, eine hundertprozentige Abdeckung mit einer möglichst geringen Anzahl an Access Points zu erreichen, dann ist dies nur über eine gute pro-fessionelle Funkausleuchtung als Grundlage der Planung und Installation möglich. Für Schulen in oder auf dem Weg in die Digitalität ist das Ziel allerdings ein anderes. Hier muss so gut wie möglich sichergestellt werden, dass alle Lernenden einer Lerngruppe zeitgleich an ihrem Lernort mit ihrem digitalen mobilen Endgerät Zugriff auf in der Re-gel im Internet befindlichen Lernressourcen haben. Das heute typische Szenario stellt für das WLAN den extremen Grenzfall dar, in dem ca. 30 Lernende in einem Raum mit einer Fläche kleiner als 100 m² ungefähr zeitgleich auf das Internet zugreifen. Wie bereits oben erwähnt, teilt sich die Lerngruppe die Bandbreite der Funkzelle. Soll z. B. jeder ein Lernvideo mit einer Datenrate von ca. 2 Mbit/s anschauen, wäre eine 5 GHz Funkzelle mit einer maximalen Datenrate von 54 Mbit/s bei der insgesamt benötigten netto Datenrate von 60 Mbit/s bereits hoffnungslos überbucht und überfordert. Auch wenn das Szenario pädagogisch nicht sehr sinnvoll ist, verdeutlicht das Rechenbeispiel unmittelbar, dass jede Lerngruppe mindestens ihre eigene Funkzelle benötigt, wenn nicht sogar eine zweite Funkzelle. Das Ziel für das schulische WLAN ist neben einer vollständigen Abdeckung aller möglichen Lernorte also vor allem eine Nutzendendichte von maximal 30 Nutzenden pro Funkzelle zuzulassen, besser wären 15 Nutzende pro Funkzelle.

Daraus ergibt sich die einfache Installationsvorgabe von einem Access Point pro Lernort, also in der Regel dem Klassenraum, möglichst in der Mitte an der Decke installiert, da von diesem erhöhten Ort die günstigsten Bedingungen für eine Verbindung zu allen Endgeräten im Raum vorliegen. Bei Lernorten mit höherer Kapazität als 30 Lernenden oder einer höheren erforderlichen Datenrate können weitere Access Points ebenfalls in der Mitte im geringen Abstand installiert werden. Eine gleichmäßige Verteilung der Access Points über den Raum ist unerheblich, da alle den gesamten Raum abdecken und sich durch unterschiedlich gewählte Kanäle (siehe Kap. 9.4 Band- und Kanaleinstellungen) nicht gegenseitig stören. Einige Hersteller haben bereits Produkte im Angebot, die in einem Gerät mehrere Access Points für das Aufspannen mehrerer Funkzellen vereinen können, sogenannte Tri-Band Wireless Access Points. Teilweise wird dies mit unterschiedlichen Abstrahlcharakteristiken kombiniert, sodass bei Kanalknappheit eine räumliche Trennung der Funkzellen unterstützt wird.

Ein Site Survey liefert wichtige Informationen für die Planung eines WLANs über Störquellen und die Veränderungen der Ausbreitung der Funkwellen durch die baulichen Gegebenheiten. In Schulen mit Klassenraumsystem als Lernort, mit einer hohen Personen- und damit WLAN-Nutzendendichte ist aber eine dazu passende Erhöhung der Access Point Dichte über das Maß der reinen Abdeckung hinaus notwendig, um höhere Datenraten zu erreichen, mit denen eine Versorgung der Nutzenden im Regelfall sichergestellt werden kann. Dies mindert die Bedeutung einer vor der Installation durchgeführten Funkausleuchtung, da die hohe Nutzendendichte ein stärkerer Primat für die Planung ist (vgl. Speer et. al. 2016, 4).

Ein weiterer Punkt spricht gegen das übliche Vorgehen eines Site Survey vor der Installation als Planungsgrundlage: Es ist eine Momentaufnahme. Bei hoher Nutzendendichte spielt aber das Nutzungsverhalten der Nutzenden, ja die Nutzenden selbst eine entscheidende Rolle, entweder als dämpfende bewegliche Objekte (Funkschatten) oder als Störende mit mitgebrachten Endgeräten, z. B. durch das als WLAN-Hotspot verwendete eigene Smartphone. Dies soll aber nicht als eine Empfehlung gegen einen Site Survey verstanden werden, sondern vielmehr als Einordnung, dass die Aussagekraft für eine Schule begrenzt ist. Für ungewöhnliche Lernorte mit großer Ausdehnung, ungewöhnlichem Zuschnitt oder anderen Besonderheiten stellt er eine hilfreiche, ja notwendige Planungsgrundlage dar.

In schulischem WLAN mit hoher Nutzendendichte ist dafür die ständige Überwachung und Optimierung des WLANs von entscheidender Bedeutung. Im Prinzip rückt eine ständiger Site Survey und darauf basierende Anpassungen an die Stelle des einmaligen im Wesentlichen die baulichen Gegebenheiten erfassenden Site Survey. Das WLAN-System sollte über den Controller in der Lage sein, ständig Informationen über die Auslastung und Qualität der Funkzellen zu sammeln, diese zu visualisieren bzw. zu alarmieren sowie automatische Anpassungen vorzunehmen, um die Qualität des WLANs für alle Nutzenden stets möglichst hoch zu halten.

9.4   Band- und Kanaleinstellungen

Handelsübliche Access Points und auch Endgeräte unterstützen heute in der Regel beide von den Regulierungsbehörden in Deutschland bzw. Europa freigegebenen Funkbänder 2,4 und 5 GHz, ältere Geräte oft nur 2,4 GHz. Man ist also geneigt eine WLAN-Verbindung über beide Bänder anzubieten, um auch ältere Geräte zu unterstützen. Bei näherer Betrachtung erweist sich das 2,4-GHz-Band aber als ungeeignet bzw. unvereinbar mit der Notwendigkeit, eine in Schulen typische Dichte von 0,5 Endgeräten pro m^2 zu versorgen. Mit dem 2,4-GHz-Band lassen sich in einem Raumbereich maximal drei unabhängige Funkzellen auf den Kanälen 1, 7 und 13 realisieren (vgl. Rech 2012, 104). Bei einer typischen Reichweite in geschlossenen Räumen von 30 bis 50 m und einer sinnvollen maximalen Nutzendenanzahl von 20 bis 25 pro Funkzelle (vgl. Rech 2012, 44, 52 und 214) erhält man einen Richtwert für eine maximal mögliche Nutzendendichte von 0,01 bis 0,03 Nutzenden pro m^2 oder ein bis drei pro 100 m^2. Das ist ungefähr 20- bis 50-mal niedriger als benötigt. Die größere Reichweite des 2,4-GHz-Signals und vor allem das sehr schmale für WLAN nutzbare Frequenzband von nur insgesamt 83,5 MHz machen eine hohe Nutzendendichte unmöglich. Auch die neueren Entwicklungen mit Mehr-Antennensystemen können die im 2,4-GHZ-Band bereitstellbare Dichte nicht im benötigten Maß anheben. Zusätzlich muss man damit rechnen, dass das die verfügbare Bandbreite im 2,4-GHz-Band durch andere häufig an Schulen genutzten Funktechniken wie DECT-Telefonie und Bluetooth, welche im gleichen Band arbeiten, verringert wird. Aus diesen Gründen ist es sinnvoll, das

2,4-GHz-Band abzuschalten und nur auf eine Bereitstellung von WLAN im 5-GHz-Band zu setzen.

In der Praxis kann man darüber hinaus beobachten, dass sich Dualband-WLAN-Endgeräte trotz verfügbarer 5-GHz-Funkzelle auch gerne im 2,4-GHz-WLAN (zumeist als 802.11g-Geräte bis 54MBit/s) einbuchen. Dies kann aus oben genannten Gründen schnell zu einer Überbelegung und damit Überlastung der 2,4-GHz-Funkzellen führen. Eine schlechte WLAN-Erfahrungen der Nutzenden und entsprechende Störungsmeldungen sind die Folge. Ein Abschalten des 2,4-GHz-Bandes führt also auch zu einer Vereinfachung des WLAN-Managements und zur Entlastung des Support-Teams.

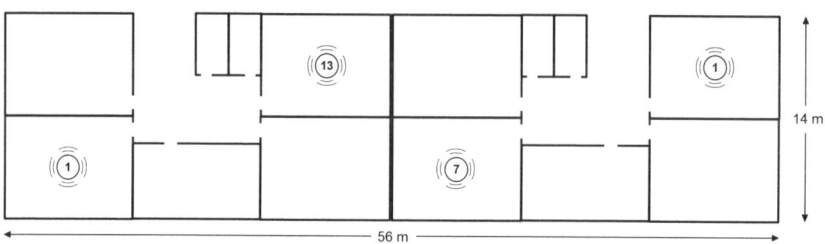

Abb. 1: Positionierungsbeispiel von Access Points im 2,4-GHz-Band (© Cornelsen/Hagen Sarx)

Ist aber die in Schulen anzutreffende Nutzendendichte im 5-GHz-Band überhaupt erreichbar? Obwohl der IEEE-Standard 802.11a für 5 GHz aus dem gleichen Jahr 1999 stammt wie auch 802.11b für 2,4 GHz, bringt er bessere Voraussetzungen für das Erreichen eine hohe Nutzerdichte mit.

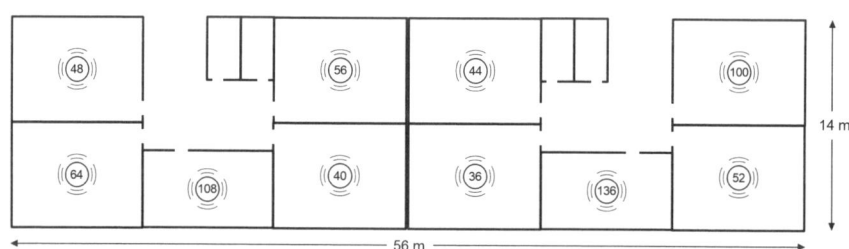

Abb. 2: Positionierungsbeispiel von Access Points im 5 GHz Band (© Cornelsen/Hagen Sarx)

Aus physikalischen Gründen führt die höhere Frequenz zu einer ca. 5-mal höheren Freiraumdämpfung (ca. 7 dB) in Luft aber auch zu einer höheren Dämpfung in anderen Materialien, sodass man für WLAN im 5 GHz von einer generell verringerten

Reichweite ausgeht. Diesem Effekt versucht man mit einer ca. 50 % höheren Senderleistung im 5-GHz-Band etwas entgegenzuwirken. In realen Umgebungen ist die Situation durch die vielen Einflüsse zu komplex, um verallgemeinert eine quantitativ vergleichende Aussage zu treffen. So lässt sich nur eine Tendenz angeben, dass die Reichweite von 2,4 GHz und 5 GHz im ODFM-Betrieb bis 54 MBit/s in geschlossenen Räumen bis zu 50 % geringer ausfallen (vgl. Rech 2012, 420). Um zumindest eine Orientierung zur erreichbaren Nutzendendichte zu erhalten, gehen wir folglich von einer Reichweite von 20 m bis 30 m aus. Der nutzbare Frequenzbereich ist aber mit 575 MHz viel größer, sodass statt drei in Deutschland insgesamt 19 nutzbare Kanäle zur Verfügung stehen, die man unabhängig ohne gegenseitige Störung im gleichen Raumbereich nutzen kann. Daraus ergibt sich wiederum mit dem Erfahrungswert von 25 Nutzenden pro Funkzelle als Richtwert eine sinnvoll erzielbare Nutzendendichte mit dem 5-GHz-Band von 0,2 bis 0,4 Nutzenden pro m^2.

Also auch mit dem 5-GHz-Band ist die angestrebte Nutzendendichte zwar in Reichweite, aber immer noch nicht ganz erreicht. In einem realen Schulszenario mit massiven Außenwänden, Betondecken und Abstand zwischen den einzelnen Gebäudeteilen ist es aber erfahrungsgemäß möglich, die Kanäle so zu wählen, dass pro Klassenraum eine Funkzelle mit der maximal möglichen Bandbreite störungsfrei und damit unabhängig von den anderen Funkzellen bereitgestellt werden kann. Klar ist aber auch, dass bei einer typischen Größenordnung von z. B. 50 Access Points viele Kanäle dreifach vergeben werden müssen.

Es gibt nach Vorgabe der europäischen Regulierungsbehörden noch zwei Besonderheiten des 802.11a/g-Standards einzubeziehen, die Einfluss auf die Kanalwahl bzw. die Bereitstellung von störungsfreien Kanälen haben. Geräte, die in Deutschland im 5-GHz-Bereich betrieben werden, müssen das dynamische Frequenzauswahlverfahren (engl. *Dynamic Frequency Selection*, kurz DFS) und die automatische Leistungsregelung der Sendeleistung von mindestens 6 dB (engl. *Transmit Power Control*, kurz TPC) unterstützen (vgl. Rech 2012, 146). Die Vorgabe der Regulierungsbehörde beruht darauf, dass der 5-GHz-Frequenzbereich auch für andere Dienste wie militärische Nutzung und Satellitenkommunikation reserviert ist und diese haben Vorrang vor der Nutzung für WLAN. Aus diesem Grund soll mit TPC ein 5-GHz-WLAN-Gerät situationsbedingt die Sendeleistung möglichst klein wählen und nicht immer mit der maximalen Leistung senden. Dieses Verhalten ist bei einem WLAN-Betrieb mit hoher Nutzendendichte vorteilhaft, da so eine mögliche Störung anderer weit entfernter Funkzellen mit dem gleichen Kanal reduziert wird. Wird aber bei der Nutzung eines 5-GHz-WLAN-Kanals ein Konflikt mit einem bevorzugten Dienst (Radar, Satellit usw.) festgestellt, soll DFS sicherstellen, dass das WLAN-Gerät (in unserem hier betrachteten Szenario der Access Point) den Kanal freimacht und einen anderen Kanal wählt.

Nun kann man annehmen, dass die Wahrscheinlichkeit, innerhalb von Schulgebäuden bevorzugte Dienste zu stören, eher gering ist, trotzdem kann man in der Praxis nicht selten beobachten, dass 5-GHz-Access-Points nach einiger Zeit nicht mehr im vorgewählten Kanal arbeiten.

Die Existenz von DFS beim 5-GHz-WLAN-Betrieb in Deutschland bedeutet, dass man damit rechnen muss, dass eine statische Vorwahl der Kanäle nach einer sorgfältigen Planung unter Einbeziehung der baulichen Gegebenheiten ausgehebelt wird. Eine ständige Kontrolle und erneute manuelle Anpassung erscheint im Schulalltag als eher unpraktikable Lösung. So ergibt sich die notwendige Anforderung an den WLAN-Controller, dass er die Optimierung der WLAN-Kanäle zu einem möglichst störungs- und überlappungsfreien Betrieb der Funkzellen als ständigen automatisierten Prozess selbstständig vornehmen kann.

Mit Wi-Fi 6 – die Verabschiedung des Standards wird Anfang 2021 erwartet – und der Erweiterung Wi-Fi 6E werden neue Techniken standardisiert, die für den WLAN-Betrieb mit hoher Nutzendendichte wie er in Schulen auftritt, äußerst interessant sind. Zum einen ist in Wi-Fi 6E ein neuer Frequenzbereich für WLAN im 6-GHz-Band enthalten, der zusätzliche Kanäle bereitstellt, die eine konfliktfreie Kommunikation mit ähnlichen Eigenschaften wie im 5-GHz-Band ermöglichen. Es wird damit deutlich einfacher, noch freie Kanäle für benachbarte Access Points zu finden. Die Freigabe des 6-GHz-WLAN-Frequenzbereichs durch die Bundesnetzagentur soll im zweiten Quartal 2021 erfolgen (vgl. Bundesnetzagentur 2020, 2).

Zum anderen ist die bereits oben erwähnte MU-MIMO-Technologie in Form von 2×2-, 3×3-, 4×4- und 8×8-Systemen vorgesehen (vgl. Irei 2020). So verfügt ein WLAN-Gerät mit 2×2-MIMO über zwei Antennen im Abstand einer halben Wellenlänge mit zwei getrennten Sender- und Empfängerzügen (Multiple Input Multiple Output). Diese raffinierte Hochfrequenztechnik ermöglicht es zwei gleichzeitig auf dem gleichen Kanal gesendete und sich damit überlagernde Signale beim Empfänger wieder sauber zu trennen, solange dieser ebenfalls über eine 2×2-MIMO-Einheit verfügt (vgl. Rech 2012, 256 und 262 ff.). Bei 3×3, 4×4 und 8×8 gilt dies entsprechend für drei, vier oder acht gleichzeitige Signale. In der besonderen Ausprägung des MU-MIMO (Multi-User) können die getrennten Sende- und Empfangseinheiten so verwendet werden, dass ein Access Point gleichzeitig mit mehreren Endgeräten, die allerdings ebenfalls über MU-MIMO-Technologie verfügen müssen, kommunizieren kann. Diese Technik ist für WLAN mit sehr hoher Nutzendendichte geradezu ideal geeignet. Da solche MU-MIMO-Access-Points auch ein Vielfaches der bisher gebräuchlichen Leistungsfähigkeit aufweisen müssen, ist zumindest zu Anfang mit entsprechend höheren Kosten pro Gerät zu rechnen.

Allerdings wird es noch einige Zeit dauern, bis eine breite Gerätebasis in Schulen diese neuen Techniken unterstützt. Bis dahin muss offen kommuniziert werden, dass an das WLAN in der Schule niedrigere Erwartungen als an das heimische WLAN zu stellen sind, da wir uns hier einem Grenzbereich des aktuell technisch machbaren bewegen und das bedeutet immer noch, dass je mehr Menschen gleichzeitig das WLAN nutzen wollen, umso mehr müssen alle ihre Anforderungen zurückstellen. Eine pädagogisch sinnvolle und nicht nur auf das WLAN beschränkte Erkenntnis.

Anmerkung: Eine Veränderung der Lernkultur weg von einer gemeinsamen Unterrichtsphasierung hin zu individuellem Lernen wäre einer Verteilung der Auslastung und Vermeidung von extremen Lastspitzen zuträglich und würde damit die Verfügbarkeit des WLANs und darüber erreichbarer Lernressourcen für alle Lernenden verbessern. Insofern bestehen auch aus dieser technischen Perspektive nicht zu vernachlässigende Querbezüge in der Digitalität zwischen Infrastruktur und Lernkultur.

9.5 Überwachung und Pflege

Der Betrieb eines flächendeckenden schulischen WLANs für wenige hundert Benutzende ist unproblematisch. Engpässe zeigen sich erst mit steigender Anzahl der ins WLAN eingebuchten Benutzenden. Diese gilt es zu identifizieren, um Verbesserungen in der WLAN-Konfiguration oder der Installation umsetzen zu können. Die Überwachung und Pflege einer WLAN-Lösung macht es also erforderlich, dass nicht nur der aktuelle Zustand des WLAN als Summe aller Access Points und Endgeräte erfasst wird, sondern diese statistischen Daten derselben über den Tagesverlauf und auch über mehrere Tage erfasst werden und darstellbar sind.

9.6 WLAN-Netze für unterschiedliche Nutzendengruppen (SSID/VLAN)

Enterprise-WLAN-Lösungen bieten in der Regel die Möglichkeit, über die Access Points mehrere WLAN-Netzwerke mit unterschiedlichem Namen (SSID) anzubieten. Der Datenverkehr dieser WLAN-Netzwerke kann dann auch in unterschiedlichen logischen Netzwerken den sogenannten VLAN getrennt voneinander geführt werden. Dies ermöglicht gerade in Bezug auf unterschiedliche Nutzendengruppen und Sicherheitsstufen interessante Konzepte. Im schulischen Kontext würden wir nach unseren Erfahrungen aber aus mehreren Gründen zurzeit eher von der Nutzung abraten.

Zum einen erfordert die Verwaltung mehrere SSIDs und VLANs auf einem Access Point zusätzliche Systemleistung, was zu Lasten der Anzahl der verwaltbaren Endgeräte gehen kann. Insofern beschränkt man sich auf wenige unbedingt notwendige Trennungen. Zum anderen können Geräte in getrennten VLANs nicht miteinander kommunizieren, dies ist aber für gemeinsam genutzte Geräte zur Bildschirmübertragung oder Projektion oder aber zwischen den Geräten der Schülerinnen und Schüler und Lehrerinnen und Lehrer zum Classroom Management oder Aufgabenbereitstellung unbedingt erforderlich. All diese unterschiedlichen Geräte, denen man sinnvoll unterschiedliche Sicherheitsstufen zuordnen könnte, müssen sich aus funktionalen Gründen unbedingt im gleichen Netz befinden. Darüber hinaus ist WLAN wegen seiner Empfangbarkeit auch außerhalb der Gebäude als potenziell unsicher einzustufen. Dies gilt umso mehr in einer Schule, in der viele Nutzende mit schulisch bereitgestellten, aber auch eigenen Geräten ins WLAN gehen. Daraus lässt sich ableiten, dass es sinnvoll ist, dass drahtlose Netz in Schulen von sämtlichen kabelgebunden Netzen und insbesondere getrennt vom Verwaltungsnetz zu betreiben und ähnlich wie in einem Gastnetz nur Internetzugang bereitzustellen. Da die pädagogischen Ressourcen zunehmend im Internet liegen, stellt dies für die Praxis in Schulen keine Einschränkung dar.

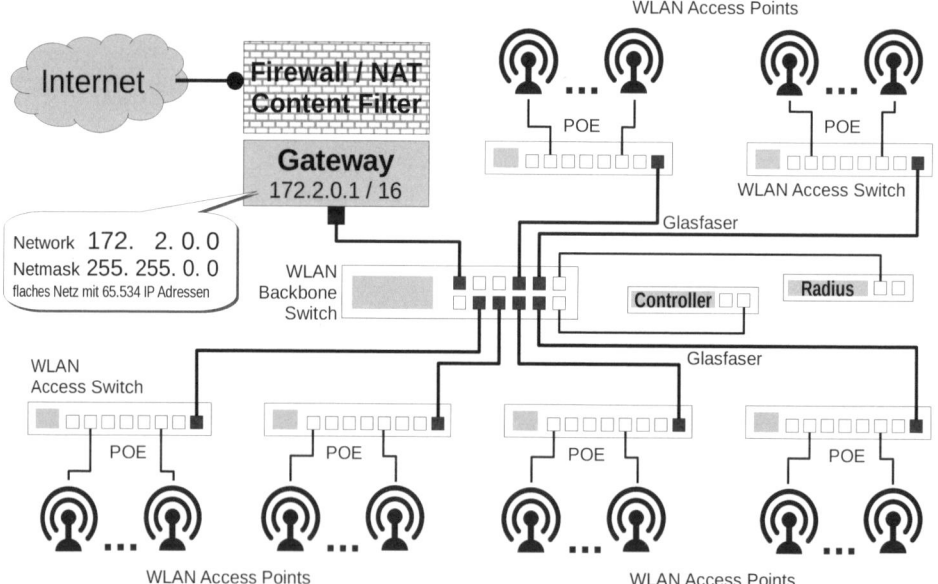

Abb. 3: Schematische Darstellung einer WLAN-Infrastruktur (© Cornelsen/Hagen Sarx)

Die Anforderung eines flachen Netzes für alle Geräte bedeutet eine Netzstruktur auf Basis der privaten IP-Adressbereiche 10.x.x.x (Class A) oder 172.x.x.x (Class B) aufzubauen. Der für Heimnetzwerke bei Internetroutern in der Regel voreingestellte Netzbereich 192.168.x.x (Class C) ist wegen einer zu kleinen Anzahl von Adressen nicht verwendbar.

Auch wenn man also nur ein IP-Netz und damit keine VLANs verwendet, werden in der Praxis mehrere SSIDs für unterschiedliche Anmeldearten benötigt, da z. B. manche Geräte nur die einfachere WLAN-Anmeldung über einen Pre-Shared Key unterstützen oder man Gastzugänge getrennt von den bekannten Nutzern verwalten will.

9.7 WLAN-Sicherheit – Zugang über Radius

Selbst wenn über den WLAN-Zugang ausschließlich der Internetzugang ermöglicht wird, ist es nicht nur sinnvoll den Zugang zum WLAN abzusichern, um Unbefugten den Zutritt zu verwehren und damit möglichen Schaden abzuwenden, sondern auch um den WLAN-Zugang aus pädagogischen Gründen zu beschränken oder gar temporär zu entziehen. Bei den heutzutage verwendeten WLAN-Geräten wie z. B. Smartphones und Tablets kann man die Unterstützung der Sicherheitserweiterung „Wi-Fi Protected Access 2 (WPA2)" voraussetzen. Hierbei wird der WLAN-Zugang im Personal Mode durch einen Pre-Shared Key (PSK) oder im Enterprise Mode über eine erweiterte Authentifizierung EAP nach 802.1X-Standard mit einem Authentifizierungsserver beschränkt. Nach erfolgreichem Zugang wird der aufgrund seiner drahtlosen Natur ansonsten leicht abhörbare Datenverkehr mit einer AES-Verschlüsselung abgesichert (vgl. Rech 2012, 487ff.). Zusätzlich kann man den Zugang mittels einer Access Control List (ACL) absichern, in dem nur Geräte mit bekannten MAC-Adressen akzeptiert werden. Für Schulen sind die Verwendung von PSK und auf der MAC-Adresse basiertem ACL unserer Erfahrung nach aber keine geeigneten Lösungen. Ein PSK bzw. die Passwortphrase, aus der der PSK vom Gerät erzeugt wird, der hunderten Benutzenden bekannt ist, ist nicht wirklich geheimzuhalten. Je länger er im Einsatz ist, desto mehr Menschen verfügen über den PSK darunter auch Personen, die die Schulgemeinschaft bereits verlassen haben oder nur assoziiert sind. Versucht man diesem Umstand mit einem häufigen Wechsel der Passwortphrase und einer großen Länge von mehr als 20 Zeichen zu begegnen, erhöht man erfahrungsgemäß damit den Supportaufwand erheblich, da der Umgang für die Nutzenden erschwert wird.

Das Pflegen hunderter MAC-Adressen ist für schulisch bereitgestellte Geräte eine zeitraubende aber noch realisierbare Lösung. Nimmt man aber noch mitgebrachte Geräte von Lernenden und Lehrenden mit in das WLAN auf, stößt eine schulische IT oder auch die eines Dienstleisters schnell an ihre Grenzen. Seit kurzem setzen die Hersteller der Geräte auch zunehmend auf randomisierte MAC-Adressen, damit Benutzende in öffentlichen Netzen einer Nachverfolgung (Tracking) ihrer Geräte begegnen können. Spätestens mit dieser Entwicklung wird der Versuch in einer Schule den WLAN-Zugang über MAC-Adressenlisten zu beschränken, ad absurdum geführt. Eine Horde die Schul-IT stürmender Lernender und Lehrender, die wegen randomisierter MAC-Adressen nicht mehr ins WLAN kommen, überzeugen mit der Macht der Masse jeden Administrierenden davon, die ACL-Beschränkung aufzuheben.

Damit bleibt für Schulen als einzig sinnvolle Alternative die Nutzung des Zugangs zum WLAN über das erweiterte Verfahren mittels eines sogenannten RADIUS-Servers zur Authentifizierung (vgl. Harhoff und Rehorst 2020, 16). Dies bedeute praktisch, dass die Benutzenden nach Einschalten und Wahl des WLAN einen gültigen Anmeldenamen und ein gültiges Passwort angeben, um Zugang zum WLAN zu erhalten. Dabei können Anmeldename und Passwort nach der Ersteingabe in der Regel auf dem Gerät gespeichert werden.

Die Verwendung eines RADIUS-Servers hat für Schulen viele Vorteile, da Anmeldenamename und Passwort aus einem bestehenden Zugangsverzeichnis wie LDAP oder Active Directory entnommen werden können. Die Nutzenden müssen sich also keine neuen Passwörter merken und die Administrator/-innen haben keinen zusätzlichen Pflegeaufwand. Darüber hinaus kann mit einem RADIUS-Server festgelegt werden, wann, wie lange und mit wie viel Geräten Benutzende jeweils im WLAN sein dürfen. Dies eröffnet die Möglichkeit, jeweils individuell Einfluss auf den Zugang zum WLAN zu nehmen oder z. B. auch einer Überlastung des WLANs entgegenzuwirken. In der Praxis bleibt ein geringer Rest von Geräten übrig, die nur den WPA2 Personal Mode unterstützen. Für diese bieten die Verwendung der PSK mit einer sehr langen Passwortphrase und eine Beschränkung der MAC-Adresse einen ausreichenden Schutz mit überschaubarem Pflegeaufwand.

9.8 Netzwerkstruktur und Internetzugang über Firewall und NAT

Am Ende dient das schulische WLAN hauptsächlich dazu, den mobilen Endgeräten Internetzugang zu ermöglichen. Es lohnt sich also, auch auf das Tor zum Internet einen Blick zu werfen. Ist es unproblematisch, eine Infrastruktur bereitzustellen, die ca. 1.000 und mehr Clients mehr oder weniger gleichzeitig den Zugang zum Internet ermöglicht? Die naheliegende Antwort ist, dass wir auch an dieser Stelle an Schulen bisher nie dagewesene Herausforderung bewältigen wollen. Je mehr die neuen Techniken Wi-Fi 5 und in Zukunft Wi-Fi 6 Verbreitung finden, umso mehr Bandbreite werden die mobilen Endgeräte über das WLAN vom Internet-Gateway fordern. Für eine Schule, die in der Breite und nicht nur experimentell digitale Lernangebote im Unterricht nutzt, ist ein Breitbandanschluss mit mehreren hundert MBit/s bis GBit/s je nach Anzahl der Lernenden sinnvoll – das aber nicht nur wie bisher oft gedacht im Download sondern zunehmend auch im Upload, denn mit Lernmanagementsystemen, Apps, Cloud-Lösungen usw. erzeugen Schülerinnen und Schüler digitale Lernprodukte von teilweise beachtlicher Größe und diese müssen zurück zu den Servern ins Internet übertragen werden. Dies bedeutet, dass auch Schulen in der Digitalität auch genügend Upload-Bandbreite vorsehen müssen.

Schulen, die über ihren Träger mit einem symmetrischen Glasfaseranschluss angeschlossen sind, finden Idealbedingungen vor, solange keine zusätzliche Beschränkung des Uploads eingestellt ist. Muss man auf die Angebote der üblichen Provider zurückgreifen, kommen in der Regel aus Kostengründen nur die Internetanschlüsse mit großer Download- und deutliche kleinerer Upload-Bandbreite in Frage. Sollte die bereitgestellte Down- oder auch Upload-Bandbreite nicht ausreichen, müssen mehrere Anschlüsse gebündelt werden. Dies kann durch einen Router bzw. Gateway erfolgen, das in der Lage ist, den Internetverkehr auf mehrere Anschlüsse zu verteilen. Alternativ kann das WLAN-Netz mittels mehrerer SSIDs und VLANs in zwei oder mehr Netze entsprechend der Anzahl der Anschlüsse geteilt werden. Damit die gemeinsame Nutzung von Projektionsgeräten und digitales Classroom Management weiterhin möglich sind, kommt nur eine räumliche Zuordnung der VLANs z. B. mit getrennten Gebäudeteilen infrage, sodass eine Einbuchung der mobilen Endgeräte im falschen WLAN praktisch ausgeschlossen ist.

Da das Gateway an der Schlüsselstelle zum Internet steht, muss es auch die Sicherheitsfunktionen wie Firewall übernehmen, die das schulische Netz vor Internetangriffen schützt. Im Falle des schulischen WLANs stellt die Standardeinstellung der Firewall, die nur ausgehende Verbindungen erlaubt und alle eingehenden Verbindungen unterbindet, einen ausreichenden und zuverlässigen Schutz dar. Teil der Sicherheitsfunktion ist in der Regel auch das sogenannte NAT bzw. PAT, das die lokale Netzstruktur nach außen hin verbirgt, in dem die internen privaten IP-Adressen in allen TCP- und UDP-Paketen gegen öffentliche IP-Adressen austauscht.

Bei großen schulischen WLAN-Netzen mit mehreren hundert gleichzeitig aktiven mobilen Endgeräten kann so eine Beschränkung, die tief im TCP/IP-Protokoll schlummert, durchaus relevant werden und zu mysteriösen Störungen führen. Um das zu verstehen, betrachten wir den häufigen Fall, dass das Gateway bzw. der Internet-Router über eine öffentliche IP-Adresse verfügt. Dann wird er seine NAT/PAT-Funktion in der Art wahrnehmen, dass er nach außen hin alle internen IP-Adressen gegen seine eigene öffentliche Adresse austauscht. Um noch zuordnen zu können, für welches Endgerät mit welcher internen IP-Adresse zurückkommende Pakete gedacht sind, verwendet er für jede interne IP-Adresse eine andere Portnummer. Das Gateway baut also eine NAT/PAT-Tabelle auf, die externen IP-Port-Kombinationen den internen IP-Port-Kombinationen zuordnet. Die folgende Abbildung zeigt einen typischen Auszug einer solchen Tabelle.

inside source ip-adress:port	inside destination ip-adress:port	outside source ip-adress:port	outside destination ip-adress:port
172.20.1.102:51051	20.57.146.52:5223	91.90.94.158:51051	20.57.146.52:5223
172.20.1.103:60873	20.57.146.20:5223	91.90.94.158:60873	20.57.146.20:5223
172.20.1.103:60900	20.253.57.207:80	91.90.98.122:60900	20.253.57.207:80
172.20.1.104:52242	20.57.146.68:5223	91.90.98.122:52242	20.57.146.68:5223
172.20.1.104:55325	20.253.52.253:123	91.90.94.158:55325	20.253.52.253:123
172.20.1.104:57942	20.253.52.253:123	91.90.94.158:57942	20.253.52.253:123

Abb. 4: Auszug aus einer typischen NAT-Tabelle (© Cornelsen/Hagen Sarx)

Die Portnummer ist dafür gedacht, innerhalb eines Computers Verbindungen für mehrere Anwendungen aufbauen zu können. Hierfür wurden zwei Byte reserviert, was 65.535 unterschiedliche Portnummern ermöglicht und für einen Computer auch heute noch völlig ausreichend ist. Jedes Endgerät baut also ebenfalls Verbindungen mit einem oder mehreren Ports für jede seiner Anwendungen auf, folglich muss das Gateway nicht nur einen Port einer internen IP-Adresse zuordnen, sondern immer so viele unterschiedliche Ports, wie das Endgerät an Verbindungen aktuell unterhält. Bei einem gerade neu gestarteten Gerät, bei dem zahlreiche Hintergrundanwendungen und Dienste hochgefahren werden, können hier durchaus eine beachtliche Anzahl genutzter Ports zusammenkommen. Zusätzlich muss man berücksichtigen, dass ein Gateway einen zugeordneten Port eine gewisse Zeit (typisch sind 15 Minuten) für ein Endgerät reservieren wird, bevor er anderweitig verteilt wird. Dies bedeutet, dass ein Gateway mit einer öffentlichen IP-Adresse bei einer Größenordnung von 600 und mehr interner Endgeräte durchaus in erhebliche Schwierigkeiten bei der Zuordnung von Ports geraten kann. Ihm gehen schlichtweg die Möglichkeiten aus. Die Folge sind vereinzelte nicht zustande kommende Verbindungen, deren Ursache sich scheinbar nicht eindeutig zuordnen lassen, da andere Endgeräte im gleichen Netzbereich ggfs. problemlos kommunizieren können. In der Praxis kann der Punkt der Überforderung sogar schneller erreicht sein, da der verwendete Internet-Router gar nicht dafür ausgelegt ist, alle ca. 60.000 theoretisch möglichen Verbindungen zu verwenden. Ähnlich wie bei der nicht ausreichenden Bandbreite hilft auch in diesem Fall das Bündeln mehrere Anschlüsse mit einem entsprechenden geeigneten Gateway oder die Aufteilung des Gesamtnetzes in mehrere VLANs mit eigenen Anschlüssen.

9.9 WLAN – Nutzungsvereinbarung und Jugendschutz

Die Diskussion des Jugendschutzes würde den Rahmen dieses technischen Leitfadens für WLAN an Schule sprengen. Trotzdem soll an dieser Stelle darauf hingewiesen werden, dass der Ausstattung von Schülerinnen und Schülern mit mobilen Endgeräten und ständigem Internetzugang eine neue Quantität in das Thema Jugendschutz in Schulen einzieht. Die Situation ist mit der Internetnutzung im Computerraum nicht mehr vergleichbar. In den letzten Jahren hat die Anzahl der privaten Smartphones mit Internetnutzung auch bei den jüngeren Schülerinnen und Schülern massiv zugenommen, aber die Nutzung der Geräte war in weiten Teilen während der Schulzeit verboten und das Internet wurde durch die Verträge der Eltern bereitgestellt. Mit dem flächendeckenden schulischen WLAN handeln sich Schulen und Schulträger also auch in dieser Hinsicht eine Herausforderung ein. Nach unseren Erfahrungen sollte man hier nicht allein auf technische Lösungen wie Contentfilter setzen. Contentfilter gewähren sicher einen gewissen Grundschutz, sind aber in der Regel nicht in der Lage, mit der dynamischen Entwicklung im Internet Schritt zu halten und sämtlichen Gefährdungen oder missbräuchliches ggfs. gar strafbares Handeln zu verhindern. Am Ende bleibt der Jugendschutz eine gemeinsame Aufgabe der Beteiligten in Schule also Lernenden, Lehrenden und Eltern. Diese gemeinsame Aufgabe sollte in einer WLAN-Nutzungsvereinbarung niedergelegt und damit transparent gemacht werden und nimmt alle Beteiligten also auch die Lernenden in die Verantwortung. Insgesamt ermöglicht ein modernes schulisches WLAN wie hier beschrieben mittels zentraler Verwaltung durch einen WLAN-Controller und individueller Zugangssteuerung über RADIUS die Umsetzung gezielter Maßnahmen im Rahmen des Jugendschutzes und ist damit auch in dieser Hinsicht eine gute Basis.

9.10 Mögliche Gefährdung durch WLAN-Strahlung

Manchmal kommt unter Eltern oder Lehrenden die Frage nach der Gefährdung durch WLAN-Strahlung auf. In einer Welt, in der zunehmend drahtlose Geräte in allen Alltagsbereichen bzw. als persönlicher Begleiter vorzufinden sind, ist dies eine durchaus berechtigte Frage.

Um es gleich vorweg zu sagen, die Installation eines flächendeckenden WLANs führt aus physikalischen Gründen zu keiner nennenswerten Erhöhung der Strahlungsmenge der durchschnittlich lebenden Menschen heutzutage ausgesetzt sind. Darüber hinaus gibt es derzeit keine wissenschaftlichen Belege dafür, dass von der Strahlung wie sie WLAN, Smartphones und andere Techniken verwenden, eine Gefährdung für Menschen ausgeht.

WLAN nutzt die gleiche Strahlungsart wie mobiles Internet, DECT-Telefonie, Bluetooth usw. Bei der von all diesen Kommunikationsgeräten oder Kommunikationsarten verwendeten Strahlung handelt es sich um elektromagnetische Strahlung mit Frequenzen im Gigahertzbereich und Wellenlängen im Zentimeterbereich der sogenannten Mikrowellenstrahlung. Diese Strahlung ist physikalisch gesehen energiereicher als Radiowellen- aber deutlich energieärmer als UV-Strahlung, die den bekannten Sonnenbrand in unserer Haut verursacht. Allerdings kann Mikrowellenstrahlung ihre Energie sehr gut auf Wassermoleküle übertragen bzw. wird von Wasser absorbiert und kommt deshalb in der Küche zum Erwärmen von Speisen in den gleichnamigen Mikrowellen-Geräten mit einer Strahlungsleistung von typischerweise 600 bis 800 Watt zum Einsatz. Aus dem gleichen Grund dringt Mikrowellenstrahlung aber auch nur einige Millimeter bis wenige Zentimeter in menschliches Gewebe ein (vgl. Bundesamt für Strahlenschutz 2020). Anders als beim Mikrowellengerät, in dem die Strahlung durch das geschlossene Gerät auf das Gargut konzentriert wird, soll sich bei dem Einsatz für Kommunikation die Strahlung allerdings frei im Raum verteilen und die eingesetzte Strahlungsleistung ist bei Mobiltelefonen mit typischerweise ein bis zwei Watt und bei WLAN-Endgeräten mit typischerweise 0,1 bzw. 0,2 bis ein 1 Watt um den Faktor 400 bis 800 und mehr geringer (vgl. Bundesnetzagentur 2020, 1). Es besteht also ein erheblicher Unterschied zwischen Kommunikations- und Küchengerät in der Leistung, die abgegeben und noch deutlicher in der Leistung, die aufgenommen wird. Denn grundsätzlich nimmt elektromagnetische Strahlung mit dem Quadrat der Entfernung ab, da sich die Strahlungsenergie der Antenne bei der Ausbreitung im Raum verteilt. In einem Meter Entfernung von einer Antenne mit der Leistung von einem Watt wird ein Stück empfindliches Gewebe wie z. B. unser Gehirn von der Größe einer 1-Cent-Münze (ca. 1 cm²) aus rein geometrischen Überlegungen zur Vergrößerung der Kugeloberfläche bei größerem Radius nur noch von einer 100.000-mal kleineren Strahlungsmenge nämlich mit einer Leistung von ca. 0,01 mW (Milliwatt) getroffen. Demzufolge sind unter der Decke hängende WLAN Access Points aufgrund der Entfernung von mindestens einem zumeist aber sogar mehreren Metern sehr viel unproblematischer zu bewerten als am Körper getragene oder zum Telefonieren ans Ohr gehaltene Smartphones.

Neben den Access Points erhöht man mit einem flächendeckenden WLAN aber vor allem die Anzahl der drahtlosen mobilen Endgeräte in den Klassen. Führt aber die doch erhebliche Anzahl von typischerweise 30 Endgeräten, z. B. Tablets, in einer Klasse nicht zu einer Zunahme der Strahlung, die eventuell die Grenzwerte übersteigt und möglicherweise gesundheitliche Schäden verursacht?

Beginnen wir mit dem eigenen drahtlosen mobilen Endgerät einer Schülerinnen und Schüler. Wir können annehmen, dass dieses sich in mindestens 10-mal größerer Entfernung befindet als ein Mobiltelefon beim Telefonieren am Ohr. Daraus folgt, dass die den Körper bzw. Kopf erreichende Strahlungsmenge mindestens 100-mal kleiner ist. Für weitere Geräte der Sitznachbar/-innen sinkt die durch sie verursachte Zunahme der Strahlung mit zunehmender Entfernung schnell weit unter 1 % ab. Insgesamt führt also die Zunahme der drahtlosen mobilen Geräte im Klassenraum zu einer Strahlung die wenigen Prozent der Strahlungsmenge entspricht, der der Kopf beim Führen eines Telefonats mit einem Mobiltelefon am Ohr ausgesetzt ist. Insbesondere geht der größte Strahlungseinfluss hierbei von dem Gerät aus, welches sich am nächsten am eigenen Körper befindet.

Bei der Beurteilung der biologischen und gesundheitlichen Wirkungen von hochfrequenten Feldern, wie sie bei Mobilfunk, mobiler Datenübertragung und WLAN verwendet werden, kommen laut Bundesamt für Strahlenschutz, das Deutsche Mobilfunk Forschungsprogramm (DMF) sowie weitere aktuelle nationale und internationale Studien zu den Ergebnissen, dass eine „[n]icht-thermische biologische Wirkungen bei niedrigen Intensitäten hochfrequenter Felder nicht nachgewiesen [werden kann und die] allgemeine Gesundheit und kognitive Leistungsfähigkeit nicht beeinträchtigt" wird (Bundesamt für Strahlenschutz 2020a). Darüber hinaus konnte ein erhöhtes Krebsrisiko oder eine akute Wirkung auf Embryonen bzw. Kinder nicht nachgewiesen werden (vgl. Bundesamt für Strahlenschutz 2020a). Die Forschung untersuchte hierbei den Einfluss der Strahlung von Mobiltelefonen, die am Ohr, also in unmittelbarer Nähe des Kopfes, gehalten werden.

Zusammenfassend kann man sagen, dass Abstände im Meterbereich zu WLAN Access Points und zu den mobilen drahtlosen Geräten der anderen Lernenden und Lehrenden einen wirksamen Schutz vor höherer Strahlenbelastung darstellen, den größten Einfluss hat das eigene Endgerät. Eine gesundheitlich relevante Strahlenschädigung oder eine Beeinflussung des menschlichen Körpers konnte nach aktuellem Stand der Forschung aber selbst für die vergleichbare Strahlung beim Telefonieren am Ohr nicht nachgewiesen werden. Darüber hinaus ist der schulische Einsatz sogar als weniger schädlich einzuschätzen, da der bzw. die Lernende das drahtlose, mobile Endgerät nicht am Ohr, sondern in der Regel im Leseabstand von mehreren zehn cm vor sich hat. Trotzdem empfiehlt das Bundesamt für Strahlenschutz die Zeit, in denen

Kinder und Jugendliche Smartphones und Tablets nutzen und damit der Mikrowellenstrahlung ausgesetzt sind, zu minimieren und WLAN, statt der mobilen Datenverbindung zu nutzen (vgl. Bundesamt für Strahlenschutz 2020b). Vor dem Hintergrund des ebenso vom Bundesamt veröffentlichten Stand der Forschung und der Digitalität in Schulen erscheint diese Empfehlung allerdings nicht mehr zeitgemäß. Andere Gefahren wie z. b. jugendgefährdende Inhalte und Cybermobbing, die mit dem Zugang zu digitalen Medien auch in der Schule zusammenhängen, erscheinen hier viel konkreter.

9.11 Fazit

Wie im Vorangegangenen dargestellt, lässt sich aus den technischen Grundlagen für WLAN ableiten, dass beim Aufbau eines schulischen WLANs, das allen Lernenden mit ihren Endgeräten im Klassenraum Zugang zu digitalen Medien gewährt, andere Schwerpunkte gesetzt werden müssen als bei einem rein flächendeckendem WLAN für Lehrende und Spezialklassen oder Leihsets mit mobilen Endgeräten. So ist durchgängig unbedingt eine hohe Dichte von mindestens einem WLAN Access Point pro Klassenraum und der Betrieb im 5-GHz-Bereich erforderlich. Da das WLAN neben den mobilen Endgeräten eine kritische Ressource der mobilen Infrastruktur darstellt, ist es von Vorteil, wenn Schulen mit eigenen Kräften das WLAN-Management und die Verwaltung des WLAN-Zugangs mittels RADIUS durchführen und kurzfristig auf geänderte Anforderungen und Störungen reagieren können. Eine für Schulen geeignete Enterprise-WLAN-Lösung bietet dazu eine einfache und übersichtliche grafischen Managementoberflächen für Webbrowser und Apps. Steht kein symmetrischer Glasfaseranschlusses über den Schulträger zur Verfügung, können auch mehrere Internet-Provider-Anschlüsse gebündelt werden, sodass eine ausreichende Bandbreite im Download aber vor allem auch im Upload und eine ausreichende Anzahl von öffentlichen IP-Adressen und Ports für den Internetzugang der vielen mobile Endgeräte aller Lernenden und Lehrenden zur Verfügung steht.

Zum Abschluss sei noch darauf hingewiesen, dass in den nächsten Jahren mit dem Austausch von mobilen Endgeräten nach und nach auch Geräte, die den bereits erwähnten neuen Wi-Fi-6-Standard mit der MU-MIMO-Technologie unterstützen, in den Schulen Einzug halten werden. Es ist also sinnvoll, diese Entwicklung bereits heute in den Blick zu nehmen und wenn möglich, entsprechende Access Points mit Wi-Fi 6 und MU-MIMO zu beschaffen oder eine Erneuerung in naher Zukunft einzuplanen. Die Verwendung solcher Access Points macht aber auch eine Erhöhung der Bandbreite im versorgenden Netzwerk z. B. auf die noch teure 10-Gigabit-Technologie erforderlich.

10 Endgeräte – Eckpfeiler für Bildung in der digitalen Welt

Alexander Kallenbach & Axel Torka

Die Kultusministerkonferenz (KMK) hat im Dezember 2016 eine Strategie zur „Bildung in der digitalen Welt" beschlossen, deren Umsetzung in den Bundesländern durch eigene Konzepte erfolgen soll. Fünf Jahre später zeigt sich, dass dies teilweise nur sehr schleppend vorangeht, obgleich durch Bundesmittel wie den Digitalpakt oder eigene Förderprogramme der Länder nicht unerhebliche finanzielle Mittel zur Verfügung stehen, mehren sich die Meldungen, von nicht abgerufenen Geldern oder hastig und unbedachten Fehlinvestitionen. Nicht erst der durch die Corona-Pandemie bedingte Distanzunterricht zeigt auf, dass für das Gelingen zukunftsfähiger Bildung das Vorhandensein, die technischen Möglichkeiten und die Fähigkeit im Umgang eines digitalen Endgeräts zwingend notwendig sind. Welche Einsatzszenarien sich für Schule und Unterricht ergeben, wie im so breit gefächerten Angebot an Systemen und Geräten die richtige Auswahl getroffen werden kann und welche Strategien in der Beschaffung denkbar sind, soll in diesem Beitrag dargestellt werden.

10.1 Kompetenzen

Verbindliche Rechtsgrundlage bildet die beschlossene Strategie der Kultusminister, in der auf drei Studien basierend (vgl. KMK 2016, 15), sechs Kompetenzen bestimmt wurden, die „individuelles und selbstgesteuertes Lernen fördern, Mündigkeit, Identitätsbildung und das Selbstbewusstsein stärken sowie die selbstbestimmte Teilhabe an der digitalen Gesellschaft ermöglichen" (KMK 2016, 15) sollen. Dabei ist die Umsetzung nicht Auftrag eines bestimmten Faches, sondern hat über die Curricula aller Fächer im Unterricht Raum zu finden.

Die sechs Kompetenzbereiche sind:
1. Suchen, verarbeiten und aufbewahren.
   a. Suchen und filtern
   b. Auswerten und bewerten
   c. Speichern und abrufen

2. Kommunizieren und kooperieren
    a. Interagieren
    b. Teilen
    c. Zusammenarbeiten
    d. Umgangsregeln kennen und einhalten (Netiquette)
    e. An der Gesellschaft aktiv teilhaben
3. Produzieren und präsentieren
    a. Entwickeln und produzieren
    b. Weiterverarbeiten und interagieren
    c. Rechtliche Vorgaben beachten
4. Schützen und sicher agieren
    a. Sicher in digitalen Umgebungen agieren
    b. Persönliche Daten und Privatsphäre schützen
    c. Gesundheit schützen
    d. Natur und Umwelt schützen
5. Problemlösen und handeln
    a. Technische Probleme lösen
    b. Werkzeuge bedarfsgerecht einsetzen
    c. Eigene Defizite ermitteln und nach Lösungen suchen
    d. Digitale Werkzeuge und Medien zum Lernen, Arbeiten und Problemlösen nutzen
    e. Algorithmen erkennen und formulieren
6. Analysieren und reflektieren
    a. Medien analysieren und bewerten
    b. Medien in der digitalen Welt verstehen und reflektieren

(vgl. KMK 2016, 16 ff.)

Teilweise werden durch die Bundesländer noch weitere Kompetenzen ergänzt und ausgeschärft oder es wird eine andere Hierarchisierung vorgenommen.

10.2 Ausgangslage und Grundsätze

Die Festlegung auf grundlegende Kompetenzen ist richtig und wichtig. Durchgehend findet sich in der Strategie allerdings das dogmatische Festhalten am Primat der Pädagogik, welches sich in alle untergeordneten Instanzen fortsetzt. Selbst die Bildungsgewerkschaften und Verbände halten an dieser Sichtweise fest (vgl. PHV 2019; GEW 2019). Losgelöst von der wissenschaftlichen Diskussion wird den Schulen in der Praxis vor der Bereitstellung eines einzigen Geräts die Pflicht auferlegt, konkrete didaktische (Medien-)Konzepte erarbeiten zu müssen. Dies geschieht häufig jedoch ohne die Möglichkeit zur Sammlung von Erfahrungen, in Hinblick auf die vielfältigen Unterschiede digitaler Endgeräte und ihrer Nutzungsszenarien. Übertragen ließe sich dies auf die Aufforderung Autofahren zu lernen, ohne hierfür einen Pkw zur Übung zu erhalten. Ratsamer wäre hier die Pilotierung unterschiedlicher Geräte und Plattformen, verknüpft mit einem regelmäßigen Austausch der Erfahrungen aller beteiligten Akteur/-innen (Lehrkräfte, Schülerinnen und Schüler und Eltern) mit dem Ziel, im Anschluss an das Verfahren ein erprobtes und damit nachhaltiges Medienkonzept zu entwickeln.

Zugleich scheint in einigen Kollegien der verstärkte Einsatz von digitalen Endgeräten in den Händen von Lehrkräften und Schülerinnen und Schülern immer noch ein Störfaktor zu sein, von dem man hofft, er würde als kurzweiliger Trend irgendwann wieder verschwinden. Häufig ist dies gepaart mit der Sorge, eigene tradierte Materialien, Methoden und Inhalte nicht mehr nutzen zu können. Lehrerinnen und Lehrer, die intensiv an der digitalen Transformation des Unterrichts arbeiten, werden als Exot/-innen angesehen.

Lösungsansätze für solche Ausgangslagen können folgende Elemente sein:

1. *Kritische Masse:* Arbeitet eine große Zahl der Lehrkräfte (obgleich zu Beginn auch nur im Rahmen der Substitution, also der Ersetzung vorhandener Tätigkeiten) mit digitalen Endgeräten in der Vorbereitung und im Unterricht, ergibt sich relativ schnell ein sanfter Zwang, sich den neuen Gegebenheiten zu öffnen. Besonders für Lehrerinnen und Lehrer mit langjähriger Diensterfahrung ergibt sich daraus gerne ein „zweiter didaktischer Frühling".

2. *Ausfallsichere technische Infrastruktur:* Die in den Kapiteln 9 und 11 beschriebene Infrastruktur sollte idealiter flächendeckend oder zu Beginn mindestens in ausgewiesenen Unterrichtsräumen weitestgehend ausfallsicher verfügbar sein. Erleben Lehrkräfte hier bereits in der Erprobung digitaler Endgeräte im Lehrbetrieb Ausfälle oder Störungen, führt dies unweigerlich zu Misstrauen und Ängsten, die wiederum einen wiederholten Einsatz verhindern.

3. *Fortbildung und Unterstützung:* Ein frühzeitiges Angebot an externen und internen Fortbildungen und Qualifizierungen, sowie ein schnelles und unkompliziertes Hilfsangebot für technische und didaktische Fragen. Ausführlich wird darauf im Kapitel 13 (Support – Elemente, Personen, Strategien) eingegangen.

Die Verpflichtung zur Umsetzung der KMK-Strategie erfolgt nicht nur auf der inhaltlichen Ebene, sondern enthält auch eine zeitliche Vorgabe, da „alle Schülerinnen und Schüler, die im Schuljahr 2018/19 eingeschult werden oder in die Sekundarstufe I eintreten, am Ende ihrer Pflichtschulzeit gesetzte Kompetenzen erwerben" (KMK 2016, 19) sollen. Aus diesem Anspruch ergibt sich also bereits seit 2016 der Bedarf nach entsprechender Ausstattung in den Schulen, welche in der Regel über Computerräume mit stationären Rechnern oder ggf. einzelne Computer in Klassenräumen verfügen.

Die digitale Transformation aller Lebensbereiche macht deutlich, dass allen Schülerinnen und Schülern digitale Endgeräte zur Verfügung stehen müssen, um für die Zukunft gerüstet zu sein. Besonders die Zeit des Distanzlernens während der Corona-Pandemie hat gezeigt, dass eine ausreichende Versorgung, von für den Unterricht nutzbaren Geräten nicht immer gegeben ist.

Zur Frage, welche Geräte dies sein sollen, bleibt die KMK vage. So werden in Hinblick auf die Infrastruktur und Ausstattung, mobile Endgeräte lediglich als „vernetztes multifunktionales mobiles Endgerät" (KMK 2016, 39) beschrieben. Somit liegen die Auswahl und Anschaffung von Endgeräten in der Hand der Schulträger. Werden Schulen in die Entscheidungsprozesse eingebunden, führt dies in vielen Kollegien und auch im Austausch mit Schülerinnen und Schülern sowie deren Eltern, teilweise zu hitzigen Diskussionen, die manchmal Züge von Glaubenskonflikten tragen.

Neben den Ansichten darüber, welches denn das bessere System sei, spielen sowohl für die Eltern als auch für die Schulträger die Kosten eine entscheidende Rolle. Gelder aus Bundes- und Landesmitteln müssen effizient ausgegeben werden, um eine größtmögliche Wirkung zu erzielen. Zugleich muss bei Finanzierungen durch die Eltern ein gewisses Budget beachtet werden, um die Anschaffung möglichst sozialverträglich zu gestalten. Da alle großen Hersteller von Hard- und Software auch den Bildungsmarkt für sich entdeckt haben, sind für alle Systeme die Werbeversprechen dementsprechend groß. Um hier also eine möglichst objektive Auswahl zu ermöglichen, sollte der individuelle Bedarf der Schule mit ggf. vorhandener Erfahrung sowie den KMK-Vorgaben verknüpft werden. In der Regel erfolgt dies durch ein Medienkonzept (siehe Kap. 6 Das schulische Medienkonzept – Grundlagen und Entwicklungsperspektiven). Gegensätzlich zur Prämisse des Primats der Pädagogik ist es ratsam, die im Folgenden dargestellten Matrizen zu den möglichen Endgeräten mitzudenken. Stehen Pädagogik und Technik sich doch nicht gegenüber, sondern sollten vom Beginn der Planung im Einklang gedacht werden.

Daher beginnt die folgende Analyse auch mit der Prüfung der Eignung der gängigen Betriebssysteme für verschiedene Anwendungsszenarien in der Schule. Diese Szenarien beruhen größtenteils auf den bereits formulierten Kompetenzen der KMK.

Zur besseren Übersicht und Vergleichbarkeit wird in den folgenden Ausführungen auf grundlegende Aspekte eingegangen und in den Abbildungen 1 und 3 die Erfüllung vollständig (●), mit Einschränkungen (●) oder gar nicht (O) dargestellt.

Natürlich unterliegt die Untersuchung der Schnelllebigkeit der technischen Innovation. Viele Funktionen der Systeme werden regelmäßig erweitert und verbessert. Grundsätzliche Strategien (z. B. offenes vs. geschlossenes System) bleiben absehbar unverändert. Daher wird hier der Stand von Frühjahr 2021 angeben

10.3 Analyse der Eignung von Endgeräten

10.3.1 Anwendungsfälle – Abdeckung durch Betriebssysteme

Hierbei werden nicht nur die ab Werk kostenfrei installierten Anwendungen berücksichtigt, sondern auch weitere verfügbare Anwendungen für das jeweilige Betriebssystem. Online-Anwendungen stehen über den Browser jedem Betriebssystem zur Verfügung und werden daher nicht berücksichtigt.

	Android	ChromeOS	iPadOS	MacOS	Windows	Ubuntu
Internet-recherche[KMK]	●	●	●	●	●	●
Textver-arbeitung[KMK]	● LibreOffice	● Office Paket	● Apple Pages	● Apple Pages	● LibreOffice	● LibreOffice
Drucken	●	●	● Airprint/ spez. Apps	●	●	●
Präsentationen erstellen und vorführen[KMK]	● LibreOffice	● Office Paket	● Apple Keynote	● Apple Keynote	● LibreOffice	● LibreOffice
Tabellen-kalkulation[KMK]	● LibreOffice	● Office Paket	● Apple Numbers	● Apple Numbers	● LibreOffice	● LibreOffice
Daten organisieren und verschieben[KMK]	●	●	●	●	●	●
Dateien über Bluetooth/ Funk austauschen	●	●	● AirDrop	●	●	●

	Android	ChromeOS	iPadOS	MacOS	Windows	Ubuntu
Fotos erstellen und bearbeiten[KMK]	●	●	●	●	●	●
Videos erstellen und bearbeiten[KMK]	●	●	●	●	●	●
Audiodateien erstellen und bearbeiten[KMK]	● Apps	● Audacity	● Garageband	● Garageband	● Audacity	● Audacity
Notensetzung (Musikunterricht)	●	● Android-Apps	●	●	●	●
Programmierumgebungen	●	●	● Nur Swift	●	●	●
Programmieren (z. B. Informatikunterricht)	●	●	● Nur Swift	●	●	●

Abb. 1: Übersicht über unterrichtliche Anwendungsfälle und deren Abdeckung durch die verschiedenen Betriebssysteme – Teil 1 (© Cornelsen/Alexander Kallenbach/Axel Torka)

	Android	ChromeOS	iPadOS	MacOS	Windows	Ubuntu
Handschriftlich schreiben	●	●	●	○ Keine Geräte mit Touchscreen	●	●
PDF-Dateien bearbeiten	●	●	●	●	●	●
Mindmaps erstellen	●	●	●	●	●	●
Zeichnen/ malen	●	●	●	●	●	●
OCR	●	●	●	●	●	●
Projektion (kabelgebunden/kabellos)	●	●	●	●	●	●

	Android	ChromeOS	iPadOS	MacOS	Windows	Ubuntu
Wissenschaftlicher Taschenrechner mit Prüfungsmodus	● Über MDM	● Über G Suite	● Über MDM	◕ Kein Prüfungsmodus	● Prüfungsmodus über MDM – ggf. Browser	◕ Kein Prüfungsmodus
Geogebra	●	●	●	●	●	●

Abb. 2: Übersicht über unterrichtliche Anwendungsfälle und deren Abdeckung durch die verschiedenen Betriebssysteme – Teil 2 (© Cornelsen/Alexander Kallenbach/Axel Torka)

Mit allen Betriebssystemen können die Kompetenzerwartungen der KMK abgedeckt werden. Allerdings gilt es bei einigen Systemen Einschränkungen im Schulbetrieb, die über die Anforderungen der KMK hinausgehen, im Blick zu behalten.

10.3.2 Technische und administrative Anforderungen an das Betriebssystem

Neben den pädagogischen Überlegungen und den oben beschriebenen Anwendungsszenarien spielt die Frage nach technischen und administrativen Anforderungen eine große Rolle. Ressourcen für die Pflege von Geräten sind bei Schulen und Schulträgern immer mangelhaft ausgestaltet. Gleichzeitig sollen die Geräte möglichst über einige Jahre im Betrieb sein und müssen daher über einen angemessenen Zeitraum mit Updates versorgt werden. Selbstverständlich muss es einer Schule auch problemlos möglich sein, alle rechtlichen Bedingungen z. B. beim Datenschutz zu erfüllen. Die angesprochenen Punkte werden in der folgenden Matrix dargestellt.

	Android	ChromeOS	iPadOS	MacOS	Windows	Ubuntu
EMM-/MDM-Anbindung	●	● MDM inklusive, kostenpflichtiger Lizenz je Gerät	●	●	●	● Launchpad
DEP/DEM	◕ Einzelne Hersteller	●	●	●	○	○

	Android	ChromeOS	iPadOS	MacOS	Windows	Ubuntu
Datenschutz	○ Google-Education-Account erforderlich	● Im Gast-Modus keine personenbezogenen Daten, teils Europa als Datenspeicherort wählbar	● Gast-Modus: keine personenbezogenen Daten, Apple-ID erforderlich (App-Installation) iCloud tief ins System verwoben	● Apple-ID erforderlich (App-Installation), iCloud tief ins System verwoben	● App-Nutzung und weiteres wird an Microsoft® übertragen; Möglichkeiten der Deaktivierung nicht offensichtlich	● Einige Daten werden an Canonical übertragen, komplette Deaktivierung möglich
Versorgung mit Updates	○ Keine Angaben vom Hersteller – ca. alle zwei Jahre neue Android-Version, danach teilweise noch Sicherheitsupdates	● Mindestens fünf Jahre garantiert	● Keine Angaben vom Hersteller – erfahrungsgemäß aber ca. fünf Jahre	● Keine Angaben vom Hersteller – erfahrungsgemäß aber ca. fünf Jahre	● Für jede einzelne Windows-Version 30 Monate, Upgrade zu höherer Version möglich	●
Umfang der verfügbaren Software	● Software über den PlayStore, viele Apps, allerdings fehlt professionelle Software App-Installation auch ohne PlayStore	● Android-Apps aktivierbar, Linux-Apps installierbar und Apps der G Suite for Education	● Nur über den AppStore, (restriktive Nutzungsbedingungen, lassen z. B. keine freie Software zu) viele Apps	● Neben dem Apple App Store eine Vielzahl an Softwarequellen	● Neben dem Windows Store eine Vielzahl an Softwarequellen	● Ubuntu Software Center und eine Vielzahl an Softwarequellen, teilweise Microsoft® Windows-Anwendungen über WINE

Abb. 3: Technische und administrative Anforderungen der verschiedenen Betriebssysteme (© Cornelsen/ Alexander Kallenbach/Axel Torka)

In der Übersicht links (Abb. 3) tritt eine der größten Beschränkungen der Android-Plattform zutage: der auf meist nur zwei Jahre beschränkte Supportzeitraum. Dies ist für Geräte, die vermutlich eher vier oder fünf Jahre im Einsatz sein sollen, zu gering. Bei der Nutzung von Clouds oder über externen Server zur Verfügung gestellten Diensten muss stets der Datenschutz sowie die Konformität zur DSGVO berücksichtigt werden. Aktuell wird die Nutzung von einigen Diensten (z. B. Microsoft® 365, Google Docs, iCloud) von den Datenschutzbehörden einiger Bundesländer untersagt. Das Kapitel 12 (Datenschutz) gibt ausführliche Hinweise zum Datenschutz.

Alle Systeme bieten die Möglichkeit über ein Mobile-Device-Management verwaltet zu werden. Diese zentrale Steuerung ist besonders hinsichtlich der vereinfachten Administration, der Sicherstellung der Prüfungssicherheit sowie bei der Verteilung von Updates und Software ein wichtiges Element. Dabei sollte berücksichtigt werden, dass dies in manchen Szenarien problematisch sein könnte. Wie weit ist es zu rechtfertigen, den Nutzenden zu verbieten, weitere Software zu installieren oder Veränderungen an dem Gerät vorzunehmen, wenn sie die Geräte bezahlt haben (in einem elternfinanzierten Modell, siehe Kap. 10.4 Ausstattungsstrategien)? Auch sollte die Frage gestellt werden, ob dies aus pädagogischer Sicht gewünscht ist. Haben Schülerinnen und Schüler mehr Freiheiten mit einem Gerät zu arbeiten, können sie auch mehr lernen. Das Erlernen von sogenannten Digitalkompetenzen ist ja das erklärte Ziel. Die Geräte und ihre Umgebung sollten daher auch Schülerinnen und Schülern, die tiefer in die Materie einsteigen wollen, genau dies ermöglichen. Ebenso muss der Datenschutz in so einem Szenario berücksichtigt werden: Was ist, wenn die Schülerinnen und Schüler die Geräte mit nach Hause nehmen und auch private Daten auf diesen speichern, die Administrator/-innen des *Mobile Device Management* (MDM) (siehe hierzu ausführlicher Kap. 7.1 Strukturierung der Anwendungslandschaft an Schulen) aber möglicherweise auf diese Zugriff haben? Hierzu sollten eindeutige und transparente Verfahren eingeführt und allen Beteiligten bekannt gemacht werden.

10.3.3 Sicherheit

Sicherheit lässt sich schwer quantifizieren. Zwar kann man aufgezeigte Sicherheitslücken in einem Jahr zählen, jedoch wird hierdurch noch keine Aussage darüber getroffen, wie viele Sicherheitslücken noch nicht entdeckt wurden. Und wenn es um die Aufdeckung eben dieser Sicherheitslücken geht, treffen verschiedene Philosophien von Software-Entwicklung und -Pflege aufeinander. Während auf der einen Seite proprietäre Software steht, deren Entwickler/-innen den Ansatz verfolgen, ihren Quellcode verschlossen zu halten und es so Angreifer/-innen möglichst schwer machen möchte, Sicherheitslücken zu finden, verfolgen auf der anderen Seite die Entwickler/-innen freier Software den

Ansatz, dass der Quellcode offen liegt und somit viele Personen diesen einsehen können und Fehler und Lücken eher gefunden werden (1.000-Augen-Prinzip). Zwar werden als Webserver auch aus Sicherheitsgründen zumeist Linux-Systeme genutzt, doch untersuchen wir hier System für den Desktop bzw. mobilen Einsatz. Beide Ansätze haben sicherlich ihr Für und Wider und die Diskussion kann an dieser Stelle nicht gelöst werden. Es können hier aber Kriterien festgemacht werden, die für die Sicherheit von Endgeräten in der Schule und anderswo von besonderer Wichtigkeit sind. Da immer mehr und mehr Sicherheitslücken in Software aufgetan werden, ist es wichtig, dass sowohl das Betriebssystem als auch weitere Anwendungen regelmäßig Updates erhalten.

	Android	ChromeOS	iPadOS	MacOS	Windows	Ubuntu
Betriebs-system-Up-dates	Je nach Hersteller ggf. verzögert – Ende meist nach zwei bis drei Jahren	Regel-mäßige u. kurzfristige Updates	Regel-mäßige u. kurzfristige Updates	Regel-mäßige u. kurzfristige Updates	Regel-mäßige u. kurzfristige Updates	Regel-mäßige u. kurzfristige Updates
Updates von Anwendungen	Betriebs-system aktuell = Apps über Play Store auto-matisch aktuell (sofern darüber installiert)	Betriebs-system aktuell = Apps über Play Store auto-matisch aktuell (sofern darüber installiert)	Betriebs-system aktuell = Apps über App Store auto-matisch aktuell und viele Apps in der Cloud	Betriebs-system aktuell = Apps über App Store auto-matisch aktuell (sofern darüber installiert)	Betriebs-system aktuell = Apps über Windows Store auto-matisch aktuell (sofern darüber installiert)	Betriebs-system aktuell = Apps über Paket-verwaltung auto-matisch aktuell (sofern darüber installiert)

Abb. 4: Überblick über die Update-Prozesse der einzelnen Betriebssysteme (© Cornelsen/Alexander Kallenbach/Axel Torka)

10.3.4 Usability

Die Geräte sollen funktionieren und einerseits noch nicht so erfahrenen Nutzenden, sowohl unter den Schülerinnen und Schülern als auch im Kollegium, einen einfachen Einstieg erlauben und andererseits gerade in der Oberstufe auch für komplexere Aufgaben geeignet sein. Denn ein einfacher Aufbau meint meist auch eine eingeschränkte Funktionalität.

Wo hier das richtige Verhältnis zueinander liegt, ist abhängig von vielen verschiedenen Faktoren. Was für die Schule das richtige Maß ist, lässt sich nicht pauschal beantworten. Auch lassen sich hier für die verfügbaren Anwendungen nur grobe Trends ausmachen, die sich aus der Herkunft der Plattformen erklären. So sind die verfügbaren Anwendungen der Systeme, die ursprünglich für Smartphones bzw. für Tablets entwickelt wurden (Android und iPadOS) eher übersichtlich strukturiert, während es bei den traditionellen Desktop-Betriebssystemen (MacOS, Microsoft® Windows, Ubuntu) neben einer ganzen Reihe einfach aufgebauter Anwendungen auch komplexere Anwendungen für den professionellen Einsatz gibt. Ein Wechsel zwischen verschiedenen Systemen ist immer mit Einschränkungen verbunden. Genau dies ist auch mit ein Grund, warum die kommerziellen Hersteller von Geräten bzw. Betriebssystemen in die Schulen drängen. Es ist sicherlich nicht völlig falsch, ihnen an dieser Stelle zu unterstellen, dass sie es wünschen, dass die Schülerinnen und Schüler auf ihre Systeme „geprägt" werden. Genau auf diesem Umstand basieren auch viele Diskussionen unter Lehrkräften in Schulen.

Es lässt sich kein Anbieter ausmachen, bei dem es bei der Benutzung keine Probleme gibt, wie ein Blick in die Foren und Communitys zu den jeweiligen Betriebssystemen verrät. Vielmehr kommt es auf eine vernünftige Wartung und Pflege der Systeme an. Dies ist leider ein Punkt, der an vielen Schulen stark vernachlässigt wird. Das Problem stellen hierbei gar nicht die Schulen selber dar, sondern es werden z. B. von den Schulministerien keine Stundenkontingente für die Aufrechterhaltung der Systeme an die Schulen gegeben und die Pflege muss häufig von Kolleginnen und Kollegen übernommen werden, die nur Grundlagen beherrschen und ihre Arbeit in ihrer Freizeit erledigen. Die Personaldecke der öffentlichen Schulträger ist zudem meist extrem dünn, sodass der Support, der eigentlich vom Träger übernommen werden müsste, häufig doch auch noch von Kolleginnen und Kollegen übernommen werden muss. An vielen Schulen wird hier sehr viel Arbeit zusätzlich und unbezahlt geleistet. Die Digitalisierung der Schulen wird man aber auf dieser Basis nicht bewältigen können, gerade wenn immer mehr Geräte in der Schule verfügbar sind und damit auch gewartet und gepflegt werden müssen.

10.3.5 Normative Gesichtspunkte

Neben Fragen nach der konkreten Anwendung und im weitesten Sinne technischen und administrativen Fragen, dürfen normative Gesichtspunkte bei der Auswahl von Endgeräten nicht vernachlässigt werden. Als Beispiel fordert das Schulgesetz in Nordrhein Westfalen als Bildungs- und Erziehungsauftrag der Schule u. a.: „Die Jugend soll erzogen werden im Geist der Menschlichkeit, der Demokratie und der Freiheit, zur Duldsamkeit und zur Achtung vor der Überzeugung des anderen" (SchulG § 2 Abs. 2).

Demokratie braucht freien Zugang zu Informationen, der nicht durch Staaten, Unternehmen oder andere Körperschaften begrenzt oder kontrolliert wird. Immer mehr Informationen werden heute digital weitergegeben, d. h. dass sich Distributionswege von Informationen verändert haben. Hierbei haben Unternehmen wiederum ein vitales Interesse, den Nutzenden Informationen zu ihren Zwecken anzubieten und Informationen entsprechend zu filtern. Hierbei spielen gerade sogenannte Internetkonzerne eine besonders große Rolle. Doch auch Anbieter von Betriebssystemen bzw. Endgeräten versuchen, durch entsprechend vorinstallierte Software Einfluss auf die Nutzenden und ihren Zugriff auf Informationen zu nehmen.

Auch schränken einige Hersteller die Funktion ihrer Geräte und damit die Freiheit der Nutzenden mit den von ihnen gekauften Geräten zu arbeiten absichtlich ein, um eine Bindung der Nutzenden zu erreichen oder bestimmte Distributionswege von Software zu nutzen, über die der Hersteller die Kontrolle hat. Diese Problematik besteht schon seit einigen Jahrzehnten und führte unter anderem dazu, dass auf der anderen Seite eine Freie-Software-Bewegung entstand, die sich dafür einsetzt, dass der Quellcode von Software, die erworben wird, auch eingesehen werden kann, um z. B. Beeinflussungen von Unternehmen auszuschließen und gleichzeitig dem/der Kundigen zu erlauben, den Quellcode selber an die eigenen Bedürfnisse anzupassen. Es ist diskussionswürdig, inwiefern aus der Verpflichtung der Schulen ihre Schülerinnen und Schüler im Geiste von Menschlichkeit, Demokratie und Freiheit zu erziehen auch eine Verpflichtung erwächst, dieselben Schülerinnen und Schüler auch im digitalen Sinne dazu zu befähigen, sich von Großkonzernen zu emanzipieren und ihre Freiheiten verantwortungsvoll zu nutzen. Dies geht in einem vollen Umfang sicherlich nur mit einer vertieften Medienbildung bei gleichzeitiger Nutzung von freien, offenen Systemen. Genau diese Offenheit und Freiheit soll im Folgenden betrachtet werden.

	Android	ChromeOS	iPadOS	MacOS	Windows	Ubuntu
Restriktionen des Systems	SW aus freien Quellen möglich, aber erschwert	Android-Apps Linux-Apps Windows-Apps	SW nur AppStore, Beschränkung des Systems u.a. Dateiaustausch, Druck, Streaming	SW auch aus freien Quellen	SW auch aus freien Quellen	SW auch aus freien Quellen
Freie Software System/Apps	Systemkern freie SW mit proprietären Elementen, freie SW im PlayStore	Systemkern freie SW mit proprietären Elementen, freie SW im PlayStore	Proprietäre SW, Quellcode nicht offengelegt, Lizenzmodell des App Stores erlaubt keine freie SW	Proprietäre SW, Quellcode nicht offengelegt, freie SW aus diversen Quellen installierbar	Proprietäre SW, Quellcode nicht offengelegt, freie SW aus diversen Quellen installierbar	Freie SW, Quellcode offen und änderbar, freie SW aus diversen Quellen installierbar

Abb. 5: Übersicht über Software-Installationen und Restriktionen der Betriebssysteme (© Cornelsen/ Alexander Kallenbach/Axel Torka)

Es ergibt sich an dieser Stelle ein Zwiespalt zwischen der erhöhten Sicherheit und einfacheren Usability der geschlossenen Systeme und dem Eingriff in die Selbstbestimmung der Nutzenden. Dieser Umstand kann nicht aufgelöst werden, sollte aber bedacht, diskutiert und transparent dargestellt werden.

10.4 Ausstattungsstrategien

Neben den bisher untersuchten Kriterien, die Systeme von Endgeräten betreffend, muss auch die Ausstattungsstrategie bei der Gerätewahl berücksichtigt werden. Im Idealfall verfügen Schülerinnen und Schüler sowohl in der Schule als auch zu Hause über ihr eigenes Gerät. Diese 1:1-Ausstattung (ein Gerät pro Schülerin und Schüler) wird derzeit allerdings nur von wenigen Schulträgern finanziert, da dies mit enorm hohen Kosten verbunden ist. In der Regel hat sich bundesweit ein Ausstattungsschlüssel von 1:5 oder 1:4 etabliert. Hierbei ist jedoch ausschließlich eine Nutzung in der Schule vorgesehen. Besonders Schulträger in größeren Kommunen setzen bei der Beschaffung auf Standards, bei denen individuelle Bedarfe der Schulen nicht mehr berücksichtigt werden können.

Da die private Hardware- und Softwareausstattung von Lernenden und Lehrenden sehr unterschiedlich ausfallen dürfte, ist es für eine Kontinuität der Arbeit in der Schule und zu Hause in diesem Fall erforderlich, gemeinsam (offene) Standards zu formulieren, die von allen eingehalten werden. Dies bedeutet für die trägerfinanzierten Modelle eigentlich, dass Anbieter von Geräten, die diese Standards nicht einhalten, ausgeschlossen sein müssen, da ansonsten eine ganze Reihe an Schülerinnen und Schülern in ihren Möglichkeiten begrenzt wären. Einige Hersteller halten sich aber nicht an Standards bzw. versuchen eigene proprietäre Standards zu implementieren. (z. B. Microsoft® im Falle von Office, die den Open Document Standard (ISO/IEC 26300-1:2015) nicht voll unterstützen und stattdessen die eigenen Formate docx usw. als Standard zu setzen versuchen oder Apple mit AirPrint, AirPlay usw.)

Durch elternfinanzierten Modelle kann in vielen Fällen eine 1:1-Ausstattung mit mobilen Endgeräten erfolgen. Fraglich ist hierbei aber, ob ein einheitliches Ökosystem erzwungen werden kann, was eine zentrale Administration erleichtern würde. Die Realisierung solcher Konzepte erfordert eine durchdachte Strategie, in die von Anfang an Elternvertretende eingebunden sein müssen. Neben den für die Gerätewahl relevanten Punkten gilt es bei den elternfinanzierten Modellen natürlich zu bedenken, ob hierbei nicht ein Ausschlusskriterium für finanziell schwächere Haushalte geschaffen wird, was gegen Grundsätze der Schulgesetze verstoßen würde. Immerhin verdoppeln sich die verpflichtenden Kosten für Materialien durch die Anschaffung von mobilen Endgeräten unter der Annahme, dass im Laufe der Schulzeit ggf. zwei mobile Endgeräte angeschafft werden müssen.

10.5 Fazit

Die Empfehlung spezieller Geräte ist in diesem Beitrag nicht möglich. Wie bereits dargelegt, erscheinen bei vielen Herstellern Endgeräte in einem ein- bis zweijährigen Zyklus. Während durch das geschlossene Ökosystem bei Apple eine überschaubare Zahl von Geräten (Tablets, Laptops und Computern) verfügbar ist, sind die Betriebssysteme Android, ChromeOS, Windows und Ubuntu für diverse Hersteller offen, die unzählige Geräte mit verschiedenen Hardwareausstattungen verkaufen. Dadurch ergibt sich auch eine große Preisspanne von wenigen Hundert bis zu mehreren Tausend Euro.

Es ist deutlich geworden, dass es ein Endgerät, welches zum Erwerb aller geforderter Kompetenzen und zugleich dem Anspruch an Faktoren wie Usability, Sicherheit und abbildbaren Kosten genügt, derzeit nicht erhältlich ist. Denkbar wäre ein phasierter Einsatz verschiedener Geräte und Systeme im Verlauf der Bildungslaufbahn von Schülerinnen und Schülern. D. h. der Einsatz von Tablets im Primarbereich und Teilen der Sekundarstufe I bis hin zu Laptops oder Convertibles in der Sekundarstufe II. Dies würde auch der durchschnittlichen Lebenszeit der Endgeräte entsprechen und einen differenzierten Einblick in die Vor- und Nachteile der Systemlandschaft ermöglichen.

Entscheidungstragende in Verwaltung und Schule werden also überlegen müssen, welche Einsatzszenarien ihnen wichtig sind und welche Anwendungsfälle sie durch andere Mittel (z. B. Digitalkameras, Smartphones der Schüler/-innen, Computerpools) abdecken können. Vor dem Hintergrund der Pflicht zur Neutralität, zur Beachtung der Ausschreibungskriterien sowie zur Sicherstellung des Datenschutzes sollten die Schulen vor wichtigen Entscheidungen stets einen Blick auf die gültige Rechtsprechung werfen (siehe u. a. Kap. 12 Datenschutz).

11 Präsentieren, interagieren, modellieren – multimediale Technologien im Klassenraum

Wolfger Strauß

Welche Ausstattung benötigt ein zeitgemäßer Klassenraum? Reichen eine herkömmliche Kreidetafel sowie ein Overheadprojektor heutzutage noch aus? Sind digitale Präsentationsmedien wie interaktive Whiteboards, Beamer oder Flachbildschirme notwendig? Diese Diskussion wird bestimmt seit über zwei Jahrzehnten geführt (vgl. hierzu Eule u. Issing 2005, Knaus 2011, Wieden-Bischof 2008, Albrecht-Hermanns 2016). Hier soll nicht in diese Grundsatzdiskussion eingestiegen werden. Wahrscheinlich sind Sie bereits auf dem Weg und haben sich für den Digitalisierungsprozess Ihrer Schule sowie des Unterrichts an Ihrer Schule entschieden. Daraus ergibt sich zwangsläufig die Notwendigkeit von Präsentationsmöglichkeiten für digitale Medien. Und dies nach Möglichkeit umfassend in allen für Unterricht genutzten Räumen. Und wie sieht es mit Ausstattung jenseits der reinen Präsentationstechnik aus?

In diesem Kapitel wird ein Überblick über verschiedene Präsentationsmedien gegeben. Fragen, die geklärt werden, sind u. a.: Welche Präsentationsmedien sind in der Schule einsetzbar? Welche Entscheidungskriterien gibt es? Wie funktioniert der Einsatz durch die Lehrkräfte? Wie können die Schülerinnen und Schüler die Präsentationsmedien nutzen? Welche weiteren Technologien sind für den direkten Einsatz in der Schule geeignet? Wie weit geht es über Experimentierkästen und Anschauungs- und Funktionsmodelle hinaus? Und in welchen unterrichtlichen Szenarien kann das stattfinden?

11.1 Präsentationstechnik

Präsentationstechnik in allen Klassenräumen gehört zu den Aspekten, die die KMK als „Ausgangspunkt und Voraussetzung allen digitalen Lehrens und Lernens" definiert (KMK 2016, 36).

Die Vielfalt und die Möglichkeiten im Bereich der Präsentationstechnik sind in den letzten Jahren stetig weitergewachsen.

- Lowtech:
  - ▷ OHP, Tafel, Whiteboard (weiße Tafel), Bildschirme (Fernseher/Flachbildschirm)
- Hightech:
  - ▷ Beamer mit verschiedenen kabelgebundenen Anschlussmöglichkeiten, inkl. Lautsprechersystem
  - ▷ Beamer mit drahtlosen Kopplungsmöglichkeiten (Chromecast, Apple TV, Mira-Cast, Direct WiFi etc.), inkl. Lautsprechersystem
  - ▷ Interaktive Whiteboards
  - ▷ Interaktive Screens
- Tablet-Computer und Smartphones (Live-Video, Foto, Konsum)

Jedes System, egal ob Low- oder Hightech, benötigt eine gewisse Vorbereitung seitens der Schule aber auch der Lehrkraft. Notwendiges Arbeitsmaterial sowie die Infrastruktur müssen gewährleistet sein. Die „Hürden" und Vorbereitungen sind bei den verschiedenen Systemen selbstverständlich unterschiedlich groß. Dennoch findet sich für jedes System auch ein optimales Unterrichtsszenario. Es geht nicht darum, sämtliche vorhandene Installationen und Geräte durch digitale Endgeräte zu ersetzen, bei Neuanschaffungen und ergänzenden Installationen und Unterrichtsräumen sollten aber einige wesentliche Aspekte Beachtung finden.

Grundsätzlich bringen digitale Präsentationsmedien nicht von allein einen veränderten Unterricht mit sich. Eine grüne Tafel mit Kreide kann durch ein digitales Whiteboard mit digitalem Stift ersetzt werden, ohne dass sich daraus gezwungenermaßen organisatorisch und didaktisch etwas ändern muss. Es ergeben sich aber vielfältige neue Möglichkeiten des Unterrichtens und Lernens. Und diese sollten nach Möglichkeit auch allen gleichermaßen zugutekommen, aber auch einfach anwendbar und nutzbar sein.

11.2 Welche Präsentationsmedien sind in der Schule einsetzbar?

11.2.1 Mobilität oder Festinstallation?

Unabhängig davon, welches System verwendet werden soll, stellt sich die Frage, ob ein Gerät samt Zubehör fest in einem Raum installiert werden soll, oder für flexible Einsätze in verschiedenen Räumen zur Verfügung stehen muss.

Mobile Lösungen können einfach aus dem Beamer/TV/Whiteboard selbst sowie den weiteren notwendigen Utensilien (Strom- und Anschlusskabel) in einer Tasche bestehen. Es sind aber auch Kofferlösungen oder rollbare Einheiten als Wagen verbreitet.

Eine mobile Lösung sollte in Betracht gezogen werden, wenn nur wenige Geräte angeschafft werden können, sodass diese dann zumindest in möglichst vielen Räumen eingesetzt werden können. Es bedarf dabei natürlich immer einer gewissen Auf- und Abbauzeit, die einkalkuliert werden muss. Bei einer umfassenden Ausstattung ist eine Festinstallation vorzuziehen, idealerweise mit sehr ähnlichen Systemen in allen betreffenden Räumen, sofern nicht spezielle Voraussetzungen dagegensprechen. Sind alle Räume gleichartig ausgestattet, lässt sich Unterricht den verlässlichen Umständen entsprechend planen, und auch kurzfristige Störungen, die z. B. einen Raumwechsel etc. notwendig machen, verhindern die Umsetzung des geplanten Unterrichts nur selten. Weiterhin kann die Sicherheit im Umgang mit den Geräten und folglich die Akzeptanz und Nutzungsfrequenz positiv beeinflusst werden, wenn die Raumsituationen nicht stark variieren.

11.2.2 Welche Anschlussmöglichkeiten sollen möglich sein?

Ist nicht bei jeder Installation auch ein Computersystem, extern oder integriert, berücksichtigt, so werden die zu präsentierenden Inhalte von mobilen Endgeräten der Nutzer kommen und müssen an das Präsentationsgerät übertragen werden. Grundsätzlich sind dabei kabelgebundene und drahtlose Systeme zu unterscheiden.

Kabelgebundene Übertragung

Es gibt derzeit eine große Vielfalt verschiedener Anschlüsse für die Bild- und Tonsignalübertragung. Als hochwertiger Standard kann *HDMI* angeführt werden. Dieser Übertragungsweg ermöglicht die gleichzeitige Übertragung von Bild und Ton über ein Kabel. Bei einem fest installierten Beamer an der Raumdecke muss ggfs. eine Verlängerung sowie eine Anschlussdose an der Wand, z. B. nahe der Tafel, bedacht werden, an die ein Endgerät über ein passendes Kabel verbunden werden kann. Bei Bildschirmen kann das Endgerät evtl. direkt über ein Kabel angeschlossen werden. In jedem Fall müssen die Nutzenden das Verbindungskabel ggfs. über einen *speziellen Adapter* an das Endgerät koppeln können. Dies ist sowohl bei Laptops, Tabletcomputern aber auch bei Smartphones in der Regel möglich.

Werden Bild und Ton simultan übertragen, wird der Ton über die integrierten Lautsprecher des Beamers oder Bildschirms ausgegeben. Sollen externe Lautsprecher genutzt werden, so ist es wichtig, darauf zu achten, dass das Audiosignal auch wieder aus dem Beamer oder Bildschirm über ein Audiokabel (z. B. 3,5" Klinke) weitergeleitet werden kann. Gerade bei manchen Beamern für den Businessbereich (Konferenzräume), die auch in Schulen häufig eingesetzt werden, ist der integrierte Lautsprecher nicht optimal, um damit einen Klassenraum ausreichend zu beschallen. Hier bieten sich externe aktive Lautsprechersysteme an, die z.T. auch direkt am Beamer oder Bildschirm angebaut und angeschlossen werden können. Es geht nicht um einen Klang, wie man ihn sich im Heimkino wünscht, sondern darum, bei eingespielten Videosequenzen einen ausreichend lauten und klaren Klang zu erhalten.

Drahtlose Übertragung

Alternativ oder ergänzend sollte auch die drahtlose Übertragung Berücksichtigung finden. Besonders neue mobile Endgeräte wie Laptops, Tablets und Smartphones bringen keine direkte Anschlussmöglichkeit für ein Verbindungskabel wie z.B. HDMI mit. Zusätzliche Adapter können natürlich Abhilfe schaffen, wobei eine drahtlose Übertragung neue Aspekte mit ins Spiel bringen kann. Die Verbindung zum Präsentationsgerät kann drahtlos von jedem Platz im Raum hergestellt werden und man ist auch während einer Präsentation mit dem Gerät frei beweglich. Aber auch ein schneller Wechsel des Endgerätes zur Präsentation von z.B. Arbeitsergebnissen verschiedener Lernendengruppen lässt sich auf diesem Weg in Sekundenschnelle umsetzen und ist nicht länger an einen zentralen Platz und ein Kabel gebunden.

Es gibt z.B. Beamer, die direkt über WLAN angesteuert werden können. Meist wird dazu ein WLAN-Dongle über USB an den Beamer angeschlossen. Die Koppelung ist anschließend einfach möglich und es sind keine weiteren Geräte oder Kabel nötig. Zu beachten ist dabei allerdings der wesentliche Aspekt, dass bei einer WLAN-Koppelung zum Beamer parallel keine Internetverbindung über WLAN möglich ist. Es könnten in diesem Fall also lediglich offline verfügbare Inhalte präsentiert werden oder es ist eine zusätzliche kabelgebundene Internetverbindung über LAN notwendig.

Andere Systeme, die eine Nutzung des Internets per WLAN nicht blockieren, sind von verschiedenen Herstellern verfügbar. Zu beachten ist vor allem die Kompatibilität mit Endgeräten, da sich die Übertragungsstandards z.T. stark unterscheiden, sodass eben nicht alle Geräte untereinander kompatibel sind.

Chromecast

Das Gerät Chromecast der Firma Google wird per HDMI an den Beamer oder den Bildschirm angeschlossen. Nutzende können hierüber Inhalte von PC, Tablet (Android) oder Smartphone (Android) per WLAN übertragen. Bestimmte Apps ermöglichen eine direkte Verknüpfung zum Chromcast. Aber auch das Spiegeln eines Tabs aus dem Chrome-Desktop-Browser, des gesamten Bildschirminhalts (eines PCs oder eines mobilen Gerätes) oder das Anzeigen lokal gespeicherter Video-, Audio- und Fotodateien sind möglich.

Apple TV

Ähnlich zum Chromecast funktioniert das Pendant der Firma Apple, das Apple TV. Auch hier findet der Anschluss an das Präsentationsgerät per HDMI statt. Sämtliche mobilen Geräte der Firma Apple können, sofern sie sich im selben WLAN befinden, drahtlos gekoppelt werden und den Bildschirm synchronisieren oder als erweiterten Bildschirm nutzen. Eine Verbindung kann z. B. durch Codeeingabe reguliert werden, um Störungen von außen zu vermeiden.

Miracast

Miracast ist ein weiteres Produkt, das aber versucht, die Einschränkungen der obigen Geräte bezüglich der kompatiblen mobilen Endgeräte aufzuheben und alle verfügbaren Standards vereint. Dabei wird ein Peer-to-Peer-Funk-Screencast-Standard verwendet, der eine Verbindung aller Gerätetypen ermöglicht. Es ist auch keine Einbindung in ein WLAN zwingend notwendig, da zwei oder mehrere Geräte per WiFi-Direct-Standard miteinander kommunizieren und verbunden sind. Hier ist die Darstellung von Bildschirmen mehrerer Endgeräte auf einer Präsentationsfläche möglich.

Zwischenfazit

Ist eine Schule in einer bestimmten Richtung bezüglich der vorherrschenden Geräte unterwegs, sollte man das passende System – Apple TV oder Chromecast – zur Übertragung wählen. Die Möglichkeit der Koppelung von Endgeräten über HDMI scheint dann dazu eine sinnvolle Ergänzung zu sein, um dann allen Gerätetypen zumindest eine praktikable Lösung zur Verfügung zu stellen. Nutzende benötigen, falls das drahtlose System nicht zum Endgerät passt, einen entsprechenden Adapter und können nahezu sicher sein, immer eine Verbindung herstellen zu können.

Miracast ist eine denkbare Alternative, um einer stark heterogenen Gerätelandschaft zu begegnen, wie sie besonders an Schulen vorzufinden ist, die das Prinzip BYOD (*Bring your own device.*) verfolgen. Jedes Gerät sollte dabei gleichberechtigt in das System der Schule eingebunden werden können, begonnen beim WLAN bis hin zur Präsentationstechnik.

Tipp:
Wichtig ist, dass die Systeme vor Ort durch einige Personen getestet werden, um die Praktikabilität zu überprüfen und nachträgliche „Überraschungen" zu vermeiden.

11.2.3 Welche Geräte stehen dem Kollegium und der Schülerschaft zur Verfügung?

Steht in jedem Raum ein PC oder Laptop zur Verfügung, der fest mit einem Beamer, einem Bildschirm oder einem interaktiven Whiteboard gekoppelt ist? Ist das Kollegium mit einheitlichen Geräten durch die Schule ausgestattet? Bringen Kolleginnen und Kollegen ihre privaten Endgeräte mit ins vorhandene System der Schule? Und welche Geräte hat die Schülerschaft zur Verfügung bzw. in den Händen? Die Antworten auf diese Fragen beeinflussen die Wahl des Präsentationssystems samt Zubehör natürlich immens. Ist ein klarer Standard verlangt oder ein hohes Maß an Flexibilität?

Sind viele fest installierte Geräte vorhanden, sollte dennoch die Option der Anbindung weiterer Geräte eine entscheidende Rolle spielen. Lehrerinnen und Lehrer arbeiten einen erheblichen Teil ihrer Zeit zu Hause ggfs. mit einem privaten Endgerät sowie mit selbst gewählter Software. Optimalerweise sind die vorbereiteten Unterlagen bzw. Arbeitsergebnisse auf das Schulsystem übertragbar und dann dort auch zu präsentieren. Zumindest sollte es die Möglichkeit geben, weitere Endgeräte zu Präsentationszwecken zu koppeln.

Ist durch die Ausstattung der Schule eine bestimmte Richtung vorgegeben, z. B. durch eine umfassende Nutzung von Produkten aus dem Hause Apple (z. B. MacBooks, iPads etc.) oder von Geräten denen Android als Betriebssystem zugrunde liegen, so sollte sich die Wahl der drahtlosen Schnittstelle daran orientieren. Besonders wenn auch den Schülerinnen und Schüler entsprechende Geräte zur Verfügung stehen. So kann die vorhandene Präsentationstechnik, die sonst eher ausschließlich und zentral von Lehrkräften genutzt wird, ganz einfach auch durch sämtliche in Lernendenhänden befindliche Geräte angesteuert werden und mit wenig Aufwand für z. B. eine kurze Aufgabenbesprechung anhand einer Schüler/-innenlösung genutzt werden. Es gibt dann kein zwangsläufiges Monopol mehr auf die Präsentationsfläche, die meist immer noch markant vorne im Unterrichtsraum verortet ist.

11.2.4 Welcher Gerätetyp soll es sein?

Zur Klärung dieser Frage sind zahlreiche technische, aber auch finanzielle Aspekte zu beachten.

Gerätegröße/Bilddiagonale

Wie groß ist der jeweilige Raum und in welchem maximalen Abstand sitzen die Personen, für die eine Präsentation relevant sein wird? Danach wird sich z. B. die notwendige Größe einer Projektionsfläche oder des Bildschirms richten müssen. Zur vermeintlich perfekten Größe lassen sich naturgemäß unterschiedliche Empfehlungen finden. Optimalerweise sollte vor Ort ein Test durchgeführt werden, um eine genaue Vorstellung zu bekommen, wie eine bestimmte Größe einer Projektion oder eines Bildschirms wirkt, und wie gut die *Darstellungen von Text, Handschriften, Zeichnungen und Videos* im jeweiligen Raum ist. Selbst große Bildschirme von mehr als 80" Bildschirmdiagonale (> 2,03 m) dürften in Klassenzimmern, in denen Schülerinnen und Schüler in den mittleren und hinteren Reihen weiter als vier bis fünf Meter entfernt sitzen, nicht ausreichend sein. Zumindest nicht, wenn auf einem solchen Gerät auch handschriftliche Notizen wie an einer Tafel gemacht bzw. gezeigt werden sollen. Bei einer ausreichenden Schriftgröße bietet ein solcher Bildschirm nicht genügend Platz für gängige Tafelbilder oder Sammlungen vieler Informationen. Man kann sich für einen solchen Einsatzzweck an der Größe klassischer Kreidetafeln orientieren. Auch wenn man mehrere digitale Folien nacheinander gestalten und speichern sowie erneut aufrufen kann, ist es oft wichtig und für Schülerinnen und Schüler besonders relevant, einen Gesamtüberblick mithilfe eines großen Schaubildes darzustellen, in dem mehrere Aspekte zum jeweiligen Unterricht parallel gezeigt werden können. Insofern hat die klassische Tafel immer noch zahlreiche Verfechter, allein aufgrund der Größe. Bei einer Entfernung von vier bis fünf Metern werden für eine Projektionsfläche demnach oft Größen von mehr als 100" (> 2,54 m) empfohlen (vgl. Epson o. J.). Wie bereits erwähnt, sollte dies aber vor Ort genau überprüft werden.

Die Auflösung des gewählten Gerätes sollte mindestens WXGA (1.280 × 800) betragen, empfehlenswert ist aber WUXGA (1.920 × 1.200) oder Full HD (1.920 × 1.080), damit auch bei geringer Distanz der ersten und zweiten Tischreihe kein verpixeltes Bild zu sehen ist.

Helligkeit

Wie ist die Beleuchtungssituation? Gibt es viel Tageslicht und scheint die Sonne evtl. im Tagesverlauf direkt in den Raum? Besteht die Möglichkeit, den Raum zu verdunkeln? Die Antworten auf diese Fragen münden in der Wahl eines Gerätes mit ausreichender Helligkeit. Tageslicht ist wunderbar und sollte nicht ausgesperrt werden müssen, um Inhalte digital zu projizieren. Bei Beamern ist eine Lichtstärke von mehr als 3.000 ANSI-Lumen zu beachten, bei sehr hellen und großen Räumen, wie z. B. Konferenzräumen oder Lehrerzimmern, optimaler Weise sogar mehr als 5.000 ANSI-Lumen.

11.2.5 Welche Infrastruktur ist vorhanden?

Die Anschaffung neuer Endgeräte im Bereich der Präsentationstechnik macht einen genauen Blick auf die vorhandene Infrastruktur notwendig, um absehen zu können, welche zusätzlichen Installationen und Arbeiten zu leisten sind.

Einige wesentliche Aspekte:

▶ Sind bereits Präsentationsflächen vorhanden oder zumindest freie Flächen, die als solche genutzt werden können?
Oft bietet eine glatte und weiß gestrichene Wand hinter einer Tafel bereits eine ausreichende Grundlage als Präsentationsfläche, wenn z. B. mit einem Beamer präsentiert werden soll. Soll eine Tafel allerdings weiterhin uneingeschränkt genutzt werden können, muss an anderer Stelle eine Fläche gefunden werden. Gegebenenfalls muss eine Projektionstafel installiert werden. Dabei muss besonders beachtet werden, dass alle im Alltag genutzten Präsentationsflächen von allen Schüler/-innenplätzen auch gleichermaßen gut eingesehen werden können. Installationen an der Seite und im Rücken von Schülerinnen und Schüler sind nicht zu empfehlen.

▶ Sind die Räume mit WLAN ausreichend ausgeleuchtet, sodass drahtlose Techniken umgesetzt werden können? (siehe dazu ausführlich Kap. 9 WLAN – Netzwerk für mobiles Lernen und Lehren)

▶ Sind notwendige Anschlussmöglichkeiten an den entsprechenden Stellen vorhanden?
So sind z. B. für die Installation eines Beamers an der Decke drei Steckdosen (Beamer, Lautsprecher, Apple TV etc.) sowie gegebenenfalls ein Netzwerk-Anschluss notwendig. Zusätzlich muss je nach Szenario ein HDMI-Kabel vom Beamer z. B. zur Tafel verlegt werden, um das Anschließen weiterer kabelgebundener Geräte (PC, Tablet, Kamera, DVD-Player etc.) zu ermöglichen.

11.2.6 Wie groß ist das Budget?

Wünschenswert ist natürlich eine sofortige Ausstattung sämtlicher Räume mit einer entsprechenden Technik. Meist ist dies nicht im ersten Schritt möglich, da neben der Präsentationstechnik noch weitere Grundlagen geschaffen werden müssen. Selbst wenn die grundlegende Infrastruktur überall vorhanden ist, kann die Ausstattung eines Raumes preislich grob zwischen 1.000 EUR und auch schnell 10.000 EUR liegen. Wichtig erscheint, das vorhandene Budget so einzusetzen, dass möglichst viele Räume eine ähnliche, aber dennoch angepasste Ausstattung bekommen können. Parallel sollten die Vorbereitungen für zukünftige ergänzende Ausstattungen beachtet werden, sodass nach und nach entsprechend weiter ausgebaut werden kann.

Für die gewählten Geräte steht natürlich nicht nur der Anschaffungspreis im Blickpunkt. Auch die Kosten von Ersatzteilen und Ersatzbeschaffungen müssen berücksichtigt werden, genauso wie zu erwartende Lebensdauer und Anfälligkeit bestimmter Geräte in der jeweiligen Situation. So kommen z. B. manche Beamer und Bildschirme nicht gut damit klar, wenn in der Nähe viel Kreidestaub produziert wird.

11.2.7 Wie funktioniert der Einsatz durch die Lehrkräfte?

Naturgemäß ist die Bereitschaft, sich auf neue Systeme einzulassen und den Umgang damit zu erlernen, in Kollegien verschieden. Unabhängig davon sollten grundsätzlich der notwendige Fortbildungsaufwand und die Hemmschwelle für die Nutzung niedrig sein. Dies lässt sich durch einfache und überschaubare Technik erreichen, die sich dann auch in möglichst allen Räumen in identischer oder ähnlicher Ausprägung wiederfinden lässt. Befragungen und Erfahrungen haben immer wieder gezeigt, dass Lehrerinnen und Lehrer Systeme bevorzugen, die einen geringen technischen und zeitlichen Aufwand erfordern. Zusätzlich ist ein hohes Maß an Zuverlässigkeit des einzelnen Gerätes sowie der Verfügbarkeit in anderen Räumen sehr relevant, um die Akzeptanz zu fördern. Die Inbetriebnahme sollte nicht viel länger dauern als z. B. der Anschluss eines Overhead-Projektors oder das Säubern einer Tafel. So ist ein herkömmlicher Beamer mit z. B. Apple TV und iPad in ca. 10 bis 20 Sekunden nach dem Einschalten betriebsbereit.

Sind die ersten Schritte gemacht und werden die neuen Möglichkeiten eindeutig erkennbar, steigt auch die Resilienz bei technischen Schwierigkeiten. Kollegien sollten ermuntert werden, sich gegenseitig zu unterstützen, aber auch evtl. vorhandene Expertise von Schülerinnen und Schüler anzunehmen. Ein etabliertes Support-System innerhalb der Schule (vgl. Kapitel 13 Support – Elemente, Personen, Strategien) wird ebenfalls die Nutzungshäufigkeit und damit einen Wandel von Unterricht begünstigen.

11.2.8 Erweiterungen

Mitunter große Veränderungen fallen leichter, wenn vorhandene Systeme, wie z. B. Kreidetafeln, erhalten bleiben und lediglich ergänzt werden. Somit erweitert sich das Spektrum an Möglichkeiten, ohne etwas über Einschränkungen zu erzwingen. Bekannte Systeme geben Sicherheit für alle Beteiligten, ganz besonders in den ersten Monaten, in denen es in der Regel noch häufig zu großen oder kleinen Problemen kommen wird.

Es sollte klar werden, dass alle gemeinsam vor einer Herausforderung stehen, die es auch gemeinsam zu meistern gilt, aber auch dass die Weiterentwicklung von Unterricht unter diesen veränderten Bedingungen und mit neuen Möglichkeiten eine wichtige und spannende Aufgabe für das gesamte Kollegium ist. Niemand sollte sich gänzlich auf sich allein gestellt einer neuen technischen Ausstattung ausgesetzt wiederfinden. Gegenseitige Unterstützung, durch die Schulleitung organisiert und gewünscht, sollte die Regel sein. Für den Anfang sind z. B. Mikrofortbildungen innerhalb des Kollegiums eine einfache und gute Möglichkeit, neue Systeme kennenzulernen und Hemmschwellen abzubauen.

11.2.9 Wie können die Schülerinnen und Schüler die Präsentationsmedien nutzen?

In einer modernen Schule wird sich früher oder später die Frage stellen, ob und wie Schülerinnen und Schüler mit digitalen Endgeräten im Schulalltag arbeiten sollen. Es sollte in jedem Falle einfach möglich sein, dass auch Schülerinnen und Schüler mit eigenen Geräten an die jeweiligen Präsentationsgeräte gekoppelt werden können. Dies lässt sich in einem nahezu homogenen Szenario, in dem Lernende und Lehrende ähnliche Geräte nutzen, einfacher realisieren. Je heterogener desto individueller ist dann der einzelne Weg, im Zweifel über die zuvor bereits angesprochenen Adapter-zu-HDMI-Lösungen, die es für jedes Gerät gibt. In jedem Fall kann man digital schnell dazu kommen, dass Präsentationsmedien aus dem Hoheitsgebiet der Lehrerinnen und Lehrer in die Hände der Schülerinnen und Schüler gelangen können. Die Präsentation von Schüler/-innenergebnissen wird stark erleichtert und kann dann einfacher und zeitlich weniger aufwändig in jeder Unterrichtsphase eingebunden werden. Dezentral am einfachsten und schnellsten geht dies über eine der drahtlosen Verbindungsmöglichkeiten (s. o.).

11.3 Weitere digitale Medien für den Unterricht

Allzu häufig wird bei der Ausstattung von Schulen lediglich über digitale Endgeräte wie Tablets, Notebooks etc. sowie Präsentationstechnik nachgedacht. In den letzten Jahren sind aber zunehmend spannende und bereichernde Geräte auf den Markt gekommen, die in besonderem Maße dazu beitragen können, Unterricht durch andere Möglichkeiten ganz neu zu gestalten und dem Vorwurf zu begegnen, dass die digitalen Endgeräte lediglich als Papierersatz fungieren würden. In nahezu allen Fächern sind Anwendungsgebiete zu finden, in denen durch gezielten Einsatz digitaler Medien Gegenstände und Probleme der realen Welt ganz anders und unmittelbarer betrachtet, untersucht und erforscht werden können. Hier erhalten Sie einen Überblick über ausgewählte Geräte und Szenarien. Angefangen bei typischen Unterrichtsmodellen mit geschlossenen Lerngruppen und klarer Struktur im Klassen- oder Kursverband, bis hin zu einer Idee von einem MakerSpace als gänzlich offenes Ergänzungsmodell. Die Aufstellung erhebt dabei keinen Anspruch auf Vollständigkeit.

11.3.1 Augmented Reality & Virtual Reality

Unter dem Begriff der *Augmented Reality*, kurz AR, ist eine computergestützte Erweiterung der Realität durch digitale Inhalte zu verstehen. Theoretisch ist dies in allen Bereichen der menschlichen Sinneswahrnehmung denkbar, wird meist aber visuellen Bereich eingesetzt. Digitale Informationen werden so z. B. auf einem Bildschirm mit einem realen Bild zusammen dargestellt. Diese Methode findet bereits zahlreich Anwendung in Medien und Industrie. Aber auch der Einsatz in der Schule kann in vielen Fächern neue Einblicke liefern. Dargestellt werden solche Inhalte ganz einfach über Smartphones oder Tablet-PCs. Berühmte Kunstwerke können mitten im Klassenzimmer oder auch im Kinderzimmer platziert werden und durch Vergrößerungen so nah betrachtet werden, dass zum Teil Pinselstriche sichtbar werden. Ebenso ist dies natürlich für Sehenswürdigkeiten und Denkmäler möglich. Jeder kann ganz individuell betrachten und analysieren. Hier finden sich schnell Anwendungsbezüge in allen Gesellschaftswissenschaften.

Aber auch in den Naturwissenschaften sind besonders spannende Inhalte durch AR anders erlebbar. Einzelne Organe oder ganze Organismen wie der menschliche Körper können dreidimensional in allen denkbaren Ebenen untersucht werden. Dabei werden hier die Möglichkeiten von herkömmlichen 3-D-Modellen aus Kunststoff oft um ein Vielfaches übertroffen. In der Physik und Chemie sind Modelle von Atomen und Molekülen insofern wichtig, da sie überhaupt erst eine Vorstellung solcher submikroskopischen Teilchen ermöglichen. Durch AR sind sie dann aber auch dreidimensional manipulierbar und man kann z. B. um sie herumgehen. Inhalte für AR können selber erstellt werden, es sind aber auch schon unzählige Angebote vorhanden. Und wie in allen Bereichen wächst das Angebot hier täglich.

Die *Virtual Reality*, kurz VR, ist nicht unbedingt eine Erweiterung der realen Welt, sondern eine ggfs. vollständig künstlich geschaffene digitale Umgebung, die aber häufig eine Realumgebung simulieren soll. Konsumiert bzw. begangen wird eine solche VR in der Regel mit einer speziellen VR-Brille, durch die die reale Welt abgeschirmt wird. Im Bereich von Computerspielen sind solche VR schon seit einigen Jahren nichts Neues mehr. In der Schule könnten z. B. ausgedehnte Architekturprojekte von Klassen oder Jahrgangsstufen als VR dargestellt und anschließend der Öffentlichkeit präsentiert werden. Hier wäre also die VR ein Produkt des Unterrichts und nicht ein reines Konsumgut.

11.3.2 Digitale Sensoren

Digitale Messtechnik gibt es in den Naturwissenschaften schon seit Jahrzehnten. Meist müssen aber Messwerte abgelesen und per Hand zur Auswertung übertragen werden oder die Sensoren und die notwendigen Programme sind zentral auf einem Computer installiert, der dann von der Lehrkraft oder wenigen Schülerinnen und Schüler genutzt werden. Mittlerweile gibt es aber bei verschiedenen Herstellern Sensoren, die zum Teil auch sehr einfach und drahtlos ermittelte Daten an Endgeräte wie Smartphones und Tablet übermitteln. Die notwendige Software wird zum Teil kostenlos als App bereitgestellt. So ist es möglich, dass Schülerinnen und Schüler individuell Experimente durchführen und die Daten eigenständig digital auswerten, was einer realen naturwissenschaftlichen Arbeitsweise, wie sind in Laboren üblich ist, zumindest nahekommt. Auch ist die parallele Erhebung verschiedener Messwerte wie z. B. Temperatur und pH-Wert häufig möglich. Solche Arbeitsweisen sind absolut zeitgemäß und hier kann neben der Zeitersparnis auch die Sicherung von Ergebnissen sowie das vergleichende Arbeiten von Lernendengruppen auch über zeitliche und räumliche Distanzen gefördert werden. Die angebotenen Sensoren decken im Prinzip das gesamte denkbare und notwendige Spektrum sämtlicher Experimente in den Naturwissenschaften wie Biologie, Chemie, Physik aber auch Erdkunde oder Sport ab, z. B.:

- ▶ Firma Phywe, Cobra SMARTsense (vgl. Phywe o. J.)
- ▶ Firma Vernier, GoDirect und LabQuest (vgl. Vernier o. J.)

11.3.3 Robotik

Angebotene Produkte im Bereich der Robotik haben bestimmt ihren Einsatzschwerpunkt im Bereich von Informatik, Technik sowie in Arbeitsgemeinschaften. Basierend auf verschiedenen „Sprachen" oder Plattformen geht es häufig darum, mehr oder minder komplexen Problemen durch selbst erstellte Algorithmen zu begegnen. Mithilfe selbst zusammengestellter oder vorgefertigter Roboter werden diese Algorithmen dann zur Anwendung gebracht. Es gibt mittlerweile auch sehr einfache Systeme, die eine Arbeit mit Schülerinnen und Schülern selbst auf Grundschulniveau ermöglichen, was wiederum sehr gut zum Ziel passt, die Informatik aus einer Nische zu holen und als Fach allen Schülerinnen und Schülern zu präsentieren. Da es sich hier meist grundlegend um die Lösung von Problemen und damit um logische Zusammenhänge und Verknüpfungen dreht, sind selbstverständlich auch Anwendungsbereiche außerhalb der genannten Fächer denkbar. Sie finden sich ganz schnell auch in Mathematik, Physik, aber auch für viele weitere Fächer wie Sport, Fremdsprachen, Religion, Geschichte, Deutsch, Erdkunde, Musik, Kunst usw. (vgl. Roberta o. J.), z. B.:

▶ Firma LEGO, BricQ, SPIKE, Mindstorms (vgl. Lego Education o. J.)
▶ Calliope Mini (vgl. Calliope o. J.)
▶ Roberte Initiative (vgl. Roberta o. J.)

11.3.4 3-D-Druck

Sogenannte 3-D-Drucker erfreuen sich im privaten Umfeld und in der Industrie ständig wachsender Begeisterung durch immer neue Anwendungsmöglichkeiten, sodann auch in der Schule. Auch hier sind Einsatzmöglichkeiten breit aufgestellt. Notwendige und geförderte Kompetenzen liegen in den Bereichen Planung, räumliche Vorstellung, Programmierung bzw. Bearbeitung am Computer, Kreativität und Design.

Schülerinnen und Schüler können selber schnell und einfach Modelle entwickeln und drucken und dabei verschiedenste Fragestellungen aus den Fächern Technik, Physik, Biologie, Chemie, Kunst etc. bearbeiten. Neben den erstellten Produkten geht es z. B. auch um die Anwendung bestimmter CAD-Programme für die Planung. Es kann aber auch im Alltag einer Schule nützlich sein, wichtige kleine Geräte und Modelle in ausreichender Stückzahl selbstständig produzieren zu können.

11.3.5 Verkehrssimulation

Elektronische Geräte, die ursprünglich nicht für den Einsatz in der Schule konzipiert worden sind, können dennoch zielführend und gewinnbringend eingesetzt werden. Ein gutes Beispiel dafür ist z. B. die Auto-Rennbahn „Overdrive" der Firma Anki. Es ist möglich, die Software der genutzten Modellautos zu verändern und an Simulationen für realen Straßenverkehr zu arbeiten bis hin zu Algorithmen, die eine Grundlage für autonomes Fahren bieten können. Die Fahrzeuge können dabei relativ einfach über Bluetooth angesteuert und programmiert werden. Die Effekte sind dann im Modell aber ganz real auf der Bahn zu sehen

11.3.6 Online-Mediatheken

Viele Bundesländer bieten mittlerweile Online-Mediatheken an. In Nordrhein-Westfalen ist dies zum Beispiel EDMOND NRW. In solchen Mediatheken werden zu allen Fächern zahlreiche ältere, aber auch hochaktuelle digitale Medien zur Verfügung gestellt. Diese können sowohl zentral durch die Lehrpersonen im Unterricht eingesetzt werden als auch in Zusammenhang mit dazugehörigen Materialien erarbeitet werden. Es gibt aber auch Möglichkeiten, die verschiedenen Medien den Schülerinnen und Schülern direkt über sogenannte EDU-IDs zur Verfügung zu stellen, sodass diese individuell Zugriff darauf haben und auch außerhalb des Präsenzunterrichts zur Vor- und Nachbereitung nutzen können. Häufig dürfen dabei die bereitgestellten Inhalte auch verarbeitet und verändert werden, da eine vollumfängliche Lizenz vorliegt. Hier darf dann also nicht nur konsumiert, sondern auch basierend darauf produziert werden.

11.3.7 MakerSpace

Offene Unterrichtsformen sind natürlich schon seit Jahren nichts Neues oder gar Revolutionäres mehr, auch wenn sie ganz bestimmt nicht an jeder Schule und Schulform die gleiche Beachtung finden. Auch in klassischen Unterrichtsszenarien lassen sich sogar phasenweise offen gestaltete Arbeitsformen einbauen.

Und doch gibt es eine in Schule noch junge Bewegung, die ein Konzept verfolgt, das in kreativen und Innovationen Bereichen von Kultur und Wirtschaft schon seit einigen Jahren zunehmend beliebt ist und um sich greift. Es geht um das sogenannte „Making" in dafür vorbereiteten „MakerSpaces". Hier herrscht die Grundidee vor, dass prinzipiell alles Notwendige, aber auch scheinbar nicht Notwendige an Material, Geräten und sonstigen Ressourcen vorhanden ist und von jeder Person frei genutzt werden kann, um der eigenen Kreativität bei der Suche nach Lösungen oder der Entwicklung neuer Ideen freien Lauf zu lassen. Nicht zuletzt sollen sich die Maker in den jeweiligen MakerSpaces gegenseitig inspirieren und unterstützen. Es soll gemacht, ausprobiert, getüftelt und geforscht werden.

Wie schon erwähnt erfreuen sich solche Orte in Forschung, Technik und Kultur zunehmender Beliebtheit, auch weil dort aus der Not eine Tugend gemacht wird. Es ist allen Beteiligten völlig klar, dass nicht jede/-r zu jedem Zeitpunkt jedes Werkzeug und Gerät benötigt, also werden diese gemeinsam geteilt. Und genau das könnte eine spannende Kombination für Schulen sein. In einem MakerSpace in Schule müssten zwar optimalerweise alle denkbaren Utensilien und Geräte zu finden sein, aber eben nicht in besonders großer Stückzahl. Wenn sechs Personen an einem Projekt arbeiten, braucht z. B. nicht jede einen PC oder eine Kamera oder spezielles Equipment für Experimente. Solch ein MakerSpace könnte als ergänzendes Szenario für Fach- und Klassenräume tatsächlich so etwas wie eine kleine Revolution für Schule und Unterricht bedeuten. Gesammeltes und vorhandenes Material und digitales Equipment muss den Schülerinnen und Schülern verfügbar gemacht werden und der kreative Prozess kann angestoßen und begleitet werden. Und an solch einem Ort können auch z. B.

30 Tablets bei 600 Schülerinnen und Schüler viel kreatives Potenzial wecken. Wenn also obig aufgeführte digitale Geräte wie Roboter, Tablets, VR-Brillen etc. nicht immer in Klassenstärke angeschafft werden können, muss evtl. die Situation angepasst werden: Aus der vermeintlichen Not eine Tugend machen.

12 Datenschutz

Dirk Thiede

Um besser zu verstehen, warum Datenschutz gegenwärtig und auch auf absehbare Zeit in Schule vielfach ein mit Unsicherheiten verbundenes Thema ist und bleibt, macht es Sinn, einen kurzen Blick auf die Entwicklung insgesamt zu werfen. In Schulen war Datenschutz lange nur ein Randthema. Der überwiegende Teil von Datenverarbeitung fand in der internen schulischen Verwaltung statt, zunächst ausschließlich in analoger Form und später auch zunehmend mit Hilfe von Schulverwaltungsprogrammen. Dabei wurden die personenbezogenen Daten der Personen im System Schule durch Mitarbeitende im schulischen Sekretariat, die Schulleitung und beauftragte Lehrkräfte verarbeitet. Wurden personenbezogene Daten von Schülerinnen und Schülern durch Lehrkräfte im Rahmen der pädagogischen Dokumentation verarbeitet, so fand dieses entweder in analoger Form statt oder auf schulischen Computerarbeitsplätzen.

Lehrkräfte begannen aber auch zunehmend, die Daten ihrer Schülerinnen und Schüler lokal auf privaten Endgeräten zu verarbeiten, vielfach ohne entsprechende datenschutzrechtliche Regelungen. Gleiches kann für die Nutzung von Computern durch Lernende und Lehrende im Rahmen des Unterrichts gesagt werden, die lange Zeit auf Computer innerhalb von pädagogischen Netzwerken beschränkt war. Das Internet spielte allenfalls eine Rolle als Informationsmedium. Mit dem verstärkten Einzug mobiler Endgeräte in den schulischen Alltag, besseren Internetzugängen und einem stetig wachsenden Angebot an online verfügbaren Plattformen hat sich das jedoch verändert. Schulen setzen zunehmend auf digitale Plattformen zur Abbildung von organisatorischen Prozessen, und Lehrkräfte nutzen digitale Plattformen zur pädagogischen Dokumentation, zur Teamarbeit im Kollegium, zur Kommunikation mit Eltern und zur Gestaltung von Lernprozessen im Unterricht. In der damit verbundenen Transformation von Unterricht nimmt auch die Nutzung digitaler Endgeräte, Lern-, Arbeits- und Kommunikationsplattformen bei Schülerinnen und Schülern immer weiter zu. Viele Schulen binden Eltern über digitale Plattformen in den schulischen Alltag ein. Überall werden dabei die personenbezogenen Daten der Beteiligten verarbeitet und je stärker digitale Plattformen den Alltag in Schulen bestimmen, umso größer ist auch die Menge an personenbezogenen Daten, die dabei durch Schulen verarbeitet werden. Da die Digitalisierung der schulinternen Verwaltung über die verschiedenen Schulen hinweg ein relativ homogener von den jeweiligen Schulministerien gesteuerter Prozess war, wurden die damit entstehenden Verfahren digitaler Datenverarbeitung auch zeitnah über datenschutzrechtliche Regelungen in den Schulgesetzen abgebildet.

Auch für die Verarbeitung von personenbezogenen Daten von Schülerinnen und Schülern durch Lehrkräfte wurde recht schnell Vorschriften in die Schulgesetze aufgenommen. Anders war das bezüglich der digitalen Verarbeitung von personenbezogenen Daten durch Schülerinnen und Schüler und Lehrkräfte im Rahmen des Unterrichts.

Die Entwicklung verlief hier über die Schulen der Länder hinweg sehr heterogen. Auch wenn einzelne Schulen schon sehr früh digitale Endgeräte und Plattformen in den Unterricht integrierten, so blieb die Mehrheit der Schulen hier lange weit zurück. Entsprechend fielen die datenschutzrechtlichen Regelungen in den Schulgesetzen der Bundesländer sehr rudimentär aus. Aktuell befinden sich Schulen in einem Umbruchprozess. Doch auch wenn die Bundesländer nun begonnen haben, die datenschutzrechtlichen Vorgaben ihrer Schulgesetzgebung entsprechend an die neuen Gegebenheiten anzupassen, so dürfte es vielfach noch einige Jahre dauern, bis hier ein Stand erreicht ist, der Schulen ein unkompliziertes, rechtssicheres Arbeiten mit digitalen Endgeräten und Online-Plattformen ermöglicht. Bis dahin werden Schulen mit Unsicherheiten leben müssen. Um Fehler zu vermeiden, sollte man die schulrechtlichen Regelungen des Bundeslandes und relevante datenschutzrechtliche Hintergründe kennen sowie die Fachkompetenz der schulischen Datenschutzbeauftragten in Anspruch nehmen.

12.1 Datenschutzrechtliche Grundsätze

Werden in Schule personenbezogene Daten verarbeitet, geht es immer um die eine Grundfrage: Welche Daten von welchen Personen werden zu welchen Zwecken, auf welcher Rechtsgrundlage verarbeitet? Verarbeiten meint dabei gemäß Art. 4 Abs. 2 DSGVO alle Vorgänge im Zusammenhang mit personenbezogenen Daten „wie das Erheben, das Erfassen, die Organisation, das Ordnen, die Speicherung, die Anpassung oder Veränderung, das Auslesen, das Abfragen, die Verwendung, die Offenlegung durch Übermittlung, Verbreitung oder eine andere Form der Bereitstellung, den Abgleich oder die Verknüpfung, die Einschränkung, das Löschen oder die Vernichtung" (DSGVO 2018).

Datenschutzrecht geht von einem Verbot mit Erlaubnisvorbehalt aus. Das gilt so auch für schulisches Datenschutzrecht, welches als Spezialrecht unterhalb der DSGVO und dem Landesdatenschutzrecht einzuordnen ist.

Schulisches Datenschutzrecht kennt zwei Erlaubnistatbestände für die Verarbeitung von personenbezogenen Daten von Schülerinnen und Schülern, Lehrkräften und

Erziehungsberechtigten. Diese sind das Schulgesetz des Bundeslandes und die Einwilligung der Betroffenen.

In Erfüllung ihrer hoheitlichen Aufgaben kann sich Schule zumeist auf Rechtsvorgaben des Schulgesetzes berufen. Dieses gilt vor allem für die Verarbeitung von personenbezogenen Daten in der schulinternen Verwaltung. Wo sich für Datenverarbeitungsprozesse keine Legitimation aus dem Schulgesetz ableiten lässt, kommt die Einwilligung ins Spiel. Während dieses in einigen Bereichen, wie beispielsweise der Öffentlichkeitsarbeit, sehr gut funktioniert, ist die Legitimierung von Verarbeitungsprozessen im Rahmen des Unterrichts auf der Grundlage einer Einwilligung nicht unproblematisch.

12.1.1 Einwilligung

Aktuell arbeiten Schulen an vielen Stellen mit Einwilligungen, um eine Rechtsgrundlage für die Nutzung von digitalen Medien, Endgeräten und Plattformen durch Schülerinnen und Schülern und Lehrkräfte zu schaffen. Das wird sich zukünftig vermutlich in Teilen erübrigen, wenn die Gesetzgeber der Bundesländer in den Schulgesetzen entsprechende Rechtsgrundlagen geschaffen haben. Doch bis dahin wird es hier ohne Einwilligungen nicht gehen. Darüber hinaus wird es immer Bereiche geben, in welchen Einwilligungen eingeholt werden müssen, da man dort Eingriffe in das Recht der Betroffenen auf informationelle Selbstbestimmung nicht rechtfertigen kann. Ein Beispiel dafür ist die Öffentlichkeitsarbeit der Schulen und die Nutzung von Bild- und Tonaufnahmen von Schülerinnen und Schülern und Lehrkräften hierzu.

Der Gesetzgeber stellt an die Einwilligung eine Reihe von Anforderungen. Sie leiten sich aus der DSGVO ab und sind teilweise auch explizit in den datenschutzrechtlichen Vorgaben der Schulgesetze der Bundesländer aufgeführt.

Formalien der Einwilligung

Zu den Anforderungen, welche der Gesetzgeber an die Einwilligung stellt, gehören eine Reihe von formalen Vorgaben. Diese müssen von den Verantwortlichen, hier den Schulen, eingehalten werden, damit eine Einwilligung überhaupt rechtswirksam ist. Dazu gehört, dass sie informiert, freiwillig, nachweisbar und gegenüber der verantwortlichen Person erteilt wird. Verantwortliche Person ist in Schulen immer die Schulleitung. Einwilligungen müssen so in der Regel gegenüber der Schulleitung abgegeben werden. Werden sie gegenüber einer Lehrkraft abgegeben, sind sie in vielen Fällen nicht rechtswirksam und die dann stattfindenden Verarbeitungen von personenbezogenen Daten damit auch nicht zulässig. Auch wenn Einwilligungen an Schulen noch immer überwiegen in Papierform eingeholt werden, so schließt dieses andere Formen nicht aus, außer das jeweilige Schulgesetz gibt die Papierform zwingend vor. Selbst die Schriftform ist keine unbedingte Voraussetzung für die Nachweisbarkeit, da die DSGVO hier keine Vorgaben macht. Eine Einwilligung kann deshalb auch in elektronischer Form erteilt werden, etwa durch Setzen eines Häkchens, mündlich oder durch eine einwilligende Handlung. Wichtig ist hierbei: Die Einwilligung muss eindeutig und als solche erkennbar sein. Ein Beispiel für eine einwilligende Handlung wäre etwa das Eintragen von Notfall-Informationen in einen Fragebogen bei der Schulanmeldung. Im Fall von Fotografien kann die betroffene Person ihre Einwilligung auch signalisieren, indem sie in die Kamera lächelt. Voraussetzung für die Einwilligung in die Verarbeitung von personenbezogenen Daten ist eine ausreichende Information. Dafür muss klar sein, wer welche personenbezogenen Daten zu welchen Zwecken wie lange verarbeitet, ob die Daten an Dritte übermittelt werden und gegebenenfalls an wen die Übermittlung erfolgt. Außerdem müssen die Betroffenen auf die Freiwilligkeit der Einwilligung hingewiesen und über ihre Rechte aufgeklärt werden. Wird eine Einwilligung elektronisch erteilt, sollte sie auch auf gleichem Wege und genauso einfach widerrufbar sein. An weiterführenden Schulen sollten Einwilligungen spätestens beim Eintritt in die Oberstufe von den Schülerinnen und Schülern neu eingeholt werden, um ihnen eine Möglichkeit zu geben, ihr Recht auf informationelle Selbstbestimmung auszuüben. Die Dauer der Gültigkeit einer Einwilligung bzw. der Verarbeitung von personenbezogenen Daten auf der Grundlage einer Einwilligung hängt von verschiedenen Faktoren ab. Grundsätzlich endet die Verarbeitung, wenn die Einwilligung zur Verarbeitung widerrufen wird. Der Widerruf selbst muss nicht die gesamte Verarbeitung betreffen, sondern kann auch auf einzelne Daten eingegrenzt sein, etwa die Veröffentlichung eines einzelnen Fotos auf der Schulhomepage. Die Gültigkeitsdauer kann in der Einwilligung auch auf eine bestimmte Zeitdauer begrenzt werden, wie z. B. das Ende des Schuljahres oder das Ende der Schulzeit, oder auf das Erreichen des Verarbeitungszwecks, etwa den Abschluss eines Unterrichtsprojektes.

Grenzen der Einwilligung

Wie schon angedeutet, gibt es Bereiche, in welchen die Nutzung einer Einwilligung zur Legitimierung einer Verarbeitung von personenbezogenen Daten nicht unproblematisch ist. Das ist vor allem in den Bereichen im Schulalltag der Fall, wo die Schule personenbezogene Daten in Erfüllung ihrer hoheitlichen Aufgaben verarbeitet.

Freiwilligkeit

Da das Schulgesetz in großen Bereichen der Verarbeitung von außerhalb der schulischen Verwaltung keine ausreichende Rechtsgrundlage liefert, verbleibt für diese Bereiche nur die Einwilligung, um Verarbeitungen zu legitimieren. Die Freiwilligkeit als Voraussetzung für die Rechtswirksamkeit einer Einwilligung begrenzt ihre Möglichkeiten deutlich, auch wenn das im schulischen Alltag oft nicht so erscheint. Freiwilligkeit setzt voraus, dass die betroffene Person frei von Zwang entscheiden kann. Das ist jedoch nur möglich, wenn ihr durch eine Nichteinwilligung keine Nachteile entstehen. Nachteile könnten in aus der Nichteinwilligung resultierenden schlechteren Leistungen resultieren, in erschwerten Bedingungen zu lernen oder sogar in Ausgrenzung aus der Lerngruppe. Während Schülerinnen und Schülern und Lehrkräften bei der Anfertigung von Medien zur Veröffentlichung auf der Schulhomepage oder in anderen Medien aus einer Nichteinwilligung keine Nachteile entstehen, solange es dabei nur um Öffentlichkeitsarbeit geht, wird es in vielen anderen Bereichen entweder gar nicht oder nur bedingt möglich sein, Nachteile zu vermeiden. Führt eine Schule eine in der Cloud laufende Arbeits- und Kommunikationsplattform verbindlich für alle ein, so kann man für die Erstellung von Textdokumenten durchaus Alternativen anbieten, etwa über eine lokal installierte Plattform, die auch ohne Kontoanmeldung nutzbar ist. Sobald die Arbeits- und Kommunikationsplattform jedoch für zeitgleiches kollaboratives Arbeiten an einem Textdokument genutzt wird, kommt die lokal eingerichtete Alternative an ihre Grenzen. Dass der Person, die nicht in die Nutzung der Arbeits- und Kommunikationsplattform eingewilligt hat, dann Nachteile entstehen, ist nicht mehr auszuschließen. Betroffene erteilen in den meisten Fällen eine Einwilligung, auch wenn sie eigentlich nicht einwilligen wollen. Bei der Entscheidung geht es nicht nur um mögliche Nachteile, sondern auch um das Ungleichgewicht der Kräfte und Abhängigkeiten. Man möchte sich bzw. dem Kind nicht die Chancen an der Schule durch Opposition zur Einführung einer Plattform verbauen und willigt dann widerstrebend ein. Gleiches gilt auch für Lehrkräfte, sofern zur Nutzung einer Plattform für Unterricht, digitales Klassenbuch, Arbeit und Kommunikation im Team eine Einwilligung erforderlich ist und diese von der Schulleitung zur Nutzung vorgegeben wird.

(Mindest-)Alter 16

Auch wenn Schülerinnen und Schüler über ein Recht auf informationelle Selbstbestimmung verfügen, so liegt bei Minderjährigen die letzte Entscheidung immer bei den Erziehungsberechtigten. Generell orientiert man sich bei der Einwilligungsfähigkeit von Kindern und Jugendlichen vor allem an der Einsichtsfähigkeit. So geht man beispielsweise davon aus, dass etwa ab einem Alter von 14 bis 15 Jahren eine ausreichende Einsichtsfähigkeit vorhanden ist, um über die Aufnahme und Veröffentlichung von Fotos auf der Schulhomepage zu entscheiden. Bei komplexeren Datenverarbeitungen wird immer auch die Einwilligung der Eltern eingeholt. Seit der Umsetzung der DS-GVO gibt es hier jedoch eine entscheidende Änderung. Sobald es um eine Einwilligung in die Verarbeitung von personenbezogenen Daten bei Apps und Online Plattformen geht, kann die Einwilligungsfähigkeit eingeschränkt sein. Ob das der Fall ist, hängt von Art des Angebots ab. Die DSGVO spricht hier in Art. 8.1 von sogenannten „Diensten der Informationsgesellschaft". Vereinfacht gesagt versteht man darunter Angebote, bei denen Kinder und Jugendliche mit Geld, ihren Daten oder durch das Ansehen von Werbung für die Nutzung des Angebots zahlen. Handelt es sich um ein solches Angebot, können Jugendliche erst ab Vollendung des 16. Lebensjahres eigenständig einwilligen. Viele Apps und Online-Plattformen weisen deshalb ausdrücklich darauf hin, dass die Erstellung eines Kontos bzw. die Nutzung erst ab 16 Jahren zulässig ist. Lehrkräfte sollten deshalb genau hinsehen, bevor sie ihre Schülerinnen und Schüler bitten, eine App auf einem privaten Endgerät zu installieren oder sich auf einer Online-Plattform ein Konto zu erstellen, um diese im Unterricht zu nutzen. In einem solchen Fall gibt es verschiedene Möglichkeiten, vorzugehen. Man lässt die Eltern vorab einwilligen oder holt, wenn es um die Erstellung eines Kontos geht, die Zustimmung der Eltern ein, dass die Schülerinnen und Schüler das Konto selbst einrichten und in die bei Anmeldung und Nutzung anfallende Verarbeitung von personenbezogenen Daten einwilligen dürfen. Alternativ kann man die Eltern bitten, die App oder den Zugang zur Online-Plattform zu Hause gemeinsam einzurichten. Es gilt auch hier der Grundsatz der Freiwilligkeit. Von den Bundesländern für ihre Schulen bereitgestellte Online-Plattformen wie auch andere Plattformen, bei welchen die Schulen durch einen Vertrag zur Auftragsverarbeitung Herrin der Daten bleibt und die Anbieter Nutzungsdaten nicht für eigene Zwecke verwenden dürfen, zählen nicht als Dienste der Informationsgesellschaft. Allerdings sollte auch dort je nach Alter der Schülerinnen und Schüler und Komplexität des Angebotes der Plattform die Einwilligung der Eltern oder bei älteren Schülerinnen und Schülern ihre Zustimmung vorab eingeholt werden.

12.1.2 Information über Datenverarbeitung

Wie bei der Einwilligung bereits erwähnt, setzt diese für ihre Rechtswirksamkeit die Information der Betroffenen über die beabsichtigte Verarbeitung von personenbezogenen Daten voraus. Informieren muss die Schule als datenverarbeitende Stelle die Betroffenen gemäß Art. 12 DSGVO über sämtliche dort anfallenden Verarbeitungsvorgänge. Das umfasst alle Bereiche der Schule von der schulinternen Verwaltung über den Unterricht bis zur Schulhomepage. Informiert werden muss dabei in einer klaren und verständlichen Sprache, wer für die Verarbeitung von personenbezogenen Daten an der Schule verantwortlich ist, wie die datenschutzbeauftragte Person kontaktiert werden kann und welche personenbezogenen Daten zu welchen Zwecken und auf welchen Rechtsgrundlagen verarbeitet werden.

Werden die Daten nicht direkt bei den Betroffenen erhoben, wie etwa bei der Anmeldung an der Schule oder im Unterricht, muss darüber informiert werden, woher die Schule die Daten erhalten hat. Falls die Schule Daten an Dritte übermittelt, etwa an das Gesundheitsamt, ist über die Empfänger/-innen oder Kategorien von Empfänger/-innen zu informieren. Zu den Informationspflichten gehören auch die Angabe der Aufbewahrungs- und Löschfristen und eine Aufklärung über die Betroffenenrechte. Erste Informationen über die Verarbeitung von personenbezogenen Daten in der Schule erhalten die Betroffenen bei der Anmeldung an der Schule. Gegebenenfalls muss die Schule im Lauf der Schulzeit weitere Informationen geben, etwa wenn neue Verarbeitungsprozesse hinzukommen oder es zu Zweckänderungen bei der Verarbeitung von bereits vorhandenen Daten kommt. Werden im Laufe der Schulzeit anlassbezogen Einwilligungen eingeholt, müssen auch hier die entsprechenden Informationen vorab gegeben werden. Informationen, welche den Betroffenen bereits zur Verfügung gestellt wurden, müssen dabei nicht erneut gegeben werden. Wenn Betroffenen Informationen zur Datenverarbeitung gegeben werden, um den Informationspflichten gemäß Art. 12 DSGVO nachzukommen, so setzt dieses nicht zwingend die Papierform voraus. Eine Bereitstellung über die Schulhomepage oder eine andere digitale Plattform ist ebenfalls möglich, um unnötige Papierfluten zu vermeiden. Betroffenen sollte dabei jedoch immer auch die Möglichkeit eingeräumt werden, einen Ausdruck in der Schule zu erhalten.

12.1.3 Vertrag zur Auftragsverarbeitung

Verarbeitet die Schule personenbezogene Daten, so ist sie die verantwortliche Stelle im Sinne des Datenschutzrechtes. Dabei ist nicht relevant, ob die Schule die Daten auf einem Rechner oder Server innerhalb der Schule selbst verarbeitet oder ob die Verarbeitung bei einem durch die Schule beauftragten Dienstleistungsunternehmen außerhalb der Schule stattfindet. Im Falle der Beauftragung eines externen Dienstleistungsunternehmens wird mit diesem ein sogenannter Vertrag zur Auftragsverarbeitung gemäß Art. 28 DSGVO abgeschlossen. Dieser Vertrag zwischen Schulleitung und Dienstleistungsunternehmen regelt die datenschutzrechtlichen Zuständigkeiten. Die Dienstleistungsunternehmen, auch Auftragsverarbeitende genannt, dürfen die personenbezogenen Daten der Schule nur zu Zwecken der Schule und nur auf Weisung derselben verarbeiten. Eine Nutzung der Daten durch die Auftragsverarbeitenden etwa zu Werbezwecken oder zum Verkauf an Dritte ist damit ausgeschlossen. Typische Fälle von Auftragsverarbeitung sind die Nutzung zentralisierter Schulverwaltungsplattformen, digitaler Web-basierter Klassenbücher und von online betriebenen Stunden- und Vertretungsplänen wie auch die von Lernmanagementsystemen (LMS), online gestützten Lern-Apps, Cloud-Schulservern und online Kommunikations- und Arbeitsplattformen. Plattformen von Bildungsverlagen und anderen Anbietern, bei denen Konten für Lernende und Lehrende eingerichtet werden, erfordern ebenfalls einen Vertrag zur Auftragsverarbeitung zwischen Schule und Anbietenden. Gleiches gilt für die von den verschiedenen Bundesländern bereitgestellten Schulplattformen und die Schulhomepages der meisten Schulen, sofern sie bei externen Anbietenden betrieben werden. Auch Arbeiten an der schulischen IT, etwa für Administration und Support, können ein Fall von Auftragsverarbeitung sein, wenn die damit betrauten Dienstleistungsunternehmen dabei potenziell Zugriff auf personenbezogene Daten der Schule erhalten. Es ist deshalb auch möglich, dass ein Vertrag zur Auftragsverarbeitung mit dem Schulträger abgeschlossen wird, wenn dieser die Dienstleistungen durch seine Mitarbeitenden selbst erbringt oder Dritte damit beauftragt. Beauftragen Auftragsverarbeitende ihrerseits einen oder mehrere Unterauftragsverarbeitende, so müssen sie mit diesen ebenfalls Verträge zur Auftragsverarbeitung abschließen und die Unterauftragsverarbeitenden im Vertrag zur Auftragsverarbeitung mit der Schule aufführen.

In den meisten Fällen wird der Vertrag zur Auftragsverarbeitung vom Dienstleistungsunternehmen als Auftragnehmer angeboten. Ist eine Schule sich unsicher, ob der Vertrag rechtlich einwandfrei ist, sollte sie diesen durch Datenschutzbeauftragte prüfen lassen. Einige Bundesländer, geben Verträge zur Auftragsverarbeitung durch das Schulministerium verbindlich vor, um zu vermeiden, dass Schulen durch die Auftragnehmenden übervorteilt werden. Auch mit Anbietenden in nicht deutschsprachigen Ländern müssen Verträge zur Auftragsverarbeitung abgeschlossen werden, wenn diese personenbezogene Daten der Schule verarbeiten. Meist nennen sich die Verträge dann Data Processing Addendum. Handelt es sich bei den Auftragnehmenden um europäische Firmen, ist der Abschluss eines Vertrages zur Auftragsverarbeitung aus datenschutzrechtlicher Sicht unproblematisch, da die DSGVO im europäischen Rechtsraum überall gleich umgesetzt wird. Bei der Nutzung von nicht-europäischen Anbietenden sind in der Regel weitere datenschutzrechtliche Vorgaben zu beachten, wenn mit diesen ein Vertrag zur Auftragsverarbeitung abgeschlossen werden soll. Das gilt auch, wenn diese Anbietende einen Sitz innerhalb der EU haben.

12.1.4 Kann Schule Lernende und Lehrende zur Nutzung digitaler Plattformen verpflichten?

Da die Einwilligung gerade im Zusammenhang mit der unterrichtlichen Nutzung von LMS und Arbeits- und Kommunikationsplattformen nicht unproblematisch ist, kommt oft die Frage auf, unter welchen Voraussetzungen eine solche Plattform für alle Beteilten verpflichtend eingeführt werden kann. Ob und unter welchen Voraussetzungen Schulen digitale Plattformen für Lernende und Lehrende verpflichtend einführen können, hängt entscheidend von der Rechtslage des jeweiligen Bundeslandes ab. Die verschiedenen Schulgesetze erlauben Schulen die Verarbeitung von personenbezogenen Daten zur Erfüllung ihrer hoheitlichen Aufgaben. Bisher war dieses mit Bezug auf die digitale Verarbeitung jedoch vor allem auf die schulinterne Verwaltung beschränkt. Rechtsgrundlagen für eine Verarbeitung der personenbezogenen Daten von Schülerinnen und Schülern sowie Lehrkräften zur Durchführung von Unterricht etwa im Rahmen der Nutzung eines LMS fehlten oftmals. Schulen waren deshalb gezwungen mit Einwilligungen zu arbeiten, was, wie zuvor beschrieben, aus rechtlicher Sicht nicht unproblematisch ist. Mit der zunehmenden Veränderung des Unterrichts durch digitale Medien und auch der Notwendigkeit, digitale Plattformen zur Durchführung von Distanzunterricht zu nutzen, begannen die Gesetzgeber der Bundesländer in den Schulgesetzen Rechtsgrundlagen hierfür zu schaffen. In Folge finden sich nun in vielen Schulgesetzen entsprechende Passagen, mit denen Schulen die Möglichkeit erhalten, digitale Lehr- und Lernmittel verpflichtend einzuführen. Zumeist werden zusätzlich in anhängigen Verordnungen und Erlassen ergänzende Vorgaben gemacht, welche personenbezogenen Daten dabei rechtmäßig verarbeitet werden dürfen. Bietet die Plattform eine Möglichkeit, personenbezogene Daten zu verarbeiten, welche über die vom schulischen Datenschutzrecht gemachten Vorgaben hinausgehen, so können diese nur auf der Grundlage einer Einwilligung verarbeitet werden. Eine Nichteinwilligung, darf jedoch nicht dazu führen, dass die Plattform dann überhaupt nicht genutzt werden kann. In einem solchen Fall könnte die Plattform nicht verpflichtend eingeführt werden, da die Einwilligung immer nur freiwillig erfolgen kann und damit der Verpflichtung widersprechen würde. Neben datenschutzrechtlichen Vorgaben ist die verpflichtende Einführung von digitalen Plattformen meist noch an weitere Bedingungen geknüpft. Dazu gehört die Einbindung der schulischen Mitwirkungsgremien wie auch gegebenenfalls die der Personalräte. Wie eine verpflichtende Nutzung darüber hinaus praktisch umgesetzt werden kann, hängt schlussendlich auch von der Ausstattung der Lehrkräfte und Schülerinnen und Schüler mit Dienstgeräten bzw. schulischen Endgeräten sowie mit schulischen Internetzugängen ab.

12.2 Nutzung von Videokonferenzplattformen im Distanzunterricht

In Zeiten von Schulschließungen, bei der Kommunikation mit Schulen in fernen Ländern oder Schülerinnen und Schülern mit einem längeren Krankenhausaufenthalt kommt schnell das Thema Videokonferenzen auf und es stellt sich dabei die Frage, ob und unter welchen Bedingungen solche Tools in bzw. von der Schule eingesetzt werden können. Können die Tools mit Schülerinnen und Schülern eingesetzt werden und vielleicht auch für Kollegiums- und Zeugniskonferenzen?

Am Markt gibt es viele verschiedene Plattformen, die meisten davon kommerzielle Angebote (z. B. Zoom und Cisco Webex) und einige betrieben von Vereinen, Universitäten und Privatleuten (z. B. Jitsi und BigBlueButton). Darüber hinaus finden sich in einigen bereits von Schulen genutzten Plattformen Videokonferenz-Tools als Bestandteil der Plattform (z. B. in Office 365 und G Suite for Education), in andere können sie integriert werden (z. B. in Moodle und NextCloud). Einige der erwähnten Videokonferenz-Tools bieten Zusatzfunktionen wie Chat oder Dateifreigabe.

12.2.1 Um welche Daten geht es?

Zur Nutzung von Videokonferenz-Plattformen ist die Verarbeitung von personenbezogenen Daten erforderlich. Bei einigen Plattformen benötigen nur die sogenannten Gastgebenden ein Konto mit Anmeldung. Die Teilnehmenden können dann ohne individuelles Konto per Link zur Videokonferenz eingeladen werden. Einzelne Plattformen lassen eine „anonyme" Teilnahme sowohl für Gastgebende als auch Teilnehmende zu.

Aus Sicht des Datenschutzes ist es unerheblich, ob der Zugang zur Plattform „anonym" erfolgt oder mit einer Anmeldung bzw. einem persönlichen Konto. Hauptteil der Verarbeitung sind Bild- und Tondaten (Abbild der nutzenden Person, Stimme und gesprochene sowie gezeigte Inhalte). Einige Plattformen bieten zusätzlich Chat-Funktionen an, Screensharing, Teilen von Dateien, Aufzeigen, Abstimmung, Aufzeichnung des Videostreams, Häufigkeit der Redebeiträge u. Ä. Im Hintergrund werden bei allen Plattformen technische Daten erhoben, von denen zumindest ein Teil vollständig oder teilweise anonymisiert in Log-Dateien aufgezeichnet wird. Dazu gehören in der Regel Informationen zum Browser, Betriebssystem des Endgerätes, ungefährer Standort, Datum und Uhrzeit, Beginn und Ende der Videosession und je nach System auch Rolle (Gastgebende, Teilnehmende) und eventuell vorgenommene Einstellungen in der Plattform. Je nach Nutzungsszenario können auch Zugehörigkeit zu einer Organisation (hier Schule, Schulname) zu den verarbeiteten Daten gehören.

Bedacht werden sollte auch, dass bei Videokonferenzen mit Schülerinnen und Schülern um die Daten von Kindern und Jugendlichen geht, denen eine besondere Schutzwürdigkeit zukommt.

Bei Videokonferenzen fallen somit in der Regel sehr viele personenbezogene Daten an und diese können durchaus auch recht sensibel sein. Für Schulen sollte damit klar sein, mit dem Thema Videokonferenzen muss aus Sicht von Datenschutz sehr verantwortungsvoll umgegangen werden.

12.2.2 Welche Fragen sollte Schule sich stellen?

Grundsätzliche Fragen
▶ Macht eine Videokonferenz für den beabsichtigten Zweck Sinn? Ist sie erforderlich oder gibt es vielleicht Alternativen?
▶ Ist die Plattform auf allen gängigen Endgeräten bzw. Betriebssystemen (sicher) nutzbar?
▶ Welche Plattformen kommen infrage bzw. stehen zur Verfügung?

Fragen bei kommerziellen Anbietenden
▶ Erfüllen die Plattformen die datenschutzrechtlichen Voraussetzungen, welche sich für Schulen aus dem Schulgesetz, Landesdatenschutzgesetz und der DSGVO ergeben?
▶ Bietet die Plattform einen Vertrag zur Auftragsverarbeitung (AVV) oder ein vergleichbares Rechtsinstrument nach Art. 28 Abs. 3 DSGVO, durch welches sichergestellt werden kann, dass die personenbezogenen Daten nur zu Zwecken der Schule verarbeitet werden?

Fragen bei nicht EU-Anbietenden (US-Anbietenden)
▶ Wo stehen die Server, welcher Hoster, welches Cloud-Angebot wird genutzt?
▶ Werden die Standard-Vertragsklauseln (SCC; Standard Contractual Clauses) angeboten?

Fragen bei kostenlosen kommerziellen Angeboten
▶ Wie sehen die Datenschutzbestimmungen aus?
▶ Werden Dritten (z. B. Facebook, Google, Werbenetzwerken) Zugriffe auf Nutzungsdaten ermöglicht?
▶ Werden Daten verkauft oder räumen sich die Anbietenden das Recht dazu ein?
▶ Werden Profile zur Anzeige von Werbung gebildet?
▶ Wird in der Plattform Werbung angezeigt?

Fragen bei kostenlosen Angeboten (Open Source)
▶ Wer sind die Betreibenden und welche Datenschutzbestimmungen gelten?
▶ Welche Serverplattform wird genutzt (eigene, Hoster aus D oder EU, internationaler Cloud-Anbietende wie AWS)?

Plattform und Datenschutz
▶ Wie sicher ist die Plattform (HTTPS)?
▶ Ist die Plattform frei von Trackern, Thirdpary Cookies oder anderen Mechanismen zum Ausspionieren von Nutzendenverhalten?
▶ Lässt sich der Zugang zu einer einzelnen Videokonferenz kontrollieren?
▶ Ist der Zugriff auf allen Plattformen unter den gleichen Bedingungen in Bezug auf Datenschutz möglich?
▶ Werden beim Zugriff mit Apps (iOS, Android) die gleichen Daten erhoben, die auch beim Browser-Zugriff anfallen oder weitere?
▶ Lässt sich die Datenerhebung durch Nutzende individuell in der Plattform regulieren?
▶ Ist eine Nutzung der Plattform auch bei Blockierung von Cookies/Trackern ohne essentielle Funktionseinschränkungen möglich?
▶ Ist eine Ende-zu-Ende-Verschlüsselung der Kommunikation Standard oder einstellbar?

12.2.3 Kommerzielle Anbietende – kostenlos

Die kostenlosen Angebote kommerzieller Anbietenden sind selten ganz umsonst zu haben. Oftmals sind diese Angebote in ihren Funktionalitäten deutlich eingeschränkt, und bei einem Teil dieser Angebote wird man auch davon ausgehen müssen, dass Nutzenden mit personenbezogenen Daten für die Nutzung zahlen. Nutzende meint hier sowohl die Gastgebenden, die die Videokonferenz starten und leiten, wie auch die Teilnehmenden. Letzteres ist besonders zu berücksichtigen, da diese Tatsache den eingeladenen Teilnehmenden zumeist nicht bewusst ist. Bevor Schulen diese kostenlosen Angebote nutzen, müssen die Bedingungen, zu denen sie angeboten werden, genau geprüft werden. Ist nicht zweifelsfrei zu klären, ob die Nutzung eines kostenlosen Angebots aus datenschutzrechtlicher Sicht vertretbar ist, kommt eine Nutzung für Schulen nicht in Frage, auch nicht mit Einwilligung der Betroffenen. Das gilt vor allem, wenn es um Schülerinnen und Schüler geht. Die Schule ist verpflichtet, die Schülerinnen und Schüler zu schützen und könnte dieses bei einem Angebot mit zweifelhaften Datenschutzbestimmungen nicht. Wenn Lehrkräfte sich informell über einen solchen Kanal austauschen möchten, bleibt das ihrem persönlichen Ermessen überlassen. Für die Durchführung offizieller Konferenzen sollten die kostenlosen Angebote kommerzieller Anbietender nur genutzt werden, wenn die datenschutzrechtlichen Voraussetzungen erfüllt sind. Dazu gehört auch der Abschluss eines Vertrags zur Auftragsverarbeitung, den nur wenige kommerzielle Anbietende ohne finanzielle Gegenleistung abschließen.

12.2.4 Kommerzielle Anbietende – kostenpflichtig

Da kommerzielle Plattformen in der Regel neben den oben beschriebenen sehr viele weitere personenbezogene Daten verarbeiten, um die Vielfalt an Funktionen innerhalb der Plattform bereitstellen zu können und da dort alle Gastgebenden ein eigenes Konto erhalten und auch Teilnehmendendaten anfallen, ob mit oder ohne Registrierung, müssen Schulen die Nutzung mit einem Vertrag zur Auftragsverarbeitung datenschutzrechtlich absichern. Der Vertrag garantiert, dass alle anfallenden Daten durch die Anbietenden nur für die Zwecke des Verantwortlichen, hier der Schule, verarbeitet werden und nicht für eigene Zwecke. Das gilt sowohl für die Daten der Gastgebenden wie auch der Teilnehmenden an den Videokonferenzen. Bei bezahlten Konten werden diese Verträge von den meisten Anbietenden bereitgestellt. Die ganz großen Anbietenden in diesem Segment kommen überwiegend aus den USA. Hier ist es bei Server-Standorten in den USA zu empfehlen, dass die Anbietenden die Standardvertragsklauseln anbieten. Rein formal erfüllen die Anbietenden dann die Anforderungen der DSGVO. Nicht unberücksichtigt bleiben sollte darüber hinaus die Gestaltung der Nutzungsbedingungen (Terms of Service) und die in der Plattform selbst möglichen Datenschutzvoreinstellungen. Besser geeignet sind US-Anbietende, wenn sie für Nutzende in der EU Serverstandorte in Europa anbieten. Datenschutzrechtliche Probleme, die aus einer Übermittlung von personenbezogenen Daten in die USA entstehen können, lassen sich damit vermeiden. Idealerweise ermöglichen Anbietende außerdem eine Ende-zu-Ende-Verschlüsselung von Videokonferenzen.

Stimmen die Voraussetzungen, kann solch eine kommerzielle Plattform zur Kommunikation mit Schülerinnen und Schülern und auch zur Kommunikation von Lehrkräften untereinander eingesetzt werden. Ist die Kommunikation verschlüsselt und wird der Stream nicht aufgezeichnet, sollte das Risiko auch bezüglich der Inhalte von Kollegiumskonferenzen gegen Null tendieren.

12.2.5 Nichtkommerzielle Anbietende

Die Videokonferenz-Plattform „Jitsi" wird überwiegend ohne finanzielle Interessen offen angeboten. Von BigBlueButton findet man vereinzelt solche Angebote. Man sollte hier schauen, wer die Anbietenden sind und wie sie ihre Videokonferenz-Plattform betreiben. Kommt der Anbieter aus der Freifunk-Szene, hat mit dem Chaos Computer Club zu tun, ist ein Verein, der sich für Datenschutz und Bürgerrechte einsetzt, oder gehört zu einer Universität, dann kann man in der Regel davon ausgehen, dass eine Nutzung nur geringe bis keine Risiken birgt und damit vorstellbar ist. Bei frei angebotenen BigBlueButton-Servern müssten Lehrkräfte sich auf eigene Initiative anmelden.

Einen Vertrag zur Auftragsverarbeitung erhält man von all diesen Anbietenden in der Regel nicht.

12.2.6 Thema Einwilligung

Sobald eine Schule eine Videokonferenz-Plattform selbst betreibt, auf einem eigenen Server oder mit Vertrag zur Auftragsverarbeitung mittels eines Dienstleistungsunternehmens, ist die Schule die verantwortliche Stelle. Sie verarbeitet die personenbezogenen Daten von Gastgebenden und Teilnehmenden bzw. lässt diese Daten im Auftrag verarbeiten. Dabei ist es unerheblich, ob die Teilnahme mit identifizierbaren Nutzungskonten erfolgt oder ohne Anmeldung und mit selbstgewählten Anmeldenamen. Auch wenn die Plattform keine dauerhafte Speicherung von personenbezogenen oder beziehbaren Daten vornimmt, so werden eben doch immer personenbezogene Daten aller Teilnehmenden verarbeitet. Und diese sind höchst sensibel. Es geht um Bild- und Tonaufnahmen der Teilnehmenden, Beiträge im Chat und eventuell geteilte Dateien.

Einwilligung bei Eigenbetrieb oder Nutzung mit Vertrag zur Auftrags-verarbeitung
Das heißt, wenn die beschriebenen Voraussetzungen zutreffen, setzt die Teilnahme an Videokonferenzen durch Schülerinnen und Schüler und Lehrkräfte immer auch eine Einwilligung voraus, die informiert und freiwillig sein muss.

Einwilligung bei Nutzung ohne Vertrag zur Auftragsverarbeitung
Bei Videokonferenz-Plattformen, die sehr datenschutzfreundlich betrieben werden und deren Betreibende keine finanziellen Interessen mit dem Betrieb ihrer Plattform verbinden, wie bei vielen Jitsi-Servern und auch einigen BigBlueButton-Servern, erfolgt der Betrieb oftmals aus idealistischen Gründen. Gastgebendenkonten können, wenn erforderlich, nur auf individueller Basis erstellt werden, Schulkonten gibt es nicht. Einen Vertrag zur Auftragsverarbeitung wird man dort auch nicht erhalten. Es gibt somit keine verlässliche Rechtsgrundlage, auf die man sich berufen kann, wenn man beabsichtigt, die Plattform zu nutzen. Eine Nutzung solcher Plattformen bzw. Angebote kann deshalb, wenn überhaupt, nur auf der Grundlage einer informierten und freiwilligen Einwilligung durch die Betroffenen erfolgen. Wichtig ist in einem solchen Fall, dass aus den Informationen zur Datenverarbeitung hervorgeht, dass die Schule das Angebot nutzt, ohne dass sie die Kontrolle über die Verarbeitung der personenbezogenen Daten hat. Rechtlich bewegt man sich bei der Nutzung von Angeboten dieser Art jedoch schon in einer Grauzone.

Einwilligung bei Übermittlung von personenbezogenen Daten an Dritte

Alternativ könnte man die Nutzung einer Plattform, deren Anbietende keinen Vertrag zur Auftragsverarbeitung zur Verfügung stellt, auf eine Einwilligung in die Übermittlung von personenbezogenen Daten an Dritte stützen. Die Schule veranstaltet eine Videokonferenz und die Daten von Gastgebenden und Teilnehmenden werden dazu an Anbietende übermittelt. Das würde dann ebenfalls eine Einwilligung der Betroffenen erfordern, in welcher auch in die erforderliche Übermittlung von personenbezogenen Daten eingewilligt wird.

Achtung! Keine der drei Möglichkeiten, wie Schulen sich aus datenschutzrechtlicher Sicht bei der Nutzung von Videokonferenz-Plattformen absichern können, entlässt die Schule aus der Verantwortung. Wählt die Schule nicht geeignete Anbietende aus, liegt die Verantwortung im Falle von Problemen zunächst bei ihr selbst, solange diese Probleme nicht durch unsachgemäßes Handeln von Teilnehmenden an einer Videokonferenz verursacht werden.

12.2.7 Nutzungsregeln vorab klären

Wie bei der Plattform, auf welcher Nutzende agieren und interagieren, ist es erforderlich, dass allen Beteiligten die Spielregeln klar sind. Welche Arten von selbstgewählten Anmeldenamen, welche Inhalte sind zulässig. Wer darf teilnehmen? Was ist nicht erlaubt (z. B. Screenshots, Mitschnitte)? Was darf über die Plattform geteilt werden? Wie wird mit Verstößen gegen die Regeln umgegangen?

12.2.8 No-Gos

Einige Videokonferenz-Plattformen, kommerzielle und auch kostenfrei nutzbare Open-Source-Angebote, verfügen über zusätzliche Funktionen, von deren Nutzung hier aus Gründen des Datenschutzes nur dringlichst abgeraten werden kann. Dazu gehören:

- ▶ Aufzeichnung von Videokonferenzen
- ▶ Aufmerksamkeitsüberwachung der Teilnehmenden
- ▶ Überwachung der neben der Videokonferenz genutzten Programme

12.2.9 Die besten Lösungen

Für Schulen gibt es im Grunde genommen nur vier aus Sicht des Datenschutzes wirklich gute Lösungen. Auch wenn große Nicht-EU-Anbietende wie etwa Zoom oder Cisco Webex rein formell die datenschutzrechtlichen Voraussetzungen der DSGVO für eine Nutzung in EU-Ländern erfüllen, stellen diese Anbietenden nicht unbedingt die besten Lösungen für Schulen dar. Besser ist es, entweder …

▶ die vom Land angebotene Videokonferenz-Plattform zu nutzen, etwa in NRW das an den Logineo-NRW-Messenger angedockte Jitsi,

▶ auf Anbietende aus der EU oder Deutschland zu setzen, die einen Vertrag zur Auftragsverarbeitung anbieten,

▶ in Schulserver, in LMS oder in Schul-Apps integrierte Lösungen zu nutzen oder

▶ den Schulträger dazu zu bewegen, selbst oder über ein beauftragtes IT-Dienstleistungsunternehmen eine Lösung wie BigBlueButton oder Jitsi bereitzustellen.

Welche Lösung für eine Schule die beste ist, hängt von vielen Faktoren ab. Neben den Kosten kann auch die Integrationsmöglichkeit in bereits genutzte Plattformen, wie einen Schulserver, eine Arbeits- und Kommunikationslösung oder ein LMS die Entscheidung beeinflussen.

12.3 Technische und organisatorische Maßnahmen

Ob digitale Plattformen in der Schule sicher und datenschutzkonform eingesetzt werden können, hängt nicht nur von der Plattform selbst ab. Auch eine Plattform, die als DSGVO-konform gilt, kann Risiken für ihre Nutzenden bergen, wenn damit gegen datenschutzrechtliche Vorgaben verstoßen wird. Das gilt für frei am Markt verfügbare Plattformen wie auch für solche, die den Schulen von Seiten ihres Bundeslandes zur Verfügung gestellt werden. Deshalb müssen Schulen durch geeignete technische und organisatorische Maßnahmen gegensteuern. Zu den möglichen technischen Maßnahmen gehören beispielsweise …

▶ Rechte- und Rollenkonzepte, die sicherstellen, dass Nutzende nur auf die Daten Zugriff haben, die sie zur Erfüllung ihrer Funktionen benötigen,

▶ Vorgaben für sichere Passwörter, die vom System überprüft werden,

▶ die Absicherung von Zugängen von bevollmächtigten Personen, wenn diese erweiterte Nutzungsrechte oder Zugriff auf die schulinterne Verwaltung haben, und von Lehrkraftkonten zu Plattformen, in denen auch Leistungen bewertet oder pädagogische Dokumentationstätigkeiten vorgenommen werden, durch Zwei-Faktor-Authentifizierung, und

▶ die Verschlüsselung der Kommunikation per Messenger und E-Mail wie auch von Speicherorten für sensible personenbezogene Daten.

Technische Maßnahmen tragen viel zu Schutz und Sicherheit der Verarbeitung von personenbezogenen Daten bei, kommen aber regelmäßig an ihre Grenzen, wenn die

Nutzenden im System ihre Wirkung durch falsches Verhalten beeinträchtigen. Sehr entscheidend, und in Schule oft vernachlässigt, ist deshalb die Schulung und Sensibilisierung der Nutzenden selbst. Bevor Nutzende Zugang zu einer Plattform erhalten, müssen sie wissen, wie sie durch verantwortungsvolles Handeln selbst maßgeblich dazu beitragen, die dort verarbeiteten personenbezogenen Daten nicht zu gefährden. Es geht dabei nicht nur ihre eigenen Daten, sondern auch die von Dritten.

Schulungen müssen regelmäßig wiederholt werden und sollten im Falle von Lehrkräften dokumentiert werden, etwa in den Protokollen zu Dienstbesprechungen, in welchen sie stattfinden. Bei Schülerinnen und Schülern sollten die jährlichen Schulungen im Klassenbuch dokumentiert werden, wie die zum sicheren Verhalten im Schüler/-innenfahrverkehr. Kombiniert werden diese Maßnahmen mit schriftlichen Vereinbarungen, bei Lehrkräften Nutzungsvereinbarungen oder Dienstanweisungen und bei Schülerinnen und Schülern Nutzungsvereinbarungen oder Nutzungsordnungen. Schulen, die nachweisen können, dass sie geeignete technische und organisatorische Maßnahmen ergreifen, um eine datenschutzkonforme Nutzung ihrer schulischen Plattformen sicherzustellen, stehen im Fall von Datenschutzvorfällen eindeutig besser da, vor allem, wenn solche Fälle vor Gericht landen. Wenn es um die Schulung von Lehrkräften geht, dann können Schulen hier bei ihren zuständigen Datenschutzbeauftragten anfragen, denn das gehört zu deren Aufgaben.

13 Support – Elemente, Personen, Strategien

Axel Torka

Im sozialen Netzwerk „Facebook" gibt es unzählige Gruppen, in denen sich Lehrkräfte über den Unterricht mit digitalen Geräten und Tools austauschen. Diese Gruppen haben teilweise über 20.000 Mitglieder, die täglich etliche neue Beiträge, Hilfsgesuche und Diskussionen beisteuern.

Überblickt man die Beiträge der vergangenen Zeit, lassen sich drei große Schwerpunkte wahrnehmen:

1. Akute Probleme im Umgang mit Hard- und Software
2. Suche nach Inspiration und Unterstützung bei der Umsetzung konkreter Unterrichtsvorhaben
3. Wütende bis verzweifelte Kritik an Kollegien, Schulträgern und Kultusminsterien

Fasst man den konkreten Bedarf aller drei Kategorien zusammen, ergibt sich daraus die dringende Notwendigkeit eines umfangreichen Hilfsangebotes für die Schulen und Lehrkräfte, welches zeitnah und flächendeckend an alle Schulformen gebracht werden muss und das im Austausch mit übergeordneten Zuständigkeitsebenen steht.

Schwerpunkt dieses Kapitels sind die derzeit weit verbreiteten Gegebenheiten an den Schulen, die Ansprüche, die sich daraus an Politik und Verwaltung ergeben sowie Vorschläge für eine Umsetzung von Supportangeboten.

13.1 Status quo

Die Planung und Installation der digitalen Infrastruktur an Schulen geschieht in der Regel durch den Schulträger bzw. Sachaufwandsträger. Bundesweit gesetzlich geregelt, steht dies der Verwaltung zu, die je nach Größe der Kommune diese Aufgabe in eigener Hand belässt oder externe Expertise wahrnimmt. Hieraus ergibt sich bereits ein grundlegendes Problem, da intern häufig die Kompetenz für den Aufbau einer IT-Struktur fehlt. Besonders in kleinen Kommunen mit wenigen Schulen, wird diese so grundlegende Aufgabe häufig von fachfremden Personen durchgeführt. In großen Städten und Gemeinden besteht dahingehend die Möglichkeit, solche Aufgaben an städtische Systemhäuser und IT-Betriebe auszulagern. Zugleich ist in den vergangenen Jahren ein eigener Bereich an Unternehmen gewachsen, der sein Hauptgeschäftsfeld in der technischen Beratung für Schul-IT sieht. Allen gemein ist leider häufig die fehlende Perspektive auf die individuellen pädagogischen Bedarfe der Schulen. Diese stehen im Gegensatz zu den gewünschten Standards, die für die Träger die Ausschreibung und Beschaffung vereinfachen und anschließend den Betrieb und die Wartung unkomplizierter durchführbar machen sollen. Ganz praktisch bedeutet dies leider häufig, dass Schulen nicht die IT-Hardware erhalten, die sie gerne nutzen würden, sondern diejenige, für die sich Verwaltung und Politik entscheiden.

Nach einem Abwurf der Geräte in den Schulen steht ein nicht unerheblicher Teil der Lehrkräfte vor der Frage, wie diese in Betrieb genommen und didaktisch sinnvoll eingesetzt werden sollen. Genau an dieser Stelle öffnet sich nahezu ausnahmslos ein gewaltiges Loch im deutschen Bildungssystem. Das Personal, das die Schulen genau in diesem Moment benötigen, wurde jahrzehntelang nicht ausreichend mitgedacht und die Verantwortung darüber zwischen Schulträgern und Kultusministerien hin- und hergeschoben. Gibt es hierzu konkrete Regelungen, wie z. B. in Nordrhein-Westfalen, sind diese nicht selten völlig veraltet. So ist die Supportvereinbarung zwischen dem Land und den kommunalen Spitzenverbänden als Vertreter der Schulträger von 2008. Zur besseren technologischen Einordnung: 2008 war Windows Vista das aktuelle Betriebssystem von Windows, Apple stellt erst in zwei Jahren das erste iPad vor und Nokia war größter Handyhersteller der Welt. Wer sich an diese Zeit erinnern kann, mag sich vielleicht auch entsinnen, welcher Art und in welchem Umfang Informationstechnologie in Schulen vertreten und eingesetzt wurde. In der Regel waren dies Computerräume, mit stationären Geräten im Klassensatz, vielleicht schon angebunden an eine 1-Mbit-DSL-Leitung.

In den zukunftsfähigen Schulen der Gegenwart verfügen alle Lehrenden und Lernenden über eigene mobile Endgeräte, ist das Gebäude flächendeckend mit WLAN und einer Glasfaseranbindung mit dem Internet verbunden sowie jeder Raum mit moderner Präsentationstechnik ausgestattet. Zudem werden Cloud-basierte Lernumgebungen, diverse kollaborative Plattformen und Apps genutzt.

Aus dieser Perspektive wagen wir den Vergleich zu einem Unternehmen in der freien Wirtschaft. Besonders weiterführenden Schulen mit hunderten bis tausenden Nutzenden würden problemlos als mittelständisches Unternehmen betrachtet werden können. Niemals würde eine verantwortungsvolle und innovative Leitung eines solchen Betriebs die IT-Abteilung mit einer Person besetzen, die zugleich aber noch Vollzeit in einem anderen Bereich der Firma tätig ist und die den IT-Support nebenbei und unbezahlt betreiben soll. Genau dies geschieht offenen Auges an den meisten Schulen in Deutschland.

So wird ein Großteil dieser Aufgaben von Lehrkräften in Personalunion übernommen, die dies ohne durch den Dienstherrn vorgesehene Entlastung zusätzlich zu ihrem eigentlichen Unterrichtsverpflichtungen übernehmen. Häufig angetrieben von Enthusiasmus und mit autodidaktisch erworbenen Fähigkeiten. Im besten Fall reichen die Ressourcen also nur zum Reagieren, anstatt zum Agieren und Innovieren!

13.2 Perspektiven

Skizzieren Politik oder Schulträger den IT-Support für Schulen, dann wird dabei in der Regel nur die technische Unterstützung intendiert. Genau hier ergeben sich zwei grundsätzliche Probleme.

1. Es gibt auf dem Arbeitsmarkt schlichtweg nicht ausreichend ausgebildete Fachkräfte und selbst wenn diese da sind, steht der öffentliche Dienst in Konkurrenz zur freien Wirtschaft, in der häufig höhere Gehälter und attraktivere Arbeitsbedingungen locken. Zudem benötigen Schulen dauerhaft unmittelbare Unterstützung vor Ort. Fällt in einer Schule, die bereits intensiv mit digitalen Endgeräten arbeitet, z. B. das Internet oder die WLAN-Verbindung aus und eine externe Kraft kommt dazu nach Stunden oder Tagen vor Ort an, führt dies zu unmittelbaren negativen Auswirkungen auf Unterricht und Verwaltung.

2. Der Support muss auch den didaktischen Bedarfen eines Kollegiums entsprechen. Eine rein technisch ausgebildete Person kann nicht dabei unterstützen, wie Unterrichtsinhalte zeitgemäß und mit neuen Technologien verknüpft werden können. Zugleich sollte eine rein didaktisch ausgebildete Person auch den Blick und das Verständnis für die Gegebenheiten der Technik besitzen.

In der Literatur lassen sich keine eindeutigen Zahlen über das richtige Verhältnis zwischen Anzahl der User/Endgeräte zur Anzahl der in der IT-Abteilung tätigen Mitarbeitenden finden, hängt dies doch zu häufig von vielen individuellen Faktoren ab.

Daher wird hier der Ansatz verfolgt, den Bedarf des Personals von den systemischen Bedarfen in Schulen abzuleiten.

Übergeordnet müssen an den Schulen eigene Koordinationsstellen eingerichtet werden, die sich ausschließlich dem Lehren und Lernen in der digitalen Welt widmen. Diese Personen sollten Teams leiten, welche folgende Bereiche mit jeweils einer eigenen Vollzeitstelle betreuen:

▶ BiDi-Beratung (BiDi = Bildung und Digitalität, Expertinnen und Experten, die sowohl technisch als auch didaktisch qualifiziert sind, Unterrichts- und Schulentwicklung betreiben und dem Kollegium als Ansprechpartnerinnen bzw. Ansprechpartner zur Verfügung stehen)

▶ Netzwerkadministration (Planung, Wartung und Weiterentwicklung des Netzwerks und der Internetverbindung)

▶ Systemadministration (Endgeräte, Technologien, Wartung und Reparatur)

▶ SIS-Management (Betreuung der (SIS = Schülerinformationssysteme und der Schulverwaltungssoftware)

▶ LMS-Management und Webdienste (Entwicklung, Wartung und Weiterentwicklung von Lernmanagementsystemen und weiteren Plattformen wie z. B. Clouddiensten oder Mailservern)

▶ Software-/Lizenzmanagement (Verwaltung und Akquise von Software und Lizenzen, z. B. für digitale Schulbücher)

Aus diesen Bedarfen ergibt sich eine Abteilung aus mindestens sieben Personen. Je nach Anzahl der zu betreuenden Endgeräte und Hardware sollten zusätzliche Systemadministrator/-innen eingeplant werden. In kleineren Systemen wäre die Zusammenlegung von bestimmten Bereichen denkbar.

Erweitert werden kann ein solches Team u. a. durch Sozialarbeiterinnen und Sozialarbeiter, die medienpädagogische Aspekte wie beispielsweise Internetsucht, Cybermobbing oder Fake News thematisieren und als Ansprechpersonen für Lehrkräfte und besonders Schülerinnen und Schüler und Eltern dienen oder für medizinisches Personal, welches die ggf. gesundheitlichen Nebenwirkungen übermäßiger Computernutzung thematisieren und Alternativen aufzeigen. Innerhalb eines solchen Teams muss über kurze Dienstwege und flache Hierarchien ein enger und regelmäßiger Austausch stattfinden, denn die genannten Bereiche sind eng miteinander verwoben und bereichern sich gegenseitig.

Perspektivisch scheint besonders die Stelle der BiDi-Berater/-innen von enormer Tragweite zu sein, da sie in den Schulen die Weiterentwicklung des Unterrichts in Hinblick auf die digitale Transformation vorantreiben. Nur so kann verhindert werden, dass der durch den Digitalpakt und weitere Landesmittel ausgelöste Regen an Hardware, der sich über Schulen ergießt, zur lediglich reinen Ersetzung tradierter Arbeitsmittel führt.

Die Aus- und Fortbildung solcher Personen aus dem Kreis der Lehrkräfte sollte durch die jeweiligen Dienstherren erfolgen. Zugleich könnten an den Hochschulen spezialisierte Masterstudiengänge eingerichtet und die Thematik in Studium und Ausbildung der Lehrerinnen und Lehrer eine größere Bedeutung erhalten.

13.3 Praxis

Die Divergenz zwischen den Bedarfen und der sich an den Schulen abspielenden Realität ist deutlich geworden. Doch wie können Lehrkräfte im geschilderten Istzustand kurzfristig Angebote machen?

In diesem Beitrag wird der mittlerweile weit verbreitete Anglizismus „Support" genutzt, hinter dem die lösungsorientierte Beratungstätigkeit steht. Aus dieser Übersetzung lassen sich für die Praxis eines Unterstützungsangebots an Schulen einige Ideen ableiten.

Grundsätzlich lässt sich der Support anhand eines hierarchisch aufgebauten Systems in drei Stufen aufteilen:

First Level Support → meint den ersten Anlaufpunkt für Bedarfe der Nutzenden eines Systems. Die hinter dem First Level stehenden Personen, erfassen die diversen Probleme und Anfragen und lösen diese weitgehend und nach verfügbarem Kenntnisstand selbst.

Second Level Support → unterstützt den First Level Support und übernimmt komplexere Aufgaben. Zugleich besteht ein weitrechender Zugriff auf übergeordnete Systeme und die Möglichkeit zur Qualifikation der First Level.

Third Level Support → stellt die höchste Stufe der Organisation dar. Er besteht häufig aus spezialisierten Mitarbeitenden einzelner Fachbereiche, die Anfragen der Second Level bearbeiten und grundlegende Eingriffe in Systeme durchführen und verantworten.

Derzeit übernehmen die an den Schulen Support Leistenden häufig den First und teilweise Second Level Support. Im Alltag ist dies mit einer Vielzahl an Nachrichten und Anfragen aus der Eltern- und Schülerschaft sowie aus den Kollegien verbunden. Um diese Flut zu organisieren, empfiehlt sich die Nutzung eines Ticketsystems, wie es bereits im professionellen Helpdesk-Bereich weit verbreitet ist. Einige kommerzielle Anbieter von Schulservern bieten entsprechende Module an. Alternativ kann osTicket als Open-Source-Lösung kostenfrei genutzt werden. Allen Systemen gemein, ist die Loslösung der Anfragen an eine einzige Person. Über ein Ticketsystem eingegangene Anfragen können bereits durch die Unterstützung Ersuchenden kategorisiert und so ggf. speziell qualifizierten Personen eines Teams zugeordnet werden. Zugleich können Antworten auf sich häufig wiederholende Anfragen als Vorlagen formuliert werden und vereinfachen so die Reaktion.

In einem online abrufbaren Bereich (z.B. Homepage, LMS) können Erklärvideos oder Tutorials eingestellt werden und damit Angebote zur Selbsthilfe bieten. Ein Wiki kann Antworten auf gängige Fragen und Konfigurationseinstellungen geben und bieten intern zudem die Möglichkeit, Arbeiten an Systemen zu dokumentieren.

Feste Sprechstunden (nach Ressourcen ggf. täglich) verhindern Anfragen auf Zuruf und die damit verbundene Erwartungshaltung permanenter Erreichbarkeit. Zudem ergeben sich zeitlich planbare Rahmen für Unterstützungsangebote. Durch eigene Büroräume können Anlaufpunkte gestaltet werden, in denen für die Supportleistenden Zugriff auf alle Systeme möglich ist und zudem ggf. hochwertige Hardware sicher gelagert werden kann.

Regelmäßige Fortbildungsangebote stärken die Qualifikation der Lehrerinnen und Lehrer und Eltern, die als Multiplikatoren anschließend eigene Mikrofortbildungen anbieten können. Zudem sollte eine Fortbildungskultur etabliert werden, in denen die Lehrkräfte dazu animiert werden, eigene Fortbildungen aus der eigenen Erfahrung und Best-Practice-Beispielen zur Nutzung digitaler Tools im Unterricht anzubieten.

Digi-Cafés können als niederschwelliges Angebot für Lehrerinnen und Lehrer dienen, Fragen zu stellen und sich in einem informellen Setting zur digitalen Bildung auszutauschen

Natürlich lassen sich viele der genannten Angebote nur mit ausreichenden personellen und zeitlichen Ressourcen abbilden. Hierfür sind dringende Veränderungen nötig. Wenn überhaupt sieht die Politik an den Schulen lediglich den technischen Support einer Infrastruktur aus einer längst vergangenen Zeit. Diese hat sich nicht nur quantitativ, sondern auch in Hinblick auf ihre Komplexität hochgradig verändert. Zudem fehlt die Wahrnehmung für die pädagogisch-didaktischen Bedarfe, sodass die Verantwortung auf die Schulträger geschoben wird, anstatt Lehrerinnen und Lehrer zu qualifizieren und einen echten didaktisch technischen Support zu ermöglichen und hierfür entsprechende Entlastungen der Deputate für Lehrkräfte zu schaffen und neues Personal einzustellen.

14 Neue Räume – zukunftsorientiertes Lernen

Detlef v. Elsenau

Es ist sicherlich nicht das Erste, an das man denkt. Aber man merkt sehr bald, dass die unterrichtliche Nutzung digitaler Endgeräte Möglichkeiten eröffnet, die durch die bestehenden Sitzordnungen in unseren Klassenräumen weitgehend beschränkt werden. Die sich eröffnenden Möglichkeiten selbstständigen Arbeitens genauso wie die Vielzahl an Optionen kooperativer Lernformen stoßen nun immer häufiger an die Grenzen der herkömmlichen starren Raumstrukturen, nicht nur bezüglich der häufig sehr begrenzten Größe der Räume, sondern auch in Bezug auf deren Ausrichtung zur Tafel an der Stirnseite sowie in Bezug auf die Unterrichtsmöbel, die eine schnelle Veränderung der Sitzordnung mitunter stark behindern (besonders dann, wenn es sich um eine Ausstattung des Klassenraums mit Doppeltischen handelt).

Wie das Distanzlernen in Zeiten der Corona-Krise gezeigt hat, ist die Ortsbindung des Unterrichts durch die Nutzung der digitalen Medien prinzipiell aufgehoben. Man kann die Schülerinnen und Schüler sowohl in zeitlicher als auch in räumlicher Hinsicht selbstbestimmt arbeiten lassen, und zwar nicht nur, wie in den Distanzlern-Phasen, zu Hause, sondern auch während des regulären Unterrichts außerhalb des Klassenraums. Dabei ist es grundsätzlich unerheblich, ob es sich dabei um Selbstlernbereiche auf den Fluren oder in anderen geeigneten Räumen handelt oder aber ob die Schülerinnen und Schüler den Schulhof aufsuchen. Die Grenzen werden in diesem Zusammenhang lediglich durch die Aufsichtspflicht der Schulen gesetzt, wobei die sich hieraus ergebenden Herausforderungen mitunter nicht trivial sind. Aber auch hier gelingt es den Schulen immer wieder, Lösungen zu finden, die der baulichen Struktur der jeweiligen Schule gleichermaßen angepasst sind wie dem Engagement des Kollegiums.

Im Rahmen des Oberstufenunterrichts, bei dem das Aufsichtsproblem in der Regel keine große Bedeutung hat, lassen sich sogar Unterrichtskonzeptionen umsetzen, die es phasenweise den Schülerinnen und Schüler ermöglichen, völlig selbstbestimmt Lernorte aufzusuchen, die dem je individuellen Empfinden für ein geeignetes Lernambiente am besten entsprechen. Das kann je nach verfügbaren Datenvolumen genauso der Stadtpark sein, wie ein Café.

Im Folgenden soll es darum gehen, einen kurzen Überblick über die pädagogischen Forderungen an die Gestaltung lernförderlicher Unterrichtsräume zu geben, einige konzeptionelle Lösungsansätze im Bereich der Umsetzung moderner Schulraumgestaltung vorzustellen sowie abschließend einen Blick darauf zu werfen, welche Möglichkeiten es gibt, mit der Herausforderung fertig zu werden, die digitale Transformation in den existierenden und in der Regel nur in engen Grenzen modifizierbaren räumlichen Bedingungen unserer Schulbauten voranzubringen.

14.1 Raum als dritte Lehrkraft

Ohne in die philosophischen Tiefen der dialektischen Beziehung zwischen Form und Inhalt eintauchen zu müssen, genügt schon der normale menschliche Verstand, um zu wissen, dass die Räume, in denen wir leben, lernen und arbeiten, in ihrer Gestaltung und in ihrer Atmosphäre etwas mit uns machen. Das gilt selbstverständlich auch für die Unterrichtsräume unserer Schulen.

> „Vor einer schlecht gewischten Tafel steht schief ein verlassenes Pult, davor laminierte Tische, zumeist in Reihen oder U-Form, ein paar veraltete Mitteilung der Schulleitung an der Pinnwand, schief mit Eselsohren und nur einer Nadel angepinnt, daneben eine Urkunde der Bundesjugendspiele vom vorletzten Jahr. Verschlissene, teils heruntergerissene Vorhänge rahmen blinde Fensterscheiben, an deren oberer Ecke ein altes Butterbrot klebt – bzw. die Reste davon." (Mehnert 2020, 8)

Wenngleich diese Beschreibung der Raumsituation in unseren Schulen drastisch und zugespitzt ausfällt, so trifft sie doch sicherlich die Erfahrungen der meisten von uns, die den schulischen Alltag kennen. Und obwohl der Leidensdruck bei vielen Kolleginnen und Kollegen in diesem Zusammenhang häufig sehr hoch ist, verwundert es doch, wie wenig sich an dieser Situation ändert. Dabei ist die Erkenntnis, dass die Unterrichtsräume selbst große Bedeutung im Rahmen pädagogischer Konzeptionen haben, keineswegs neu. Die Formel, der „Raum als dritter Lehrkraft" taucht zwar heute in fast allen Veröffentlichungen auf, die sich mit der Notwendigkeit auseinandersetzen, unsere Unterrichtsräume viel stärker als bisher an den pädagogischen Zielen der Selbstständigkeit und Selbsttätigkeit des Lernens zu orientieren, aber sie entwickelte sich bereits in der Mitte des letzten Jahrhunderts. Der italienische Erziehungswissenschaftler Loris Malaguzzi, ein Mitbegründer der Reggio-Pädagogik, prägte den Begriff des „dritten Erziehers". Neben dem Kind selbst als erstem Erziehenden und seinem sozialen Umfeld als zweitem, wird vom Raum als drittem Erziehenden gefordert, dass dessen Gestaltung einerseits Geborgenheit ausstrahlt und andererseits aber auch Herausforderungen und Anregungen bietet. Damit wird an die noch weit älteren pädagogischen Grundsätze Maria Montessoris angeknüpft, deren Konzept der *vorbereiteten Umgebung* davon ausgeht, dass die gesamte Lernumgebung des Kindes erzieherische Relevanz hat, ausgehend von den am Erziehungsprozess beteiligten Menschen, über das Spielzeug und die Möbel bis hin zur Gestaltung der Räume.

Diese pädagogischen Vorstellungen blieben aber keineswegs dem Bereich der frühkindlichen Erziehung vorbehalten. In den späten fünfziger und anschließend in den sechziger Jahren gab es in den USA aber auch in Europa deutliche Impulse, die traditionelle Gestaltung von Schulgebäuden zu überwinden und neue architektonische „open-classroom"-Konzepte umzusetzen. Dafür, dass sich diese Konzepte in der Folgezeit nicht durchsetzen konnten und wieder in Vergessenheit gerieten, gibt es laut Christian Kühn, Studiendekan für Architektur an der TU Wien, eine Reihe von Erklärungen:

> „Die Räume erwiesen sich als akustisch nicht beherrschbar, künstliches Licht und künstliche Belüftung boten Anlass, sich der Technik ausgeliefert zu fühlen, von der die Planer gehofft hatten, dass sie zusammen mit den Schiebewänden von den PädagogInnen als Ermächtigung zur Kontrolle über ihren Lebensraum empfunden werden würde. Vor allem aber waren die PädagogInnen nicht für das Unterrichten in solchen Räumen ausgebildet, und da sie in der Regel auch nicht in deren Gestaltung einbezogen gewesen waren, fühlten sie wenig Anreiz, einer Idee zum Durchbruch zu verhelfen, die in der Theorie attraktiv war, aber im täglichen Leben als Belastung empfunden wurde." (Kühn o.J., 5)

Als im Jahre 2003 von der OECD die Studie „Schlüsselqualifikation für ein erfolgreiches Leben und eine gut funktionierende Gesellschaft" (Rychen & Salganik 2003) vorgelegt wurde, war das die gewissermaßen offizielle Bestätigung der bildungspolitischen Umsteuerungen, die bereits mit dem Ende der achtziger Jahre des letzten Jahrhunderts in den Industrienationen begonnen hatten. Die Bildungsziele „act autonomously", „interact in heterogeneous groups" und „use interactively tools" erforderten veränderte pädagogische Konzeptionen, Lehrplanstrukturen und Unterrichtsmedien, gleichermaßen wie eine diesen Lernzielen angepasste Lehrkraftaus- und Weiterbildung. Aber auch die Unterrichtsräume gerieten nun immer stärker ins Blickfeld der pädagogischen Diskussion im akademischen Bereich, aber auch in den Schulen selbst. Denn gerade im schulischen Alltag gelangte man sehr schnell an seine Grenzen, wenn man den Schülerinnen und Schülern die Chance geben wollte, selbstständig zu arbeiten. Die auf den Frontalunterricht ausgerichteten Raumstrukturen erforderten eine Menge pädagogischer Fantasie, wenn man Unterrichtsmethoden einsetzen wollte, die das selbstständige Lernen förderten. Auch stieß der Gebrauch interaktiver Medien, so sie überhaupt vorhanden waren, an die räumlichen Begrenzungen der Klassenzimmer.

14.2 Moderne Konzepte der Raumgestaltung

Im Rahmen der Planung und Umsetzung neuer Raumkonzepte wird deutlich, dass man aus den Fehlern der sechziger und siebziger Jahre des letzten Jahrhunderts gelernt hat. Es gelingt immer wieder, ästhetische und architektonisch innovative Konzeptionen mit pädagogischen Ideen selbstständigen Lernens und offenen Unterrichts und deren funktionalen Anforderungen zu verbinden. Die Beteiligung derjenigen, die in den Räumen lehren, lernen und leben sollen, hat dazu geführt, dass Schulbauten entstanden sind, die dem teamorientierten Lehren und Lernen unter ästhetischen wie funktionalen Gesichtspunkten optimale Möglichkeiten bieten.

Unterstützung findet die Forderung nach gleichermaßen leistungsfähigen wie innovativen Schulbauten durch die Montag-Stiftungen. Sie setzen sich in besonderer Weise dafür ein, dass sich bei der Konzeption und der Umsetzung neuer Schulgebäude ein verändertes Denken und Handeln etabliert. In der Zusammenführung der Perspektiven aus Pädagogik, Architektur und Verwaltung werden Richtlinien und Konzepte entwickelt, die das Ziel haben, Schulbauten in die Praxis umzusetzen, die eine gleichermaßen hochwertige wie zeitgemäße Bildung für alle unterstützen. Dabei geht es den Montag-Stiftungen nicht nur darum, theoretische Grundlagen zu schaffen, wie etwa mit ihrem Standardwerk „Schulen planen und bauen 2.0" und den „Leitlinien für leistungsfähige Schulbauten in Deutschland", sondern auch darum, Pilotprojekte zu begleiten und zu dokumentieren und in ihrem Blog „Schulen-planen-und-bauen.de" über die Projekte zu informieren, Standpunkte, Trends und Beispiele zu veröffentlichen (vgl. Montag-Stiftungen o. J.).

In den neuen Konzepten geht es insbesondere darum, die in den meisten Schulbaurichtlinien festgelegte Verknüpfung von Fläche und Funktion aufzuheben, da das Prinzip „ein Raum gleich eine Funktion" den Anforderungen der vielfältigen Lernformen, die gerade auch durch die Digitalisierung des Unterrichts ermöglicht werden, nicht mehr gerecht werden kann (vgl. Montag Stiftung Jugend und Gesellschaft 2017, 27).

Das veränderte Verständnis von Unterricht und Erziehung führt zu einem veränderten Verständnis des Raumes selbst. Zentrale Grundlage dieser neuen Sichtweise ist die Erkenntnis, dass Lernen unterschiedliche Perspektiven und aktive Zugänge benötigt, also weg vom Instruktionsraum zu flexibel nutzbaren Räumen wie z. B. Werkstätten, Bühnen, Ateliers. Konsequente Schallreduktion, viel Licht und viel Bewegungsraum lösen die engen und wenig gesundheitsfördernden Raumstrukturen traditioneller Schulbauten ab. Dies gilt auch für den Außenbereich der Schulen, bei denen der Pausenhof zu Bewegungslandschaften wird und der häufig sterile Speiseraum zu einer Mensa mit hoher Aufenthaltsqualität. Aber auch die Situation der Unterrichtenden findet Berücksichtigung in innovativen Schulbaukonzeptionen. Die Überwindung des *pädagogischen Einzelkämpfertums* hin zum Lehrendenteam erfordert Teamstationen und Lehrkraftarbeitsplätze. Eine besondere Forderung an innovative Konzeptionen des Schulbaus richtet sich darauf, die jeweilige Schule in ihrer Einbindung in den Stadtteil wahrzunehmen und zu verankern, indem zentrale Funktionsbereiche so konzeptioniert sind, dass sie einer wechselseitigen Nutzung dienen (vgl. Montag Stiftungen Jugend und Gesellschaft 2012).

Dass diese Überlegungen nicht nur theoretisch bleiben, wird in den letzten zehn Jahren bei der Planung und Realisierung neuer Schulgebäude sowohl international als auch im Bereich der Bundesrepublik Deutschland immer stärker sichtbar.

Besonders in den skandinavischen Ländern ist eine deutliche Aufbruchsstimmung in diesem Zusammenhang spürbar. Ein besonders gelungenes Beispiel stellt das Schulgebäude des Ørestad Gymnasiums Kopenhagen dar. Das Gebäude mit seiner offenen und lichtdurchfluteten Architektur und den unterschiedlichen Lern- und Aufenthaltsbereichen erzeugt bei allen Beteiligten bereits beim Betreten eine außerordentlich positive Grundstimmung, der sich kaum jemand entziehen kann. Es ist ein gelungenes Beispiel dafür, wie räumliche Konstruktionen dazu ihren Beitrag leisten können, Lernbereitschaft und Lernfreude zu erzeugen.

Aber auch in Deutschland gibt es herausragende Beispiele für Schulgebäude, die sich an neuen Ideen und Standards orientieren.

Drei verschiedene Organisationsmodelle haben sich durchgesetzt:

- ▶ **Klassenraum-Plus-Modell:** Herkömmliche Klassenzimmer werden ergänzt durch weitere Flächen (Schaffung von Differenzierungsmöglichkeiten, Rückzugsorten, Gruppenräumen).
- ▶ **Cluster-Modell:** Mehrere Lerngruppen nutzen einen Pool verschiedener Räume, wobei die Räume so angeordnet sind, dass verschiedene Raumstrukturen z. B. durch mobile Trennwände geschaffen werden können; häufig sind diese Räume so angeordnet, dass sie einen gemeinsamen Innenbereich umschließen.
- ▶ **Lernlandschaft**: Hier wird völlig auf Klassenzimmer verzichtet und es werden Lern- und Arbeitssituationen in offenen Raumbereichen geschaffen (vgl. Roßmann 2018, 6).

Die beiden erstgenannten Organisationsmodelle treten häufig in Kombination auf. Als Beispiel hierfür sei auf die Raumkonzeption des Gymnasiums Ottobrunn hingewiesen.

Wenngleich von der Schule in ihrem Raumkonzept von *Lernlandschaften* gesprochen wird, so wird doch im Sinne eines *Klassenraum-Plus-Modells* an Klassenräumen als wesentlichen Raumelementen festgehalten, wobei die Klassenzimmer nach außen so erweitert werden, dass es verschiedene Möglichkeiten individualisierten Lernens gibt. Dem *Cluster-Modell* entsprechend sind die einzelnen Lernlandschaften so konzeptioniert, dass jeweils fünf Klassenräume, die durch Glaselemente offen gestaltet sind, um einen Zentralbereich herum angeordnet sind. Diese Zentralbereiche stehen ebenso wie Dachterrassen einzelnen Schülerinnen und Schülern sowie Schüler/-innengruppen für kooperative oder individuelle Arbeitsphasen zur Verfügung oder können als Lehrkraftstützpunkt zur Betreuung einzelner Schülerinnen und Schüler genutzt werden.

Ein radikaleres Raumkonzept verfolgt die Alemannenschule in Wutöschingen. Auf herkömmliche Klassenzimmer wird hier im Sinne des Modells der *Lernlandschaften* vollständig verzichtet. Das Lernen findet in verschiedenen Lernhäusern statt. Auf dem großzügig gestalteten offenen *Marktplatz* treffen sich Schülerinnen und Schüler und Lehrerinnen und Lehrer in kleinen Lerngruppen, um gemeinsam zu lernen. Es gibt kleinere Inputräume, in denen in den Hauptfächern Stoff in komprimierten Lerneinheiten vermittelt wird. Lernateliers bieten den Lernpartner/-innen (wie die Schülerinnen und Schüler in der Alemannenschule genannt werden) eigene Arbeitsplätze, um selbstständig zu lernen (vgl. Deutsches Schulportal o. J.).

14.3 Raumgestaltung in bestehenden Gebäuden

Nur mit Neid können die meisten Lehrerinnen und Lehrer in unserem Land auf die innovativen Konzeptionen moderner Schulneubauten schauen. Die große Mehrheit in den Kollegien unseres Landes steht vor der Herausforderung, in den gegebenen Raumstrukturen ihrer häufig in die Jahre gekommenen Schulgebäude Lösungen für innovative Lernformen, wie sie im Prozess der digitalen Transformation möglich und notwendig werden, zu finden.

Wer die Situation in den Schulen unseres Landes kennt, der weiß, wie schwierig diese Lösungssuche sein kann. Man kann häufig den Eindruck gewinnen, dass kaum etwas anderes in der Schule so tief in den Stein gemeißelt ist, wie der Umgang mit den verschiedenen Unterrichtsräumen. In vielen Fällen kann man nicht einmal von Raumkonzeptionen sprechen. Vielmehr sind es zumeist über lange Jahre entwickelte und etablierte Verfahrensmuster oder auch unausgesprochen geltende Besitzansprüche, die es so schwer machen, die Raumsituation an einer Schule zu verändern. Darüber hinaus setzen die vorhandenen architektonischen Grundmuster unserer Flurschulen der Öffnung der Räume enge Grenzen. Wenn außerhalb der Klassenräume freie Flächen zur Verfügung stehen, so sind es häufig die Brandschutzbestimmungen, die der Nutzung dieser Flächen immer wieder erhebliche Beschränkungen auferlegen.

Darüber hinaus erfordern bauliche Veränderungsmaßnahmen genauso wie die Neuanschaffung von Schulmöbeln die Beteiligung der jeweiligen Schulträger. Wenn es nicht die knappen finanziellen Ressourcen sind, so sind es häufig lange und nervenaufreibende Genehmigungs- und Beschaffungsverfahren, die den Umgestaltungsprozess so schwierig machen.

Im Folgenden soll versucht werden, auf der Basis von Erfahrungen vieler Schulen und Kollegien Möglichkeiten und Verfahrenswege aufzuzeigen, wie räumliche Veränderungsprozesse auch in bestehenden Schulgebäuden gestaltet und auf den Weg gebracht werden können. Dabei ist insbesondere Einfallsreichtum, Improvisationsgeschick und Durchhaltevermögen gefragt. Denn obwohl die prekären Raumsituationen ein Dauerthema in vielen Kollegien unseres Landes sind, stellen die Anstrengungen um Veränderungen in diesem Bereich erfahrungsgemäß an den meisten Schulen eine Herkulesaufgabe dar. Das gilt besonders für solche Unterrichtsräume, die keiner Klasse zugeordnet sind und von verschiedenen Lerngruppen genutzt werden. Ein zentrales Problem ist immer wieder, dass es in den wenigsten Kollegien ein einheitliches, von der Mehrheit getragenes Ordnungsverständnis gibt. Auch Durchsetzungswille und -vermögen variieren in den meisten Kollegien erheblich, sodass sich in vielen Räumen der zweite Hauptsatz der Thermodynamik immer wieder zu bewahrheiten scheint, da die Entropie in der Schule ständig zunimmt, bis man dann zum Ende des Schuljahres beschließt, Unterrichtsräume und Lehrerzimmer in einen geordneten Zustand zu versetzen. Da es zu den Erfahrungen in den meisten Kollegien unseres Landes zählt, dass die alljährlichen Wiederholungen der Appelle, Ordnung zu halten und in den Klassenräumen eine lernförderliche Atmosphäre herzustellen, keine spürbare Veränderung bringen, müssen *konzeptionelle und strukturelle Veränderungen* vorgenommen werden. Angesichts der Größe der Aufgabe, die in diesem Zusammenhang vor den Kollegien liegt, ist außer viel Geduld konsequenter Pragmatismus angezeigt, d. h. ausgehend von den konkreten räumlichen Bedingungen und Möglichkeiten der eigenen Schule in *kleinen Schritten* die räumlichen Veränderungen umzusetzen.

14.3.1 Raumkonzepte

Ein *erster Schritt* hierzu stellt die Einigung auf ein Raumkonzept dar. Als ein geeignetes Konzept in diesem Zusammenhang wird in vielen Schulen die Umstellung auf das *Lehrkraftraumprinzip* gesehen. Ein oder zwei Mitglieder des Kollegiums erhalten einen Raum, die Schülerinnen und Schüler wandern dann von Stunde zu Stunde zu den entsprechenden Lehrerinnen und Lehrern. Diese Situation führt dazu, dass die

Räume in aller Regel gestaltet sind und in Ordnung gehalten werden. Voraussetzung für die Umsetzung dieser Raumkonzeption ist zum einen eine genügende Anzahl von Unterrichtsräumen, die auch möglichst ähnliche Qualität und Größe besitzen müssen. In Schulen, in den das nicht gegeben ist, wird häufiger dann das sogenannte *Fachraumprinzip* umgesetzt. Das bedeutet, dass nicht nur den Naturwissenschaften, den musisch-künstlerischen Fächern oder dem Sportunterricht eigene Unterrichtsräume zur Verfügung stehen, sondern dass alle Fächer der Schule eigene Räume erhalten. In der Regel werden diese Räume dann fachbezogen ausgestattet, d.h. entsprechende Lehrmaterialien werden z.B. in Regalen bzw. Schränken aufbewahrt, sodass nach Bedarf im Unterricht auf sie zugegriffen werden kann. Auch werden nicht selten die Wände mit Lernpostern oder fachbezogenen Plakaten versehen, um so den Räumen eine fachbezogene Lernatmosphäre zu verleihen. Erfahrungen zeigen, dass das Ordnungsproblem nicht zwangsläufig durch dieses Prinzip bewältigt wird, da gerade in größeren Fachschaften nicht immer ein einheitliches Ordnungsverständnis vorliegt.

Die Umsetzung dieser oder ähnlicher Raumkonzepte im Sinne „lernförderlicher Rauminszenierungen für den Schulalltag" (Albers 2020, 6) bedeutet zunächst einmal nicht zwingend, dass sich auch der Unterricht selbst verändert. Die Entscheidung eines Kollegiums, anregende und einladende Lernräume zu schaffen, ist aber ein wichtiger, wenn auch nur kleiner Schritt in Richtung einer zeitgemäßen und zukunftsorientierten Bildung.

14.3.2 Raumpädagogische Konzepte

In einem *zweiten Schritt* geht es darum, die Raumkonzepte um *raumpädagogische* Überlegungen zu erweitern, d.h. Bedingungen zu schaffen, die nicht nur anregend und einladend wirken, sondern den Schülerinnen und Schülern die Möglichkeit bietet, ihr kritisches Denken zu entwickeln, Kreativität auszuleben, umfassend miteinander zu kommunizieren und zusammenzuarbeiten. Die raumpädagogische Diskussion in diesem Zusammenhang erfährt starke Impulse durch die Montessori-Pädagogik. Die *vorbereitete Umgebung* steht hier im Zentrum. Als Voraussetzung für selbstgesteuertes Lernen wird gefordert, dass die Räume sehr strukturiert sind, da es ganz entscheidend sei, so die Leiterin der staatlichen Montessori-Oberschule in Potsdam (Deutscher Schulpreis 2007), dass „ein klares Setting vorhanden ist, in dem nichts unbewusst geschieht" (Kegler 2014, 28). Dabei gehe es nicht nur um die Frage der Sitzordnung, sondern darum, die Dokumentation des Lernprozesses selbst zu ermöglichen und zu fördern:

> „Wir sind darauf fixiert, Produkte zu präsentieren. Selten wird ein Prozess entwickelt und für alle sichtbar dokumentiert und festgehalten – und zwar so, dass die Darstellung nicht ‚flüchtig' ist, wie an der Tafel, wo sie weggewischt wird und dann verschwunden ist." (ebd.)

Es sei wichtig, dass die Lernumgebung die Arbeitsthemen der Jugendlichen abbilde, ohne dass ein Sammelsurium von Arbeitsmaterialien und gedankenloser Dekoration den Raum überfüllt, denn „der Raum darf nicht überladen sein, damit man frei denken kann." (ebd.)

Im Rahmen der schulinternen Diskussion über ein passendes raumpädagogisches Konzept sollte allerdings auch die Frage in den Blick genommen werden, wie stark die Vorstrukturierung der Räume sein darf, wenn es das Ziel sein soll, den Schülerinnen und Schüler ein hohes Maß an selbstbestimmtem Lernen zu ermöglichen.

> „Das Kind kann sich die vorbereitete Umgebung weder aussuchen noch sie transformieren. Eine gleichsam ‚unsichtbare' Hand hat alle Gegenstände und Raumelemente so verteilt, wie sie die Kinder in einer (vorher und nicht von ihnen) bestimmten Weise nutzen sollen. Die Gestaltung des Raumes ist in der Hand der Erziehenden bzw. anderer sozialer Akteure." (Nugel 2014, 14)

Es geht also darum, die Räume so vorzubereiten, dass sie genügend flexibel sind, um von den Schülerinnen und Schülern ihren eigenen Lernbedürfnissen angepasst werden zu können. Gerade im Hinblick auf die notwendig werdende Veränderung des gesamten Unterrichtsprozesses stellt sich eine der zentralen raumpädagogischen Fragen:

> Wie kann ein Raum so gestaltet werden, dass die Schülerinnen und Schüler auch ohne die Anleitung, ggf. auch ohne die Anwesenheit einer Lehrkraft handeln und lernen können?

Bei der Beantwortung dieser Frage geht es auf der organisatorischen Ebene um rechtliche und um logistische Aspekte, in pädagogischer Perspektive aber um eine tiefgreifende Veränderung des Rollenverständnisses aller Beteiligten. Dabei scheint es nur von untergeordneter Bedeutung zu sein, ob die Schülerinnen und Schüler ihre Lehrerinnen und Lehrer in deren „Kabinetten" besuchen, in denen sie als *Gäste* von den *Gastgebenden* willkommen geheißen und wieder verabschiedet werden (vgl. Mehnert 2020, 9) oder ob der Unterricht, wie in den meisten unserer Schulen, weiterhin in Klassenzimmern stattfindet. Entscheidend ist, dass die Gestaltung der Räume sowie die konkreten Modalitäten der Nutzung in Kooperation gemeinsam mit den Schülerinnen und Schülern entwickelt werden, sodass sie Subjekte ihres eigenen Lernens werden und die Rolle der selbstgesteuert Lernenden auch praktisch annehmen und im Laufe der Zeit verinnerlichen können.

Konkret bedeutet das, dass die Räume einer flexiblen Nutzung zugeführt werden müssen. Gruppenarbeitsphasen müssen räumlich genauso unterstützt werden, wie die Möglichkeiten zur Einzelarbeit. Selbstverständlich müssen auch instruierende Unterrichtsphasen weiterhin möglich sein. Die hierfür notwendige Flexibilisierung der Räume sollte folgende Aspekte berücksichtigen:

▶ *Aufhebung der frontalen Ausrichtung des Raums* auf die Tafel an der Stirnseite des Raumes. Hier ist zu überlegen, ob man die Tafeln entfernt und mobile analoge oder digitale Präsentationsflächen schafft

▶ *Veränderung der Sitzordnung*: Sinnvoll erscheint es hier, die Tische so anzuordnen, dass die Raummitte frei bleibt und die Tische an den Wänden entlang aufgestellt sind (vgl. Gerecke u. Henningsen 2020, 16). Diese freie Mitte ermöglicht es ohne großen Aufwand Gruppenprozesse zu organisieren. Darüber hinaus wird die Situation für Unterrichtsgespräche dadurch optimiert, dass sich alle Schülerinnen und Schüler direkt anschauen können. Aber auch in Phasen der Einzelarbeit erhöht die Anordnung der Tische die Chance, sich besser zu konzentrieren.

▶ *Flexibilisierung der Möbel:* Im Rahmen von Neuanschaffung von Schulmobiliar sollte darauf geachtet werden, dass Einzeltische geordert werden. Darüber hinaus ist zu überlegen, ob statt der üblichen Klassenbestuhlung drehbare Stühle angeschafft werden. In diesem Zusammenhang sollte darüber nachgedacht werden, ob die Tische und Stühle mit Rollen versehen sein sollen, um die Sitzanordnungen leichter und schneller verändern zu können. Auch die Nutzung von Stehpulten kann die Gesprächssituation zum Beispiel in Gruppenarbeitsprozessen positiv beeinflussen.

▶ *Einrichtung von Rückzugsmöglichkeiten*, z. B. durch bequeme Sitzmöglichkeiten und mobile Trennwände

▶ *Flexibilisierung der Präsentationsmöglichkeiten* durch mobile Präsentationswände, Beamer, digitale Projektionsflächen usw. (siehe hierzu ausführlich Kap. 10 Endgeräte – Eckpfeiler für Bildung in der digitalen Welt)

14.3.3 Flächennutzung

In einem *dritten Schritt* empfiehlt es sich, die verfügbaren Flächen außerhalb der Unterrichtsräume in den Blick zu nehmen und zu überprüfen, inwieweit sie in das pädagogische Raumkonzept eingebunden werden können. Hier bieten sich insbesondere breite Flure, größere Eingangsbereiche, Bereiche unterhalb von Treppenaufgängen, aber auch Flächen im Freien an. Je nach baulicher Situation können hier mit mehr oder weniger großem finanziellen Aufwand Einzelarbeitsplätze, Kommunikationsbereiche oder auch Rückzugs- und Ruhezonen geschaffen werden. Gerade in diesen Bereichen ist Fantasie gefragt, um die baulichen Besonderheiten der jeweiligen Schule optimal zu nutzen. Allerdings muss berücksichtigt werden, dass die Umsetzung solcher Projekte vorher mit den Vorgaben des Brandschutzes abgeglichen werden sollten, um Enttäuschungen zu vermeiden. So ist z. B. bei der Nutzung von Fluren darauf zu achten, dass Rettungswege nicht verstellt werden, dass also beim Aufstellen von Möbeln ganz bestimmte Abstände einzuhalten sind, gegebenenfalls Materialvorgaben zu beachten sind oder Tische und Bänke am Boden befestigt werden müssen.

14.3.4 Lernstudio, Selbstlernzentrum, MakerSpace usw.

In einem *vierten Schritt* sollte dann über die Bereitstellung und Einrichtung spezieller Räume für selbstgesteuertes Lernen nachgedacht werden. Hier geht es z. B. um Selbstlernzentren, Fachbüros, Lernstudios, Silentiumbereiche usw. In diesem Zusammenhang ist es auch sinnvoll, Räume zu planen, die als *MakerSpace oder FabLab* fungieren können. Auch diese Begriffe sind weder geschützt noch eindeutig definiert. Im Allgemeinen wird darunter aber ein Raum verstanden, der projektorientiertes Handeln und Lernen mit digitalen Medien ermöglicht. Hierbei stellt sich das „Making" als kollektiver Prozess dar, „bei dem für Jugendliche vor allem gemeinsames Arbeiten im Vordergrund steht und Lernen sich als Nebenprodukt dieses Prozesses vollzieht" (Bettinger et al. 2020, 12). Dabei kann es sich um Räume handeln, die eher handwerkliche Tätigkeiten ermöglichen, wie z. B. Werkstätten für den Bau von Kulissen für die verschiedenen Theaterprojekte der Schulen. Andererseits kann ein MakerSpace aber auch ein naturwissenschaftliches Forschungslabor, ein Raum zum Programmieren und Bauen von Stecksteinrobotern, zum Experimentieren mit 3-D-Druckern, ein Studio für den Video-Schnitt oder das Pausenradio der Schule usw. sein. Die Realisierung solcher Projekträume hängt dabei einerseits von den konkreten räumlichen Möglichkeiten der einzelnen Schulen ab. Häufig stehen zusätzliche Räume nicht zur Verfügung, sodass über Kooperation mit anderen Schulen oder anderen Institutionen nachgedacht werden muss. Andererseits stellen die personellen Anforderungen eine große Herausforderung dar, ist doch in diesen Bereichen in aller Regel eine Lehrkraftbetreuung notwendig, die deutlich unter dem Schlüssel der Lernende-Lehrende-Relation liegt, der für die Bildung von Lerngruppen vorgesehen ist und somit die ohnehin häufig sehr knappe Personaldecke der Schule zusätzlich strapaziert. Als ebenfalls herausfordernd stellt sich die Ausstattung solcher Räume dar. Hier geht es in aller Regel nicht ohne Spenden seitens der Elternschaft oder außerschulischer Sponsoren.

Trotz dieser hohen Hürden zur Einrichtung von MakerSpaces an den Schulen zeigt die Erfahrung, welche große Bedeutung derartige Angebote für die Schülerinnen und Schüler im Rahmen der Ausbildung ihrer Kompetenzen im Zusammenhang des Digitalisierungsprozesses haben. Die Bereitstellung von Räumen, die gemeinsames kreatives Handeln und Lernen ermöglichen, schafft in besonderer Weise die Voraussetzungen, die für den Erwerb der zentralen Kompetenzen des 21. Jahrhunderts, Kooperation, Kollaboration, kritisches Denken und Kreativität notwendig sind.

14.3.5 Schulträger

Die Realisierung der räumlichen Umstrukturierung ist zum Teil mit erheblichen Kosten verbunden und bedarf gegenüber den Schulträgern eines absehbar hohen Argumentationsaufwands. Häufig ist es so, dass die abgeschlossenen Rahmenverträge der kommunalen Schulträger mit den verschiedenen Herstellern lediglich die klassischen Möblierungsvarianten enthalten. Umso wichtiger ist es, dass aus den Schulen die Anforderungen an die Schulträger gestellt werden, die neuen Perspektiven der Raumgestaltung und -ausstattung in den Beschaffungskonzepten zu berücksichtigen.

Als Alternative zu der häufig schwierigen Beschaffungssituation wählen einige Schulen den Weg, die Ausstattung ihrer Unterrichtsräume in Eigeninitiative zu bewerkstelligen. Ein Grund für diese Initiativen ist das pädagogische Ziel, durch die Beteiligung der Schülerinnen und Schüler an solchen Projekten deren Identifikation mit den eigenen Räumen zu stärken (vgl. Schmidt-Hansen, 2020,35). Es muss aber davon ausgegangen werden, dass diese Alternative den wenigsten Schulen in personeller, finanzieller oder organisatorischer Hinsicht kaum zur Verfügung steht.

14.4 Fazit

Die Veränderungen unserer Schulen vor dem Hintergrund digitaler Transformation betreffen keinesfalls nur die Ausstattung mit digitalen Präsentationsmedien und Endgeräten. Vielmehr geht es darum zu erkennen, dass die traditionelle Bindung der Lernprozesse an ganz bestimmte Räume und Zeiten tendenziell aufgehoben wird. Die Realisierung der hierdurch entstehenden Chancen, den Unterricht in unseren Schulen zukunftsorientiert umzugestalten, erfordert unter anderem innovative Raumkonzeptionen. Bei Schulneubauten finden sich heute bereits solche raumpädagogischen Ansätze. Hier werden häufiger schon architektonische Lösungen realisiert, die flexible Raumgestaltungen zulassen, nicht nur Klassenräume und Flure planen, sondern den Erfordernissen selbstgesteuerten und teamorientierten Lernens die entsprechenden räumlichen Bedingungen liefern. Vor großen Herausforderungen stehen allerdings die vielen Schulen, die gezwungen sind, in ihren bestehenden Gebäuden räumliche Anpassungen zu planen und umzusetzen. Die Lösungsalternativen hängen hier in erster Linie von den spezifischen Gegebenheiten vor Ort ab. Bedingungen, die einerseits durch die vorhandenen Schulbauten gegeben sind, aber auch durch die Bereitschaft der kommunalen Schulträger, die Schulen bei der Veränderung der Raumstrukturen sowie der Ausstattung der Räume planerisch und finanziell zu unterstützen. Nicht zuletzt sind hier das Engagement und die Fantasie der Schulleitungen und der Kollegien gefragt, die nicht nur bereit sein müssen, neue Raumkonzepte zu entwickeln, sondern darüber hinaus auch über einen erhebliche Durchsetzungswillen und einen mitunter sehr langen Atem verfügen müssen. Viele Beispiele im Land zeigen allerdings, dass es möglich ist und dass es sich lohnt.

CHANGEMANAGEMENT – PROZESSE UND HANDELNDE

15 Lehrende als Teamplayer – kollegiale Zusammenarbeit unter den Bedingungen der digitalen Transformation

Ines Bieler

15.1 Basis der digitalen Transformation

Digitization als Umwandlung analoger Informationen in ein digitales also maschinenlesbares Format hat eine Entwicklung in Gang gesetzt, die nicht nur Technik, sondern auch Gesellschaft und menschliche Beziehungen beeinflusst (vgl. Bloomberg 2018). *Digitalisierung* setzte ein, indem Arbeitsprozesse durch die nun vorliegenden digitalisierten Daten verändert und unterschiedliche Bereiche vernetzt wurden. Bei diesen Vernetzungsprozessen spielten und spielen Informations- und Kommunikationstechnologien die entscheidende Rolle. Das Streben nach Kosten- und Zeitersparnis ist der Treiber dieser Entwicklung. Es geht um die Optimierung von Prozessen.

Diese Entwicklung findet im zwischenmenschlichen Bereich ebenfalls statt. Erreichbarkeit, Verabredungen, Planungen für Treffen und Feiern, sogar Beziehungen werden digital geplant. Es geht um Effizienz, Kosten- und Zeitersparnis, aber auch um Beziehungsebenen. Unser Handeln und die Art der Kommunikation haben sich gewandelt.

15.2 Auswirkungen der digitalen Transformation im Bildungsbereich

Auch der Bildungsbereich folgt dieser Tendenz. Hier geht es nicht nur um die Erfassung und Verarbeitung von persönlichen Daten zur Verwaltung. Lerninhalte liegen heute schon in großer Anzahl digital vor bzw. werden jetzt überwiegend digital erstellt. Durch das digitale Format ist es einfach, diese Inhalte zu vervielfältigen, zu verändern und an bestimmte Anforderungen anzupassen. Dies wiederum erzeugt neue Daten bzw. Inhalte. Informationen wachsen an, müssen gelesen und verarbeitet werden. Es wird immer schwieriger, die Datenmenge zu bewältigen. Der Informationsdienst der deutschen Wirtschaft fasst das mit folgenden Worten zusammen: „Die globale Datenmenge explodiert" (IWD 2019).

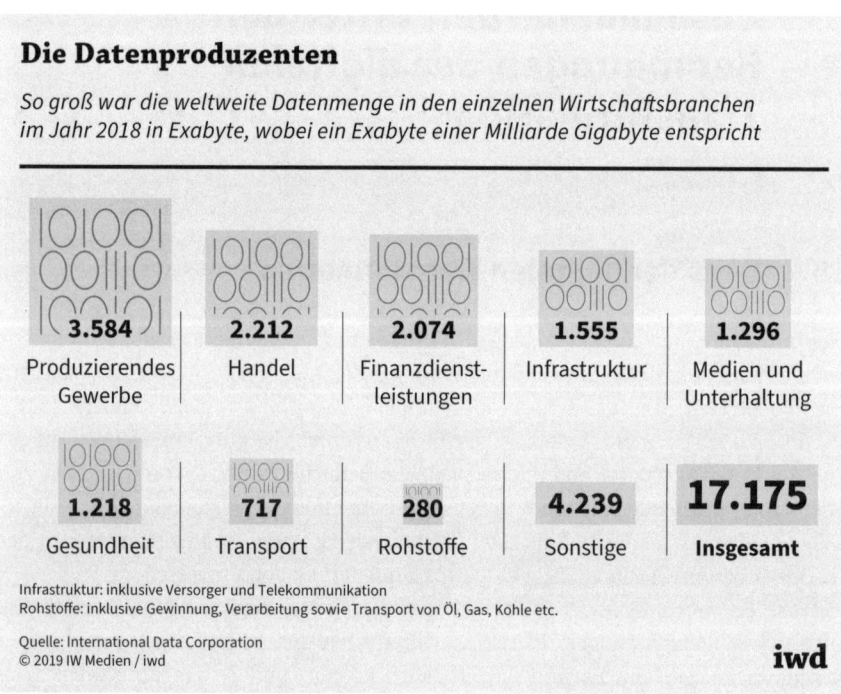

Die Datenproduzenten

So groß war die weltweite Datenmenge in den einzelnen Wirtschaftsbranchen im Jahr 2018 in Exabyte, wobei ein Exabyte einer Milliarde Gigabyte entspricht

3.584	2.212	2.074	1.555	1.296
Produzierendes Gewerbe	Handel	Finanzdienst-leistungen	Infrastruktur	Medien und Unterhaltung

1.218	717	280	4.239	17.175
Gesundheit	Transport	Rohstoffe	Sonstige	Insgesamt

Infrastruktur: inklusive Versorger und Telekommunikation
Rohstoffe: inklusive Gewinnung, Verarbeitung sowie Transport von Öl, Gas, Kohle etc.

Quelle: International Data Corporation
© 2019 IW Medien / iwd   **iwd**

Abb. 1: Weltweite Datenmengen in den einzelnen Wirtschaftsbereichen (International Data Corporation, © 2019, IW Medien · iwd 12)

In Anbetracht der Veränderungen und Anforderungen, die sich durch die Digitalisierung ergeben, ist nicht nur ein umfassender organisationaler Wandel erforderlich, sondern es muss sich jede/-r Einzelne darauf einstellen und die eigene Arbeitsweise den neuen Erfordernissen anpassen.

Aus dieser Tatsache ergibt sich eine der großen Herausforderungen des 21. Jahrhunderts – der Umgang mit dieser Datenmenge. Viele Kompetenzen sind notwendig, um erfolgreich in der digitalen Informationsflut nicht nur zu reagieren, sondern in und mit ihr selbstbestimmt, souverän und effektiv zu agieren.

Nicht nur die Menge an Informationen hat sich verändert, auch unser Verhältnis zu Wissen. Hierarchisch geordnet und kategorisiert – so haben wir bisher nicht nur Wissensbestände sortiert und gespeichert, sondern auch gelernt (Siemens 2006). Dieses starre und unflexible System gerät mehr und mehr in Bewegung, wird fluide – durch die Nutzenden, die alte und neue Daten miteinander verknüpfen und so neue Wissensinhalte generieren, die erneut aufgegriffen und verändert werden. Quellen bleiben erkennbar, werden frei genutzt und dienen als Basis der Veränderungen. Gleichzeitig tragen diese Praktiken der Referentialität dazu bei, das Analoge digitaler zu machen (vgl. Stalder 2016). Dies schließt folgenden Ablauf der Wissensarbeit, des Lernens, ein:

- ▶ **Ko-Kreation** (gemeint ist, aufbauend auf- und anschließend an die Arbeit anderer, um Wissen zu erweitern und innovative Ideen zu entwickeln)
- ▶ **Verteilung** (schließt die Analyse, die Bewertung und das Filtern von Erkenntnissen ein)
- ▶ **Kommunikation von zentralen Erkenntnisse**n (die sich aus Ko-Kreation und Verteilung ergeben)
- ▶ **Personalisierung** (meint die Anpassung der neuen Erkenntnisse an eigene Bedürfnisse durch Verinnerlichung, Dialog oder Reflexion)
- ▶ **Implementierung** (als Endpunkt des einmaligen Ablaufs, der aber auch gleichzeitig Ausgangspunkt eines neuen Kreislaufs wird, indem er als neues Verständnis unsere eigene Haltung, unser Wissen und unser Verständnis von Konzepten verändert. Dies kann neuer Ausgangspunkt sein beziehungsweise in eine neue Ko-Kreation einfließen) (vgl. Siemens, 2006, 6)

Die fluide Wissensstruktur des 21. Jahrhunderts erfordert ein agiles Handeln der Personen, um an den Veränderungen teilzuhaben und sie mitzubestimmen. Auch um das Wissen aus den siloartigen Speicherstrukturen der Gutenberg-Galaxis, ein Begriff den Marshall McLuhan 1962 mit seinem Werk unter dem gleichnamigen Titel „The Gutenberg Galaxy" prägte, zu befreien. Deutlich wird auch, dass Wissensarbeit immer als gemeinschaftliche Aufgabe zu verstehen und zu bewältigen ist. Gemeinschaftlichkeit ist neben *Algorithmiziät* und der oben erwähnten *Referentialität* eine prägende Form der Kultur der Digitalität (vgl. Stalder 2016). George Siemens formulierte, „Knowledge *rests* [Hervorhebung im Original] in an individual; it *resides* [Hervorhebung im Original] in the collective" (Siemens 2006, 14).

Bildungsinstitutionen, geprägt durch die Buchkultur der Gutenberg-Galaxis, müssen sich wie die gesamte Gesellschaft auch dem oben beschriebenen und von der Digitalisierung ausgelösten Wandel, der digitalen Transformation, stellen. Wissensbestände, Strukturen und Methoden innerhalb des Bildungssystems waren bisher darauf ausgerichtet, Wissen „portionsweise" zu kategorisieren, zu speichern, zu vermitteln und abzurufen. Mit diesem Verständnis von Bildung bleiben wir weit hinter den Anforderungen zurück, die heute und in Zukunft an Menschen gestellt werden, die aktiv ihre Lebensumstände gestalten und weiterentwickeln wollen.

Eine Befähigung zur Anwendung von agilen Strategien in Arbeitsprozessen ist gefragt, die positive Gestaltung von Teamarbeit wird vorausgesetzt. Eine gelingende Kommunikation und Kollaboration sowie eine kritische, reflektive, aber auch kreative Haltung bei der Suche nach Handlungsoptionen und Lösungsstrategien sind die Basis erfolgreicher Bildungskonzepte.

Die 4K (Kommunikation, Kollaboration, kritisches Denken, Kreativität) gelten für alle, denn im 21. Jahrhundert sind alle Lernende – auch die Lehrenden (vgl. Muuß-Merholz 2017).

15.3 Bedeutung kollegialer Zusammenarbeit im Bildungskontext

> „Kooperation ist ein starker Erfolgsfaktor für gute Schule und ein wichtiges Professionsmerkmal für Lehrkräfte." (Pant 2018)

Teamwork, Softskills, Kollaboration – Schlagworte unserer Zeit, die deutlichen machen, wie sich Arbeitsweisen verändert haben. Die Fähigkeit im Team zu arbeiten, wird häufig von Lehrerinnen und Lehrern als Fertigkeit benannt, die von Lernenden beherrscht werden muss. Viele Sozialformen, die im Unterrichtsgeschehen geplant und durchgeführt werden, zielen auf eine Zusammenarbeit in kleinen oder größeren Teams ab.

Wie ist es aber um die Haltung der Lehrenden zur Teamarbeit, zum kollegialen Austausch bestellt? Dem Lehrberuf haftet das Klischee des Einzelkämpfer-/-innentums an. Die Forsa-Umfrage zur Kooperation unter Lehrkräften im Auftrag der Deutschen Schulakademie von 2018 bestätigt dies. Etwa die Hälfte der befragten Lehrkräfte gab an, den Unterricht lieber allein zu planen. Schlechte Rahmenbedingungen wurden oft als Gründe angegeben. Meist bleibt der fachbezogene Austausch auch heute noch auf der Ebene des Gesprächs unter Kolleg/-innen, viel zu selten wird er verbindlich geplant.

Digitalisierung hat Möglichkeiten der Vernetzung geschaffen, die Fortbildung, Unterrichts- und Schulentwicklung entsprechend den Anforderungen des 21. Jahrhunderts über die engen Grenzen der eigenen Schule hinaus realisierbar machen. Die auch in Bildung stattfindende Weiterentwicklung von Konzepten, die unüberschaubare Vielzahl von digitalen Werkzeugen und die damit verbundenen didaktischen Potenziale lassen sich nicht mehr als Einzelkämpferin oder Einzelkämpfer bewältigen. Hier ist kollegialer Austausch innerhalb jedes Kollegiums gefragt – und zwar über die Ebene des einfachen Gesprächs unter Kolleginnen und Kollegen hinaus. Aber auch über die Grenzen der eigenen Schule hinaus – Vernetzung im regionalen, nationalen und globalen Kontext erweitert nicht nur den Blick, sondern ändert auch die Haltung hin zu einem Growth-Mindset: einer Haltung, die davon ausgeht, dass Menschen sich weiterentwickeln, dass Lernen immer möglich ist, weil überall neue Erkenntnisse auf Entdeckung warten und Fehler dazu da sind, aus ihnen zu lernen. Übertragen in den Kontext der kollegialen Zusammenarbeit bedeutet dies Aufgeschlossenheit in vieler Hinsicht – offen für neue Ideen, Konzepte und Tools, offen für andere Meinungen und Diskussionen. Dies trifft für alle Kolleginnen und Kollegen zu. Langjährige Kolleginnen und Kollegen oder Berufseinsteigende – alle bringen einzigartige, sehr individuelle Erfahrungen mit, die bereichern und motivieren können. Deshalb sollte man das Kollegium als multi-erfahrenes Team betrachten und alle Potenziale aktivieren und ausschöpfen.

15.4 Wie etabliert man kollegiale Netzwerke innerhalb der Schule?

> „In der Vernetzung von Lehrkräften liegt das Geheimnis, aus dem Lehrerberuf eine echte Profession zu machen." (Priboschek 2019)

Dieser Feststellung wird kaum jemand widersprechen, doch ist die Frage zu klären, wie man diese notwendige Vernetzung von Lehrkräften etablieren und verstetigen kann.

Grundlage einer erfolgreichen Zusammenarbeit in Netzwerken ist neben Vertrauen auch das Teilen von Ergebnissen und die wertschätzende Kommunikation. Eine Arbeitshaltung, die auf diesen Dingen basiert, sollte von der Schulleitung nicht nur eingefordert, sondern vorgelebt werden (siehe auch Kap. 17 Leitungshandeln – Entscheidungen treffen, Impulse geben, Prozesse sichern).

Lehrkräfte sind auf Grund ihrer hohen Arbeitsbelastung immer daran interessiert, ihre Vor- und Nachbereitung sowie den Unterricht selbst aus ihrer Sicht effektiv zu gestalten. Sehr motivierend ist deshalb das Argument der Zeitersparnis. Eine verbindliche, regelmäßige Routine hinsichtlich der fachbezogenen Kollaboration ist eine wichtige Grundlage, um über den einfachen Ideen- und Erfahrungsaustausch hinaus in die eigentlichen Vorteile einer kollaborativen Zusammenarbeit zu gelangen: Reflexion und gegenseitige Unterstützung mit dem Ziel, gemeinsam Unterrichtsqualität und eigene Kompetenz weiterzuentwickeln.

Tipp:
▶ Stärken innerhalb des eigenen Kollegiums sichtbar machen und nutzen, z. B. durch Mikrofortbildungen
▶ regelmäßige zeitliche Freiräume für kollegiumsinternen Austausch schaffen, z. B. wöchentliches Digital-Café
▶ projektorientierte, fächerverbindende Angebote etablieren
→ nicht nur gut für Schülerinnen und Schüler, sondern auch für die Zusammenarbeit der Kolleginnen und Kollegen

15.5 Wie vernetzt man sich nach außen?

Ziel der Vernetzung mit anderen Lehrenden und Bildungsinstitutionen ist die eigene Entwicklung als Schule, als Kollegium, als Lerngemeinschaft. Durch die Öffnung der Schule nach außen können vielfältige Sichtweisen in den Bildungskontext aufgenommen werden und die Reflexion des eigenen schulischen Handelns sowie der Unterrichts- und Schulentwicklung kann unterstützt werden. Meist existieren bereits vielfältige Kontakte zu anderen, benachbarten Schulen durch Kolleginnen und Kollegen. Aber auch Eltern engagieren sich gern im Interesse der Kinder und jeder Ort bietet viele Lernorte außerhalb von Schule – Bibliotheken, soziale und kommunale Einrichtungen, Firmen.

Betrachtet man die Gruppe der Lehrerinnen und Lehrer, so ist es gerade der Austausch mit Kolleginnen und Kollegen anderer Schulen, der anregend wirkt. Der vielzitierte Blick über den Tellerrand hat hier große Bedeutung. Sicher suchen die meisten Lehrerinnen und Lehrer zuerst den Kontakt zu Fachkolleginnen und -kollegen. Darüber hinaus wird aber schnell klar, dass es bei der Schul- und Unterrichtsentwicklung um mehr als fachlichen Austausch geht. Didaktische Fragen und pädagogische Haltungen sollten zum zentralen Diskussionspunkt werden. Denn nur wer die Veränderungen unserer Zeit begreift und die Digitalität als Kultur versteht, die alle Lebensbereiche – also auch bzw. im Besonderen die Bildung – durchzieht, dem wird klar, dass wir nicht das Trennende der Fächer betonen, sondern das Fächerverbindende suchen sollten.

Vernetzung geschieht in erster Linie auf persönlicher Ebene und muss gepflegt werden. Nach diesem ersten Schritt der Vernetzung schließt sich der entscheidende Prozess an – die Netzwerkarbeit. Netzwerkarbeit bedeutet Geben und Nehmen. Teilen von Wissen, Ideen und Materialien sollte eine Selbstverständlichkeit sein. Es ist immer eine Bereicherung, auch wenn man „nur" zum Nachdenken, zur Reflexion angeregt wird. Netzwerkarbeit zielt darauf ab, selbst zum Netzwerkknoten zu werden, der Impulse setzt und durch die Kontakte zweiten und dritten Grades einen noch breiteren Ressourcenpool aufbaut, der die Grundlage für eine stetige Weiterentwicklung bildet.

Tipp:
- vorhandene Kontakte der Kolleginnen und Kollegen nutzen und stärken
- selbst Austauschformate anbieten und für andere Lehrkräfte außerhalb der eigenen Schule öffnen
- Gelegenheit zur Hospitation an anderen Schulen nutzen
- über Social-Media-Kanäle aktiv kommunizieren und die eigene Entwicklung dokumentieren (z. B. Twitter)

15.6 Welche neuen Konzepte der Fortbildung für Lehrkräfte sind effektiv und zukunftsorientiert?

Netzwerkarbeit ist die beste Art der Fortbildung. Sie entspricht der neuen Art zu lernen, denn Lernen kann unter den Bedingungen der Digitalität als Prozess des Austausches mit anderen stattfinden. Netzwerkarbeit bedeutet nicht einfach Wissenszuwachs, sondern Reflexion, Evaluation, Ko-Konstruktion.

Lernen ist die neue Kernkompetenz der Lehrenden. Nur als lebenslang Lernende können wir als Lehrpersonen didaktische Prozesse verständnisvoll und an der Lebenswelt der Schülerinnen und Schüler orientiert unterstützen und begleiten.

Dies erfordert es auch, die Fortbildungen für Lehrerinnen und Lehrer neu zu gestalten und an die Herausforderungen des 21. Jahrhunderts anzupassen. Es ist nicht mehr zeitgemäß, Lehrerinnen und Lehrern zentrale Fortbildungen in Instituten anzubieten,

► die nicht der Realität ihrer Schule entsprechen,

► die lange Anfahrtswege erfordern und

► bei denen Ansprechpartner/-innen später nicht mehr zur Verfügung stehen.

Fortbildungen brauchen neue Formate, müssen individueller und aktueller sein. Neben digitalen Angeboten, wie Webinaren oder MOOCs, sind auch in Präsenz verschiedene Veranstaltungen möglich. Digitale Aufzeichnungen, Tutorials, Erklärvideos u. Ä. punkten durch die individuelle Abrufbarkeit und die durchgängige Verfügbarkeit.

Als sehr erfolgreich haben sich Barcamps erwiesen. Dieses sehr offene Format in Präsenz bietet neben der Chance zu neuen Netzwerkverbindungen die hohe Aktualität und Flexibilität der Themen. Wer sich dazu informieren möchte, sollte unbedingt einen Blick auf die Website von oercamp unter dem Stichwort „Materialien" werfen.

Hier gibt es neben dem Buch „Barcamp & Co." diverse OER-Materialien zum Download, um sich über neue und offene Fortbildungsformate zu informieren und diese selbst zu gestalten.

Informationen – unkompliziert, schnell und immer auf dem neuesten Stand – findet man auf Twitter. Hier kann man sich mit vielen engagierten Lehrerinnen und Lehrern vernetzen und auch gezielt bei bestimmten Problemen nachfragen. Der Einstieg ist unkompliziert. Nach der Registrierung folgt man bestimmten Hashtags #, die wie ein Filtersystem funktionieren. So haben sich verschiedene Hashtags etabliert, *#twlz* für Twitterlehrerzimmer oder *#edupnx* für Bildungspunks. Im Laufe der Zeit sind auch regionale Gruppen entstanden, die ebenfalls vor Ort gut zusammenarbeiten.

2019 fasste @frausonnig ihre Erfahrung treffend zusammen, indem sie Twitter als beste Lehrerfortbildung auf dem Markt bezeichnete

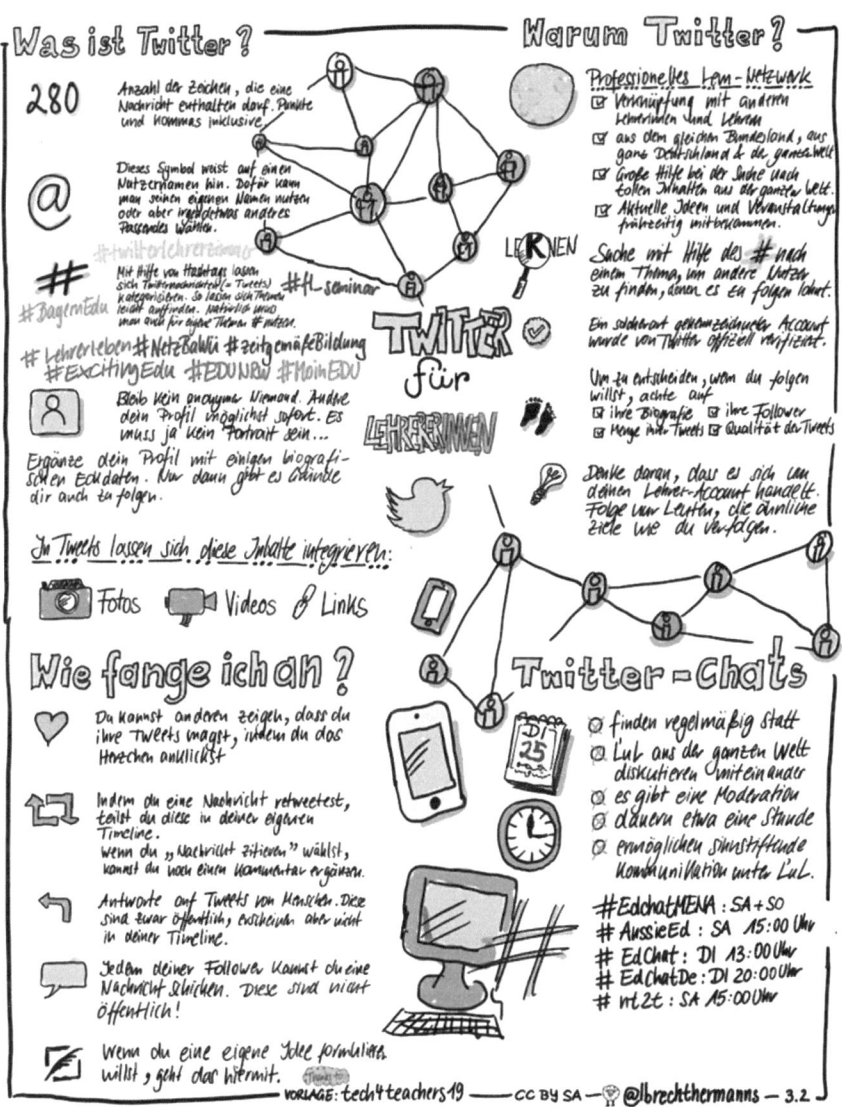

Abb. 1: Netzwerkarbeit ist das neue Lernen (© Marc Albrecht-Hermanns (@ brechtshermann), CC-BY-SA, nach Heusinger 2017)

16 Kollaboratives Arbeiten in der Schule – wie sich Schüler/-innen- und Lehrer/-innenrolle verändern

Sebastian Knauf

16.1 „Schnellere Pferde" oder denken in neuen Kategorien?

In der ganzen Zeit, in der ich mit Fortbildungen zu digitalen Medien unterwegs gewesen bin – und es sind inzwischen ungefähr zehn Jahre –, wurde mir dieselbe Frage immer wieder und wieder gestellt: Was ist eigentlich der *Mehrwert* von digitalen Medien. Ich war bei vielen Institutionen eingeladen. Ob es im Ministerium für Schule und Bildung, bei Bezirksdirektorenkonferenzen, pädagogischen Tagen an Schulen, Fortbildungen für Fachleiter/-innen der Lehramtsausbildung an Studienseminaren, bei Sprachentagen oder Beratungen von Bezirksregierung und Schulträgern war: Immer wieder wurde und wird diese Frage gestellt. Für mich war die Sache eigentlich immer klar – natürlich gibt es einen Mehrwert. Ich fragte mich aber immer: Warum erkennen so viele Leute das nicht? Das ist doch ganz offensichtlich. Rede ich von dem gleichen „Mehrwert" wie die von mir Fortgebildeten?

Ein Kollege brachte mich schließlich vor etwa fünf Jahren mit einem Zitat von Henry Ford auf die Spur. Henry Ford soll einmal gesagt haben, wenn er die Menschen gefragt hätte, was sie wollen, hätten sie gesagt: schnellere Pferde. Also machte ich bei einer Befragung eines Kollegiums schließlich eine Probe. Ich stellte die Frage, was es sich bezogen auf das Lernen mit Medien wünschen würde. Die Antworten waren hauptsächlich hardwareorientiert und auch der ein oder andere hellere oder leichtere Tageslichtprojektor stand auf den Wunschzetteln. Alle Wünsche liefen letztendlich darauf hinaus, das Lehren zu vereinfachen und Stundenabläufe, wie man sie kennt, zu vereinfachen oder zu beschleunigen. Es ging darum, dass Schülerinnen und Schüler leichter Internetrecherche betreiben, ihre Arbeitsergebnisse getippt zusammenfassen und später ausdrucken können. Hierbei wurden dann aber auch die Gefahren deutlich hervorgehoben: Man wisse ja dann auch gar nicht mehr, ob die Schülerin oder der Schüler das selbst geschrieben habe oder ob es nur ein Plagiat sei. Nur wenigen ging es darum, Unterricht komplett oder auch nur ansatzweise zu verändern.

Warum das so ist, lässt sich auch mit dem Zitat von Henry Ford erklären: Wenn Menschen nicht wissen, was möglich ist, ziehen sie diese Möglichkeiten natürlich auch gar nicht in Erwägung. Auf die Lehre bezogen bedeutet das oft, dass man natürlich in den Kategorien denkt, in denen man bisher immer gedacht hat. Diese Kategorien der Didaktik und Pädagogik versucht man durch kleine Stellschrauben zu optimieren. Mit Henry Ford gesagt, versucht man, die Pferde etwas schneller zu machen, wobei bei zunehmender Geschwindigkeit die Fahrt mit einer Pferdekutsche auch immer gefährlicher wird.

Um noch weiter im Bild zu bleiben: Versucht man weiterhin auf Pferde zum Ziehen der Kutsche zu setzen und macht die Kutsche schwerer (man packt sie voll mit aller nur erdenklichen Hardware), dann macht man Kutschfahrten ggf. sogar langsamer und erreicht sein Ziel später. Diesem Denken bin ich auch bei Fortbildungen immer wieder begegnet. Wieso sollte man auch noch digitale Medien im Unterricht einsetzen, wenn man dadurch Zeit verliert und sein stoffliches Pensum nicht schafft? So gedacht kann man dem eigentlich auch nur zustimmen. Was aber, wenn digitale Medien gar keine Pferde mehr sein würden? Wenn der Mehrwert nicht graduell, sondern kategorial ist? Wenn es also im Unterricht nicht darum gehen würde, althergebrachte Prozesse zu beschleunigen oder zu verbessern, sondern Unterricht völlig neu zu denken?

Als Beispiel möchte ich hier eine Unterredung bei einem Schulträger nennen: 2015 fragte man mich, was ich denn als Mehrwert und große Veränderung durch digitale Medien sehen würde. Ich antwortete mit einem Beispiel: Als Vorbereitung auf einen Schüleraustausch mit den USA erstellen Schülerinnen und Schüler kollaborativ eine Präsentation mit der Software Prezi, die allen freigegeben ist. Die Lernenden müssen sich bei der Erstellung nicht im selben Raum befinden, sondern können das auch von zu Hause aus erledigen. Das ist deshalb auch nötig, weil nicht alle am Austausch Beteiligten aus derselben Klasse kommen. Sie müssen und können deshalb auch nicht zeitgleich an der Präsentation arbeiten. Gleichzeitig wird diese Präsentation auch den Partnerinnen und Partnern in den USA freigegeben, sodass auch diese zu dieser Präsentation beitragen können. Prezi bietet auch die Möglichkeit, Audio und Video mit einzubinden, sodass das Endprodukt eine gemeinsam erstellte multimediale Präsentation ist, die dann vor Publikum oder auch aus der Distanz (über den Atlantik hinweg) gehalten werden kann. Der Vertreter des Schulträgers sah mich nur etwas entgeistert an und sagte: Das ist doch Science-Fiction. Das geht technisch nicht und schon gar nicht im Unterricht. Ihm ging es eher darum, welche lokal installierten Apps auf der vom Schulträger favorisierten Hardware das Lernen vereinfachen oder beschleunigen. Hier wurden noch einmal die verschiedenen Definitionen des Begriffs „Mehrwert" deutlich. Für mich bestand der Mehrwert in einer Arbeitsweise, die so ohne digitale Medien niemals möglich gewesen wäre: Es handelte sich um einen kategorial-exklusiven unterschiedlichen Mehrwert. Für mein Gegenüber ging es um einen graduell-quantitativen Mehrwert. Darüber hinaus ging es meinem Gegenüber aber auch vor allem um die Hardware. Diese wiederum hielt ich für nicht allzu wichtig, weil diese Art zu arbeiten ohnehin nur ein Gerät mit einem Browser und eine entsprechende Plattform verlangt. Inzwischen ist die Diskussion um den Mehrwert schon häufig geführt worden (vgl. Krommer 2018, Muuß-Merholz 2018) und der Begriff ist in der Diskussion eher negativ belegt. Viele schlagen vor, den Begriff „Neuwert" stattdessen zu verwenden.

Aber egal, wie man den kategorialen Unterschied nun benennt – eins wurde mir über die Zeit hinweg immer deutlicher: Es hilft wenig, Kolleginnen und Kollegen die Möglichkeiten von lokal installierten Apps zu zeigen und diese bei einer Fortbildung auch erfahrbar zu machen: Die Lehrerinnen und Lehrer müssen für sich selber in ihrer täglichen Arbeit den Nutzen einer neuen, anderen Arbeitsweise entdecken, um die Vorteile und Neuerungen dann auch im Unterricht nutzbar machen zu können. Sie müssen Autos kennenlernen, um nicht mehr nach schnelleren Pferden zu rufen. Ein solches „Auto" kann das kollaborative Arbeiten sein.

16.2 Grundlagen des kollaborativen Lernens

Kollaboration, wie im oben genannten Prezi-Beispiel existiert in zwei Formen:

► **Synchron,** bei der alle in Echtzeit interagieren, wie bei Videokonferenzen, Online-Präsentationen oder über Instant Messaging.
► **Asynchron,** wobei die Interaktion orts- und zeitunabhängig erfolgen kann, z. B. beim Erstellen von Dokumenten in der Cloud oder bei Anmerkungen in gemeinsamen, geteilten Ablagen oder bei der Erstellung von Beiträgen in einem Wiki.

Gemeinsame virtuelle Arbeitsbereiche gehören zu den sichtbarsten Elementen im Bereich der Kollaboration. Sie zielen auf die gemeinsame Erstellung und Bearbeitung von Arbeitsergebnissen. Die Plattform *Google Workspace* von Google setzt z. B. diese Idee konsequent um. In sogenannten geteilten Ablagen können kollaborativ erstellte Dokumente zur Verfügung gestellt werden und alle zur Ablage gehörenden Mitarbeitenden können die enthaltenen Dokumente je nach Freigabeeinstellung kommentieren, bearbeiten oder Verbesserungsvorschläge machen. Dies kann sowohl synchron als auch asynchron passieren. Es ist eine komplett andere Arbeitsweise als die bisher gewohnte: Anstatt ein kommentiertes Dokument zu verschicken, wird das Dokument in der Cloud erstellt und kann hier bearbeitet werden. Alle Mitarbeitenden haben immer die aktuelle Version der Datei zur Verfügung. Arbeitsprozesse werden so auch sichtbar gemacht.

Eine andere Sichtbarmachung von Arbeitsprozessen und -ergebnissen sind Wikis. Sie sind vielleicht am besten als Online-Enzyklopädien zu bezeichnen. Es handelt sich dabei um Anwendungen, mit denen Benutzer Inhalte mit einem Webbrowser frei erstellen, bearbeiten und neu organisieren können. Das vielleicht bekannteste Beispiel für diese Art von Kollaborationstool ist Wikipedia. Ein anderes Tool, welches den Wiki-Gedanken für Verwaltungen und Firmen konsequent umsetzt, ist z. B. *Confluence* von Atlassian.

Die Vor- und Nachteile von Wikis bestehen darin, dass mehr oder weniger alle alles dort eingeben können – Wikis sind also zwar eine sehr gute Möglichkeit, das Wissen der Mitarbeitenden zu erfassen und weiterzugeben, aber sie müssen auch überprüft werden, um sicherzustellen, dass nichts Falsches (absichtlich oder unabsichtlich) in sie hineingeschrieben wird. Zu beobachten ist allerdings, dass gut besuchte Wikis im Laufe der Zeit aufgrund der Selbstkontrolle der Nutzenden tendenziell eine recht hohe Qualität aufweisen.

Richtig angewandt, kann kollaboratives Arbeiten die folgenden Dinge fördern:

▶ **Zugehörigkeitsgefühl** – Man wird Teil einer funktionierenden Einheit mit einem gemeinsamen Ziel.

▶ **Motivation** – Man strebt einen Konsens bei der Problemlösung oder Entwicklung an.

▶ **Selbstsynchronisation** – Die Mitarbeitenden entscheiden selbst, wann etwas wie geschehen muss.

▶ **Beteiligung** – Man beteiligt sich an der Kollaboration und erwartet, dass sich andere ebenfalls beteiligen.

▶ **Vermittlung** – Man verhandelt über Inhalte, arbeitet zusammen und findet ggf. einen Mittelweg.

▶ **Reziprozität** – Man teilt und erwartet eine Gegenleistung durch Gegenseitigkeit.

▶ **Reflexion** – Man überdenkt und erwägt Alternativen.

▶ **Engagement** – Man engagiert sich proaktiv, anstatt abzuwarten.

16.3 Effekte kollaborativen Arbeitens im Kollegium

Viele der genannten positiven Effekte konnte ich in meinem eigenen Kollegium beobachten, als wir das Arbeiten an meiner Schule auf eine kollaborative Plattform umgestellt hatten. Nachdem unsere Mediengruppe an mehreren pädagogischen Tagen das Kollegium in die Arbeit mit der Plattform eingewiesen hatte und auch schon kleinere

Produkte erstellen ließ, war unser erstes großes gemeinsames Projekt die Aktualisierung des Schulprogramms. Zuvor war es so gewesen, dass eine Lehrerin für das Sammeln von Schulprogrammaktualisierungen zuständig war. Ihr wurden Artikel in den verschiedensten Dateiformaten und Formatierungen zugeschickt, die sie teilweise auch nicht öffnen konnte. Es kam zu vielen Rückfragen und auch zu einigem Durcheinander, weil auch verschiedene Versionen von Aktualisierungen im Umlauf waren. Von der sehr aufwändigen Arbeit der Formatierung des umfangreichen Dokuments mal ganz zu schweigen. Wir nahmen also unser altes Schulprogramm und gaben es an alle Kollegiumsmitglieder frei. Alle hatten Zugriff darauf und konnten ihren Teil ggf. anpassen und andere Teile mit Kommentaren versehen. So wurde das Dokument zu einem gemeinsamen Dokument und bestand nicht nur aus Einzelteilen. Ein gewisser Fertigstellungsdruck entstand so auch, weil nun jeder auch sehen konnte, wie weit die anderen Kolleginnen und Kollegen mit ihren Aktualisierungen gekommen waren. Natürlich war dadurch noch nicht alles gut – aber erheblich einfacher geworden. Man konnte orts- und zeitunabhängig an dem kollaborativen Dokument arbeiten und musste keine aufwändigen Konferenzen abhalten. Trotzdem waren alle involvierter. Wir dehnten dann die Arbeit noch weiter aus auf Teamablagen, in denen kollaborativ erstellte Dokumente gespeichert waren. Schulinterne Curricula wurden auch vermehrt auf diese Art und Weise erstellt. Viele der genannten positiven Effekte von Kollaboration waren hier zu beobachten: Besonders der Aspekt der Beteiligung und der der Motivation fielen hier ins Gewicht.

Hinweis:
Siehe ausführlicher hierzu Kap. 15 Lehrende als Teamplayer – kollegiale Zusammenarbeit unter den Bedingungen der digitalen Transformation

16.4 Kollaboratives Arbeiten im Unterricht

So wie das kollaborative Arbeiten im Kollegium immer mehr Fahrt aufnahm, nahm auch das kollaborative Arbeiten im Unterricht immer mehr Fahrt auf. Ich selber führte ein Projekt mit meinen Schülerinnen und Schüler in einem Englisch Grundkurs in der gymnasialen Oberstufe durch, welches ich hier beispielhaft skizzieren möchte. Die Tools, die ich verwendet habe, sind durch andere austauschbar und dienen hier nur der Verdeutlichung. In dem Projekt sollte es darum gehen, eine Internetseite für eine utopische Gesellschaft zu erstellen. Das Produkt sollte ein multimedial gestaltetes Artefakt sein, was ohne digitale Medien so vorher nicht möglich gewesen wäre.

In der folgenden Tabelle liste ich die notwendigen Arbeiten der Schülerinnen und Schüler auf und gebe auch an, welches digitale Tool verwendet wurde.

Notwendige Arbeiten	Genutztes Tool	Alternatives Tool
Anlegen einer Internetseite	Google Sites	Microsoft® PowerPoint 365, Prezi, Padlet
gemeinsames Finden eines griffigen Namens	Google Docs	Microsoft® Word 365, cryptpad.fr, Padlet
gemeinsame Erstellung einer Unabhängig-keitserklärung: Warum hat sich der Staat gegründet? Was mögt ihr nicht an der derzeitigen Gesellschaft? Warum denkt ihr, dass euer Staat gegründet werden muss? Welche Werte sollte dieser Staat haben?	Google Docs	Microsoft® Word 365, cryptpad.fr, Padlet
gemeinsame Formulierung eines Mottos: Welches Motto sollte der Staat haben?	Google Docs, Canva	Microsoft® Word 365, easel.ly
Erstellung eines Logos/Symbols: Welches Logo/Symbol sollte der Staat haben?	Canva	easel.ly
Einigung auf ein Wappentier inkl. Visualisierung	Canva	easel.ly
Einigung auf gesellschaftliche Regeln	Google Docs	Microsoft® Word 365, cryptpad.fr
Darstellung der Organisation der Regierung	Google Tabellen, draw.io	Microsoft® Excel, cryptpad.fr
Beschreibung eines Tagesablaufs eines Durchschnittsbürgers	iMovie, Adobe Spark Video	mysimpleshow
Erstellung eines Werbevideos für den Staat	iMovie, Adobe Spark Video	mysimpleshow
Führen einer gemeinschaftlichen Vokabel-liste	Google Tabellen	Microsoft® Excel, cryptpad.fr
Peer-Feedback	Google Formulare	Microsoft® Forms, Edkimo

Abb. 1: Projektschritte und digitale Tools (© Cornelsen/Sebastian Knauf)

In diesem Unterrichtsvorhaben betätigten sich die Schülerinnen und Schüler zum ersten Mal in einem Projekt, das vollständig mit digitalen Medien durchgeführt, gestützt und organisiert wurde. In Gruppen arbeiteten alle kollaborativ an derselben Internetseite und konnten sowohl in der Schule als auch von zuhause zu jeder Zeit auf das Projekt zugreifen. Während des Unterrichts waren die Schülerinnen und Schüler mit einer 1:1-Ausstattung an Endgeräten versorgt.

Organisiert wurde das Projekt über den zu Google Workspace gehörenden *Google Classroom,* der maßgeblich dazu beitrug, dass dieses Projekt überhaupt durchgeführt werden konnte: Über den Google Classroom wurden Arbeitsanweisungen und Hilfen gegeben, und ich hatte die Möglichkeit, den Arbeitsprozess der Schülerinnen und Schüler zu begleiten und zu unterstützen. Das Projekt berücksichtigte auch, dass Schülerinnen und Schüler verschiedene Fertigkeiten und Fähigkeiten haben, die sie je nach Interesse anwenden konnten. Was die Leistungsbewertung angeht, so ist im Arbeitsprozess innerhalb von Google Workspace elektronisch nachvollziehbar, wer welche Aufgaben in welcher Qualität bearbeitet hat. Zur Projektplanung und Dokumentation wurde den Schülerinnen und Schülern optional und in Eigenregie die Erstellung eines webbasierten *Gantt Diagramm* empfohlen (auf der Website von agantty.com), wodurch es noch einmal besser möglich ist, die individuellen Arbeitsleistungen und Entwicklungen nachzuvollziehen und zu begleiten. Agile Methoden wie *Scrum* können hier aber auch eingesetzt werden. Der Auf- und Ausbau des Vokabulars wurde durch ein sogenanntes *Vocabulary Log* unterstützt, das sich ebenfalls im Google Classroom befand und von den Schülerinnen und Schüler kollaborativ erweitert und ergänzt wurde. Es handelte sich hierbei um ein *Google Spreadsheet*, in dem es auch möglich ist, Anmerkungen zum Gebrauch der Vokabel zu machen. Dieses Spreadsheet kann z. B. in der App *Quizlet* weiterverarbeitet werden, und es können damit virtuelle Lernkarten mit denen Vokabel auf vielfältige Weisen gelernt werden können, erstellt werden.

Das Unterrichtsvorhaben wollte mit der Erstellung der Websites in besonderem Maße Wissen und Kompetenzen schüler/-innenorientiert in einem Produkt vernetzen. Viele Schülerinnen und Schüler in diesem Kurs hatten zuvor noch nie eine Website erstellt. Auch hatten die meisten noch nie mit Grafik-Software gearbeitet. Diese Fähigkeiten sind besonders auf die berufliche Zukunft der meisten Schülerinnen und Schüler bezogen Kompetenzen, die von besonderer Wichtigkeit sind. Auch für die gesellschaftliche Teilhabe als mündige Bürgerinnen und Bürger sind sie von Bedeutung. Sie spielen im traditionellen Englischunterricht kaum eine Rolle, sind aber eine konsequente Weiterentwicklung der Gedanken und Vorgaben aus dem Strategiepapier der KMK (vgl. Kultusministerkonferenz 2017).

Viele der Anleitungen für dieses Projekt standen als Video-Tutorials bei *YouTube* zur Verfügung, einem Medium, das den Schülerinnen und Schülern sehr vertraut ist. Wie aus einer aktuellen Studie hervorgeht, lernt jede zweite Schülerin und jeder zweite Schüler inzwischen ohnehin schon mit dieser Art von Erklärfilmen (vgl. Rat für kulturelle Bildung 2019). Die Video-Tutorials stehen den Schülerinnen und Schülern dauerhaft zur Verfügung und sie können auch im häuslichen Bereich immer wieder angeschaut werden. So kam auch die Idee des Flipped Classroom (Werner et al. 2018) bei diesem Projekt zum Tragen.

Nach der Präsentation und Begutachtung der Websites sollte Peer-Assessment der Projekte mit *Google Formulare* die Gelegenheit bieten, die Websites zu optimieren und sprachlich zu verbessern. Aus der Evaluation ging zunächst keine Note hervor. Sie beschrieb lediglich den Stand des Projektes und bot Hilfe zur Weiterarbeit oder Überarbeitung.

Beim digitalen Lernen wird oft von „Personalisierung" gesprochen. Personalisierung bedeutet hier, dass sich Schülerinnen und Schüler gezielt nach ihren Fähigkeiten und Interessen ihre Aufgaben auswählen können. Diese Aufgaben sind aber nicht isoliert zu sehen, sondern greifen auch vernetzend in die Aufgaben der anderen Schülerinnen und Schüler hinein. Zudem geben sich die Lernenden auch gegenseitig Feedback und arbeiten kollaborativ zusammen.

Bezüglich der Erstellung von Websites sollte den Schülerinnen und Schülern bewusst werden, wie schnell professionell aussehende Websites gestaltet werden können, die dann ggf. auch sogenannte Fake News verbreiten können. Es soll so auch zum kritischen Denken angeregt und zur Medienmündigkeit beigetragen werden. Die Kultusministerkonferenz bezeichnet in ihrem Strategiepapier *Bildung in der digitalen Welt* (vgl. Kultusministerkonferenz 2017) Medienkompetenz als eine neue Kulturtechnik, die Lesen Schreiben und Rechnen zumindest verändert, wenn nicht sogar eine komplett eigenständige Kulturtechnik darstellt. Als eigenständige vierte Kulturtechnik beschreibt sie sowohl das Bundesministerium für Bildung und Forschung (vgl. Wanka 2017) als auch das MSB in Nordrhein-Westfalen (vgl. Ministerium für Schule und Bildung NRW 2017).

Aus Zeitgründen kam es leider nicht mehr dazu, dass die Schülerinnen und Schüler die Internetseite anderen Kursen in ihrer Schule oder sogar Kursen in einer anderen Schule präsentieren konnten. Dies wäre noch ein weiterer Schritt gewesen, die kollaborativ erstellte Arbeit auch anderen zu präsentieren.

16.5 Bewertungsraster für kollaboratives Arbeiten

Bei der Gestaltung des Kollaborationsrasters wird zwischen individuellem und Gruppenverhalten unterschieden. Obwohl beide für eine erfolgreiche Zusammenarbeit wichtig sind, bietet die Unterscheidung zwischen den beiden Verhaltensweisen nützliche Aufschlüsse darüber, wie der Fortschritt der Lernenden unterstützt und bewertet werden kann.

Das Kollaborationsraster konzentriert sich auf spezifische Aspekte der individuellen Zusammenarbeit. Die Indikatoren sind so gestaltet, dass sie einfach zu verstehen und für die Lernenden mit Hilfe von Peer-Evaluation umzusetzen sind. Gleichzeitig ist es für die Gruppenarbeit vorteilhaft, diese Indikatoren vorher zu kennen.

Die Anzahl der Indikatoren in diesem Raster macht es unwahrscheinlich, dass eine Lehrkraft sie in ihrer Gesamtheit verwenden kann. Man kann sich eher dazu entscheiden, sich auf bestimmte Zeilen pro Projekt zu konzentrieren, oder eine Schule kann sich auf bestimmte Indikatoren in bestimmten Klassenstufen konzentrieren. Schulen könnten auch Gelegenheiten finden, zusätzliche Kooperations- und Projektmanagementfähigkeiten (z. B. Scrum) einzubringen, um dieses Raster zu erweitern, wenn die Schülerinnen und Schüler als Mitarbeitende immer besser werden. Das Bewertungsraster für kollaboratives Arbeiten ist angelehnt an das Raster, das von New Tech Network (NTN) entworfen worden ist (vgl. NTN 2017). Es befindet sich im Anhang dieses Textes (2).

16.6 Fachbezogene Beispiele kollaborativen Arbeitens

Fremdsprachen

Die Schülerinnen und Schüler arbeiten mit einer anderen Klasse in einem Land der Zielsprache zusammen, um gefährdete Arten in beiden Ländern zu identifizieren und zu vergleichen. Anhand grundlegender Informationen in der Zielsprache erarbeiten die Schülerinnen und Schüler gemeinsam eine multimediale Informationspräsentation für ihre Altersgenossen.

Erdkunde

In Zusammenarbeit mit anderen Klassen der Schule untersuchen die Schülerinnen und Schüler den Wasserabfluss auf ihrem Schulgelände und verwenden Technologien des Global Positioning System (GPS) und des Geographischen Informationssystems (GIS), um relevante Karten zu erstellen. Den Schülerinnen und Schülern werden je nach ihren Interessen und Begabungen spezifische, voneinander abhängige Rollen zugewiesen, darunter Hintergrundforschung, Datenerfassung, GPS- und GIS-Nutzung, Erstellung von Grafiken und Kommunikation der Ergebnisse. Die Schülerinnen und Schüler finden sich in ihren Untersuchungsteams zusammen. Sie treffen sich auch mit Schülerinnen und Schülern anderer Klassen, die ihre Rollen im Projekt teilen (d. h. GPS-Operatoren aus jeder Klasse treffen sich, um ihre Arbeit zu besprechen). Die Schülerinnen und Schüler arbeiten entweder virtuell oder von Angesicht zu Angesicht zusammen, während sie sich an wissenschaftlichen Diskussionen beteiligen und in angemessener Weise Behauptungen, Beweise und Begründungen verwenden.

Mathematik

Die Lernenden bilden Ermittlungsteams. Jedes Team wird gebeten, die Kriminalitätsrate in einer bestimmten Stadt zu untersuchen, die durch die Variable „x" dargestellt wird. Jedes Team formuliert dann eine Frage über eine mögliche Kausalvariable „y". Ein Team könnte z. B. fragen, ob die Kriminalitätsrate in Städten mit einer größeren Polizeipräsenz niedriger oder in Städten mit einer höheren Armutsrate höher ist. Das Team wählt dann 30 bis 40 andere Städte aus, mit denen es die Kriminalitätsrate ihrer Stadt vergleicht. Durch eine Internetsuche sammeln sie Daten zu x und y. Wenn die Teammitglieder ihre Daten zu schwer zugänglich finden, erwägen sie eine Überarbeitung der Frage. Wenn sie beispielsweise keine geeigneten Daten über die Armutsraten finden, können die Teammitglieder beschließen, die Anzahl der Polizeikräfte zu untersuchen. Die Teammitglieder analysieren die von ihnen gesammelten Daten, definieren die Beziehung zwischen x und y und diskutieren Fragen wie die Zuverlässigkeit der Daten, ihre statistische Signifikanz und die Gültigkeit der Quellen. Jedes Team bereitet eine Präsentation vor, in der die Ergebnisse und die Schlussfolgerungen der Teammitglieder erläutert werden.

Deutsch

Die Schülerinnen und Schüler arbeiten mit Senioren in einem digitalen Erzählworkshop zusammen. Die Teams erwecken eine Geschichte aus der Geschichte einer Person zum Leben, während sie beim Schreiben und Erstellen des Videos zusammenarbeiten, einschließlich der Aufnahme der Erzählung und der Auswahl von Bildern und Musik. Die Schülerinnen und Schüler präsentieren die fertigen Videos in einem gemeinschaftlichen Filmfestival. Jedes Team entwirft im Voraus Kriterien für die Bewertung ihres Videos und benotet seine Arbeit entsprechend. Die Schülerinnen und Schüler zeigen die Fähigkeit, effektiv mit verschiedenen Teams zusammenzuarbeiten.

16.7 Fazit

Zusammenfassend kann gesagt werden, dass die schnellen Pferde eher auf der Hardware-Ebene zu finden sind: Geräte, mit denen Tafeln und Overheadprojektoren ersetzt werden, auf denen in PDFs umgewandelte Schulbücher gespeichert sind und somit die Schulranzen leichter machen, die mit Stift genutzt werden können und somit Papier ersetzen und mit denen vielleicht sogar Arbeitsprozesse schneller funktionieren. Einige mögen diese Vorteile als Mehrwert bezeichnen – eine Veränderung von Unterricht bringen diese Dinge allerdings nicht mit sich. Tatsächlich stellt sich hier die Frage, ob diese Vorteile, die nur einen graduellen Unterschied bieten, die riesigen Investitionen in Hardware rechtfertigen. Eine Kollaborationsplattform allerdings bietet die Möglichkeit, einen kategorialen Unterschied für Organisation und Unterricht zu bieten, und somit keine Pferde mehr zu reiten, sondern ein Auto zu fahren, mit dem auf einmal Dinge möglich sind, die mit einem Pferd nicht erreichbar gewesen wären.

Somit erübrigt sich auch die Forderung nach *Pädagogik vor Technik*, denn durch die Technik werden für die Pädagogik Dinge möglich, die so vorher nicht möglich gewesen wären. Bleibt man allerdings bei der Denkweise Pädagogik vor Technik, dann werden es kollaborative Arbeitsweisen in Zukunft sehr schwer haben. Damit wird das Potenzial kollaborativer Prozesse im Hinblick auf z. B. Involviertheit, Personalisierung, Einbindung aller oder die Öffnung von Klassenräumen über die physischen Schulgrenzen hinaus nicht ansatzweise angezapft. Natürlich bedeutet diese Arbeitsweise auch, dass sich die Lehrerinnen und Lehrer auch umstellen müssen. Dadurch, dass Arbeitsprozesse nun auch so sichtbar sind, können sie auch erheblich früher Hilfestellungen bieten und immer mehr die Rolle eines Lerncoaches übernehmen.

Als eines der 4K des 4K-Modells (vgl. P21-Netzwerk 2019) ist Kollaboration eine der 21st Century Skills, die Schülerinnen und Schüler beherrschen sollten, um in einer globalisierten, technologisierten Welt effektiv und zielgerichtet arbeiten zu können.

Essentielle Aspekte für eine gelingende Kollaboration:

▶ effektiv und respektvoll mit verschiedenen Teams zusammenarbeiten

▶ Flexibilität und Hilfsbereitschaft üben, um notwendige Kompromisse zur Erreichung eines gemeinsamen Ziels einzugehen

▶ gemeinsame Verantwortung für die gemeinsame Arbeit übernehmen und die individuellen Beiträge jedes Teammitglieds zu schätzen (vgl. P21-Netzwerk 2019a)

Es bleibt noch zu sagen, dass fast jede App auch so nutzbar ist, dass sie keinen kategorialen Mehrwert bringt, sondern lediglich einen graduellen. Ich kann mein webbasiertes Textverarbeitungsprogramm auch einfach nur so nutzen, dass Schülerinnen und Schüler in Einzelarbeit einen Aufsatz schreiben, den sie mir ausdrucken und ich gebe ihn dann korrigiert zurück. Ich kann aber mit demselben Programm auch kollaborative Prozesse anregen und bei Arbeitsprozessen Hilfestellungen geben. Hierbei ist es unwesentlich, mit welchen Geräten die Schülerinnen und Schüler arbeiten: Es genügt ein ganz billiger alter Laptop. Sogar kollaboratives, cloudbasiertes Editieren von Videos geht inzwischen. Teure Geräte ohne kollaborative Plattformen sind Porsches ohne Motor, die locker von jedem Lada überholt werden. Auch Lernmanagementsysteme ohne kollaborative Möglichkeiten sind eigentlich nur schnellere Pferde.

Anhang:

(1) Zusammen mit einem Datenschutzbeauftragten erstellten wir eine durch Eltern zu unterschreibende Nutzungsvereinbarung, die datenschutzrechtliche Fragen berücksichtigt. Die Vorlage hierzu ist auf der Internetseite von Dirk Thiede (datenschutzschule) unter dem Stichwort „Einwilligungen Schule" zu finden. Sie berücksichtigt auch das Ende des EU-US Privacy Shield.

(2) Bewertungsraster für kollaboratives Arbeiten:

	Neuling	Fortge-schrittene/-r Anfänger/-in	Erfahrene/-r	Expert/-in
Beisteue-rung und Entwicklung von Ideen	Ideen fehlt logische Begründung Begrenzte Anerkennung des Denkens anderer	Teilt seine/ihre Ideen mit anderen und erklärt deren Entstehung Erkennt die Denkprozesse der anderen an	Liefert Ideen oder Argumente mit überzeugenden Gründen Baut auf dem Denken anderer auf	erkennt die Stärken und Grenzen seiner/ihrer Ideen Baut auf dem Denken anderer auf und überprüft, ob andere dem zustimmen
Arbeitsbei-trag in der Gruppe	Teilt seine Ideen ohne zuzuhören oder hört zu, ohne Ideen zu teilen	Ermöglicht eine gleichberechtigte Teilnahme, indem er/sie sowohl Ideen entwickelt, als auch den Ideen anderer zuhört	Ermutigt zur gleichberechtigten Teilnahme, indem er/sie klärende oder sondierende Fragen stellt, Ideen paraphrasiert und das Gruppenden-ken zusammen-fasst	Ermutigt andere aktiv dazu, sich gleichberechtigt zu beteiligen und fördert divergie-rende und kreative Perspektiven
Halten an Gruppennor-men	Befolgt Gruppen-normen und -prozesse, aber nur auf Bitte/ Ermahnung	Versteht und befolgt die von Gruppen geschaffenen Normen und Prozesse	Versteht und befolgt von Gruppen geschaffene Normen und Prozesse und hilft anderen, das Gleiche zu tun	Initiiert die Anwendung von Normen und Gruppenprozessen bei den Treffen

	Neuling	Fortge-schrittene/-r Anfänger/-in	Erfahrene/-r	Expert/-in
Respekt und Ton gegenüber anderen	Zuweilen deuten Worte und Tonfall auf respektvolle Absichten hin, dies ist nicht durchgehend der Fall	Wortwahl und Tonfall deuten auf eine respektvolle Absicht hin, sind aber möglicherwei-se nicht sensibel gegenüber anderen	Worte und Tonfall zeigen Respekt und Sensibilität gegenüber anderen	Zusätzlich zur Fachkompetenz gibt er/sie einfühlend Feedback zu den Worten und den Tonfall anderer, um ein Umfeld des Respekts zu fördern
Positive Körperspra-che und aktives Zuhören	Wendet sich gelegentlich dem/der Sprecher/-in zu oder hört manchmal ohne Ablenkung zu	Sieht den/die Sprecher/-in an und ist nicht abgelenkt, wenn andere sprechen	Wenn andere sprechen, deuten sowohl Körper-sprache als auch verbale Antworten auf Engagement hin	Wenn andere sprechen, deuten Körpersprache und verbale Antworten auf positives Enga-gement hin
Rollenver-ständnis	Kennt seine Rolle, aber erfüllt sie nur zum Teil	Akzeptiert die Rolle und füllt sie aus	Kennt seine/ihre Rolle und die anderer und nutzt dies, um die Wirksamkeit der Gruppe zu maximieren	Nutzt Gruppen-rollen auch als Gelegenheit, Stärken zu nutzen oder Schwächen anzusprechen
Arbeitsethos	Erledigt nur einige zugewiesene Aufgaben Kommt unvorbe-reitet zu Sitzungen	Erledigt alle zugewiesenen Aufgaben fristgerecht Kommt teilweise vorbereitet zu Sitzungen	Erledigt alle zugewiesenen Aufgaben fristgerecht; Arbeit ist qualitativ gut; bringt das Projekt voran Kommt vollständig vorbereitet zu Sitzungen	Legt hohe Standards an Zeitmanagement, Qualität und Eigenverantwor-tung für die Arbeit Die Vorbereitung auf Treffen übertrifft Erwartungen
Unterstüt-zung des Teams	Hilft entweder nicht oder hilft gelegentlich, muss aber gefragt/ermahnt werden	Hilft, wenn andere darum bitten, aber nur dann	Hilft immer, wenn er/sie darum gebeten wird, und bietet anderen manchmal Hilfe an	Versucht aktiv zu verstehen, wie andere vorankom-men und wie sie der Gruppe helfen können

17 Leitungshandeln – Entscheidungen treffen, Impulse geben, Prozesse sichern

Wanda Klee

> „Doch wenn in der post-digitalen Gesellschaft von der ‚Digitalität als Hintergrund des Alltags' (Macgilchrist 2019) gesprochen wird, ist der Schulalltag in der Regel nicht gemeint. Außerhalb der Schule ruft man ‚Oh! Kein WLAN!', innerhalb hingegen: ‚Oh! Ein WLAN!'. Einmal markiert man den irritierenden Ausfall, einmal das überraschende Funktionieren der Technik. Von der Kultur der Digitalität ist die Schule daher weit entfernt." (Krommer 2020, 1)

Schulen als System sind eine der letzten Bastionen, in denen die Transformation in die „Kultur der Digitalität" (Stalder 2016) im günstigsten Fall begonnen, aber noch lange nicht abgeschlossen hat. Um Schule nicht bloß zu digitalisieren, sondern auf allen Ebenen schulischen Lebens aktive Teilhabe an der Kultur der Digitalität zu ermöglichen, kommt es in besonderer Weise darauf an, die Bereiche der Schulentwicklung (Unterrichts-, Personal- und Organisationsentwicklung), sinnvoll miteinander zu verzahnen und Technologieentwicklung und Kooperationen mit in den Blick zu nehmen, wobei insbesondere die Kooperation mit dem Schulträger große Bedeutung gewinnt (vgl. Eickelmann 2020). Diese Verzahnung ist selbstverständlich ein komplexer und langfristiger Prozess, der je nach Schulform und Größe der Organisation unterschiedlich gestaltet werden muss. Entscheidend für das Gelingen ist die klare Zielperspektive, die die Schulleiterinnen und Schulleiter für ihre Schule nicht nur entwickeln, sondern auch allen Prozessbeteiligten transparent kommunizieren müssen. Im Folgenden sollen die wesentlichen Entwicklungsaufgaben in den einzelnen Bereichen aus der Perspektive des Schulleitungshandelns kurz beleuchtet werden. Dabei werden die Entwicklungsfelder nicht einzeln dargestellt, sondern unter dem Blickwinkel der Digitalisierung betrachtet.

17.1 Unterrichts- und Personalentwicklung

Das Kerngeschäft der Schule ist Unterricht. Die Weiterentwicklung von Unterricht steht daher auch im Zentrum schulischer Entwicklungsarbeit und ist damit eine zentrale Schulleitungsaufgabe. Das bedeutet Unterrichtsarbeit permanent zu hinterfragen und zu verändern, damit Schülerinnen und Schüler die Kompetenzen ausbilden, die jenseits von Schule für sie aktive gesellschaftliche Teilhabe ermöglichen und gleichzeitig auf die Abschlussprüfungen vorbereiten, die über weitere Zugangsberechtigungen entscheiden. Diesen Spagat zwischen an den Kompetenzen für das 21. Jahrhundert orientiertem Unterricht und der Vorbereitung auf zentrale Prüfungen zu leisten, wird von vielen Kolleginnen und Kollegen zunehmend als problematisch wahrgenommen.

Die Wende der Bildungspolitik hin zur Kompetenzorientierung in der Folge des sogenannten PISA-Schocks erfolgte unmittelbar nach der Jahrtausendwende. In dieser Zeit begannen auch die ersten zaghaften Versuche, Schulen für die digitale Transformation zu öffnen, die in Wirtschaft und Gesellschaft bereits in vollem Gange war (siehe u. a. Ebay, Amazon, Online-Banking). Vor diesem Hintergrund wurden auch die Anforderungen an Lernen im 21. Jahrhundert neu formuliert.

20 Jahre später mussten wir während der Corona-Pandemie jedoch feststellen, wie prägend *der Stoff* und seine Vermittlung durch die Lehrkräfte geblieben ist. In den Statements aus der Bildungspolitik aber auch in denen von Lehrkraftverbänden tauchten Begriffe wie „Kompetenzerwerb", „individuelle Förderung" oder „selbstgesteuertes Lernen" nicht mehr auf. Stattdessen dominierten Ängste vor den desaströsen Folgen verpasster „Inhalte" für den weiteren Lebensweg der Schülerinnen und Schüler und die Forderung nach Streichungen von „Stoff" in den Lehrplänen für die anstehenden zentralen Prüfungen, deren Aussetzung auch zu Pandemiezeiten niemals zur Diskussion stand. Vor dem Hintergrund der 4K-Kompetenzen werfen sie jedoch größere Probleme auf:

> „Während Kommunikation, Kollaboration, Kreativität und kritisches Denken als Kernkompetenzen für das 21. Jahrhundert ausgerufen werden (vgl. Muuß-Merholz 2017), gilt es unter Abiturbedingungen als Form von Betrug, wenn man mit anderen spricht oder gar zusammenarbeitet." (Krommer 2019a)

Die bildungspolitische Regression auf die Stofffixierung und die damit einhergehende Instruktionsrolle der Lehrkräfte kulminierte im geradezu verbissenen Festhalten der Kultusministerien am Präsenzunterricht, das mit dem Verweis auf das Grundrecht auf Bildung gerechtfertigt wurde, welches nur so angemessen umgesetzt werden könne, obwohl es in verschiedenen Ländern ausgearbeitete Konzepte für hybride Unterrichtssettings mit digitalen Mitteln gibt. Um zu verhindern, dass die Unterrichtsentwicklung in der post-pandemischen Zeit die Richtung des „Stofflückenfüllens" einschlägt, ist es wichtig, an diese bereits bestehenden Konzepte anzuknüpfen. Jenseits der Pandemie muss Unterricht in Schule so entwickelt werden, dass Schülerinnen und Schüler bereits im Unterricht Teil der digitalen Kultur sein können. Wie das konkret umsetzbar ist, wird an anderer Stelle in diesem Buch ausführlich behandelt (siehe u. a. Kap. 5 Lernen mit und über Medien), weshalb ich mich hier kurzfasse und neben den bereits genannten 4K-Definitionen von Jöran Muuß-Merholz nur noch auf Axel Krommers prägnante Zusammenfassung über Prämissen guten Unterrichts in einer Kultur der Digitalität im Sinne Stalders, in denen er die Untauglichkeit von Konzepten „Mehrwert digitaler Medien" und „Pädagogik vor Technik" verweise (vgl. Krommer et al. 2019).

Bedauerlich und ungünstig für die weitere Unterrichtsentwicklung ist, dass diese Schlagwörter, um nicht zu sagen „Kampfbegriffe", den innerschulischen wie gesellschaftlichen Diskurs über Schule in der digitalen Transformation weiter prägen. Viele Eltern stehen dem Einsatz von Smartphones, Tablets oder digitaler Technik im Unterricht skeptisch gegenüber. Das gilt insbesondere für den Grundschulbereich. Ein Teil der Studierenden in der Erwachsenenbildung an Abendgymnasien und Kollegs wünschen sich zum Teil einen stärker instruktiv, durch die Persönlichkeit und Kontrolle der Lehrkräfte geprägten Unterricht ohne „Digitales", mutmaßlich, weil das ihren Unterrichtserfahrungen aus der Vergangenheit eher entspricht. Auch unter Lehrkräften finden sich nicht wenige skeptische Stimmen: Machen Erklärvideos Lehrkräfte überflüssig? Wird die Expertise der Lehrkraft im Unterricht durch Google ersetzt?

Nein, natürlich nicht, aber wenn Schule in der Kultur der Digitalität verankert sein soll, dann setzt das ein Bewusstsein für die Veränderung der Lehrerrolle bei allen Beteiligten voraus: Damit Lehrkräfte Unterricht im Sinne der 4K gestalten können, ist ein entscheidender Faktor, dass sie in ihrer professionellen Rolle aktiv an der Kultur der Digitalität teilhaben, um nicht „stofforientierten Unterricht" zu digitalisieren, denn ein eingescanntes Arbeitsblatt als PDF-Dokument auf einer Lernplattform, das von Schülerinnen und Schülern bearbeitet und von der Lehrkraft korrigiert wird, hat wenig mit zeitgemäßem Unterricht in der digitalen Welt zu tun. Nur wenn sich Lehrkräfte nicht mehr als „Stoffvermittler", „Gatekeeper" von Information und Entscheidungsinstanzen über richtig und falsch definieren, sondern als Anleitende und Unterstützende individueller Lernprozesse, kann das Lernen im Mittelpunkt des Unterrichts stehen und nicht das Lehren. Das bedeutet keinesfalls den Verzicht auf Sachorientierung oder gar Wissenschaftspropädeutik, sondern vielmehr die konsequente Umsetzung der Kompetenzorientierung. Diesen Rollenwechsel deutlich zu machen, zu unterstützen, aber auch konsequent einzufordern, ist Aufgabe von Schulleitung.

Kollaboration, Kommunikation, Kreativität und kritisches Denken muss auch von den Lehrkräften und Schulleitungen geleistet werden. Das ist Ausdruck ihrer Professionalität. Diese muss gleichzeitig von Schülerinnen und Schülern und Eltern als solche erkannt und akzeptiert werden, denn sonst sind Konflikte und Scheitern vorprogrammiert. Eltern, Schülerinnen und Schüler und Studierende, die von Lehrkräften weiter vorwiegend Instruktion erwarten, sehen Phasen von Selbstorganisation im Unterricht, deren Ertrag sich nicht unmittelbar nach 45 Minuten messen lässt, möglicherweise kritisch. Schülerinnen und Schüler melden immer wieder zurück, dass sie kooperatives Arbeiten als anstrengend empfinden. Sie haben ein Recht zu erfahren, warum ihnen diese Anstrengung zugemutet wird, und sie haben ein Recht auf Unterstützung im Lernprozess. Auch hier sind Schulleitungen in ihrer Moderationsfunktion gefordert, denn sie sind mit all diesen Akteuren im Bildungsbereich und ihren unterschiedlichen Einstellungen zur digitalen Kultur permanent konfrontiert. Dies bedeutet vor allem, dem Einzelkämpfer/-innentum entgegenzutreten: Kultur der Digitalität bedeutet, in einer Community zu arbeiten, die Ergebnisse teilt und Arbeitsprozesse transparent macht. Dazu sind Teamstrukturen nötig, sowohl im Kollegium als auch in der weiteren Schulgemeinschaft. Das schließt die offiziellen Mitwirkungs- und Entscheidungsgremien von Schulen selbstverständlich ein. Natürlich ist das ein Prozess, der vergleichbar zur Unterrichtsentwicklung angelegt werden kann. Auch die Kolleginnen und Kollegen müssen die Möglichkeit haben, direkt und systematisch auf Schulentwicklungsprozesse einwirken zu können. Kollaboration und Kooperation lassen sich in der Gestaltung des Prozesses aktiv integrieren. Wie soll unser Medienkonzept aussehen? Wie verankern wir 4K in unserem Unterrichtsalltag? Nachhaltige Entwicklungen lassen sich nicht per Dienstanweisung einleiten, sondern erfordern den Aufbau aktiver Mitwirkung. Schulen, die bereits in Teamstrukturen arbeiten, haben hier einen Vorsprung. Wenn die technischen Voraussetzungen bereits gegeben sind, lässt sich die Konzeptentwicklung direkt mit kollaborativen Tools netzbasiert gestalten. So entsteht bereits im Arbeitsprozess Transparenz, was die Widerstände bei der Verabschiedung über die schulischen Gremien verringert und die spätere Implementation erleichtern kann. Auch hier sollten idealerweise Teamstrukturen bei Unterrichtsplanung, Materialerstellung, kollegialer Hospitation helfen. Zu oft sind Schulleitungen aber gezwungen, dies strukturell zu behindern (Stundenpläne, Zeitfenster), weil die Personaldecke zu dünn ist und für Teamarbeit keine Zeitfenster zur Verfügung stehen.

Die veränderte Rolle der Lehrkräfte in der digitalen Transformation hat aber noch einen weiteren Aspekt: Wie die ICLS-Studie von 2018 zeigt, hängt der Erfolg der Unterrichtsarbeit mit digitalen Medien maßgeblich davon ab, wie Lehrkräfte diese einsetzen. Es ist ein großer Unterschied, ob die Lehrkraft das Smartboard zur frontalen Präsentation nutzt oder ob Schülerinnen und Schüler selbstständig erarbeitete Ergebnisse in eine Präsentation von ihrem Gerät für alle auf das Smartboard streamen, ob alle im Gleichschritt arbeiten oder ob jede/-r Einzelne über digitale Tools und Arbeitsaufgaben individuelle Förderung erfahren kann. Für den effektiven Einsatz digitaler Medien und Tools müssen die Lehrkräfte deshalb sowohl technisch mit ihnen vertraut sein als auch Vertrauen in ihre Wirksamkeit haben. Wie bereits erwähnt, gehören nicht wenige Lehrkräfte zu den Kritikern digitaler Transformation von Unterricht. Neben den bereits erwähnten Diskursen über „Mehrwert" und das „Primat der Pädagogik" wird auch „die Digitalisierung" als Ganzes diskreditiert: Wollen wir Digitalisierung überhaupt? – Diese Frage stellt sich zwar außerhalb von Schulen schon lange nicht mehr, wird in den Schulen aber teilweise noch mit großer Härte geführt. Beispielhaft sei hier auf Manfred Spitzer, Jochen Krautz und Ralf Lankau genannt, deren kritische Thesen sich über die Fachwissenschaft hinaus großer Popularität erfreuen. Ohne an dieser Stelle die Gründe für diese Beliebtheit analysieren zu können, ist es für Schulleitungen wichtig, sich mit den Argumenten zur Schulentwicklung aus dem Lager der „Digitalisierungsgegner" auseinanderzusetzen, weil sich daraus ein großer Teil des Widerstands speist (siehe hierzu ausführlich Kap. 20 Kollegiale und systemische Widerstände).

Neben der für jeden Veränderungsprozess typischen Skepsis zeigt sich in den Kollegien nicht selten, dass viele Lehrkräfte privat wenig bis keine Berührungspunkte mit der digitalen Kultur haben. Twitter, Instagram, YouTube, Blogs, Vlogs, Foren sind für viele Kolleginnen und Kollegen fremde Welten, ohne die sie gut auskommen und deren Nutzung deshalb auch bei ihren Schülerinnen und Schüler kritisch sehen. Privat ist das völlig legitim. Es gilt hier ein Bewusstsein zu schaffen, dass sich Schülerinnen und Schüler diese Haltung nicht erlauben können, weil deren künftige Bildungswelt an den Hochschulen sowie ihre Berufs- und Arbeitswelten bereits jetzt von den Kommunikations- und Arbeitsformen der digitalen *Community* geprägt sind. Teil der professionellen Haltung von Lehrkräften muss es ein, sich dieser Welt zu öffnen und kompetent in ihr als Lehrkraft zu agieren, unabhängig davon, ob man privat Teil digitaler Kultur sein möchte. Auch hier ist die Schulleitung gefragt, diese Professionalität einzufordern. Das schließt den Bereich der Fortbildung ein. In den Schulen wurde die Entwicklung dieser Professionalisierung in Bezug auf die Personalentwicklung nicht zuletzt durch zwei klassische Henne-Ei-Probleme verlangsamt, mit denen sich Schulleitungen in ihrem Arbeitsalltag weiter konfrontiert sehen:

17.2 Henne – Ei 1: Ausstattung und Funktionalität

Die technische Ausstattung der Schulen wird in aller Regel an die Vorlage von Konzepten gebunden, da sie für die Schulträger mit nicht unerheblichen Kosten verbunden ist. Da kann man die Frustration verstehen, wenn man nach fünf Jahren einen Computer aus einer Schule abholt, der bei der erneuten Inbetriebnahme erkennen lässt, dass er niemals benutzt wurde. Warum also investieren, wenn die Lehrkräfte die Geräte gar nicht nutzen? Gleichzeitig bleibt es schwierig, Konzepte zu entwickeln, wenn man die Möglichkeiten der digitalen Technik kaum kennt, weil man privat wenig damit zu tun hat und in der Schule keine Geräte nebst entsprechender Infrastruktur zur Verfügung stehen. Andere Lehrkräfte verweigern sich ihrerseits nicht zu Unrecht, wenn sie ihre privaten Geräte in der Schule einsetzen müssen und ihre Unterrichtsvorhaben im digitalen Raum aufgrund mangelnder oder schlecht gewarteter Infrastruktur in der Schule immer wieder scheitern. Das hat für diese Kolleginnen und Kollegen desaströse Auswirkungen auf ihre Motivation, digitale Skeptikerinnen und Skeptiker fühlen sich in ihrer ablehnenden Haltung bestätigt. Für die Schulleitung bedeutet das beständige lösungsorientierte Kommunikation mit beiden Seiten ohne Schuldzuweisungen.

17.3 Henne – Ei 2: Aus- und Fortbildung

Schulintern sehen sich Schulleitungen neben grundsätzlichen Begründungen, warum Unterricht auch ohne „das Digitale" gut ist, mit der Forderungen nach umfassenden Fortbildungen konfrontiert: „Ich kann das alles gar nicht. Wie auch. Dafür bin ich nie ausgebildet worden und Fortbildungen gibt es auch nicht." Auch diese Haltungen finden sich in ICLIS 2018 wieder. In der Tat gehört der Umgang mit digitalen Tools und im besten Fall als Teil digitaler Kultur erst seit Kurzem zur Lehramtsausbildung. Fortbildungsangebote gibt es zwar schon länger, die Nachfrage war und ist aber immer stark mit dem Stand der technischen Ausstattung an Schulen verknüpft und findet in der Regel im Rahmen pädagogischer Tage statt, was es nicht leicht macht, die Ergebnisse dieser Fortbildungen in den Teilen des Kollegiums zu verstetigen, die sich aktiv wenig darum bemühen. Auch hier hatten die verschiedenen Shutdown-Phasen im Pandemiejahr 2020/21 Auswirkungen auf Veränderung, denn durch die Unmöglichkeit, größere Veranstaltungen in Präsenz anzubieten oder in der Schule durchzuführen, gab es digitale Formate in Form von Videokonferenzen, Webinaren etc., die den Bildungsministerien mehrerer Bundesländer angeboten wurden. Wenn sie auch vielerorts aus mitbestimmungsrechtlichen Gründen nicht „Fortbildungen" genannt werden durften, so gab es durch diese Formate ein niedrigschwelliges Angebot, sich an Unterricht in der digitalen Kultur insbesondere durch Kommunikation, Vernetzung und Materialaustausch heranzutasten. Ähnliche Formate sind auch in vielen Schulen kollegiumsintern entstanden und können durch Steuergruppen und Schulleitung begleitet und dauerhaft implementiert werden (siehe u. a. Kap. 4 Schulentwicklung 5.0).

Letzteres ist von großer Bedeutung, denn die digitale Kultur verlangt von allen Teilhabenden kontinuierliche Lernbereitschaft. Auch die Fortbildung ist daher zwangsläufig kompetenzorientiert und auf die Selbststeuerungsfähigkeit der Kolleginnen und Kollegen für zukünftige Veränderungsprozesse ausgerichtet, was für viele eine Umstellung bedeutet.

Digitale Tools sind schnelllebig und ändern häufig ihr Erscheinungsbild, verfügen plötzlich über neue Funktionen. Das vertraute Bild der Lernplattform kann morgen aufgrund eines Updates völlig anders aussehen. Damit müssen Lehrkräfte umgehen können und das geht nur, wenn sie ein grundsätzliches Verständnis dafür entwickelt haben, anstatt nach Kochrezept zu arbeiten. Sonst können sie auch den Anforderungen an die Ausbildung von Medienkompetenz im Unterricht, die mittlerweile Teil aller Lehrpläne ist, nicht gerecht werden. Entscheidend ist hier wieder mehr die Haltung als die Technik. Videotutorials sind außerhalb von Schule schon lange Standard. Damit kann Fortbildung zu individuell gewählten Zeiten und im individuellen Tempo erfolgen. Kolleginnen und Kollegen müssen sich darauf einlassen, dass diese Form der Fortbildung in einer Schule, die Teil der digitalen Kultur ist, Teil ihres Berufsalltags ist. Alle Lehrkräfte sind Lernende und auch umgekehrt. Diese Vorstellung ist jedoch nicht selbstverständlich. In der föderalen Bildungswelt der Bundesrepublik Deutschland ist die Verpflichtung zur Fortbildung für Lehrkräfte längst nicht in allen Schulgesetzen der Länder verankert. Fortbildung ist oft freiwillig und kann vom Dienstherrn daher nicht eingefordert werden. Hier ist die Kommunikationsfähigkeit der Schulleitung besonders wichtig, um die Einsicht der Kolleginnen und Kollegen für diese Haltung gegenüber kontinuierlicher Fortbildung zu erreichen. Ein positives Lernklima für die Kolleginnen und Kollegen zu schaffen, ist daher sowohl für die Unterrichts- wie die Personalentwicklung eine entscheidende Aufgabe für Schulleitungen. Dabei haben sich kurze, regelmäßige und niedrigschwellige Angebote von Kolleginnen und Kollegen für Kolleginnen und Kollegen in der Praxis bewährt. Genau wie im Unterricht ist eine positive Fehlerkultur zur Weiterentwicklung wichtig, Kolleginnen und Kollegen müssen sich sicher fühlen, mutmaßlich dumme Fragen immer wieder stellen zu dürfen und Hilfe bei der Selbsthilfe im Umgang mit digitalen Tools und der Unterrichtsplanung für eine digitale Kultur zu erhalten. Auch hier bewähren sich Teamstrukturen, um diese Hilfe bereitzustellen, z. B. in Form von Kolleginnen und Kollegen, die ein Computer-Help-Desk bereitstellen. Das setzt allerdings auch die nötigen personellen und finanziellen Ressourcen voraus, die sich mit einer einmaligen Referentenpauschale für einen pädagogischen Tag nicht abdecken lassen.

17.4 Organisationsentwicklung – und ihre Grenzen

In den beschriebenen Prozessen der Unterrichts- und Personalentwicklung spielt die Schulleitung durch Impulsgabe und Kommunikation eine große Rolle. Die Schulleitung sollte in der internen Kommunikation wie Kollaboration als Beispiel voran gehen. So bereits digitale Kommunikationssysteme an einer Schule vorhanden sind (Schulcould, LMS etc.), ist es Aufgabe der Schulleitung, sie im besten Fall ausschließlich für die schulinterne Kommunikation zu nutzen. Selbstverständlich stehen diese Tools allen Schulangehörigen zur Verfügung. Sie können von allen zur Kommunikation, Vernetzung und natürlich zur Arbeit genutzt werden. Da mobile dienstliche Endgeräte für die Kolleginnen und Kollegen noch nicht überall zur Verfügung stehen, muss natürlich gewährleistet sein, dass alle auf die hinterlegten Informationen über dienstliche Rechner in der Schule zugreifen können und das ausreichend Dienstgeräte zur Arbeit in der Schule zur Verfügung stehen.

Für nicht wenige Schulen ist diese Ausstattung noch ein Problem, an anderen hingegen wurden während der Pandemie Strukturen geschaffen, die es ermöglichen, Dienstbesprechungen oder sogar Konferenzen digital durchzuführen, sodass nicht mehr alle Kolleginnen und Kollegen in einem Raum in der Schule anwesend sein müssen. Diese Zusammenarbeit in Distanz kann den Arbeitsalltag für viele Kolleginnen und Kollegen erheblich erleichtern. Eltern, die ihre Kinder aus der Betreuung abholen müssen, können trotzdem aktiv von zu Hause an einer Dienstbesprechung teilnehmen oder in der Fachkonferenz mitarbeiten. Solche Möglichkeiten über den Notfallbetrieb in Krisenzeiten zu erhalten und systematisch implementieren, ist ein weiterer Schritt auf dem Weg zur Schule in der digitalen Kultur und kann auch Widerstände verringern, wenn z. B. die Vereinbarkeit von Familie und Beruf dadurch erhöht wird.

Jede einzelne Schule ist aber auch Teil einer größeren Verwaltungseinheit, was ebenfalls Auswirkungen auf die konkreten Entwicklungsmöglichkeiten vor Ort hat. Während der Corona-Pandemie zeigte sich auch, dass es Schulen gibt, die die didaktische Entwicklung hin zum Lernen in einer Kultur der Digitalität bereits weiter vorangetrieben haben. Eine noch konsequentere Umsetzung scheiterte teilweise an gesetzlichen oder politischen Vorgaben. Das Bildungssystem als Ganzes ist noch nicht in der Kultur der Digitalität angekommen. Bis dieser Prozess abgeschlossen ist wird es deshalb zwangsläufig immer wieder Hürden für die Entwicklung der einzelnen Organisation geben.

Eine weitere gravierende Auswirkung des starren Makrosystems Bildung ist, dass für den oben beschriebenen strukturellen Wandel zur Schule in der Kultur der Digitalität Schulleitungen in der Regel keine Ressourcen zur Verfügung gestellt werden, denn die bisherigen Bemessungsgrundlagen sehen digitale Transformation nicht vor.

Das gilt insbesondere für die Personalausstattung. Für erfolgreiche Teambildung, die Beteiligung der Fach- und Kollegiumskonferenzen, kollegiale Hospitation, interne Mikrofortbildungen ist Arbeitszeit vonnöten, die es im Schulalltag de facto nicht gibt. Entlastungsstunden für Kolleginnen und Kollegen, die neue, zeitintensive Aufgaben in diesem Entwicklungsprozess übernehmen, gibt es auch nicht. (siehe auch Kapitel 20.2.2 Vergütungssystem f.) Die zur Verfügung stehenden Ressourcen sind in Abhängigkeit von der Schulform und dem Standort ohnehin sehr unterschiedlich. Die Schulleitung muss aus diesen widrigen Bedingungen einen konstruktiven Prozess gestalten, was nicht einfach ist und auch nicht immer erfolgreich sein wird. Hier sind Resilienz und Frustrationstoleranz gefragt. Es besteht immer ein gewisser Handlungsspielraum, um dem gesteckten Ziel ein bisschen näher zu kommen. Wichtig ist es, den Generalkurs zu halten.

17.5 Technische Entwicklung und Kooperationsentwicklungen

Während die Trias von Unterrichtsentwicklung, Personalentwicklung und Organisationsentwicklung als klassisches Venn-Diagramm darstellbar ist, stellen technische Entwicklung und die dafür besonders notwendige konstruktive Zusammenarbeit mit dem Schulträger nicht die Spitze der Entwicklungspyramide dar, sondern sind vielmehr umfassende Elemente. Unterricht in der digitalen Kultur setzt nicht nur die entsprechende professionelle Haltung bei Schülerinnen und Schülern, Lehrkräften und Schulleitung voraus, sondern auch, dass die technische Infrastruktur vorhanden ist, bedürfnisgerecht eingerichtet wurde und regelmäßig zuverlässig gewartet wird. In Kenntnis des Henne-Ei-Problems 1 gilt es mit dem Schulträger zu verhandeln, welche Infrastruktur für die spezifischen pädagogischen Anforderungen der Schule unabdingbar ist. Das kann schon geschehen, bevor das elaborierte schriftliche Konzept fertig vorliegt. Wer z. B. Lehrkräften die Möglichkeit geben will, auch von zu Hause per Videokonferenz an Dienstbesprechungen teilzunehmen oder Videokonferenzen im Unterricht einzusetzen, der muss dafür sorgen, dass das mit Externen technisch in der Schule möglich sind, was vielerorts nicht gegeben ist. Auch für viele Schulträger ist der Gedanke neu, dass alle Schulformen inzwischen IT-Anforderungen formulieren, die man bisher nur von Unternehmen oder großen Berufskollegs gewöhnt war. Das muss aber nicht heißen, dass sie deswegen unwillig sind. Auch hier ist die Kommunikationsfähigkeit der Schulleitung gefragt, die Bedürfnisse der Schule deutlich zu machen und die zeitnahe Umsetzung immer wieder einzufordern.

Insbesondere Einrichtung und Wartung der IT sind dabei personalintensive Faktoren. Zur geforderten Professionalisierung aller Prozessbeteiligten gehört auch, gegenüber Land und Schulträger klarzustellen, dass Einrichtung und Wartung der Infrastruktur nicht in einer Freistunde von einer Lehrkraft geleistet werden können. An Schulen fehlen Fachkräfte für Informatik und Netzwerkadministration vor Ort. Selbst bei Bereitstellung der nötigen finanziellen Mittel, die z. B. über den Digitalpakt zwischen Bund und Ländern nicht erfolgt ist, wird sich dieses Problem kurzfristig nicht lösen lassen, weil der Arbeitsmarkt weder eine ausreichende Zahl geeigneter Kräfte bereithält, noch die große Mehrheit der Schulleitungen die rechtliche Möglichkeit hätte, solche Fachkräfte einzustellen. Der Organisationsentwicklung der einzelnen Schulen steht hier ihre Einbindung in ein hierarchisches System entgegen, in dem zwischen inneren und äußeren Schulangelegenheiten unterschieden wird. Die digitale Transformation hat solche Grenzen außerhalb des Bildungssystems zwar längst verwischt, innerhalb des Systems produzieren sie große zeitliche Verzögerungen durch die Klärung von Zuständigkeiten, Vergabeverfahren etc. (siehe hierzu auch Kap. 20.2.4 Organisationssystem). Die realistische Umsetzbarkeit der Entwicklungsarbeit in den Schulen ist vor diesem Hintergrund sehr genau zu planen. So erspart man sich und dem Kollegium unnötige Frustration, die sich langfristig nur negativ auf die Motivation für die weitere Schulentwicklung auswirkt.

Ist die Infrastruktur aufgebaut, ergeben sich, um beim Beispiel der Videokonferenzen zu bleiben, große Möglichkeiten, Schule zu öffnen und die Welt niedrigschwellig in den Unterricht zu holen, z. B. durch Konferenzen mit Partnerschulen im Ausland, Praktikumsbericht life im Betrieb oder durch das Zuschalten externer Expert/-innen in eine unterrichtliche Diskussionsrunde.

Was ist Ziel und Erfolgskriterium der Schulleitungsarbeit im Prozess der digitalen Transformation? Neben den konkreten Evaluationen der Einzelprozesse, die sich selbstverständlich durch die Messbarkeit ihrer Ziele definieren müssen, vielleicht, dass die Grenze zwischen Schule und der außerschulischen Welt im Hinblick auf die Teilnahme an der digitalen Kultur erkennbar immer ein bisschen kleiner wird und eher früher als später nicht mehr wahrnehmbar ist.

18 Elternmitwirkung – Unterstützung annehmen, Bedenken ernst nehmen

Silvia Untenberger

Schon Kaiser Wilhelm II. war sich sicher, dass das Automobil eine vorübergehende Erscheinung sei und sich das Pferd als Transportmittel durchsetzen würde. Und Bill Gates' Prognose, das Internet sei nur ein „Hype", war zwar zeitlich gesehen deutlich näher an der Digitalisierung, aber fundamental genauso falsch. Die Zukunft hat beide Auffassungen widerlegt. Innovation heißt Erneuerung, trägt zwingend Veränderungen in sich und löst damit Unsicherheit aus. Daraus resultieren Bedenken und Widerstände, die umso größer ausfallen, je größer der Einfluss auf die gewohnten Lebensumstände wird. Folglich sind diese ein fester Bestandteil aller Innovationsprozesse und erfordern eine tiefgreifende Analyse der Hintergründe und Ursachen.

18.1 Bedenken und Einwände ernst nehmen

Bedenken und Einwände werden in der Regel als Störenfriede wahrgenommen. Sie können aber auch als Impulsgeber dienen und den Digitalisierungsprozess positiv beeinflussen. Dabei reagieren Menschen – geprägt durch eigene Erlebnisse und der eigenen Persönlichkeit – sehr unterschiedlich auf Veränderungen. Eine gängige Einteilung in verschiedene Innovationstypen mit unterschiedlichen Reaktionsweisen liefert Everett M. Rogers in seiner Diffusionstheorie (1962, vgl. Sliwka 2011).

► Ausgangspunkt eines Innovationsprozesses sind sogenannte Innovator/-innen, die nicht nur eine neue, spannende Idee haben, sondern diese auch umsetzen wollen. Unternehmer/-innentum und Risikobereitschaft sind dabei klassische Persönlichkeitsmerkmale.

► Ihnen folgen die *early adap*tor meist in einem frühen Stadium der Entwicklung. Dadurch können sie auf den Innovationsprozess Einfluss nehmen, entwickeln sich zum/zur Meinungsführer/-in und wirken positiv auf Dritte.

► Mehr Aufwand erfordert es dagegen, die dritte Gruppe eines Veränderungsprozesses, die *early majority* zu überzeugen. Der Fokus muss hier auf die inhaltliche Überzeugung gelegt werden. Typische Fragen sind dabei, welcher Mehrwert entsteht, welche positiven Veränderungen damit einhergehen und wo ggf. auch bereits eine Umsetzung im Sinne einer Beweisführung erfolgt ist. Im Grunde ist dieser Innovationstyp offen für Veränderungen. Zur Überzeugung bedarf es allerdings einer positiv-sachlichen und argumentativ überzeugenden Auseinandersetzung.

▶ Die sogenannte *late majority* dagegen braucht – basierend auf der Einstellung, dass es bisher auch ohne diese Veränderungen „gut gegangen ist" – neben der inhaltlichen Diskussion auch einen gewissen Druck durch andere Beteiligte, um sie zu gewinnen. Sie vertreten ihren Standpunkt auch argumentativ.

▶ Die Skeptiker/-innen oder Widerständler/-innen sind bis zuletzt der Innovation gegenüber kritisch eingestellt. Sie sind oft in der Minderzahl, trotzdem sehr anstrengend und zeitintensiv und stehen der Veränderung bis zuletzt abwehrend gegenüber (vgl. Sliwka, 2011).

Abb. 1: Innovationstypen und Reaktionsmuster auf schnellen Wandel nach E. M. Rogers (© Hauke Pölert/Clara Henschel 2019; CC BY-SA 4.0)

Diese hier skizzierten Innovationstypen finden sich grundsätzlich bei allen Beteiligten im schulischen Digitalisierungsprozess. Dabei scheint die Situation rund um die Corona-Pandemie dazu zu führen, dass bei allen Gruppen der Innovationsprozess tendenziell positiver beurteilt wird. Die Innovationstypen verschieben sich – um im Bild der obigen Grafik zu bleiben – nach links, Widerstände nehmen ab.

Hinsichtlich der Digitalisierungsbereitschaft und Innovationskraft in der *Lehrer/-innenschaft* wirkt die Corona-Pandemie wie ein Brennglas! Unterschiedlichste Kenntnisse und – fast noch wichtiger – große Differenzen in der Umsetzungsbereitschaft werden offensichtlich.

Mit dem plötzlichen Wegfall des traditionellen Präsenzunterrichts standen alle Lehrkräfte vor der Frage, wie sie ihren Lehrauftrag wahrnehmen konnten. Einheitliche Richtlinien, Leitplanken oder auch Hard- und Software waren nicht vorhanden. In der Folge gab es große Unterschiede in der Begleitung des sog. Homeschoolings. Eine Lehrendengruppe, häufig mit hoher IT-Affinität, fand schnell neue und innovative Wege, über Kommunikationsplattformen wie Zoom oder MS Teams mit Schülerinnen und Schülern im Kontakt zu bleiben und Fernunterricht zu gestalten. Genauso schnell waren sie in der Lage, Arbeitsmaterial über Plattformen nicht nur zur Verfügung zu stellen, sondern auch die Bearbeitung nachzuhalten und die Arbeitsergebnisse zu kontrollieren. Das Engagement hierfür ist durchaus bemerkenswert, da viele Kenntnisse und Fähigkeiten privat angeeignet werden mussten, viele Fragen nach privater Hard- und Software noch nicht beantwortet waren und Erfahrungen mit virtuellem Unterricht fehlten. Andere Lehrkräfte wiederum konnten oder wollten sich auf die neue Situation nicht einstellen. Ihre Schülerinnen und Schüler waren aufgefordert, z. B. per Post oder E-Mail versandte Arbeitsbögen zu bearbeiten, digitale und innovative Lernformen fanden hier gar nicht statt. Hier braucht es eine intensivere Auseinandersetzung mit den Chancen und Risiken des virtuellen Unterrichts (*early majority*) bzw. auch einen gewissen Druck, um die Veränderungen anzunehmen und umzusetzen (*late majority*). Doch dieser Druck ist bereits da! Durch die Corona-Pandemie kann keine Lehrkraft mehr abwarten und muss sich aktiv mit der Begleitung des Distanz- oder Hybridunterrichts auseinandersetzen, denn eine Beschränkung des Präsenzunterrichts ist jederzeit wieder möglich.

In der *Schüler/-innenschaft* ist die Bereitschaft zur Digitalisierung in der Regel hoch. Dabei ist es jedoch wichtig, die Motivation für diese Bereitschaft zu analysieren und zu hinterfragen. Während man z. B. in der Schüler/-innenvertretung eine Auseinandersetzung mit Fragen zum digitalisierten Unterricht erwarten kann und gerade die älteren Schüler/-innenvertretenden den Nutzen digitaler Innovationen durchaus positiv bewerten, besteht auf der anderen Seite die Gefahr eines missverständlichen Digitalisierungsverständnisses. Wenn Schülerinnen und Schüler Digitalisierung eher als Statussymbol (eigenes Tablet) als Mittel zum „Spaßunterricht" verstehen, dann hat das mit einer positiven Einstellung zu digitaler Schule wenig zu tun. Wenn neue Hardware und eine WLAN-Verbindung an der Schule eher für Social-Media-Aktivitäten, die adhoc-Verbreitung von Fotos und Videos oder im schlimmsten Fall zu Cyber-Mobbing oder -Attacken führt, dann muss auch bei den Schülerinnen und Schülern trotz digitaler Affinität verstärkt um den „richtigen", d. h., pädagogischen Wert digitaler Schule gekämpft werden. Auch die Nachzügler/-innen im Prozess finden sich bei den Schülerinnen und Schülern. Hier stehen Fragen nach Finanzierbarkeit oder auch Ängste um eigene schulische Leistungen in der neuen Welt im Fokus. Auch nehmen Kinder teilweise die Ängste und Sorgen der Eltern auf.

Diese Beispiele zeigen: Innovator/-innen und Skeptiker/-innen gibt es in beiden Gruppen, es gibt immer Personen, die auf Umstände schnell reagieren, Veränderungen anstoßen und umsetzen, aber auch jene, die viel Unterstützung benötigen. Dazu muss berücksichtigt werden, dass sich die Technik in Hard- und Software immer schneller entwickelt und daher Orientierungslosigkeit und Überforderung entstehen können.

Die dritte Gruppe im Rahmen der schulischen Mitwirkung, die Elternschaft, ist von den Auswirkungen der Pandemie aufgrund der beschriebenen Umstände zwangsläufig ebenfalls stark betroffen, denn sie musste seit Beginn der Pandemie die wegbrechende Betreuung und den fehlenden Schulunterricht auffangen. Anders formuliert waren die Eltern die Leidtragenden der fehlenden Rahmenbedingungen für digitalen Unterricht und ein funktionierendes Lernen in Distanz. Und auch hier zeigen sich Differenzen im Umgang mit der neuen Situation. Während einige Familien ihre Kinder beim Lernen unterstützen können und wollen, sind andere mit den Anforderungen überfordert und die Kinder auf sich allein gestellt.

Es muss uns bewusst sein, dass die Eltern einen erheblichen Einfluss auf den digitalen Transformationsprozess an Schulen haben – unsere Aufgabe besteht darin, ihnen einen festen und dauerhaften Platz im Innovationsprozess einzuräumen. Vor diesem Hintergrund soll im Folgenden ein differenzierterer Blick auf die Elternschaft geworfen werden.

18.2 Eltern und Erziehungsberechtigte – eine zentrale Säule der schulischen Mitwirkung

Eltern als auch Schule haben gleichermaßen den Erziehungsauftrag zu erfüllen: Kinder in der Entwicklung zu fördern und zu einer eigenverantwortlichen und gemeinschaftsfähigen Persönlichkeit zu erziehen. Es wäre wünschenswert, dass Eltern den digitalen Veränderungen offen gegenüberstehen, doch häufig finden sich Bedenken und Widerstände, die sehr unterschiedliche Ursachen haben können. Finanzielle Sorgen, fehlende private Infrastruktur, Mangel an Zeit oder Interesse, gesundheitliche Aspekte, mangelnde (Sprach-)Kenntnisse und Unsicherheiten – eine gelungene Weiterentwicklung digitaler Schulen wird nur erfolgreich sein, wenn diese Ängste und Widerstände ernst genommen und in einem ganzheitlichen School-Life-Ansatz gemeinsam Lösungen gesucht werden. Wie aber kann man Eltern und Erziehungsberechtigte am Digitalisierungsprozess als *Enabler* beteiligen und konstruktiv mit ihren Bedenken umgehen?

18.2.1 Von Enablern bis zu Blockierenden – die Rolle der Eltern im digitalen Transformationsprozess

Dass Eltern die Erziehung ihrer Kinder und ihre Entwicklung von der frühen Kindheit an über die schulische Begleitung hinaus maßgeblich beeinflussen, ist natürlich nicht neu. Damit haben sie auch einen wesentlichen Einfluss auf die Medienkompetenz ihrer Kinder. Welch entscheidender Anteil den Eltern jedoch dabei zukommt und wie groß der Unterschied zwischen treibenden und hemmenden Einflüssen der Eltern ist, wurde gerade in der Zeit deutlich, in der aufgrund der Corona-Pandemie der Präsenzunterricht wegfiel und durch Homeschooling ersetzt werden musste.

„Enabler-Eltern"
Im Juni 2020 veröffentlichte die TU Dortmund eine Studie, zu der etwa eintausend gut situierte Haushalte zu ihrem Umgang mit Homeschooling befragt wurden. Diese waren vielfach in der Lage, genaue Auskünfte über schulische Aufgaben in den verschiedenen Unterrichtsfächern oder auch durchgeführte Videokonferenzen zu geben. Sie wussten ebenfalls, ob und welches Feedback von den Lehrenden zu den bearbeiteten Aufgaben erfolgte (vgl. Steinmayr 2020). Die digitale Welt hat dort bereits im privaten Kontext Einzug gehalten, Hard- und Software steht daher schnell auch für schulische Themen zur Verfügung. Weiterhin verfügten diese Enabler-Eltern über – teils auch eher klassischer Rollenverteilung entspringend – ausreichend Zeit für die Begleitung der Kinder und auch über passende Räumlichkeiten, um ungestört schulische Aufgaben erledigen zu können. Und nicht zu vernachlässigen ist auch, dass diese Elterngruppe häufig gerade auch eigene Erfahrungen mit dem Homeoffice sammeln konnte.

Die Motivation, ihren Kindern eine möglichst gute Schulbildung zu ermöglichen, macht diese Eltern zu *early adaptors* im digitalen Innovationsprozess an Schulen. Auch der Erziehungswissenschaftler und Homeschooling-Experte Volker Ladenthin bestätigt, dass viele Eltern als heimische Schulassistenz oder auch Nachhilfe tätig waren (vgl. Stoldt 2020). Im Schulalltag übernehmen diese Eltern häufig Aufgaben des Klassen- oder Schulpflegschaftsvorsitzes, sind Meinungsführende und treiben den Digitalisierungsprozess maßgeblich mit an. Sie übernehmen dabei häufig die Aufgabe, den Kontakt zu Fördervereinen, Sozialarbeiter/-innen oder weiteren Institutionen aufzunehmen, um möglichst Chancengleichheit für alle Kinder zu gewährleisten. Während diese Elterngruppe ihre Kinder unter diesen Rahmenbedingungen als Enabler unterstützt, fehlt es anderen Eltern bereits an genau diesen Bedingungen.

„Blockierenden-Eltern"

Mangelnde digitale Ausstattung wie PC, Tablet oder auch Drucker, keine oder schlechte Internetanbindung oder das fehlende eigene Kinderzimmer machen Homeschooling zu einer großen Herausforderung für Eltern, die ihr Kind unter diesen Bedingungen fördern wollen. 75 m², 3,5 Zimmer, vierköpfige Familie sind sicher keine ungewöhnlichen, gleichsam aber hemmenden Bedingungen für Eltern in der schulischen Unterstützung ihrer Kinder. Kommen Faktoren wie Berufstätigkeit von Mutter und Vater oder alleinerziehende Elternteile hinzu, fehlt es häufig auch an Zeit und Kraft, die Kinder schulisch zu begleiten – selbst bei vorhandener Motivation werden die Eltern nicht selten umstandsbedingt zu Blockierenden.

Eine weitere Elterngruppe sieht es gar nicht als erzieherische Aufgabe, ihr Kind in der schulischen Entwicklung zu unterstützen und grenzt den Bildungsauftrag klar vom Erziehungsauftrag ab. Sie fordern schnelle staatliche Lösungen für optimale Ausbildung – auch in Sondersituationen wie der Corona-Pandemie – und verweigern eine familiäre Unterstützung in Bildungsfragen. Auch diese Elterngruppe blockiert – allerdings sehr bewusst – den digitalen Innovationsprozess.

Weiterhin führen mangelnde Sprachkenntnisse zu Problemen beim Homeschooling. Eltern, die der deutschen Sprache nicht ausreichend mächtig sind, setzen sich auch mit dem Thema Digitalisierung nicht auseinander, da die sprachlichen Barrieren zu groß sind. Und letztlich gibt es Eltern, denen die schulische Ausbildung ihrer Kinder weitgehend gleichgültig ist und die nicht zu finanziellen Investitionen in die Ausbildung ihrer Kinder bereit sind.

18.2.2 Die Angst vor gesundheitlichen Risiken

Zu einem mittlerweile sehr großen Diskussionsthema ist gerade im Corona-Jahr 2020 auch die Frage nach den gesundheitlichen Risiken geworden. Die Zahl der Eltern, die der zunehmenden Digitalisierung aufgrund gesundheitlicher Risiken kritisch gegenüberstehen, hat stark zugenommen. Da seit Beginn der Corona-Pandemie Unterrichtsinhalte verstärkt digital vermittelt wurden und parallel alternative Freizeitmöglichkeiten zumindest temporär eingeschränkt waren, hat sich die Zeit der Kinder, die sie mit Handy, PC, Tablet, Spielkonsolen etc. verbringen, deutlich erhöht. Nach einer Untersuchung der Krankenkasse DAK-Gesundheit gemeinsam mit Forschern des Deutschen Zentrums für Suchtfragen des Kindes- und Jugendalters am Universitätsklinikum Hamburg-Eppendorf (UKE) haben Kinder und Jugendliche während des ersten

Corona-Lockdowns 75 % mehr Zeit mit digitalen Spielen verbracht (vgl. Stock 2020). Mit diesem Anstieg nehmen natürlich auch die Sorgen vor gesundheitlichen Schäden aufgrund exzessiver Nutzung digitaler Medien zu. Angesichts der dazu kursierenden unzähligen Meinungen und Ratschläge ist es eine große Herausforderung für Eltern, hier den richtigen Weg zu einer fördernden und nicht pathologischen Mediennutzung zu finden (vgl. Siegfried und Wanders, 2019, 13). Dazu passt eine Umfrage der DAK unter 12- bis 17-jährigen Jugendlichen in Deutschland. Demnach verbringt diese Altersgruppe im Durchschnitt fast drei Stunden in sozialen Netzwerken, knapp 3 % der Jugendlichen sind bereits süchtig danach (vgl. Spitzer 2020,15). Und eine Studie des Deutschen Zentrums für Suchtfragen gemeinsam mit der DAK-Gesundheit im Jahr 2019 weist 465.000 Jugendliche als sogenannte Risiko-Gamer aus (vgl. van Au 2019). Daher ist es mehr als verständlich, dass die Weltgesundheitsorganisation (WHO) im Jahr 2018 die *Computer- und Online-Spielsucht* als Krankheit anerkannt hat (vgl. Spitzer, 2020, 15 f.) und viele Eltern die Social-Media-Nutzung ihrer Kinder kritisch oder zumindest indifferent betrachten.

„Mein Kind war bereits vor Corona eher ein Stubenhocker und viel mit Handy und Konsole beschäftigt. Das ist jetzt nochmal mehr geworden und ich mache mir Sorgen, dass das zur Sucht wird" – Aussagen wie diese von betroffenen Eltern verdeutlichen die Relevanz dieser Studien und die Notwendigkeit, hier einen guten Mittelweg zwischen der Nutzung digitaler Geräte und analogen Formaten mit persönlichen Kontakten zu finden.

Neben der Suchtgefahr beeinflusst die Nutzung von Handy und Co. auch das *Schlafverhalten*, wie eine groß angelegte norwegische Studie mit rund 10.000 Jugendlichen nachgewiesen hat. Dabei wurden drei Einflussfaktoren festgestellt. Zum einen verdrängt die Zeit am Handy schlicht die notwendige *Schlafenszeit*. Weiterhin führen die Inhalte häufig zu *Unruhe und Erregung*, was das Einschlafen erschwert und drittens beeinträchtigt das (bläuliche) Licht der Bildschirm die Ausschüttung des Schlafhormons *Melatonin* (vgl. Spitzer 2020, 26).

Auch die Frage, ob der verstärkte Medienkonsum allgemeine körperliche Entwicklungen negativ beeinflusst, beschäftigt viele Eltern.

„Mein Kind ist *übergewichtig* – ich mache mir Sorgen, dass sich das noch weiter verstärkt." Diese Angst ist durchaus berechtigt, wie die BLIKK-Medienstudie – Bewältigung, Lernverhalten, Intelligenz, Kommunikation, Kommunikation (vgl. Bundesgesundheitsministerium 2017) bereits 2017 aufgezeigt hat. Hier wurden über 5.500 Eltern und Kinder zum Umgang mit Medien befragt und gleichzeitig beim Kinderarzt bzw. der Kinderärztin die körperliche, entwicklungsneurologische und psychosoziale Verfassung dokumentiert. Dabei waren Zusammenhänge zwischen starkem Medienkonsum und Konzentrationsschwäche oder motorischer Hyperaktivität genauso nachzuweisen wie erhöhte Body-Maß-Indizes aufgrund des Konsums zuckerhaltiger Getränke und Süßigkeiten allgemein (vgl. Bundesärztekammer 2017).

Auch die Sorge vor *Kurzsichtigkeit* ist ein Diskussionsthema. Die sog. Myopie ist in Europa mit 30 % die am weitesten verbreitete Form der Sehbehinderung. Sie entsteht, wenn der Augapfel zu lang ist und sich dadurch die von der Augenlinse gebündelten Strahlen bereits vor der Netzhaut schneiden (vgl. Spitzer, 45). Dass immer mehr Menschen unter der Kurzsichtigkeit leiden, liegt neben erblichen Faktoren auch an dem geänderten Arbeits-, Lern- und Freizeitverhalten. Kinder verbringen weniger Zeit im Freien, die Augen erhalten weniger Tageslicht und müssen gleichzeitig mehr Naharbeit leisten durch die Nutzung von Computern, Handys etc. Die hierdurch erforderliche Akkommodation (das Auge stellt sich auf die Nähe ein) löst offenbar den Wachstumsreiz für den Augapfel aus, der dann die Kurzsichtigkeit zur Folge hat (vgl. Clasen 2020).

Ob auch *Depressionen* Folge eines pathologischen Medienkonsums sein können, ist ein weiterer Diskussionspunkt für Eltern. Und in der Tat haben Forschende der Universität Montreal nachgewiesen, dass zwischen der sog. *Screen Time* und depressiven Symptomen ein Zusammenhang besteht (vgl. Schau Hin 2019).

Neben diesen Beispielen sind auch *Haltungsschäden, verminderte Lernentwicklung* oder *Strahlenbelastungen* nur einige von möglichen weiteren Gesundheitsrisiken. All die genannten Beispiele zeigen, dass die Ängste und Sorgen der Eltern gerade auch in gesundheitlicher Hinsicht berechtigt sind und ernst genommen werden müssen. Wie bei allen Widerständen gilt es auch hier, Raum für Diskussionen zu schaffen und im Dialog Lösungen zu finden. Das Sprichwort „Die Dosis macht das Gift" passt hier genau – die Lösung liegt demnach in einem Mittelweg zwischen digitalen und analogen Unterrichtseinheiten.

Eltern können also zu Enablern oder zu Blockierenden einer digitalen Entwicklung werden. Der Zusammenhang zum Homeschooling, welches ja in der Regel auch zahlreiche digitale Formate enthält, liegt auf der Hand. Eltern, die der Digitalisierung aufgeschlossen gegenüberstehen, werden ihre Kinder auch im Homeschooling eher unterstützen. Blockierenden-Eltern, aus welchem Grund auch immer sie der Digitalisierung kritisch gegenüberstehen, werden hier weniger unterstützen. Aufgabe der Politik und aller Verantwortlichen muss es sein, auch in einer digitalisierten Welt gleiche Bildungschancen für alle Kinder zu gewährleisten. Die Bildungsschere darf nicht weiter auseinandergehen – jedes Kind hat das Recht auf gleiche Bildung!

18.2.3 Wie kann man Eltern am Digitalisierungsprozess als Enabler beteiligen?

Wie bereits erläutert können Eltern Digitalisierungsprozesse an Schulen fördern oder auch hemmen. Ein Weg, Eltern verstärkt zu Fördernden zu machen, ist es, sie aktiv in den Innovationsprozess einzubinden. Sie haben nicht nur einen familiären Erziehungsauftrag, sondern auch ein Mitspracherecht und vielleicht sogar eine Mitsprachepflicht, wenn es um die Digitalisierung an den Schulen geht. Dabei können Eltern oder Elternvertretende in verschiedenen Gremien in der Schule mitwirken. Mögliche Formate, in denen auch Digitalisierungsthemen diskutiert werden, sind die Klassen- oder Schulpflegschaftssitzungen, Fach- und Schulkonferenzen, Elternabende oder – eher informell – Elternstammtische. Häufig sind an Schulen auch sogenannte Steuergruppen installiert, in denen aktuelle Themen kompetenzübergreifend besprochen werden.

Beteiligen sich Eltern aktiv am Schulleben ihrer Kinder und nehmen ihr Recht auf Mitwirkung wahr, trägt es zu einer demokratischen Schulgestaltung und zu einem guten Schulklima bei. Wer sich engagiert, erhält wichtige Informationen, kann Ideen weiter transportieren und konstruktive Kritik sowie Ängste und Sorgen äußern, sodass offene Fragen geklärt und der Innovationsprozess weiter vorangetrieben werden kann.

Optimalerweise fordert die Schule die Mitarbeit der Eltern auch in geeigneter Weise ein, sodass Eintrittsbarrieren abgebaut werden und der Start in die Zusammenarbeit erleichtert wird. Dabei – und das ist das Besondere in der Corona-Zeit – kann die Beteiligung der Eltern am Digitalisierungsprozess selbst nicht nur analog, d. h. im Rahmen von Präsenzmeetings etc., sondern auch digital erfolgen, denn die gesundheitlichen Schutzmaßnahmen gelten natürlich nicht nur für die Schülerinnen und Schüler, sondern kennzeichnen auch die Zusammenarbeit der Eltern und Lehrerinnen und Lehrern. So können Meetings nicht allein im Klassenraum oder in der Schule durchgeführt werden, sondern auch hier sollten bzw. müssen virtuelle Formate genutzt werden. Möglichkeiten hierzu bieten mittlerweile zahlreiche Anbieter für Videokonferenzen. Aber auch die verstärkte Nutzung von E-Mail, Messenger, Instagram oder der Ausbau schuleigener Homepages ermöglichen einen, falls erforderlich, kontaktfreien, aber intensiven Austausch.

Sinnvoll ist eine hybride Vorgehensweise bestehend aus Präsenzsitzungen und virtuellen Formaten. Damit schützt man auf der einen Seite die Gesundheit der Personen, verringert die Aufwände für die Beteiligten (Zeit, Kosten) und kann so unter Umständen sogar mehr Eltern in der Diskussion mitnehmen. Andererseits braucht es auch analoge Formate, um Raum zu geben für soziale Kontakte und zwischenmenschlichen Austausch – eine wichtige Voraussetzung für erfolgreiches kollaboratives Arbeiten.

Inhaltlich gibt es dabei eine Vielzahl von Themen, bei denen die Einbindung der Eltern sinnvoll ist. Bei übergeordneten Themenfeldern, z. B. dem Ausbau der IT-Infrastruktur an der Schule oder der grundsätzlichen Finanzierung von Hard- und Software, angefangen wird die Elternmeinung umso relevanter, je operativer die Diskussion wird. Mit steigender persönlicher Betroffenheit (gesundheitliche Risiken für die Kinder, Art und Anzahl der anzuschaffenden Apps, Versicherungsschutz für Endgeräte, Daten- und Jugendschutz, usw.) wird allen Beteiligten deutlich, dass der digitale Innovationsprozess an Schulen sich sehr konkret und sehr direkt auf das eigene Kind und nicht zuletzt auch auf eigene Finanzen auswirkt.

Die nachstehende Grafik zeigt anhand aktueller Beispiele, wie Eltern proaktiv und motivierend in den Digitalisierungsprozess an Schulen eingebunden werden können:

		Integration von Eltern in Digitalisierungsprozesse							
		analoge Information und Kommunikation				digitale Information und Kommunikation			
		Elternabend	Schulpflegschaft	Steuerungsgruppe	…	E-Mail	WhatsApp	Zoom	…
digitale Infrastruktur	Hardware								
	Software								
Finanzierung	öffentliche Fördergelder								
	private Finanzierung								
Nutzung	didaktisches Konzept								
	Lernbegleitung								
	Datenschutz								
	…								
	…								
gesundheitliche Aspekte der Digitalisierung	gesundheitliche Folgen								
	Präventionsmaßnahmen								
	…								

(Linke Randbeschriftung: Themen der Zusammenarbeit)

Abb. 2: Analoge und digitale Kommunikationsformen im Digitalisierungsprozess an Schulen (© Cornelsen/Silvia Untenberger)

Praxisbeispiel: Kommunikationskaskade

Ist die Entscheidung für eine Innovationsmaßnahme getroffen, hat sich nicht nur im schulischen Kontext häufig eine vorgeschaltete Pilotphase als hilfreich erwiesen. Hier können in einem überschaubaren und isolierten Umfeld neue Vorgehensweisen getestet und die Wirksamkeit überprüft werden. Hierbei sollte dann in einer ersten Kommunikationsmaßnahme eine Information der Eltern im Rahmen einer Klassenpflegschaftssitzung erfolgen, optimalerweise unter Begleitung einer IT-Fachkraft. Damit wird gewährleistet, dass alle Eltern das Projekt kennen und Zeit finden, sich damit auseinanderzusetzen. Fragen der Umsetzung können diskutiert, Bedenken und Sorgen geäußert werden.

Häufig finden sich in der Folge engagierte Pflegschaftsvorsitzende und -vertretende, die gerade zurückhaltenden oder überforderten Eltern ein niedrigschwelliges Angebot zum weiteren Austausch – z. B. Elternstammtische oder Messenger-Gruppen – anbieten. Auch Sprachbarrieren lassen sich auf diesem Weg einfacher überwinden.

Eltern, die sich trotzdem nicht beteiligen wollen, können durch individuelle Elterngespräche mit Lehrerinnen und Lehrern sowie Fachkräften thematisch abgeholt werden, sodass sie zwar nicht zu Treibenden der Innovation werden, aber zumindest keinen dauerhaften Widerstand leisten.

Auch eine zweite, vertiefende Pflegschaftssitzung kann gerade bei komplexen Fragestellungen helfen, unterschiedliche Meinungen zusammenzuführen und ggf. eine Fachkraft hinzuzuziehen. Themen hier können sein:

▶ gesundheitliche Aspekte
▶ Datenschutz
▶ Jugendschutz
▶ einheitliches, transparentes Regelwerk
▶ zusätzliche Kosten wie Lern-Apps oder Versicherungsschutz

Aufgabe der Pflegschaftsvorsitzenden ist es in der Folge, die Ergebnisse der Diskussion in das nächsthöhere Gremium, die Schulpflegschaft zu tragen.

Als unterstützend hat sich auch die Etablierung einer Steuergruppe bestehend aus Eltern, Lehrkräften und Schülerinnen und Schülern erwiesen, die nicht nur die Einführungsphase, sondern die Maßnahme im Rahmen eines *kontinuierlichen Verbesserungsprozesses* (KVP) dauerhaft begleitet. Diese Steuergruppen können auch durch entsprechende Fachkräfte, z. B. aus IT oder Gesundheit, ergänzt werden. Eine wichtige Maßnahme, bei der eine solche Steuergruppe helfen kann, ist die Optimierung von Regelwerken innerhalb der Innovationsprozesse. So kann u. a. ein einheitlicher Umgang mit Tablets sichergestellt werden.

Regeln zur Nutzung der Tablets während der Schulzeit	
Nutzungszeiten	Tablets dürfen ausschließlich während des Unterrichts genutzt werden. Außerhalb der Unterrichtszeiten erfolgt die Verwahrung der Geräte in abschließbaren Wertfächern (in der Oberstufe verwahren die Schülerinnen und Schüler in die Geräte eigenständig)
Verwendungszweck	Die Geräte dürfen nur zu schulischen Zwecken verwendet werden. Unterrichtsfremde Programme wie Spiele, Social-Media-Kanäle etc. sind grundsätzlich während der Schulzeit nicht gestattet (Ausnahme bei ausdrücklicher Erlaubnis durch eine Lehrkraft).
Internet und WLAN	Die Internet-Nutzung darf nur zu schulischen Zwecken erfolgen. Es ist nicht gestattet, auf unerlaubte oder illegale Inhalte zuzugreifen. Ebenso sind Raubkopien, jugendgefährdende, gewaltverherrlichende oder pornografische Inhalte untersagt. Die Nutzung und/oder Speicherung solcher Inhalte hat schulische und ggf. strafrechtliche Konsequenzen.
Fotos und Videos	Die Erstellung von Bild- und Tonaufnahmen ist ohne ausdrückliche Erlaubnis einer Lehrkraft auf dem gesamten Schulgelände untersagt. Gleiches gilt für das Versenden dieser Dateien.
Weitere Regelungen	Sonstige Inhalte und Nutzungsarten, welche den Schulfrieden stören oder andere Mitglieder der Schulgemeinde bloßstellen oder verletzen, dürfen weder erstellt, gespeichert, getauscht oder veröffentlicht werden. Bei Verstößen drohen auch hier schulische und/oder strafrechtliche Konsequenzen.
Betriebssystem	Eingriffe in das Betriebssystem sind nicht gestattet.
Passwörter	Die Weitergabe von Passwörtern, Zugangscodes etc. ist nicht zulässig.
Einhaltung der Regeln und Umgang mit Verstößen	Alle Lehrkräfte achten auf die Einhaltung der Regeln. Regelverstöße führen zunächst zu Gesprächen mit der Klassenleitung. Wiederholte oder grobe Regelverstöße können erzieherische Maßnahmen wie Elterngespräche nach sich ziehen oder in einem Nutzungsverbot und weiteren Ordnungsmaßnahmen münden.

Abb. 3: Beispiel für die Regelung zur Tabletnutzung während der Schulzeit auf dem Schulgelände (© Cornelsen/Silvia Untenberger)

Informationsabende, Projekttage oder Elterncafés sind weitere Formate, in die Eltern eingebunden werden können. In der Entwicklung und Durchführung solcher Formate können *multiprofessionelle Teams* mit unterschiedlichen Skills und Kompetenzen helfen. Diese Teams bestehen aus Lehrkräften, Sozialarbeitenden, Gesundheitsfachkräften etc. und können je nach Notwendigkeit durch Hinzuziehen von Spezialist/-innen der Polizei, Psycholog/-innen, Ärzten und Ärztinnen oder Medienberater/-innen ergänzt werden.

Praxisbeispiel: professionelles Gesundheitsmanagement

Insbesondere der Ansatz einer *Schulgesundheitsfachkraft* bietet zahlreiche neue und noch kaum genutzte Chancen. Sie kann im Rahmen eines ganzheitlichen und nachhaltigen *School-Life-Ansatzes* Digitalisierungs- und Medienkonzepte mit gesundheitspräventiven Elementen anreichern. Damit kann sie einen wichtigen Beitrag zur Akzeptanz dieser Veränderungen an den Schulen leisten. Eine Übersicht über mögliche Tätigkeitsfelder einer Gesundheitsfachkraft gerade auch mit Bezug zu digitalen Themen liefert die folgende Grafik, in der auch die Verbindung zu digitalen Themen deutlich wird:

Tätigkeitsbereiche einer Gesundheitsfachkraft an Schulen		
Kurative Maßnahmen	**Präventive Maßnahmen**	
	Verhaltensprävention	**Verhältnisprävention**
– Akutversorgung bei plötzlich auftretenden Erkrankungen (z. B. Bauch-/Kopf- oder Halsschmerzen, Übelkeit, Fieber) sowie bei Pausenhof- und Sportverletzungen (Schürfwunden, Prellungen, Frakturen, Bänderrissen etc.) – Betreuung von chronischen Erkrankungen (z. B. Allergien, Asthma bronchiale, entzündlichen Darmerkrankungen, Diabetes mellitus, Rheuma, Neurodermitis, angeborene Herzfehler etc.) – Unterstützung bei psychischen Störungen (traumatisierte Flüchtlingskinder, ADHS, Borderline, Bulimia nervosa, Anorexia nervosa, Schulangst, Stresssymptomatik etc.) – Hilfe bei (Online-)Spielsucht – …	– Vermeidung von Verhaltensweisen, die die Gesundheit (anderer Schülerinnen und Schüler) beeinträchtigen (z. B. „Richtig husten und niesen: Wie Infektionen vermieden werden können!"; „Warum Stoßlüften so wichtig ist") – Entwicklung von Verhaltensweisen, die zur Gesundheitsförderung und zum Ressourcenaufbau beitragen (durch Entspannung, richtige Ernährung, Bewegung, aktive Freizeitgestaltung) – Stärkung der Selbstorganisationsfähigkeit (z. B. kompetente Mediennutzung, stressfreier/-reduzierter Umgang mit Belastungssituationen – …	– Gesundheitsfördernde Pausenhofgestaltung, freie Spielflächen, ausreichende Spielangebote an frischer Luft – Gesundheitsfördernde Arbeits-/Lernplatzgestaltung (z. B. flexible Tischhöhen, verstellbare Stühle zur Vermeidung von schlechter Körperhaltung) – Verbesserung der Lichtverhältnisse sowie der Lärmbelastung in den Klassenräumen bzw. an den Arbeits-/Lernplätzen – Einrichtung von Entspannungs- und Fitnessräumen – Aktivierende und haltungsfördernde Einheiten im Unterricht – …

Abb. 4: Ganzheitliches Gesundheitsmanagement an Schulen – Tätigkeitsbereiche einer Gesundheitsfachkraft an Schulen (© Cornelsen/Silvia Untenberger)

Im Rahmen eines ganzheitlichen Gesundheitsmanagements wurde etwa am Heinrich-Heine-Gymnasium in Dortmund das Thema Digitalität auch in den Lehrplan in Form neu entwickelter Unterrichtseinheiten eingebunden. Ziel ist es auf der einen Seite, bei den Kindern ein Bewusstsein für einen gesunden Umgang mit digitalen Medien zu entwickeln. Auf der anderen Seite wurden Eltern in diese Einheiten eingebunden, um deren – hier bereits beschriebene – Ängste und Sorgen aufzunehmen und Antworten zu geben oder auch zu entwickeln.

An dem konkreten Praxisbeispiel einer Unterrichtseinheit zum Umgang mit und Risiken von digitalen Medien in den Klassen 5/6 durch die Gesundheitsmanagerin am Heinrich-Heine-Gymnasium Dortmund kann die Bedeutung des Einsatzes von Schulgesundheitsfachkräften an unseren Schulen verdeutlicht werden:

Zu Beginn werden die Schülerinnen und Schüler gebeten, über einen Zeitraum von einer Woche ein Zeit-Tagebuch zu führen.

Mein Zeit-Tagebuch							
Name:				Klasse:			
	Montag	Dienstag	Mittwoch	Donnerstag	Freitag	Samstag	Sonntag
Wann gehe ich ins Bett, wann stehe ich auf?							
Wann und wie lange treffe ich mich mit Freundinnen oder Freunden?							
…							

Abb. 5: Auszug aus „Mein Zeit-Tagebuch" – einer Unterrichtseinheit am Heinrich-Heine-Gymnasium Dortmund zum Umgang mit und Risiken von digitalen Medien (© Cornelsen/Silvia Untenberger)

Hier notieren die Schülerinnen und Schüler – das Einverständnis der Erziehungsberechtigten vorausgesetzt – auf einer vorgefertigten Kopie, …

▶ wann sie schlafen gehen und aufstehen,

▶ wann und wie lange sie sich mit Freunden treffen,

▶ wann und wie lange sie Zeit mit digitalen Medien verbringen (Handy, PC, Konsole, TV …),

▶ wie lange sie sonstigen Hobbys nachgehen,

▶ wie lange sie täglich lesen,

▶ wann und wie lange sie für die Schule lernen und

▶ wie sie sich am Abend – je nach unterschiedlichem Tagesablauf – gefühlt haben.

Auf Basis der Antworten werden dann Schwerpunkte für die Unterrichtseinheiten festgelegt, in denen die Themen besprochen, Hintergründe erläutert und mögliche Verhaltensweise gemeinsam erarbeitet werden. Mögliche Themenfelder sind:

a) gesunder Schlaf und Schlafdauer

b) Freundinnen und Freunde und Bewegung

c) Nutzung digitaler Medien

d) gesundheitliche Bedenken

e) Entwicklung einer Tagesstruktur

Im Folgenden soll genauer auf diese Themenfelder eingegangen werden:

a) Gesunder Schlaf und Schlafdauer

Wie bereits ausgeführt, behindert der Konsum digitaler Medien direkt vor der Schlafenszeit einen gesunden und ausreichenden Schlaf. Dabei hat der Schlaf gerade für Kinder eine zentrale Bedeutung für die Gesundheit. Das Auge ist bei der Nutzung der technischen Geräte einem Strom von Photonen ausgesetzt, die dem Gehirn signalisieren, wach zu bleiben. Hierdurch wird die Ausschüttung von Melatonin, dem „Taktgeber" für den Tag-Nacht-Rhythmus, behindert, sodass die nutzende Person nicht müde wird, länger wach bleibt und sich die Schlafdauer reduziert (vgl. Kamal 2015).

Die American Academy of Sleep Medicine (AASM) hat eine Empfehlung für die Schlafdauer in den unterschiedlichen Altersgruppen veröffentlicht. Demnach sind für Schulkinder im Alter von sechs bis zwölf Jahren neun bis zwölf Stunden, bei Kindern von 13 bis 18 Jahren acht bis zehn Stunden Schlaf empfehlenswert (vgl. Lippl 2019). Bei dauerhaft zu kurzer Schlafenszeit können verminderte Aufmerksamkeit und abnehmende Gedächtnisleistungen bis zu (emotionalen) Verhaltensauffälligkeiten die Folge sein. Gemeinsam mit den Kindern werden auf Basis dieser altersgerecht vermittelten Inhalte Regeln erarbeitet, die ein notwendiges Schlafmaß ermöglichen. Möglich ist zum Beispiel eine *digitalfreie Stunde* vor dem Schlafengehen, wobei sich dann auch die Eltern in ihrer Vorbildfunktion an diese Regeln halten sollten.

b) Freundschaften und Bewegung

In der Praxis hängen beide Themen oft zusammen, Spiel und Bewegung – vor allem an der frischen Luft – finden seltener allein statt. Dabei sind beide Faktoren für die gesunde Entwicklung des Kindes enorm wichtig. Die Weltgesundheitsorganisation (2019) empfiehlt, dass Kinder und Jugendliche zwischen 5 und 17 Jahren sich mindesten eine Stunde lang, optimalerweise an der frischen Luft, bewegen sollten (vgl. Karliczek 2020). Dies wirkt wie eine Sauerstoffdusche, die den gesamten Körper versorgt. Sozusagen nebenbei wird das Immunsystem gestärkt und die Abwehrkräfte gefördert. Findet diese Bewegung gemeinsam mit Freund/-innen statt, werden gleichzeitig auch soziale und emotionale Kompetenzen weiterentwickelt. Kinder lernen durch eigene Erfahrungen, orientieren sich am Verhalten anderer und überprüfen und lernen Werte in der Interaktion mit anderen (vgl. Evanschitzky, 2011, 2 ff.). Wie funktioniert eine Gruppe? Wie löse ich Konflikte? Wie wichtig sind Vertrauen und Ehrlichkeit im Umgang mit anderen? – Antworten auf diese Fragen sind elementarer Bestandteil der Entwicklung der Kinder.

c) Nutzung digitaler Medien

Diese Alltagsbeschäftigung steht häufig den unter b) beschriebenen Verhaltensweisen entgegen. Die zunehmende Beschäftigung mit Handy & Co. verhindert einen ausgewogenen Tagesablauf mit körperlichen, schulischen und ggf. auch digitalen Elementen. Daher scheint es sinnvoll, in der Praxis beide Themen enger miteinander zu verknüpfen:

- ▸ Wie fühlst du dich nach einem Tag nur mit digitalen Spielen/einem Tag mit viel Bewegung?
- ▸ Warum ist das Handy dein dauerhafter Begleiter und warum ist es so wichtig für dich?
- ▸ Was passiert mit mir, wenn meine Eltern mir digitale Medien verbieten?
- ▸ Wie viel Zeit verbringe ich am Tag mit Bewegung/Schule und Hausaufgaben/Medien?

Diese und ähnliche Fragen nach dem persönlichen Empfinden der Kinder regen zur Reflexion über den Tagesablauf an. Ziel ist es, den Kindern die Vorteile eines ausgewogenen Tagesablaufs zu vermitteln und Anregungen zur Umsetzung zu geben.

d) Gesundheitliche Bedenken

Wie bereits erläutert, sind die Sorgen vor gesundheitlichen Risiken häufig ein Grund für Widerstände gegen die zunehmende Digitalisierung. Ein Schwerpunkt dabei ist die

Angst vor Schädigungen der Augen. Und in der Tat geht die Medizin wie weiter vorn bereits beschrieben mittlerweile von einer erworbenen Kurzsichtigkeit bei verstärkter Naharbeit aus. So zeigt die Gutenberg-Studie der Universität Mainz, dass Menschen ohne höhere Schulbildung nur in 24 %, Menschen mit Abitur und/oder Berufsausbildung in 35 % und Hochschulabsolventen in 53 % der Fälle kurzsichtig waren (vgl. JGU 2014).

Im Unterricht ist es wichtig, mit den Kindern mögliche gesundheitliche Auswirkungen digitaler Medien zu besprechen, um ein grundsätzliches Bewusstsein dafür zu schaffen und so die Grundlage zu bilden für einen im wahrsten Sinne des Wortes gesunden Umgang mit Digitalität. Übrigens – so schließt sich der Kreis – zeigen Studien, dass schon 45 Minuten Bewegung an der frischen Luft der Kurzsichtigkeit entgegenwirken kann (vgl. Brasch o. J.)!

e) Entwicklung einer Tagesstruktur

Im Vorfeld der Unterrichtsstunde haben die Kinder wie erläutert ein Zeit-Tagebuch geführt, das sie als Basis in die Unterrichtseinheit einbringen. Mit den besprochenen Themen ist nun ein grundlegendes Bewusstsein dafür geschaffen, dass eine ausgewogene Tagesstruktur sinnvoll ist. Abschließend geht es jetzt darum, mit den Kindern einen möglichen konkreten Tages- und Wochenplan zu entwickeln, der Bewegung, Freundschaften, Medien und Schule angemessen berücksichtigt. Dabei gibt es keine allgemeingültige Richtschnur für die einzelnen Tagesbausteine, jedoch wird allein eine ausgewogene Struktur dafür sorgen, dass keine Bereiche – auch nicht die Zeit an Handy und Co. – überrepräsentiert sind. Natürlich ist die Erwartung, dass sich die Kinder in der Folge strikt an diese Wochenpläne halten, übertrieben. Aber sie können auch für die Eltern eine Orientierung und eine Gesprächsgrundlage sein, wie sie digitale Medien angemessen in den Alltag ihrer Kinder integrieren. Damit liefert diese Unterrichtseinheit einen weiteren Baustein, um Eltern auf dem Weg in das digitale Schulzeitalter einzubinden und Antworten auf die Ängste und Sorgen zu geben.

Projekte und Studien

Nicht zuletzt können auch übergeordnete Projekte einen Diskussionsbeitrag leisten. Beispielhaft sei hier das Projekt „Medienscouts NRW" genannt, das Schulen dabei unterstützt, präventiv Probleme wie Cybermobbing, Sexting, Datenmissbrauch und exzessive Mediennutzung im schulischen Alltag aufzugreifen. All diese Formate dienen der Wissensvermittlung oder Diskussion, sind genau wie Konferenzen und Pflegschaften ein elementarer Bestandteil eines ganzheitlichen Kommunikationskonzepts und können sowohl analog als auch virtuell durchgeführt werden. Ohne die Einbindung der Eltern über ein solches Konzept mit dem Ziel, möglichst viele Beteiligte zu erreichen, wird der schulische Digitalisierungsprozess kaum in der nötigen Geschwindigkeit gelingen. Dabei sollten Eltern, welche sich mit gesundheitlichen Studien auseinandersetzen, wissen, dass Einzelstudien nicht zwingend aussagekräftig genug sind, um immer die richtigen Antworten auf die brennenden Fragen zuverlässig zu beantworten. Vielmehr empfiehlt es sich, mehrere Studien zu analysieren oder auch sog. Meta-Analysen zu nutzen, um ein verlässliches Bild zum Stand der Wissenschaft rund um das Thema Digitalität zu erhalten (vgl. Institut für Qualität und Wirtschaftlichkeit im Gesundheitswesen 2020; Tagesspiegel 2018).

18.3 Fazit

Gerade Eltern und Erziehungsberechtigte nehmen eine wichtige Enabler- oder Blockierenden-Rolle ein und müssen fest im Innovationsprozess verankert sein. Eine fördernde Elternschaft kann den Digitalisierungsprozess maßgeblich beschleunigen, indem sie ihr Wissen weitergibt und damit auch zunächst zurückhaltend-hemmende Eltern zum Mitmachen motiviert. Dabei können die Widerstände und Bedenken der Blockierenden-Eltern vielfältige Ursachen haben wie finanzielle Sorgen, fehlende technische Infrastruktur, mangelnde Zeit oder fehlendes Interesse, Unsicherheiten durch Wissenslücken oder Sprachbarrieren. Auch die Sorge vor gesundheitlichen Risiken ist nicht zu vernachlässigen und hat gerade durch die Corona-Pandemie noch einmal zugenommen. Unabhängig von der Rolle und Einstellung der Beteiligten ist für einen gelungenen Digitalisierungsprozess ein ganzheitliches Kommunikationskonzept erforderlich, welches nicht nur die herkömmlichen analogen Formate wie Konferenzen oder Pflegschaften nutzt, sondern auch digitale Elemente wie Messenger-Gruppen, Videocalls o. ä. beinhaltet. Auf diesem Weg können und müssen möglichst alle Akteur/-innen eingebunden werden, um Raum für Wissensvermittlung und Diskussion zu geben. Um jedoch die Herausforderungen der digitalen Transformation in unseren Schulen wirklich erfolgreich bewältigen zu können, braucht es zusätzlich ergänzende innovative Konzepte wie multiprofessionelle Teams oder Gesundheitsfachkräfte an Schulen, die durch ihre spezifische professionelle Sicht auf die Digitalisierung von Schule und Unterricht ihren Beitrag zum Abbau von Bedenken und Widerständen leisten können.

19 Lehrkräftebildung und Digitalität – die prekäre Situation der zweiten Phase der Ausbildungskette von Lehrerinnen und Lehrern

Detlef v. Elsenau

> „Der Lehrkräftebildung kommt die wesentliche Aufgabe zu, die zukünftige Generation zu befähigen, Kommunikations- und Informationstechnologien zu verwenden, aber auch deren Grenzen und Risiken einzuschätzen, um mit digitalen Medien umgehen zu können." (Bundesministerium für Bildung und Forschung 2021, 2)

Mit diesen schlichten Worten zur Bedeutung der Ausbildung unserer Lehrkräfte formuliert die Kultusministerkonferenz im Jahr 2018 eine der zentralen Gelingensbedingungen bei der Umsetzung der digitalen Transformation in unseren Schulen. Mit dem Begriff *Lehrkräftebildung* wird dabei auf alle Phasen entlang der *Ausbildungskette* verwiesen, Studium, Vorbereitungsdienst sowie Weiterbildung.

Aber bereits der Blick auf die erste Phase der Lehramtsausbildung wirkt ernüchternd. Bezogen auf die Vorbereitung angehender Lehrkräfte auf das Arbeiten im Unterricht mit digitalen Medien hat der *Monitor-Lehrerbildung* im Winter 2017/2018 eine Befragung von 63 lehrkraftbildenden Hochschulen durchgeführt. Dabei konzentrierte sich die Erhebung auf die Voraussetzung für den Erwerb zweier zentraler Kompetenzen: die eigene digitale Medienkompetenz der Lehrkräfte sowie die Kompetenz, digitale Medien im eigenen Fachunterricht sinnvoll, methodisch und didaktisch einzusetzen (vgl. Monitor-Lehrerbildung o. J., 5) Das Ergebnis: Landesweit einheitliche Vorgaben existieren in der Mehrheit der Länder nicht, einige Bundesländer befinden sich in konkreten Planungen hierzu, in Baden-Württemberg, Mecklenburg-Vorpommern, Nordrhein-Westfalen, Rheinland-Pfalz und Sachsen-Anhalt existieren Vorgaben, allerdings nicht für alle Lehrämter (vgl. Monitor-Lehrerbildung o. J., 6).

Diese prekäre Situation korrespondiere – so die Klage aus den Kreisen der Wissenschaft – nicht nur mit der häufig mangelnden Ausstattung sowie fehlender oder begrenzender institutioneller Strukturen.

> „Obendrein scheint die aktuelle Diskussion um universitäre Medienbildung von expliziten oder impliziten Bildungsrekursen durchdrungen, die entweder einzelne bildungstheoretische Dimensionen fragmentarisch aufnehmen oder abstrakt und bisweilen diffus bleiben, aber eine systematische, bildungstheoretisch fundierte mediendidaktische Konkretisierung für (hochschulische) Bildungssettings vermissen lassen." (Rabe-Matičević und Veith 2020, 104)

19.1 Forschung und Projekte

Auch der Blick auf die zweite Phase der Lehrkraftbildung verbessert die Gesamtsituation nicht. Den angehenden Lehrkräften – so sollte man meinen – kommt in Bezug auf den Prozess der digitalen Transformation eine zentrale Rolle als biografische und institutionelle Klammer zu, verbinden sie doch einerseits die Generation der medienaffinen Jugendlichen mit der Generation der vermeintlich medienfernen Lehrkräfte in unseren Schulen sowie andererseits den Alltag des praktischen Unterrichts mit dem akademischen Wissen der Hochschulen. Schaut man sich aber die Realität an, so muss man feststellen, dass die Generationsstereotypen auch bei den Lehramtsanwärterinnen und -anwärtern nicht greifen, andererseits wissenschaftlich fundierte medienpädagogische Kompetenzen in aller Regel nicht vorliegen. Diese Einschätzung wird auch von der Expert/-innengruppe bestätigt, die auf Einladung des Bundesministeriums für Bildung und Forschung im Sommer 2018 zu einem Fachgespräch zusammenkam, um über zukunftsweisende Förderansätze für das Handlungsfeld „Digitalisierung" und seine Implikationen für die Lehrkraftbildung zu diskutieren. Die Situation wird von der Expert/-innenrunde wie folgt beschrieben:

> „Eine umfassende, fächerübergreifende und fächerspezifische, medienbezogene bildungswissenschaftliche und informatische Kompetenzentwicklung ist in der Lehramtsausbildung bislang nicht systematisch und damit nicht verbindlich angelegt." (Ackeren 2019, 109)

Vor diesem Hintergrund ist auffällig, dass das Referendariat nur relativ wenig Aufmerksamkeit im wissenschaftlichen Bereich erfährt. Mandy Schiefner-Rohs (2017) stellt im Zusammenhang ihres Projekts zum Einsatz von Tablets in der Lehrkraftbildung, speziell in der zweiten Phase der Lehrkraftbildung, fest, dass seit Langem zu beklagen ist, wie wenig der Vorbereitungsdienst im Fokus empirischer Forschung steht. (vgl. ebd. 278) Sie weist darauf hin, dass es zwar Studien und Publikationen gibt, die sich mit der Kultur des Referendariats und der Zufriedenheit seiner Gestaltung befassen. Publikationen, die auf das Themenfeld Medienpädagogik im Referendariat zielen, liegen abgesehen von einzelnen Praxisprojekten kaum vor (vgl. ebd. 279). Es gibt aber berechtigte Hoffnung, dass sich diese Situation zukünftig ändern wird.

Durch die Erweiterung der von der Bundesregierung 2018 auf den Weg gebrachten „Qualitätsoffensive Lehrerbildung" um den zusätzlichen Schwerpunkt „Digitalisierung" werden in der Förderphase von 2019 bis 2023 insbesondere auch solche Projekte unterstützt, die auf eine stärkere Abstimmung aller an der Lehrkräfteausbildung einer Hochschule Beteiligten zielen und damit „dazu beitragen, die Bereiche ‚Digitalisierung in der Lehrerbildung' […] systematisch und nachhaltig zu verbessern" (Bundesministerium für Bildung und Forschung 2019, 1).

Dass dabei auch die zweite Ausbildungsphase in den Blick genommen wird, ergibt sich durch die Erkenntnis, dass es in diesem Zusammenhang unverzichtbar ist, „eine praxisorientierte Ausbildung zu fördern, die die Schulwirklichkeit einbezieht. Gelingen kann das, wenn von Anfang an schulpraktische Elemente in der Lehrkräftebildung verankert und die drei Ausbildungszeiten – Lehramtsstudium, Referendariat und Lernen im Beruf – eng miteinander verzahnt werden" (Bundesministerium für Bildung und Forschung 2020, 1). Ziel des Förderprogramms ist es, besonders solche Projekte entstehen zu lassen, die „durch die Verzahnung mit der universitären Lehre die Übergänge von Universität zum Vorbereitungsdienst begleiten und verbessern helfen" (Bundesministerium für Bildung und Forschung 2021, 1). Es geht also explizit darum, „die Weiterentwicklung der Lehrerbildung durch ein auf alle Phasen zielendes Professionalisierungskonzept zum Lehren und Lernen mit digitalen Medien" (TU-Kaiserslautern o. J., 1) ins Zentrum wissenschaftlicher Forschung zu stellen, so die Forderung des Vizepräsidenten für Lehre und Studium der TU Kaiserslautern Dr. Stefan Löhrke in seinem Grußwort zum Start des Projekts „United Education: Medienbildung entlang der Lehrerbildungskette" (kurz: U.EDU).

Es ist zu hoffen, dass nun endlich auch die Ausbildungsprozesse in den Studienseminaren, den Zentren für schulpraktische Lehramtsausbildung oder wie auch immer die Institution der zweiten Ausbildungsphase in den einzelnen Ländern genannt werden, in den Fokus des wissenschaftlichen Interesses geraten. Denn es gilt, sich gleichermaßen theoretisch wie empirisch mit der Frage auseinanderzusetzen, „wie digitale Medien das Handeln im Referendariat beeinflussen und wie Referendarinnen und Referendare damit umgehen und darauf vorbereitet werden, digitale Medien sowohl zur eigenen Vorbereitung und Arbeitsgestaltung als auch in der Umsetzung mediendidaktischer Lehr-Lernarrangements zu nutzen" (Schiefner-Rohs 2017, 281).

19.2 Ziele der zweiten Phase

Besonders auch in dieser praktischen Phase der Lehrkraftbildungskette muss es das Ziel sein, dass die Lehramtsanwärterinnen und -anwärter die digitalen Medien nicht nur als Werkzeuge der eigenen Nutzung reflektieren, sondern im Rahmen einer aktiven Auseinandersetzung mit deren kreativer Nutzung eine kritisch-reflexive Perspektive erfahren, die sie befähigt, Unterricht gestalten und ihr Wissen an ihre Schülerinnen und Schüler weitergeben zu können (vgl. Bundesministerium für Bildung und Forschung 2021, 2). Die Kultusministerkonferenz konkretisiert dies in ihrem Strategiepapier „Bildung in der digitalen Welt" in der Weise, dass

> „Lehrkräfte digitale Medien in ihrem jeweiligen Fachunterricht professionell und didaktisch sinnvoll nutzen sowie gemäß dem Bildungs- und Erziehungsauftrag inhaltlich reflektieren können. Dabei setzen sie sich mit der jeweiligen Fachspezifik sowie mit der von Digitalisierung und Mediatisierung gekennzeichneten Lebenswelt und den daraus resultierenden Lernvoraussetzungen ihrer Schülerinnen und Schüler auseinander." (KMK 2016, 19)

Wie hoch sich der Veränderungsdruck auf die zweite Phase der Lehrerbildung angesichts der Anforderung des digitalen Wandels für unsere Schulen auswirkt, wird deutlich, wenn die für die Schulen zuständigen Ministerinnen und Minister feststellen:

> „Wenn sich in der „digitalen Welt" die Anforderungen an Schule und damit an alle Lehrkräfte nachhaltig verändern, dann wird perspektivisch Medienbildung integraler Bestandteil aller Unterrichtsfächer sein und nicht mehr nur schulische Querschnittsaufgabe. Alle Lehrkräfte müssen selbst über allgemeine Medienkompetenz verfügen und in ihren fachlichen Zuständigkeiten zugleich ‚Medienexperten' werden." (ebd.)

Die zunehmende Komplexität dieses erweiterten Anforderungsprofils an unsere Lehrkräfte erfordert eine zukunftsweisende Lehrkraftbildung, die – so der bereits oben angesprochene Expertenrat – alle in Schule Tätigen bereits in der Lehramtsausbildung darauf vorbereiten muss, sich mit den stetig wandelnden Anforderungen auseinandersetzen zu können, um in der Lage zu sein, neue Lernwege zu erschließen, zu reflektieren und stetig weiterzuentwickeln (vgl. Ackeren 2019, 107). Eine zentrale Rolle wird in diesem Zusammenhang den Institutionen der zweiten Lehramtsausbildungsphase zugesprochen.

> „Bereits hier müssen in dafür geeigneten Lernsettings entsprechende Kompeten-
> zen im Sinne eines breiten Kompetenzbegriffs zunächst erworben und innerhalb
> der Lehrerbildungskette weiter professionalisiert werden, um später in der eige-
> nen Schul- und Unterrichtsgestaltung reflektiert umgesetzt und kontinuierlich
> weiterentwickelt werden zu können" (vgl. Ackeren 2019, 107).

Die Forderung nach Professionalisierung auf der Basis eines breiten Kompetenzbegriffs zielt dabei auf die Erweiterung der medienbezogenen Kompetenzen im Sinne
einer umfassenden Medienbildung mit kritischem Gesellschaftsbezug. (vgl. ebd.) Die
Bedeutung der zweiten Phase der Lehrkraftbildung kann in diesem Zusammenhang
kaum überschätzt werden. Aufgrund ihrer Praxisnähe kann sie einen erheblichen Beitrag dazu leisten, den „Teufelskreis fehlender Medienbildung" (Kammerl und Oster-
mann 2010, 48) zu durchbrechen.

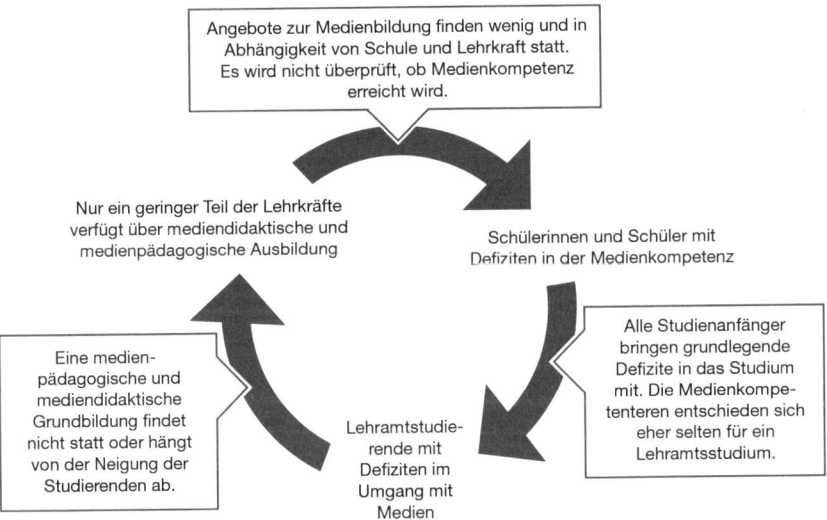

Abb 1: Teufelskreis fehlender Medienbildung (Kammerl/Ostermann 2010, 48)

Wenngleich sich die *medienbezogenen Kompetenzen* bei den Schülerinnen und Schülern wie bei den Lehramtsanwärterinnen und -anwärtern seit 2010 sicherlich verbessert haben, so muss doch davon ausgegangen werden, dass die Kenntnisse, Fähigkeiten
und Fertigkeiten, die sich aus dem beschriebenen *erweiterten Verständnis* von Medienkompetenz ergeben, in aller Regel weder im Unterrichtsalltag unserer Schulen noch
im Ausbildungsprozess des Vorbereitungsdienstes institutionalisiert und systematisch

vermittelt werden. Mit Blick auf die Institutionen der Lehrkraftbildung, besonders mit Blick auf die Institutionen der zweiten Ausbildungsphase, ist es also höchste Zeit, diese neuen Aufgabenfelder curricular abzubilden sowie systematisch und nachhaltig umzusetzen. Als Orientierungsrahmen hierfür scheinen die Überlegungen von Tulodziecki und Grafe (2020) hilfreich zu sein. Sie halten vier *Aufgabenfelder* in diesem Zusammenhang für zentral:

▶ Weiterentwicklung der eigenen Medienkompetenz
▶ Nutzung von Medien bzw. digitalen Umgebungen für Lernprozesse,
▶ Wahrnehmung von medienbezogenen Erziehungs- und Bildungsaufgaben,
▶ Entwicklung schulspezifischer Konzepte zur Medienbildung. (vgl Tulodziecki und Grafe 2020, 272)

Die Liste der Kompetenzerwartungen, die die Autorinnen und Autoren den einzelnen Aufgabenfeldern zuordnen, ist hinreichend konkret, aspektreich und praxisorientiert, um der Konzeptentwicklung in den einzelnen Institutionen entsprechende Impulse geben zu können:

Aufgabenfelder	Kompetenzerwartungen
Weiterentwicklung der eigenen Medienkompetenz	– Defizite bei der eigenen Medienkompetenz erkennen und aufarbeiten – Entwicklungen im Medienbereich verfolgen und sich in neue Entwicklungen einarbeiten, die für Lernen, Erziehung oder Bildung relevant sind
Nutzung von Medien bzw. digitalen Lernumgebungen für Lernprozesse	– Grundbegriffe und Fragestellungen der Mediendidaktik erläutern – Aspekte der Mediennutzung von Kindern und Jugendlichen, die für das Lernen mit Medien relevant sind, beschreiben und im Unterricht beachten – Konzepte, Theorien und empirische Forschungsergebnisse zum Lehren und Lernen mit Medien bzw. in digitalen Umgebungen skizzieren und in ihrer Bedeutung für die eigene Praxis einschätzen – Medienangebote bzw. digitale Umgebungen für das Lernen analysieren und bewerten – einfache Medienbeiträge zur Anregung, Unterstützung oder Kontrolle von Lernprozessen selbst entwerfen und gestalten vorhandene Beispiele zur Medienverwendung für Lernen analysieren und bewerten – eigene Unterrichtseinheiten oder Projekte mit der Nutzung von Medien bzw. von digitalen Lernumgebungen entwerfen, erproben und evaluieren

Aufgabenfelder	Kompetenzerwartungen
Wahrnehmung von medienbezogenen Erziehungs- und Bildungsaufgaben	– Grundbegriffe und Fragestellungen zu Erziehungs- und Bildungsaufgaben im Medienbereich erläutern – Aspekte der Mediensozialisation von Kindern und Jugendlichen, die für Erziehung und Bildung relevant sind, beschreiben und im Unterricht beachten – Ergebnisse und Methoden der Medienforschung, die sich als Themen für die Medienbildung eignen, skizzieren und bewerten – Konzepte, Theorien und empirische Forschungsergebnisse zu medienbezogenen Erziehungs- und Bildungsaufgaben erläutern und in ihrer Bedeutung für die eigene Praxis einschätzen – Medienangebote, die für Kinder und Jugendliche interessant sind, analysieren und bewerten – vorhandene Unterrichtseinheiten oder Projekte zu medienbezogenen Erziehungs- und Bildungsaufgaben analysieren und bewerten – eigene Unterrichtseinheiten oder Projekte zu medienbezogenen Erziehungs- und Bildungsaufgaben entwerfen, erproben und evaluieren
Entwicklung schulspezifischer Konzepte zur Medienbildung	– institutionelle Bedingungen (personale, curriculare, organisatorische und ausstattungsbezogene) für das Lernen mit und über Medien skizzieren – vorhandene Konzepte zur medienbezogenen Organisation und Entwicklung in der Schule skizzieren und in ihrer Bedeutung für eigenes schulisches Handeln einschätzen – Beispiele für die Entwicklung schulspezifischer Konzepte im Rahmen von Schulentwicklungsprozessen analysieren und bewerten – ein schulspezifisches Konzept zur Medienbildung zusammen mit anderen entwerfen und – wenn möglich – umsetzen und evaluieren

Abb. 2: Aufgabenfelder und Kompetenzerwartungen für Lehrerinnen und Lehrer, Umsetzung von Medienbildung (Tulodziecki/Grafe 2020, 273 f.)

Im Hinblick auf die ausbildungspraktische Umsetzung des erweiterten Kompetenzbegriffs der Medienbildung in den einzelnen Aufgabenfeldern gilt es zu überprüfen, in welcher Weise die „besonders wichtigen Fähigkeiten und die Bereitschaft zur Kooperation und Kollaboration von Lehrkräften" (KMK 2016, 20) curricular eingebunden werden. Denkbar wäre hier die Schaffung eines eigenen Aufgabenfeldes oder aber die Vermittlung der einzelnen Kompetenzen als Querschnittsaufgabe der vorhandenen Aufgabenfelder.

19.3 Die Rolle der Ausbildenden

Die Vorbereitung der Lehramtsanwärterinnen und -anwärter auf das Unterrichten mit digitalen Medien wird nur dann erfolgreich sein können, wenn die Ausbildung sowohl in den Ausbildungsschulen als auch in den Ausbildungsseminaren eine hinreichend professionelle Unterstützung gewährleistet, und zwar nicht nur auf institutioneller, sondern in besonderer Weise auch auf individueller Ebene. Mit Blick auf diese individuelle Ebene bedeutet das, dass sich insbesondere die Lehrkraftausbildenden in ihrer *Vorbildrolle* erkennen, sie akzeptieren und professionell vermitteln. Die wenigen Studien, die es zu diesem Ausbildungsaspekt gibt, verweisen darauf, dass die Vorbildfunktion der Lehrkraftausbildenden im Vergleich zu anderen Strategien als besonders hoch einzuschätzen ist (vgl. Capparozza und Irle 2020, 105). Um dieser Vorbildrolle gerecht werden zu können müssen die, für die Ausbildung unserer Lehrkräfte Verantwortlichen, insbesondere über technische und pädagogische Kompetenzen, Kompetenzen zur Innovation und Weiterbildung sowie über eine positive Einstellung zum Einsatz digitaler Medien verfügen (vgl. ebd. 115). Die Ausbildung dieser Handlungskompetenzen bedarf dabei einer systematischen Entwicklung entsprechender Konzepte, wie z. B. der sogenannten SQD-Strategien (Synthesis of Qualitative Data) (vgl. Tondeur et al. 2012). Sie zielen darauf ab, die individuellen Handlungskompetenzen der Lehrerausbildenden in der Weise zu entwickeln, dass sie in die Lage versetzt werden, die Reflexion über das Unterrichten mit digitalen Medien zu fördern, authentische Erfahrungen zu ermöglichen, kollaborative Lernszenarien einzusetzen, Unterstützung bei der Planung des Unterrichts mit digitalen Medien zu leisten und kontinuierlich Rückmeldungen zu geben (Capparozza und Irle 2020, 114). „In mehreren Studien fanden sich positive Zusammenhänge zwischen den SQD-Strategien der Lehrerausbildenden und den Kompetenzen der Studierenden" (ebd.). Es zählt zu den Erfahrungen der meisten an der Lehramtsausbildung Beteiligten, dass dieses Kompetenzspektrum in seiner Breite und Tiefe nur sehr bedingt und im Moment noch eher selten vorzufinden ist.

19.4 Technische Ausstattung und Vernetzung

In diesem Zusammenhang gerät die *institutionelle* Ebene der Sicherstellung einer erfolgreichen Ausbildung der Lehramtsanwärterinnen und -anwärter im Zusammenhang der Digitalisierung in den Fokus. Es bedarf schnellstmöglich neben der bereits erwähnten curricularen Konzepten einer hinreichend professionellen *technischen Ausstattung* sowie der engen *Vernetzung* der Ausbildungsseminare (bzw. Zentren für schulprakti-sche Lehramtsausbildung) mit den Ausbildungsschulen.

Wie bereits oben näher ausgeführt werden die Ausbildungsseminare in der Ent-wicklung *inhaltlicher und methodischer Standards* Impulse und Unterstützung durch entsprechende Projekte und Qualitätsoffensiven auf Bundes- und auf Landesebene erhalten. Mit Blick auf die technische Ausstattung muss festgestellt werden, dass die-se sich zwar sowohl in den Ausbildungsschulen wie in den Ausbildungsseminaren – unterstützt durch verschiedene Förderprogramme des Bundes und der Länder – im Aufbau befindet, aber sicherlich noch nicht flächendeckend auf dem Stand ist, den eine zeitgemäße Lehramtsausbildung erfordert. In diesem Zusammenhang ist der *Ver-netzungsaspekt* bedeutsam. Es muss davon ausgegangen werden, dass die technischen Ausstattungen der Ausbildungsschulen innerhalb eines Ausbildungsbezirks zu stark variieren, um eine gleichermaßen gute Ausbildungsqualität für alle zu gewährleisten. Aus diesem Grunde ist es gleichermaßen wünschenswert wie notwendig, dass die Aus-bildungsseminare über einen sehr hohen Standard im technischen Bereich verfügen. Auf dem sicherlich noch längeren Weg dorthin kann eine systematische, institutionelle Vernetzung mit den Ausbildungsschulen eine Möglichkeit darstellen, sowohl inhaltlich wie auf der Ebene der technischen Ausstattung zu kooperieren. Die inhaltliche Ver-netzung könnte zum Beispiel dazu beitragen, einen systematischen Erfahrungstransfer aus den Schulen in die Ausbildungsseminare zu ermöglichen und sicherzustellen. Da-rüber hinaus ist es denkbar, dass die Lehrkraftausbildenden wechselseitig an entspre-chenden Mikrofortbildung ihrer jeweiligen Institutionen teilnehmen. Im Hinblick auf den Kompetenzerwerb im Umgang mit den digitalen Medien könnten sich die Schulen, die bereits über einen höheren Ausstattungsstandard verfügen, als Ausbildungsort zur Verfügung stellen.

19.5 Zusammenfassung und Fazit

Die Bedeutung der Lehramtsanwärterinnen und -anwärter für den Entwicklungspro-zess in unseren Schulen sollte nicht unterschätzt werden. Sie stellen die Verbindung des sich immer weiter entwickelnden didaktischen Wissens zur Unterrichtsrealität in unseren Schulen her. Im Idealfall kann es dadurch gelingen, den Prozess der Unter-richtsentwicklung in den einzelnen Ausbildungsschulen wichtige Impulse zu geben. Bezogen auf den Prozess der digitalen Transformation stellt sich die aktuelle Situati-on für die angehenden Lehrerinnen und Lehrer in diesem Zusammenhang jedoch als schwierig dar. Der insbesondere durch die Corona-Krise ausgelöste erhebliche Ent-wicklungsdruck im Bereich des Lernens unter den Bedingungen von Digitalisierung korrespondiert in keiner Weise mit der Ausbildungssituation der Lehrer/-innenbildungskette. Die prekäre Situation im Bereich der Lehrkraftbildung in den Hochschulen setzt sich in der zweiten Phase der Lehrkraftbildung fort. D. h. die Lehramtsanwärterinnen und -anwärter sehen sich mit dem Dilemma konfrontiert, auf der Basis mangelnder medienpädagogischer Kompetenzentwicklung in der ersten Phase der Lehrkraftbildung auf unmittelbar praktische Herausforderungen im Bereich der Digitalisierung im schulischen Ausbildungsprozess zu treffen. Die Lage verschärft sich dadurch, dass die Ausbildungsinstitutionen der zweiten Phase der Lehrkraftbildung sich erst noch auf dem Weg befinden, ein umfassendes und systematisches Ausbildungsangebot in diesem Bereich zur Verfügung zu stellen. In der Konsequenz bedeutet es, dass der Großteil derjenigen, die sich aktuell in der Lehramtsausbildung befinden, bei der Entwicklung der von vielen Seiten geforderten *erweiterten medienpädagogischen Kompetenz* z. T. auf sich selbst gestellt ist, was letztlich nichts anderes bedeutet, als dass den einzelnen Ausbildungsschulen eine besondere Bedeutung zukommt. Dass damit die aktuelle Problemsituation nicht gelöst wird, liegt daran, dass die Lehramtsanwärterinnen und -anwärter in ihren jeweiligen Ausbildungsschulen auf höchst unterschiedliche Bedingungen treffen. Der Kompetenzerwerb hängt also auch davon ab, ob sie an einer Schule ausgebildet werden, die über eine entsprechende digitale Ausstattung verfügt und somit – zumindest von der technischen Seite her – Praxiserfahrung mit digitalen Medien überhaupt ermöglicht. Darüber hinaus ist es keinesfalls gewährleistet, dass das Vorhandensein digitaler Ausstattung mit der Entwicklung entsprechender medienpädagogischer Konzepte korrespondiert. Die Qualität der je individuellen Ausbildungsbedingungen bemisst sich somit in der aktuellen Lage daran, ob und inwieweit in ihren Ausbildungsschulen Konzepte des Lernens unter den Bedingungen von Digitalisierung vorliegen und darüber hinaus, welche Praxiserfahrungen konkret mit solchen Konzepten im Unterricht gemacht werden können.

Es ist erwartbar, dass diese unbefriedigende Situation nicht in der kurzen Zeitspanne, die notwendig wäre, behoben werden kann. Deshalb scheint es sinnvoll, dass alle in den Ausbildungsprozess Involvierten in kooperativen Anstrengungen versuchen, die ungleichen Ausbildungsvoraussetzungen auf der Ebene solidarischer Zusammenarbeit zu kompensieren. Dies könnte auch unterhalb umfassender Konzepte der Medienbildung dadurch gelingen, dass die Ausbildungsseminare auf der Basis ihrer institutionellen Vernetzungsexpertise sowohl den Erfahrungstransfer in Bezug auf das Lernen unter den Bedingungen von Digitalisierung als auch den Zugang zu professioneller digitaler Ausstattung einzelner Ausbildungsschulen organisieren. Hierin läge zumindest eine Chance, den digitalen Transformationsprozess in unseren Schulen auch durch die Tätigkeit und das Engagement der Lehramtsanwärterinnen und -anwärter einen Impuls geben zu können.

20 Kollegiale und systemische Widerstände – Chancen und Hemmnisse

Detlef v. Elsenau

Der Prozess der Digitalisierung wird – wie so häufig im Zusammenhang mit schulischen Innovationsprozessen – begleitet von Euphorie auf der einen bis hin zu polemischer Fundamentalopposition auf der anderen Seite. Das gilt auch und insbesondere für die Kollegien in den Schulen unseres Landes. Und da es in diesem Zusammenhang nicht nur um die Einführung einer veränderten Unterrichtsmethodik geht, sondern um die grundlegende Veränderung der pädagogischen Kultur in unseren Schulen – wie weiter vorn bereits ausführlich hergeleitet – ist mit nicht unerheblichem Widerstand innerhalb und außerhalb unserer Schulen zu rechnen, wobei sich auch der systemische Widerstand in besonderer Weise bemerkbar machen wird. Insofern ist es wichtig, auf die zu erwartenden Diskussionen und Auseinandersetzungen vorbereitet und in der Lage zu sein, inhaltlich angemessen und strategisch klug auf die Widerstände reagieren zu können.

Der Umgang mit Widerständen darf aber keineswegs reduziert werden auf die Entwicklung sozialtechnologischer und kommunikativer Handlungsstrategien, um die beteiligten Personen und Gruppen in den Lehrerkollegien zu manipulieren oder argumentativ zu überwältigen. Es muss vielmehr darum gehen, ein gelingendes, diskursorientiertes Zusammenspiel aller Akteure zu initiieren, das letztlich im Aufbau einer „*Vertrauensorganisation*" (Lohmann und Schratz 2015, 17) mündet. Wichtige Voraussetzungen hierfür sind, einerseits zu akzeptieren, dass es keine Innovationen ohne Widerstand geben kann und andererseits zu erkennen, dass die Auseinandersetzung mit dem Widerstand förderliche Energien freisetzen und somit Chancen für das Gelingen bergen kann, solange die Bereitschaft besteht, Perspektivwechsel vorzunehmen und auf die jeweiligen Gegenpositionen möglichst unvoreingenommen einzugehen (vgl. Ingrisch 2000, 14 f.).

Der Prozess der digitalen Transformation wird in jeder einzelnen Schule auf ganz eigene und spezielle Herausforderungen stoßen. Aus diesem Grunde wird es auch sicherlich keine allgemein gültigen Rezepte im Umgang mit den verschiedenen Hemmnissen geben können. Deshalb erscheint es notwendig, dass sich die Entscheidungs-

und Handlungstragenden in den Schulen zunächst ein möglichst präzises Bild über die Ausgangslage machen. Wie bei allen Erneuerungsprozessen sollte man eine ziemlich genaue Vorstellung davon haben, dass sich die verschiedenen Menschen, mit denen man gemeinsam den Innovationsprozess gestalten will, insbesondere durch ihre spezifischen Kompetenzen, ihre Einstellungen und Erfahrungen, aber auch durch ihre Erwartungen unterscheiden. Das gilt für die unterrichtenden Lehrkräfte gleichermaßen wie für das Leitungspersonal einer Schule (siehe hierzu ausführlich Kap. 17 Leitungshandeln – Entscheidungen treffen, Impulse geben, Prozesse sichern). Eine große Bedeutsamkeit in diesem Fall kommt darüber hinaus nicht nur den *einzelnen* Personen zu, sondern es sind insbesondere *gruppendynamische* Prozesse, die in entscheidender Weise auf das Gelingen oder Scheitern der Digitalisierung Einfluss haben können.

Im Folgenden sollen diese Aspekte einer intensiveren Betrachtung unterzogen werden. Dabei soll einerseits die Situation in den Kollegien, andererseits aber auch die Perspektive systemischer Hemmnispotenziale beleuchtet werden.

20.1 Der kollegiale Widerstand – zwischen Ideologie und Innovationsmüdigkeit

Bezogen auf den Prozess des digitalen Wandels ist auch in den Kollegien unserer Schulen die *Schwerkraft der mentalen Verhältnisse* (vgl. Terhardt 2011, 213) nicht zu unterschätzen. Wenngleich empirische Untersuchungen immer wieder bestätigen, dass ein Großteil der Lehrkräfte einen prinzipiellen Entwicklungsbedarf des Schulsystems sowie der konkreten Verhältnisse und Prozesse sieht und mit grundsätzlichem Wohlwollen und Mitwirkungsbereitschaft reagiert, so ändert sich doch diese Einstellung, sobald es darum geht, den eigenen Unterricht zu ändern (vgl. ebd.). Dies gilt in besonderer Weise für den Prozess der digitalen Transformation im Bereich von Schule und Unterricht.

Wie schon mit Blick auf die Elternschaft sollte diese kritische Distanz einer Vielzahl von Lehrerinnen und Lehrern gegenüber innovativen Bestrebungen im Bereich des Lernens unter den Bedingungen von Digitalisierung nicht von vornherein als Negativeffekt im Innovationsprozess wahrgenommen werden. Solange der Widerstand im Kollegium diskursorientierten Charakter hat und nicht so gestaltet ist, dass er eine sachliche Auseinandersetzung versucht, im Keim zu ersticken, kann der Widerstand eine sehr konstruktive Wirkung entwickeln. Beat Döbeli Honegger gibt diesen Zusammenhang ziemlich angemessen wieder, wenn er mit viel Empathie für die Situation in unseren Lehrerzimmern betont, dass Lehrkräfte und Schulteams bei Veränderungsprozessen nicht nur Weiterbildungen benötigten, *wie* das Neue zu integrieren sei, sondern auch Zeit, dass *Warum* zu diskutieren. Werde nur das *Wie* erklärt, könne dies Widerstand auslösen. Und weiter:

> „Lässt man das Warum diskutieren, ist dies ein Zeichen der Wertschätzung für das Gegenüber, aber auch ein Zeichen der Stärke. Es signalisiert, dass man sich vor der Diskussion zu Sinn und Zweck der geplanten Neuerung nicht scheut."
> (Döbeli Honegger 2017, 122)

Auch darf nicht übersehen werden, dass der Widerstand gegen Veränderungsprozesse in der Schule als Reaktion auf eine ganz besondere Arbeitsplatzsituation zu verstehen ist, in der sich unsere Lehrerinnen und Lehrer aller Schulformen gleichermaßen befinden:

> „Die LehrerInnen haben in oft mühsamem Ringen eine Art Gleichgewicht gefunden zwischen der eigenen Arbeitskraft und andererseits den Anforderungen von innen aus dem pädagogischen Über-Ich (wie ich den Unterricht eigentlich machen sollte) und von außen, also von Kollegen, Schulleitern, Schulaufsicht, Eltern, Schülerinnen etc.. Und dieses Gleichgewicht ist stets gefährdet, so daß jede Bedrohung abgewehrt wird. Denn viele LehrerInnen balancieren auf dem schmalen Grat zwischen Überlastung und Unzufriedenheit mit ihren Unterrichtsergebnissen." (Bohnsack 1995, 21)

Es sollen im Folgenden Anregungen und Erfahrungen vermittelt werden, wie es gelingen kann, Widerstände zu vermeiden bzw. abzuschwächen, ohne durch eigenes Handeln neue Widerstände hervorzurufen, wie gruppendynamische Prozesse initiiert und genutzt werden können und welche Möglichkeiten – aber auch Grenzen – bestehen, möglichst kreativ mit den obwaltenden Rahmenbedingungen umzugehen. Während weiter oben die Rolle der Schulleitung in diesem Prozess ausführlich in den Blick genommen worden ist, geht es jetzt darum, den Blickwinkel auf alle Beteiligten zu erweitern, die daran interessiert sind, dass das Lernen unter den Bedingungen von Digitalisierung an unseren Schulen erfolgreich umgestaltet wird.

Wer sich schon länger im Schulalltag bewegt hat, der weiß, dass Innovationsprozesse grundsätzlichen, erwartbaren und wiederkehrenden Widerständen entgegenstehen, einerseits durch die agierenden Menschen, die zum Teil und aus unterschiedlichen Motivationslagen heraus erhebliche Beharrungskräfte aufbringen, andererseits durch das System selbst. Das mag nicht nur schlecht sein, aber es verlangsamt innovative Bestrebungen bis hin zu deren Verhinderung.

20.1.1 Argumentationslinien – ein Überblick

Bei dem Versuch, einen Überblick über den argumentativen Widerstand gegen die Digitalisierung von Schule und Unterricht zu erhalten, wird sehr schnell deutlich, dass es eine Menge besorgter Eltern, besorgter Lehrkräfte, besorgter Bürgerinnen und Bürger, Politikerinnen und Politiker sowie Wissenschaftlerinnen und Wissenschaftler gibt, die eine fast unüberschaubare Menge an zum Teil völlig unsinnigen, aber zum größeren Teil auch reflektierten Argumenten ins Feld führt, mit denen man sich auseinandersetzen muss, wenn man einen erfolgreichen Innovationsprozess in Sachen Digitalisierung in seiner eigenen Schule anstoßen und durchführen will.

Die Argumente gegen die Digitalisierung von Schule und Unterricht sind sehr vielfältig. Um sich einen Überblick zu verschaffen, lohnt es sich, die sehr strukturierte Übersicht von Beat Döbeli Honegger anzuschauen. In seinem Buch „Mehr als 0 und 1" (2017, 175 ff.) fasst er die unterschiedlichen Argumente und Argumentationslinien in fünf Kategorien zusammen.

A: Es schadet!			
„Es geht verloren"-Argumente	„Es ist zu früh"-Argumente	„Falsche Anreize"-Argumente	„Macht dumm"-Argumente
Gesundheits-Argumente	Jugendschutz-Argumente	Umwelt- Argumente	„Fremde-Interessen"-Argumente
B Es lohnt sich nicht.			
„Bisher ging es auch ohne"-Argumente	„Didaktischer Mehrwert"-Argumente	Schüler-Argumente	Finanz-Argumente
C: Es geht nicht.			
Lehrer-Argumente	Schulsystem-Argumente	Eltern-Argumente	
D: Aber nichts so		E: Diverse	
Technische Argumente	„Falsches-Vorgehen"-Argumente	Ad-hominem-Argumente	

Abb. 1: Kategorien von Argumenten gegen das Digitale in unserer Schule (Döbeli Honegger 2017, 176)

In einem Systematisierungsschritt werden die so entwickelten Kategorien noch weiter ausdifferenziert, sodass sich bis heute ein Überblick über etwa 70 verschiedene Argumentationsstränge ergibt.

Der Autor Döbeli Honegger hat seine systematischen Überlegungen der Öffentlichkeit in einem Wiki im Internet zur Mitarbeit zur Verfügung gestellt.

Diese systematische Auflistung von Gegenargumenten stellt sicherlich eine sehr brauchbare Plattform zur Vorbereitung mit den zu erwartenden Gegenpositionen dar. Die Erfahrungen mit den Widerständen aus den einzelnen Mitwirkungsgruppen in unseren Schulen zeigen allerdings, dass es immer wieder einige ganz spezielle Argumentationslinien sind, mit denen wir uns auseinandersetzen müssen und auf die wir vorbereitet sein sollten.

Aus diesem Grunde kann es also nicht darum gehen, die einzelnen Argumentationsketten bis ins letzte Detail darzustellen, vielmehr geht es darum, zentrale Argumentationsstränge nachzuzeichnen und Argumentationshilfen zur Verfügung zu stellen. Das gilt sowohl für Positionen, die unkritisch und affirmativ in der Digitalisierung von Schule und Unterricht die Lösung aller pädagogischen Probleme sehen, als auch für solche Positionen, die häufiger in Teilen der Elternschaft anzutreffen sind und mitunter als Fundamentalopposition gegen den gesamten Digitalisierungsprozess wahrgenommen werden müssen.

20.1.2 Erscheinungsformen des Widerstandes in den Lehrerkollegien

Der Widerstand in den Lehrerkollegien kann sehr unterschiedliche Formen annehmen. Mit unterschiedlicher Intensität auftretend können sie zwischen Ignoranz, Ablehnung und Angst schwanken oder durch „mildere" Erscheinungsformen wie defensiven Pragmatismus, eklektizistische Nutzung der neuen Angebote oder befristete Unterstützung etwa zu individuellen Karrierezwecken ihre hemmende Wirkung für den Gesamtprozess entfalten (vgl. Terhardt 2011, 214).

Wenn man versucht, die Formen kollegialen Widerstands systematisierend zu bündeln, können im Wesentlichen drei Motivationslagen unterschieden werden. Diese stellen keine trennscharfen Kategorien dar und kommen in aller Regel als eine Mischung aus verschiedenen Motivationsaspekten daher. Sie können beschrieben werden als:

- ▶ Innovationsmüdigkeit
- ▶ Veränderungsängste
- ▶ Fundamentalopposition

Innovationsmüdigkeit

Gerade bei Lehrerinnen und Lehrern, die schon länger im Dienst sind und schon die eine oder andere Reform mitgemacht haben, stellt sich immer wieder ein mehr oder weniger großer Unmut heraus, wenn es darum geht, an Veränderungs- oder Erneuerungsprozessen in der Schule aktiv teilzunehmen. Im Zusammenhang mit Innovationsprozessen hört man dann immer wieder das Argument, dass schon so viele

„pädagogische Säue durchs Dorf getrieben" worden seien, dass man auch in diesem Fall davon ausgehe, es sei besser, erst einmal abzuwarten. Diese ablehnende Haltung verstärkt sich in dem Maße, wie in den verschiedenen Schulformen und Ländern Veränderungsprozesse auf den Weg gebracht worden sind, die dann letztlich obsolet oder zurückgenommen wurden. Die Liste solcher Erfahrungen ist ziemlich lang. Ein besonders eklatantes Beispiel hierfür stellt die Umstellung von G9 auf G8 dar, also die Verkürzung der Gymnasialzeit auf acht Jahre, wie sie in vielen Bundesländern in den 2010er-Jahren vorgenommen wurde. Große Anstrengungen wurden von den vielen Kolleginnen und Kollegen erbracht, um diese Umstellung strukturell und inhaltlich zu meistern. Unzählige Arbeitsstunden wurden darauf verwendet, neue Lehrpläne zu verfassen, neue Unterrichtseinheiten zu entwickeln und die vielen Detailprobleme zu lösen, die eine solch grundlegende Umstellung mit sich bringt, um dann mitzuerleben, dass alle Mühe oft vergebens war, da in mehreren Bundesländern die Rückkehr zu G9 beschlossen wurde.

Der sich aus dieser Motivlage ergebende kollegiale Widerstand ist aller Erfahrung nach nicht leicht aufzulösen.

> Es gilt die Erkenntnis, dass es kaum möglich ist, ein ganzes Kollegium geschlossen in einem Veränderungsprozess mitzunehmen.

Wer dennoch diesen Anspruch vertritt, der wird in den allermeisten Fällen mit dem gesamten Projekt scheitern. Es besteht aber die Möglichkeit, an diesen Teil des Kollegiums den Appell zu richten, den angestrebten Innovationsprozess nicht zu behindern oder gar zu sabotieren. Nicht selten kommt es vor, dass sich Teile des innovationsmüden Kollegiums der Sache dann noch anschließen, wenn sich Erfolge einstellen und diese Erfolge dazu führen, dass sich die allgemeine Situation der Schule oder auch die konkreten Arbeitsbedingungen verbessern.

Veränderungsängste

Die nicht selten vorfindbare Verweigerungshaltung, Veränderungen möglichst zu vermeiden, basiert häufig auf der Vorstellung, dass es nicht notwendig sei, sich in neue Techniken und Methoden einzuarbeiten, da der eigene Unterricht in gut vorbereiteten Bahnen laufe und sich bisher auch immer bewährt habe. Einige dieser Lehrkräfte wehren sich darüber hinaus aber auch deshalb, weil sie persönlich nur eine geringe Affinität zu den neuen Medien haben und sie die Angst umtreibt, durch die technologische Entwicklung abgehängt zu werden.

Dabei stellt der Einsatz von technischen Medien im Unterricht für die Kolleginnen und Kollegen in unseren Schulen keine besondere Neuerung dar. Schon sehr lange werden neben Kreide und Tafel technische Geräte eingesetzt, um die eigene Unterrichtsmethodik mehr oder weniger sinnvoll erweitern zu können. Jede/-r von uns, der/die in den letzten 70 Jahren eine deutsche Schule besucht hat, erinnert sich an die 16mm-Filme und das entsprechende Ambiente, das erzeugt wurde, wenn sie vorgeführt wurden. Einige haben Erfahrung mit Dia-Projektoren und Epidiaskopen gemacht, die Mehrzahl sicherlich im Sprachunterricht mit Kassettenrekordern. In den siebziger Jahren des letzten Jahrhunderts kamen dann die Sprachlabore dazu und später die Videorecorder, die es vielen Kolleginnen und Kollegen von uns erlaubten, ihren Unterricht nach dem Motto in „In dubio pro Video" zu bereichern. Der Hinweis auf die Overheadprojektoren darf natürlich an dieser Stelle nicht fehlen, da sie sicherlich zu den Lieblingsmedien in unseren Lehrerkollegien zählen.

Die sehr unterschiedlichen Kompetenzen der Lehrkräfte im Umgang mit den technischen Unterrichtsmedien und die sich daraus ergebenden – häufig außerordentlich amüsanten – Situationen in unseren Klassenzimmern gehören sicherlich in den globalen und reichhaltigen Anekdotenschatz unserer Schulzeit. So sehr aber die mitunter recht eingeschränkten technischen Fähigkeiten unserer Lehrerinnen und Lehrer einerseits zu deren mehr oder minder großen Verzweiflung, andererseits zur Vernichtung von Unterrichtszeit geführt haben, so wenig hat es zu bedeutsameren Protesten gegen die Nutzung dieser Technik geführt. Sieht man einmal von der Diskussion um den pädagogischen Wert von Sprachlaboren ab, verlief die Einführung von technischen Medien in unsere Schulen bisher recht geräuschlos. Es stellt sich also die Frage, warum es sich im Zusammenhang der Digitalisierung von Schule und Unterricht jetzt anders verhält.

Ein sicherlich sehr bedeutsamer Ursachenzusammenhang begründet sich in der starken Verunsicherung der Erwachsenen und Erziehenden, die sich in der Folge der rasanten Ausbreitung der digitalen Medien bis tief in unseren privaten Alltag, breitgemacht hat. Schon 1999 hat Heinrich Kupffer diesen Veränderungsprozess wie folgt beschrieben:

> „Alle herkömmliche Pädagogik und Jugendhilfe gingen davon aus, dass Erwachsene vor Jugendlichen einen klaren Vorsprung haben. Es wurde nicht daran gezweifelt, dass ein mehr an Lebensjahren in der Regel auch ein Plus an Erfahrung, Wissen und Können bedeutet. Man stellte sich das Leben etwa so vor wie ein schwieriges Geländerennen, in dessen Verlauf diejenigen, die schon wesentliche Teile geschafft haben, den Anfängern gute Ratschläge geben können, weil feststeht, dass diese genau die gleiche Strecke bewältigen müssen. Nach einem solchen Modell gibt es nur eine ‚Wahrheit', der die Menschen je nach Alter näher oder ferner stehen. Aber diese eindimensionale Orientierung ist offenbar seit einiger Zeit nicht mehr gültig." (Kupffer 1999, 9)

Im Jahr 2001 gibt Marc Prensky diesem gesellschaftlichen Veränderungsprozess einen Namen, indem er den Begriff „Digital Natives" prägt. Beschrieben wird damit eine Generation, deren Mitglieder bereits ab ihrer frühsten Kindheit mit digitalen Medien großgeworden sind und für die der Umgang mit diesen Medien, der Zeitvertreib mit Computerspielen, die Kommunikation per Messenger-Diensten und E-Mail, die tägliche Nutzung des Internets zu den absoluten Selbstverständlichkeiten ihres Lebens zählen.

Besonders bei denjenigen unter den Lehrkräften in unseren Schulen, die keine besonders große Affinität zu den neuen Medien haben, mag diese Situation, Schülerinnen und Schüler zu unterrichten, die zumindest im Zusammenhang der neuen Medien die Nase vorn haben, Ängste auslösen.

Die sich hieraus ergebenden Widerstände gegen den Digitalisierungsprozess in unseren Schulen wird man dabei kaum durch den Hinweis auflösen oder zumindest verringern können, dass der Begriff der „Digital Natives" und die dahinterstehende Idee sehr kritisch betrachtet werden müssen. Dieser Begriff blendet ähnlich wie die gleichermaßen plakativen bzw. etikettierenden Begriffe „Generation Internet" oder „Generation Y" die Tatsache aus, dass es sich bei den Jugendlichen dieser Generation weder in Bezug auf ihre Lebenswirklichkeit noch in Bezug auf ihr Bewusstsein um einen monolithischen Block handelt. Vielmehr muss von einer *digitalen Kluft* (*digital gap*) ausgegangen werden, die sich auf sehr ungleich verteilte Chancen in Bezug auf den Zugang zum Internet sowie zu den verschiedenen digitalen Medien insgesamt ergibt. Wie stark soziale und ökonomische Faktoren dieses Ungleichgewicht beeinflussen, wird nicht nur im internationalen Vergleich sichtbar, sondern bereits in den Lerngruppen unserer Schulen.

Die Erkenntnis, dass die Generationszugehörigkeit im Sinne einer Dichotomie von jüngeren medial affinen Digital Natives und medienfernen älteren *Digital Migrants* nur sehr bedingt als Grundlage der Einschätzung tatsächlicher medialer Kompetenz dienen kann, muss dabei nicht nur auf die Selbsteinschätzung im Vergleich zu den Schülerinnen und Schülern ernst genommen werden, sondern ebenfalls in Bezug auf die Kolleginnen und Kollegen. Empirische Befunde lassen darauf schließen, dass es keinesfalls immer die Mitglieder der älteren Generation in den Kollegien sind, die sich als Hemmnisfaktoren erweisen. Vielmehr sind es häufig gerade die älteren Lehrkräfte, die aufgrund ihrer größeren Erfahrungen im Umgang mit den vielfältigen Herausforderungen des Schulalltages schneller und reibungsloser auf neue Umstände einstellen können (vgl. Tillmann 2018, 32).

> „Gleichwohl kann das besagte dichotome Denkschema und die (Selbst-) Einteilung in das Lager der Digital Natives bzw. Digital Migrants das Selbstvertrauen der Beteiligten unterschiedlich beeinflussen und die Auseinandersetzung mit dem Tablet im günstigen Fall fördern, im ungünstigen Fall aber ebenso behindern oder sogar gänzlich blockieren." (Gerhardts et al. 2021, 146)

Die Erfahrungen im Umgang mit Widerständen in diesem Bereich zeigen, dass es einen sehr erfolgversprechenden Weg gibt, die betroffenen Kolleginnen und Kollegen mitzunehmen. Das Ziel muss sein, einerseits Möglichkeiten der Kompetenzgewinnung im Bereich der neuen Medien zu eröffnen, andererseits konkrete Kooperationszusammenhänge aufzubauen, die letztlich darauf abzielen, die individuelle Arbeitsbelastung zu senken. Bewährt haben sich in diesem Zusammenhang niederschwellige Fortbildungsangebote zum Beispiel auf der Ebene von *Mikrofortbildungen*, die durch Mitglieder des eigenen Kollegiums als Präsenz- bzw. Online-Veranstaltung angeboten werden. In diesen Fortbildungen sollte es um die Vermittlung ganz konkreter Verfahrenskenntnisse im Umgang mit Präsentationsmedien, digitalen Endgeräten, Lernplattformen, Lernapps usw. gehen. Wenn diese Fortbildungen zudem mit fachschaftsinternen Kooperationsprojekten synchronisiert werden, gelingt es in aller Regel, die Verweigerungshaltung vieler Kollegiumsmitglieder aufzuweichen oder sogar zu beenden.

Fundamentalopposition
Wenngleich die Gruppe der Unterrichtenden in unseren Schulen, die sich in eine fundamentale Gegenposition zu dem Prozess der Digitalisierung begeben, sicherlich in aller Regel eine Minderheit darstellt, so kann diese doch den gesamten Entwicklungsprozess erheblich beeinträchtigen. Aus diesem Grunde sollte man sehr gut auf die verschiedenen Argumentationsstrategien dieser Minderheit vorbereitet sein. Wenn es auch nicht selten vorkommt, dass fundamentalistische Positionen in diesem Zusammenhang mit völlig unsinnigen Argumentationsketten begründet werden, so finden wir immer wieder, dass sich gerade auch der fundamentale Widerstand auf scheinbar unumstößliche wissenschaftliche Erkenntnisse beruft.

Digitalisierungskritische Positionen, die als Fundamentalopposition verstanden werden müssen, haben eine sehr große Bandbreite. Diese reicht von modernisierungsskeptischen und schulkritischen Ansätzen über gesellschaftskritische Positionen bis hin zu Narrationen, die in ihrer häufig pseudowissenschaftlichen Polemik an Aussagen von Impfgegnern in anderen gesellschaftlichen Themenfeldern erinnern. Sieht man einmal von der letzten Gruppe ab, so handelt es sich bei den meisten fundamentalkritischen Positionen um durchaus Diskutierens werte, häufig wissenschaftlich armierte Diskursbeiträge.

Ein Beispiel für eine eher gesellschaftskritisch orientierte Opposition zur Digitalisierung von Schule und Unterricht stellt z. B. die Aussage von Ralf Lankau dar, wenn er formuliert:

> „Das Vordringen von Digitaltechnik in Schule und Unterricht steht in der Tradition der Forderung nach Automatisierung von Lehr- und Lernprozessen, von Kontrolle und Prüfbarkeit. Es geht nicht um modernen Unterricht, zeitgemäßes Lernen und die Einbindung aktueller – heute: digitaler – Medien in den Lehr-Lern-Prozess. Die Vision ist vielmehr die vollständige Steuerung der einzelnen Person ebenso wie die Steuerung ganzer Gesellschaften durch technische Systeme (Digitaltechnik) und Netzwerke. Das war das erklärte Ziel und das ist auch heute noch das Erbe der Kybernetiker und der auf den Macy-Konferenzen (1946–1953) entwickelten Ideen und Strategien." (Lankau 2015, 42)

Als ein Beispiel für eine eher modernisierungskritische Position mag ein Zitat aus dem Buch von Jürgen Kaube stehen, in dem er sich mit der Frage auseinandersetzt „Ist die Schule zu blöd für unsere Kinder?". Er verdeutlicht dort seine Position anknüpfend an eine Anekdote, in der ein preußischer König auf die Frage an seinen Hofastronomen, was es Neues gebe, von diesem die Antwort erhält „Kennen Majestät schon das Alte?".

> „Kinder sind neu in der Welt; es ist ratsam, ihnen erst einmal das Alte zu zeigen und sie es verstehen zu lehren, jenes Alte, auf dem das Neue, das Neueste und das Allerneueste nicht selten sogar aufbaun. Der durchdachte Umgang mit Informationsquellen beispielsweise, die unzuverlässig sein können, lässt sich an Wikipedia studieren, aber auch an jedem anderen Text, jeder anderen Autorität." (Kaube 2019, 193)

Die Schule sei so, wie sie jetzt ist, eine Fehlkonstruktion, die Digitalisierung des Klassenzimmers sei Unsinn.

Ein Großteil der Positionen, die sich auf diese Perspektive orientieren, bezieht sich auf Aussagen, wie sie einige Hirnforscher öffentlichkeitswirksam präsentieren. Es sind Aussagen, die sich auf hirnphysiologische Erkenntnisse berufen und den Nutzen des Einsatzes digitaler Medien nicht nur infrage stellen, sondern auch vor Gefahren für die psychische und physische Gesundheit unserer Kinder warnen. In diese Thematik gilt es sich tiefer einzuarbeiten, denn die vorgebrachten Argumentationslinien kommen nicht nur in sehr gefälliger Form daher, sondern erwecken aufgrund ihres apodiktischen Sprach- und Argumentationsduktus' auf viele den Eindruck von unstrittiger

Richtigkeit. Genau hierdurch fühlen sich immer wieder Schülerinnen und Schüler sowie Eltern aber auch Kolleginnen und Kollegen verunsichert und gehen nicht selten aus diesem Grunde in die Opposition gegen die angestrebten innovativen Maßnahmen.

Das Potenzial dieses hirnphysiologisch begründeten Widerstandes gegen die Digitalisierung von Schule und Unterricht sollte nicht unterschätzt werden und es bedarf aus dieser Sicht heraus einer differenzierteren Auseinandersetzung mit den wissenschaftlichen Ergebnissen und Aussagen. Aus diesem Grunde soll an dieser Stelle ausführlicher auf den Vorwurf von Manfred Spitzer eingegangen werden, die Digitalisierung unserer Schulen führe längerfristig zu einer Situation, die er „digitale Demenz" nennt.

Als der Hirnforscher und Chefarzt der psychiatrischen Uniklinik in Ulm 2012 sein Buch „Digitale Demenz – wie wir unsere Kinder um den Verstand bringen" auf dem Markt brachte, fühlten sich viele Menschen in unserer Republik in ihren Ängsten bezüglich der rasch wachsenden Verbreitung digitaler Medien in nahezu allen Bereichen unseres Lebens bestätigt. Der Appell Spitzers „Meiden Sie digitale Medien." (Spitzer 2012, 325) verhallte nicht ungehört, zumal der Wissenschaftler zur Begründung dieser Warnung und sehr nachdrücklich betonte, die Nutzung digitaler Medien mache „tatsächlich dick, dumm, aggressiv, einsam, krank und unglücklich" (ebd.).

In der Konsequenz dieser offensichtlich wissenschaftlich armierten Position stellen unsere Bemühungen um die Digitalisierung von Unterricht und Schule also nicht nur einen weitgehend unsinnigen, bestenfalls nutzlosen Innovationsversuch dar, sondern sind schlichtweg ein Verbrechen an den uns schutzbefohlenen Schülerinnen und Schülern. Es geht also denjenigen, die sich solchen Positionen, wie sie Manfred Spitzer vertritt, anschließen, nicht nur darum, den Prozess der Einführung digitaler Medien zu verlangsamen oder zu modifizieren, sondern darum, ihn grundsätzlich zu verhindern.

Sich auch solchen Positionen im Diskurs angemessen stellen zu können, setzt also voraus, dass wir uns mit den wissenschaftlichen Grundlagen der Thesen, wie sie u. a. von Manfred Spitzer vertreten werden, genauer auseinandersetzen. Dass es dabei nicht um wissenschaftstheoretische und methodologische Analysen gehen kann, versteht sich von selbst. Vielmehr sollten wir in der Diskussion in der Lage sein, den allgemeinen Begründungszusammenhang solcher fundamental-kritischer Positionen herstellen und vermitteln zu können.

Die Thesen, die belegen sollen, wie gefährlich die Digitalisierung für unsere Kinder ist, beziehen sich durchweg auf wissenschaftliche Studien. Dabei ist es aber wichtig zu wissen, dass sich praktisch für jede Aussage zum Zusammenhang von Nutzung digitaler Medien und sozialer wie personaler Effekte in aller Regel Studien mit dazu diametral entgegengesetzten Ergebnissen finden lassen. D. h. dass es durchaus möglich ist, für Aussagen, die dem eigenen Interesse entgegenkommen, wissenschaftliche Begründung zu finden. Die Auswahl, auf welche wissenschaftlichen Ergebnisse man sich jeweils bezieht, ist also äußerst subjektiv.

Darüber hinaus wird häufig Bezug auf Meta-Analysen genommen. Meta-Analysen beziehen sich grundsätzlich und notwendig auf eine Auswahl von wissenschaftlichen Studien und Projekten. Die Transparenz, welche der vielfältigen Forschungsprojekte nicht mit einbezogen worden sind, ist häufig sehr gering. D. h. dass auch in diesen Fällen die Subjektivität der gemachten Aussagen nicht gänzlich verhindert werden kann.

Einer der Hauptvorwürfe, die Manfred Spitzer gemacht werden, bezieht sich darauf, dass wissenschaftliche Ergebnisse, die Korrelationen verschiedener Merkmalsgruppen darstellen, *kausal* interpretiert werden. D. h. etwa, wenn eine Verringerung der Leseleistung von Schülerinnen und Schülern mit erhöhten Investitionen eines Landes in digitale Medien festgestellt wird, wird von Spitzer hier ein Kausalzusammenhang formuliert. Der Journalist Jan Stremmel, der sich intensiv mit Manfred Spitzer, seinen Thesen und seinen Auftritten in den Medien befasst hat, zitiert in diesem Zusammenhang Peter Vorderer, Professor für Medienwirtschaft an der Uni Mannheim, Dieser verdeutlicht das interpretative Vorgehen Spitzers an einem eingängigen Beispiel:

> „Im Frühjahr sehen sie in Deutschland mehr Klapperstörche. Gleichzeitig kommen Kinder auf die Welt. Wenn man wie Manfred Spitzer argumentiert, würden also die Störche die Kinder bringen." (Stremmel 2018)

Die genannten Kritikaspekte mögen geeignet sein, den gesamten Ansatz, den Manfred Spitzer verfolgt, grundsätzlich besser zu verorten. In der diskursiven Auseinandersetzung mit den einzelnen Thesen des Hirnforschers bedarf es aber notwendig einer intensiveren, wissenschaftlich begründeten Analyse seiner Thesen. Diese ist natürlich aus den Lehrer/-innenzimmern unserer Schulen heraus kaum zu leisten. Aus diesem Grunde soll an dieser Stelle auf die Arbeitsergebnisse von Markus Appel, Professor im Fachbereich der Psychologie der Universität Koblenz, und seiner Kollegin, der Diplom-Psychologin Constanze Schreiner, verwiesen werden. Beide haben sich intensiv und äußerst detailreich mit jeder einzelnen der Thesen von Manfred Spitzer auseinandergesetzt. Ihre Ergebnisse zeigen, dass die Interpretationen, die der Hirnforscher in Bezug auf die vorliegenden wissenschaftlichen Ergebnisse zu den Auswirkungen der digitalen Medien vornimmt, weitgehend verkürzt sind und mögliche alternative Interpretationen ausschließen. Da an dieser Stelle nicht im Detail auf jedes einzelne Ergebnis eingegangen werden kann, verweisen wir auf einen systematischen Überblick, der von Appel und Schreiner als Ergebnis ihrer Untersuchungen angefertigt worden ist.

Mythos	Befundlage	Meta-Analyse
Reduzierung sozialer Interaktion	Keine sicheren Belege für die These.	Shklovski et al. (2006)
Verringerung gesellschaftlicher Partizipation	Im Mittel falsch, eher sind gegenteilige Befunde zu verzeichnen.	Boulianne (2009)
Einsamkeit durch Internetnutzung Verringertes Wohlbefinden	Im Mittel kein Zusammenhang für Einsamkeit, sehr geringe Zusammenhänge für Wohlbefinden und Depressivität.	Huang (2010)
Bildschirmmedien und Übergewicht	Ein kleiner Zusammenhang zwischen Fernsehen und Übergewicht wurde gesichert.	Marshall et.al. (2004)
Lernen am Computer	*Blended-Learning* ist im Mittel wirksam. Die Effektivität von computer- und internetbasierten Lerneinheiten ist von Inhalt und Didaktik abhängig.	Means et al. (2009)
Wirkungslosigkeit von computerbasierten Lernspielen	Computerspiele können lernwirksam sein.	Chiu et al. (2012)
Verringerte sprachliche Kompetenzen	Im Hinblick auf die Textqualität und -quantität ist das Schreiben am Computer vorteilhaft.	Goldberg et al. (2003)
Gewalthaltige Computerspiele und Aggression	Gewalthaltige Computerspiele führen zu aggressiverem Erleben und Verhalten. Die gefundenen Effekte sind allerdings klein.	Anderson et al. (2010)

Abb. 2: Mythen zu den Auswirkungen der Nutzung digitaler Medien und Befundlage im Überblick (Appel/Schreiner 2014, 10)

Jenseits der wissenschaftlichen Studien ergibt sich aber auch ein Bild basierend auf Erfahrungen von Lehrerinnen und Lehrern, die in Lerngruppen unterrichten, die eins zu eins mit Tablets ausgestattet sind. Da sich sehr viele Schulträger in ihren Medienentwicklungsplänen festgelegt haben, iPads einzuführen, nennen sich diese Lerngruppen häufig iPad-Klassen. In dieser Phase der Digitalisierung sind das z. B. Klassen, die im Sinne eines Pilotprojektes an der jeweiligen Schule mit entsprechenden Endgeräten ausgestattet worden sind. Auffällig ist, dass der Erfahrungsaustausch zwischen den Lehrerinnen und Lehrern, wie er z. B. in der Vor-Corona-Zeit im Rahmen von Fortbildungen und Tagungen stattgefunden hat, immer wieder die gleichen Erkenntnisse betont. Dazu zählen, dass die Arbeit mit den Tablets zu einer erheblich verbesserten Zusammenarbeit der Schülerinnen und Schüler führt, den Grad selbstständigen Arbeitens deutlich erhöht und die Lern- und Arbeitsmotivation im Allgemeinen steigert. Die große Einheitlichkeit dieser Erfahrungen, die natürlich nichts mit dem wissenschaftlichen Kriterium der Generalisierbarkeit von Untersuchungsergebnissen zu tun hat, weist zumindest darauf hin, dass die Aussagen der zerstörerischen Kraft der digitalen Medien für jede einzelne Person und den Unterrichtsprozess insgesamt zumindest infrage zu stellen ist.

20.2 Systemische Hemmnisse

Die systemischen Bedingungen für Veränderungsprozesse sind zwar von Schule zu Schule, von Gemeinde zu Gemeinde, von Stadt zu Stadt und von Bundesland zu Bundesland auf der konkreten Handlungsebene unterschiedlich, im Allgemeinen kann man aber für das Schulsystem ganz bestimmte ubiquitäre Widerstands- und Hemmnispotenziale markieren. Wenngleich der aus den Systemen hervorgehende Widerstand gegen Innovationsprozesse in der Regel nur durch Veränderung der Systemkomponenten selbst reduziert werden kann, was langwierige Prozesse in den politischen und administrativen Bereichen erfordert, ist es mit Blick auf den Erfolg des Digitalisierungsprozesses in unseren Schulen wichtig, diese Hemmnispotenziale antizipieren zu können, um Kräfte zu sparen und Frustrationen auf ein erträgliches Maß herabzusetzen. Aus diesem Grund soll im Folgenden ein Überblick über den systemischen Widerstand im Schulsystem und seinen Subsystemen gegeben werden.

20.2.1 Kollegialsystem

Die Bedeutung des Kollegiums als Ganzes im Zusammenhang der Einführung von Neuerungen kann gar nicht überschätzt werden. Fachlich spezialisierte Hochschulabsolventinnen und -absolventen arbeiten hochgradig individualisiert, ausgestattet mit gesetzlich verbriefter pädagogischer Freiheit, gemeinsam an der ganzheitlichen Erziehung und Ausbildung von Schülerinnen und Schülern. Das System, in dem sie arbeiten, ist gekennzeichnet durch flache Hierarchien einerseits, aber enge inhaltliche Zielvorgaben andererseits. Diese spezielle Systemkonstellation führt dazu, dass Lehrerkollegien tendenziell über ein erhebliches Beharrungsvermögen verfügen, und zwar über alle Schulformen hinweg. Diese systemische Resistenz gegenüber Veränderung ist einerseits der Grund dafür, dass Innovationsprozesse im Schulsystem mitunter gänzlich scheitern oder aber nur quälend langsam verlaufen, andererseits ist diese Widerstandsfähigkeit aber auch eine unverzichtbare Grundlage für die notwendige Resilienz der in den Schulen Tätigen vor dem Hintergrund der schnell wachsenden Zahl der zum Teil miteinander im Widerspruch stehenden Forderungen an Schule und Lehrerschaft.

Wenngleich man davon ausgehen kann, dass sich die verschiedenen Lehrerkollegien zumindest innerhalb einer Schulform in ihrer Gesamtstruktur nur tendenziell unterscheiden, so muss man in Bezug auf den Digitalisierungsprozess eine differenziertere Analyse vornehmen. Da es bei der Digitalisierung von Schule und Unterricht nicht nur um pädagogische Kompetenzen, Ziele und Einstellungen geht, sondern auch darum, Technik zu bewältigen, ist es von entscheidender Bedeutung, dass die Unterstützergruppe im Kollegium eine ganz bestimmte Größe erreicht.

Sehr hilfreich ist hier der Begriff der *kritischen Masse*, wie er in der Spieltheorie verwendet wird, nämlich als Schwellenwert an Unterstützern, der erreicht sein muss, damit der kollegiale gruppendynamische Prozess einen stabilisierenden Effekt erzeugt. Interessanterweise hängt nach den Erfahrungen aus vielen Kollegien das Erreichen dieser kritischen Masse nicht nur von der Altersstruktur ab. Weitere wichtige Faktoren sind die Tradition der Kommunikation und Zusammenarbeit innerhalb des Kollegiums sowie die Erfahrung, dass die Digitalisierung von Unterricht den eigenen Unterricht bereichern und die technischen Möglichkeiten der Kollaboration im Kollegium die eigene Arbeitsbelastung senken kann.

Gerade der letzte Aspekt ist von Schulleitungen auch kurzfristig zu beeinflussen. Erfahrungen zeigen, dass bereits auf der Ebene der Unterrichtsverteilung solche Effekte getriggert werden können. Es scheint erfolgversprechend zu sein, *Klassenteams* zu bilden, die sich aus Lehrkräften zusammensetzen, die bereits eine höhere Affinität zu digitalen Medien haben. Der Austausch innerhalb dieses Teams über die Erfahrung mit dem Einsatz digitaler Medien über die Fächergrenzen hinweg stabilisiert nicht nur das Team selbst, sondern ist geeignet, einzelne Kolleginnen und Kollegen außerhalb dieses Teams in Bezug auf die Nutzung digitaler Medien positiv zu beeinflussen und sich somit der kritischen Masse innerhalb des Kollegiums immer weiter und sukzessive anzunähern. Sehr bewährt haben sich auch in diesem Zusammenhang die bereits weiter oben erwähnten kollegial organisierten *Mikrofortbildungen*. Erfahrenere Kolleginnen und Kollegen des Teams organisieren für die anderen Teammitglieder zielgenaue Fortbildungen, zum Beispiel über die verschiedenen Anwendungsmöglichkeiten der in der Schule benutzten Lernplattform. Diese sehr niederschwelligen Fortbildungsangebote führen in aller Regel zu einer deutlich beschleunigten Kompetenzerweiterung des gesamten Teams.

Häufig kann im Zusammenhang einer raschen Kompetenzerweiterung von Teilen des Kollegiums ein starker Zugeffekt beobachtet werden, der sich außerordentlich positiv auf die kollegiumsinterne Gruppendynamik auswirkt. Dieser Effekt wird durch die Schüler/-innenschaft selbst ausgelöst, die nun immer umfangreichere Erfahrungen mit den positiven Effekten des digitalen Lernens macht, diese immer stärker einfordert und dadurch ihrerseits auf die gesamte Entwicklung im Kollegium, wenn auch nur indirekt, Einfluss nimmt.

Im Zusammenhang der Planung und Durchführung kollegiumsinterner Mikrofortbildungen darf allerdings nicht übersehen werden, dass in den allermeisten Fällen die in solche Fortbildungsprojekte investierte Arbeitszeit weder den fortbildenden Kolleginnen und Kollegen noch den Rezipient/-innen durch angemessene Entlastungen vergütet wird (siehe Kap. 20.2.2 Vergütungssystem). Es sollte also nicht aus den Augen verloren werden, dass diese Entlastungsthematik unbedingt mit den Schulleitungen verhandelt werden muss.

20.2.2 Vergütungssystem

Im Unterschied zu vielen Berufszweigen in der freien Wirtschaft, die ähnliche Qualifikationsanforderungen haben, wie sie für den Lehrberuf Voraussetzung sind, ist die sogenannte Karriereleiter für Lehrerinnen und Lehrer sehr kurz. Die wenigen Gehaltsstufen, die man in den verschiedenen Schulformen aufsteigen kann und die nur eingeschränkten Beförderungschancen, die sich aufgrund der begrenzten Zahl von Beförderungsstellen bieten, hält kaum den notwendigen Anreiz bereit, besondere Leistungen zu erbringen. Dass dennoch in den Schulen unserer Republik in diesem Zusammenhang gerade vor dem Hintergrund des Pandemiegeschehens so viel geleistet wird, liegt in erster Linie an der vorbildlichen Berufsauffassung der Mehrzahl der Lehrerinnen und Lehrer in unserem Land. Jede Schule, alle Schulleitungen, aber auch die Schülerinnen und Schüler der Schule und deren Eltern können nur froh sein, wenn sie eine Vielzahl solcher Lehrkräfte in den Reihen des Kollegiums haben. Eine direkte und kurzfristige Beeinflussung dieses Vergütungssystems ist auf der Ebene der einzelnen Schulen weder durch Kollegium noch Schulleitung möglich. Insofern ist es notwendig, andere Systemkomponenten wie *Arbeitszeit* oder *Organisation* auf Möglichkeiten hin zu überprüfen, die Einschränkung des Vergütungssystems zu kompensieren. Diese Kompensationsmöglichkeiten sind von Schule zu Schule durchaus unterschiedlich und müssen von den einzelnen Kollegien überprüft werden. Nicht selten sind kreative Lösungen möglich und zielführend.

20.2.3 Arbeitszeitsystem

Es ist insbesondere die Organisation der Arbeitszeit in unseren Schulen, die die Veränderungs- und Erneuerungsprozesse – seien sie auch noch so notwendig – stark behindern. In den meisten unserer Schulen definiert das für die jeweilige Schulform vorgesehene Stundendeputat die jeweils zu erbringende Unterrichtsleistung, unabhängig vom jeweiligen Fach und den damit in Verbindung stehenden spezifischen Belastungen. Diese Deputatvorgaben existieren seit vielen Jahren und Jahrzehnten unverändert, nachdem sie für viele Schulformen sogar noch erhöht worden sind. Den Schulleitungen bleibt lediglich die Möglichkeit, Zusatzaufgaben und besondere Leistungen durch Entlastungsstunden zu honorieren. Leider erweist sich aber auch das Entlastungssystem als eher insuffizient. In den verschiedenen Schulformen und den einzelnen Bundesländern ist das System der Entlastungsstunden unterschiedlich geregelt. Generell kann aber festgestellt werden, dass die einzelnen „Entlastungstöpfe" die anfallenden Aufgaben in den Schulen nur völlig unzureichend abbilden.

Die systemischen Widerstands- und Hemmnispotenziale in diesem Bereich stellen sich also in der konkreten Alltagspraxis unserer Schulen als Ressourcenproblem dar, präziser als Problem der Knappheit der Ressource „Arbeitskraft". Nach Jahrzehnten der Selbstausbeutung der überwiegenden Mehrheit der Lehrerinnen und Lehrer in unserem Lande setzt sich langsam ein wachsendes Bewusstsein der Salutogenese durch. Es reift zunehmend die Erkenntnis, dass die eigene Gesundheit nicht der Preis dafür sein kann und darf, den sich ständig vergrößernden Widerspruch zwischen den nahezu exponentiell wachsenden gesellschaftlichen und politischen Ansprüchen an die Schulen und der dort zur Verfügung stehende Arbeitszeit zu überbrücken.

Bezogen auf die Umgestaltung des Lernens unter den Bedingungen von Digitalisierung stellt die Notwendigkeit umfangreicher Konzeptentwicklung in den *Fachkonferenzen* zusätzlich zu den sowieso anliegenden Entwicklungsvorhaben sicherlich für viele einen bedeutsamen Hinderungsgrund dar, sich in diesem Bereich zu engagieren. Auch die längerfristige thematische Blockierung der pädagogischen Ganztage zu Ungunsten anderer Entwicklungsthemen kann in Teilen der Kollegien dazu führen, dass sich Widerstände aufbauen.

Für viele Kolleginnen und Kollegen bedeutet Einarbeitung in den Umgang mit Laptop oder Tablet, mit Lernplattformen und Lernapps, viel Zeit ins *Selbststudium* zu investieren, Zeit, die für andere notwenige Aufgaben, wie zum Beispiel Unterrichtsvorbereitung oder Korrekturen, verloren geht. Selbst die Zeiten für die in der Regel äußerst gewinnbringenden innerkollegialen Mikrofortbildungen müssen privat investiert werden. Diese Situation führt dazu, dass der zwingend notwendige Entwicklungsprozess in unseren Schulen von einer Reihe von Kolleginnen und Kollegen nicht aktiv mitgetragen bzw. behindert wird.

Eine besondere Problematik entwickelt die Ressourcenknappheit, wie sie durch das schulische Arbeitszeitsystem hervorgerufen wird, im Zusammenhang der Bereit- und Sicherstellung der technischen Grundlagen des Lernens im Bereich von Digitalisierung. Gerade im IT-Bereich der Schulen wird deutlich, wie viel Zeit allein der First- Level-Support, der in aller Regel bei den Schulen liegt, in der Wirklichkeit verschlingt. Es ist die Erfahrung der Kolleginnen und Kollegen, die als System-Administratoren an unseren Schulen eingesetzt sind, dass der eigene Unterricht in der Priorität weit nach hinten gesetzt werden muss, damit die technischen Prozesse im Schulalltag in Gang gehalten werden können. Man hört immer wieder von Schulen, in denen die System-Administratoren mit ein oder zwei Entlastungsstunden entlastet werden, was gemessen an dem Aufwand, die diese Kolleginnen und Kollegen täglich treiben müssen, letztlich in keinem Verhältnis steht (siehe hierzu ausführlich Kap. 13.2 Perspektiven).

Zusammenfassend muss also festgestellt werden, dass die systemischen Widerstands- und Hemmnispotenziale auf einer Ressourcenknappheit basieren, die durch die geltenden Regeln der Lehrkraftarbeitszeit manifestiert wird. Diese Ressourcenknappheit führt einerseits bei einem Teil der Lehrerinnen und Lehrer zu Frustration, Unwillen und Ablehnung, bei einem anderen Teil zu faktischer Überlastung, die unter salutogenetischen Gesichtspunkten nicht nur außerordentlich bedenklich ist, sondern – wie etwa im IT-Bereich – dazu führt, dass der Entwicklungsprozess erheblich verlangsamt wird.

Die strategischen Möglichkeiten, den aufgezeigten systemisch begründeten Hindernissen zu begegnen, um eine Mehrzahl der Kolleginnen und Kollegen für den Erneuerungsprozess zu gewinnen, sind zwar eingeschränkt, sollten aber durchaus genutzt werden. Angesprochen sind hierbei gleichermaßen Schulleitungen wie Kollegien. Eine Möglichkeit, eine größere Arbeitszeitgerechtigkeit zu erlangen, liegt in der Einführung alternativer Arbeitszeitmodelle. Dort wo die Behörden eine solche Umstellung zulassen, geht es häufig darum, von den traditionellen Wochenarbeitszeitmodellen auf Jahresarbeitszeitmodelle umzustellen. Dieser Umstellungsprozess ist allerdings hochkomplex, langwierig und nur dann erfolgreich, wenn er eine Vielzahl von Kriterien berücksichtigt (vgl. Dorsemagen et al. 2012).

Bezogen etwa auf das aktuelle und konkrete Überlastungsproblem in den schulischen Systemadministrationen können solch komplexe Systemumstellungen keine Lösung sein. Hier sind in erster Linie die Schulleitungen angesprochen. Sie sind in der Pflicht, den vorgesetzten Behörden und der Regierung Tag für Tag deutlich zu machen, dass das Lernen unter den Bedingungen von Digitalisierung ein viel höheres Stundenkontingent für die IT-Administrationen notwendig macht als verfügbar ist. Solange solche Entlastungsstunden nicht in ausreichender Anzahl zur Verfügung stehen, muss von den Schulleitungen verlangt werden, kreative Lösungen zur Entlastung der verantwortlichen Kolleginnen und Kollegen zu entwickeln. Denn der Erfolg des Erneuerungsprozesses hängt unmittelbar davon ab, dass die Technik funktioniert, dass sie zuverlässig funktioniert und nur niederschwellige Anforderung an das Handling stellt.

20.2.4 Organisationssystem

Betrachten wir die Organisation unserer Schulen in systemischer Perspektive, so wird sehr schnell deutlich, wie komplex die Netzwerkverflechtungen mit anderen Organisationen außerhalb von Schule sind. Politische Institutionen, Verbände, Schulträger und Schulaufsicht wirken unmittelbar oder mittelbar auf die Organisation unserer Schulen ein. Dabei stoßen hierbei immer wieder unterschiedliche Interessen und Zielsetzungen aufeinander, die nicht selten auf der Basis nur mit erheblichem Aufwand umzusetzender Kompromisse unseren Schul- und Unterrichtsalltag erreichen. Hierin begründet sich ein erhebliches Hemmnispotenzial bei der Umsetzung von Veränderungsprozessen.

Aber auch innerhalb unserer Schulen kommt es zu komplexen Wechselwirkungen unterschiedlicher Subsysteme. Einerseits gilt es, das pädagogische und das Verwaltungssystem im Gleichgewicht zu halten, andererseits stellen die vielfältigen Wechselwirkungen der personalen Subsysteme erhebliche Anforderungen an die Sicherstellung der Funktionalität des Gesamtsystems.

Jedwede Priorisierung einzelner Systemelemente führt notwendig zu einer Kettenreaktion an notwendig werdenden Veränderungen, die immer das Gesamtsystem betreffen. Praktische Beispiele hierfür sind Stundenplan und Unterrichtsverteilung. Wer sich schon einmal mit der Gestaltung eines Stundenplans oder der Erstellung einer Unterrichtsverteilung befasst hat, der weiß, dass die Berücksichtigung von Einzelinteressen in den meisten Fällen erhebliche Auswirkungen auf andere haben. So führt z. B. die Festlegung eines freien Tages oder eines späteren Unterrichtsbeginns für einen einzelnen Kollegen oder eine einzelne Kollegin fast zwangsläufig dazu, dass andere Mitglieder des Kollegiums einen weniger günstigen Stundenplan bekommen werden. Darüber hinaus gibt es einen Grenzwert an Absprachen und Festlegungen, der nicht überschritten werden kann, ohne dass die Erstellung eines Stundenplans oder einer Unterrichtsverteilung unmöglich gemacht wird.

Es sind diese systemischen Gesetzmäßigkeiten und Zwänge, die auf die Organisation von Teambildungsprozessen zunehmend hemmend wirken. Gerade in einer frühen Phase, in der sich ein Kollegium aufmacht, die Lernprozesse unter den Bedingungen von Digitalisierung umzugestalten, ist es z. B. gleichermaßen wünschenswert wie zielführend, dem Team der in einer Klasse unterrichtenden Kolleginnen und Kollegen eine gemeinsame Freistunde im Stundenplan zu organisieren, damit einerseits ein Erfahrungsaustausch stattfinden kann und andererseits Absprachen getroffen werden können. Die organisatorischen Bedingungen in den meisten unserer Schulen erschweren bzw. verhindern sogar solch sinnvolle Maßnahmen. Die Konsequenz ist häufig die gleiche: die Lehrkräfte werden gezwungen, die Teamarbeit in ihre Freizeit zu verlegen.

Weitere systemische Hemmnisse im Bereich der Organisation unserer Schulen stellt die fehlende Trennung von pädagogischem und Verwaltungssystem da. Die für Innovationsprozesse dringend erforderlichen zeitlichen Ressourcen werden dadurch erheblich beschränkt, dass die Lehrerinnen und Lehrer in unseren Schulen einen erheblichen Aufwand mit Verwaltungstätigkeit treiben müssen, da entsprechende Verwaltungsfachleute in aller Regel nicht vorgesehen sind und viele Verwaltungsarbeiten nicht im Aufgabenbereich der Sekretariate liegen.

Das Fehlen nicht-pädagogischen Fachpersonals wird besonders im Bereich der Ausstattung unserer Schulen mit digitalen Medien spürbar. Wenngleich die Forderung nach IT-Personal an unseren Schulen zunehmend lauter wird und auch in der Politik angekommen zu sein scheint, muss bedacht werden, dass solches Personal, das die notwendige IT-Expertise besitzt, auf dem Arbeitsmarkt – zumindest für den Moment – kaum zu finden ist oder aber für ein vergleichsweise geringes Gehalt den Schulen nicht zur Verfügung steht.

Darüber hinaus ist in diesem Zusammenhang eine Diskussion zu führen, wie sie in ähnlicher Weise in der Frage geführt wird, ob Schulleiterinnen und Schulleiter notwendig ausgebildete Lehrkräfte sein müssen. Es bleibt hier wie dort zu bedenken, dass das, was in einer Schule passiert, niemals nur als Gegenstand eines reinen Verwaltungsaktes, eines organisatorischen Ablaufs oder einer technischen Entscheidung reflektiert werden sollte. Die Organisation im Zusammenhang unserer digitalen Medien darf nicht nur in technologischer Perspektive erfolgen, sondern sollte immer auch durch die pädagogische Brille betrachtet werden. Unter diesem Aspekt scheinen gemischte IT-Teams aus nichtpädagogischem Fachpersonal und Lehrkräften eine vernünftige Perspektive.

20.2.5 Verwaltungssystem

Das System der Schulverwaltung in der Bundesrepublik Deutschland ist durch drei grundsätzliche Prinzipien gekennzeichnet, die alle Verfassungsrang haben:
1. Staatsaufsicht
2. Föderalismus
3. Trennung von inneren und äußeren Schulangelegenheiten

Staatsaufsicht und Föderalismus

Bereits in der Weimarer Republik war der Einfluss der Kirchen im Bildungsbereich beschränkt worden. Im Art. 7 des Grundgesetzes wird diese Beschränkung auch für die Bundesrepublik manifestiert, indem festgelegt wird, dass das gesamte Schulwesen unter der Aufsicht des Staates steht. Die organisatorische Umsetzung dieser staatlichen Aufsicht unterliegt entsprechend dem föderalen Prinzip den einzelnen Bundesländern. Diese haben entsprechende Behörden und Verwaltungsinstanzen geschaffen, die sich je nach Land unterscheiden. Es werden ein-, zwei- und dreistufige Organisationsmodelle unterschieden. Bei der einstufigen Organisation der Schulaufsicht existiert nur eine oberste Schulaufsichtsbehörde, das entsprechende Schulministerium, wie es in Bremen, Hamburg, Berlin und im Saarland der Fall ist. In weiteren neun Bundesländern ist die Schulaufsicht zweistufig organisiert. Hierzu zählen Brandenburg, Hessen, Mecklenburg-Vorpommern, Niedersachsen, Rheinland-Pfalz, Sachsen, Sachsen-Anhalt, Schleswig-Holstein und Thüringen. Hier wirken die jeweiligen Ministerien mit staatlichen Schulämtern zusammen. Die Bundesländer Baden-Württemberg, Bayern und Nordrhein-Westfalen, deren Schulverwaltungen dreistufig organisiert sind, schalten zwischen die zuständigen Ministerien und die staatlichen Schulämter Regierungsbezirke bzw. Landesschulämter.

Nach Art. 30 des Grundgesetzes fällt die Bildung in die Kulturhoheit der Länder. Inwieweit diese föderale Organisation unseres Schulsystems über die Probleme der eingeschränkten Vergleichbarkeit der Schulabschlüsse und der Bildungsstandards zwischen den verschiedenen Bundesländern hinaus mit Blick auf die notwendigen Innovationsprozesse förderlich ist oder sich eher hinderlich auswirkt, darüber herrscht erhebliche Uneinigkeit und löst zum Teil tiefgreifende politische Auseinandersetzungen aus. Ein Beispiel hierfür stellt die verfassungsrechtliche Diskussion dar, wie sie im Zusammenhang der finanziellen Unterstützung des Digitalisierungsprozesses von Schule und Unterricht durch den Bund geführt wurde. Als der Bund zu Beginn des Jahres 2019 die Schulen in der gesamten Republik im Rahmen einer Verwaltungsvereinbarung mit den Ländern durch die Bereitstellung erheblicher finanzieller Mittel unterstützen wollte, lehnten die Länder diese Hilfe zunächst geschlossen ab. Der „Digitalpakt Schule", der über einen Zeitraum von fünf Jahren insgesamt fünf Milliarden EUR zur Anschaffung von Laptops, Notebooks, Tablets und Smartboards zur Verfügung stellen sollte, verletze das „Kooperationsverbot", das dem Bund die Einflussnahme auf die Schulpolitik der Länder – insbesondere durch die Finanzierung von Bildungsmaßnahmen – verbiete.

Zur Beseitigung dieses systemischen Hindernisses in Zusammenhang des Digitalisierungsprozesses unserer Schulen beschlossen Bundestag und Bundesrat die Neufassung des Artikels 104c des Grundgesetzes, nach der der Bund nun und in Zukunft den Ländern finanzielle Unterstützung zur Steigerung der Leistungsfähigkeit der kommunalen Bildungsstruktur gewähren kann.

Trennung von inneren und äußeren Schulangelegenheiten

Im Zusammenhang der Identifizierung von systemischen Hemmnispotenzialen in unseren Schulen gerät das Systemprinzip der Trennung von inneren und äußeren Schulangelegenheiten zunehmend stärker in den Blick. Diese Trennung ergibt sich unmittelbar aus dem Grundgesetz: einerseits aus der bereits oben erwähnten Festlegung, dass das gesamte Schulwesen der staatlichen Aufsicht unterliegt (Art. 7 GG), andererseits durch den Art. 28 des Grundgesetzes, der den Gemeinden das Recht gewährt „alle Angelegenheiten der örtlichen Gemeinschaft im Rahmen der Gesetze in eigener Sache zu regeln" (Art. 28 Abs. 2 GG). Auch die Verantwortung der Schulen in der Kommune gehört zu diesen Angelegenheiten.

Der Zuständigkeitsbereich der *Schulaufsicht* bezieht sich unabhängig davon, wie diese in den einzelnen Bundesländern organisiert ist, auf den Unterricht selbst und auf diejenigen, die diesen Unterricht organisieren, verantworten und erteilen. Es werden Bildungsziele formuliert, Kernlehrpläne erlassen, Lehrkräfte angestellt usw. Auf der Basis der jeweiligen Landesgesetzgebungen werden Rechtsverordnungen, Erlasse und Verwaltungsvorschriften verabschiedet und deren Umsetzung und Einhaltung im Rahmen ihrer Dienst-, Fach- und Rechtsaufsicht kontrolliert.

Für die äußeren Schulangelegenheiten sind die *kommunalen Schulträger* zuständig. Im Rahmen ihrer grundgesetzlich garantierten Selbstverwaltung zählt es zu ihren wichtigsten Aufgaben, ein wohnortnahes, Schulform differenziertes Bildungsangebot zu schaffen. D. h. die kommunalen Schulträger haben die Verpflichtung, Schulen zu errichten, für deren Unterhaltung zu sorgen und die Verwaltung in den einzelnen Schulen sicherzustellen. Für diese Aufgaben stellen sie in den Schulsekretariaten und den Hausmeistereien eigenes Personal zur Verfügung.

Die rechtliche Trennung von inneren und äußeren Schulangelegenheiten ist die Ursache von systemischen Hindernissen, die in ganz besonderer Weise den Prozess der Digitalisierung von Schule und Unterricht betreffen. Im Verlauf der Schulgeschichte in Deutschland hat sich ein zunehmend enges Verständnis der äußeren Schulangelegenheiten entwickelt und etabliert, das diese auf die eher quantitativen Aspekte von Schulverwaltung begrenzt, wie sie sich aus der Entwicklung von Schülerzahlen und der damit in Beziehung stehenden Bereitstellung und Unterhaltung der räumlichen und sächlichen Ausstattung der Schulen ergeben. Die äußeren Schulangelegenheiten werden so zum Gegenstand bürokratischer Entscheidungs- und Verwaltungsprozesse, die den unauflöslichen Zusammenhang von Form und Inhalt eines gelingenden pädagogischen Handelns nicht oder nur in sehr begrenztem Umfang berücksichtigen und widerspiegeln können. Schon 1995 beklagt die Bildungskommission NRW in ihrer Denkschrift „Zukunft der Bildung – Schule der Zukunft": „Schulträgerschaft bleibt so demgegenüber, was in Schulen qualitativ geschieht, äußerlich, erscheint als Schulträger Verwaltung, als zweite Bürokratie neben der Schulaufsicht" (Bildungskommission NRW 1995, 172).

Bezogen auf den Digitalisierungsprozess in den einzelnen Schulen besteht die berechtigte Sorge, dass aufgrund der systembedingten Trennung von inneren und äußeren Schulangelegenheiten der ganzheitliche Prozess dadurch behindert wird, dass Digitalisierung auf ein *quantitatives* Problem reduziert wird, nämlich der Ausstattung der Schulen mit Präsentationsmedien und Endgeräten entsprechend quantitativer Messwerte und festgelegter Rollout-Zyklen. Die praktischen Auswirkungen dieses Zusammenhangs zählen zu den Erfahrungen vieler Schulleitungen. In den Auseinandersetzungen mit den Schulträgern finden in aller Regel pädagogische Überlegungen nur nachrangig Gehör. Die Formel „Technik folgt Pädagogik" – wenngleich nicht unumstritten (vgl. z.B. Krommer 2019, 67ff.) – wird zwar in vielen Medienentwicklungsplänen der Kommunen als Leitsatz formuliert, findet dann aber in der Realität zumeist unter Hinweis auf finanzielle bzw. haushaltsrechtliche Aspekte, wettbewerbsrechtliche Hindernisse, personelle Engpässe oder allgemein bürokratische Hemmnisse nur selten Anwendung.

Schulaufsicht

Die systemischen Hemmnisse entstehen sowohl durch diese verfassungsrechtlich festgeschriebene Trennung in äußere und innere Schulangelegenheiten als auch durch Widersprüche in den Subsystemen „Schulaufsicht" und „kommunale Schulträger" selbst.

Besonders komplex stellt sich diese Situation im Bereich der Schulaufsicht dar. Hier erfährt zunächst das vielfach beschriebene Phänomen des Widerspruchs zwischen *Beratung und Kontrolle* Bedeutung. Stellt sich diese Doppelrolle bereits in den „klassischen" Bereichen schulaufsichtlicher Tätigkeit nicht selten als Dilemma, in jedem Fall aber als große Herausforderung dar, so steigert sich diese systembedingte Problemsituation im Zusammenhang der Digitalisierung von Schule und Unterricht noch einmal in erheblichem Umfang. Ausschlaggebend hierfür sind die systemimmanenten Unklarheiten des Steuerungsauftrages der Schulaufsicht, die sich durch die zunehmende Bedeutung der schulischen Selbstverantwortung ergeben. In Bezug auf den Digitalisierungsprozess in unseren Schulen kommt erschwerend hinzu, dass die fachlichen Expertisen, die für eine gelingende Beratung und Steuerung notwendig wären, nur im begrenzten Umfang vorliegen und weitestgehend prozessbegleitend im schulischen Alltag erworben werden. Auch der sich daraus ergebende Allgemeinheitsgrad einerseits sowie Kurzfristigkeit und „Halbwertszeit" normativer ministerieller Vorgaben in diesem Zusammenhang andererseits, erschweren den Mitarbeiterinnen und Mitarbeitern der Schulaufsicht die Wahrnehmung ihrer Doppelrolle erheblich.

Die Überwindung oder – vorsichtiger formuliert – das Umgehen mit diesen systemischen Hemmnissen im Bereich der Schulaufsicht erfordert ein hohes Maß an Kooperationsbereitschaft aller Beteiligten.

> „Die bestehenden Spannungen können zwar nicht zufriedenstellend aufgelöst werden, sie können jedoch konstruktiv gewendet werden – sofern sie explizit, reflektiert und angemessen kommuniziert werden. Allerdings stellt dies hohe Anforderungen an die damit einhergehenden professionellen Kompetenzen aller Beteiligten. Notwendige Voraussetzung für eine konstruktive Gestaltung dieses mehrfach komplexen Spannungsfeldes sind:
> – ein Bewusstsein für die unterschiedlichen Modi der Kommunikation;
> – die Herstellung von Transparenz über das jeweilige Agieren;
> – ein situationsadäquater Einsatz unterschiedliche Handlungsformen." (Diedrich 2020, 55 f.)

In die schulische Praxis umgesetzt bedeutet das, dass die Schulaufsicht den einzelnen Schulen bei ihren Bemühungen im Rahmen der digitalen Transformation den Rücken freihalten, Interpretationsspielräume im Zusammenhang von Verordnungen und Erlassen akzeptieren und Kommunikationsprozesse aktiv initiieren und fördern müsste. Positiv einbringen könnte Schulaufsicht hier ihre große Vernetzungsexpertise. Hierin könnte ihre zentrale Bedeutung im Digitalisierungsprozess von Schule und Unterricht liegen, indem auf der Basis der Kenntnisse der Entwicklungsstände und der Bedarfe einzelner Schulen Austauschprozesse gezielt auf den Weg gebracht werden.

Kommunale Schulträger

Auf der Seite der kommunalen Schulträger stellt sich die systemische Komplexität der Herausforderungen nicht geringer dar. Diese begründet sich zunächst einmal in der Vielzahl der Akteurinnen und Akteure in den kommunalen Bildungslandschaften. So spielt sich die kommunale Schulverwaltung im Spannungsfeld zwischen den Verantwortlichen in Politik, Schule und den verschiedenen Verwaltungsinstanzen ab. Dieser systembedingte Kontext stellt besonders den Prozess der kommunalen Medienentwicklungsplanung vor große Herausforderungen.

> „Eine gelungene kommunale Medienentwicklungsplanung (MEP) zeichnet sich durch stetige Fortschreibung aus. Die Laufzeiten müssen so gewählt werden, dass Entscheidung und Ausrichtung gegebenenfalls problemlos revidiert werden können. Gleichzeitig ist die Medienentwicklungsplanung hochkomplex, da sie die Brücke ist zwischen technischen, politischen, pädagogischen und verwaltungsinternen Prozessen und diese Felder mit ihren spezifischen Anforderungen berücksichtigt werden müssen" (Medienberatung NRW 2019, 6).

Medienentwicklungspläne stellen das zentrale Steuerungsinstrument im Zusammenhang der Ausrüstung der einzelnen Schulen mit entsprechenden digitalen Präsentationsmedien und Endgeräten dar. Es ist aber die Erfahrung vieler Schulen gerade in kleineren Kommunen, dass solche Medienentwicklungspläne nicht existieren oder nur in sehr rudimentärer Form vorliegen. Aber auch in den Kommunen, in denen differenzierte Medienentwicklungspläne entwickelt worden sind, erfahren viele Schulen häufig die systemischen Probleme, die dieses Instrument kommunaler Medienentwicklungsplanung aufweist. Die Beteiligung der Vielzahl an Akteur/-innen an der Medienentwicklungsplanung erfordert einen relativ langen Entscheidungsprozess, was die zeitnahe Reaktion auf die sich schnell wandelnden Anforderungen der konkreten Bedarfe in den Schulen erheblich erschwert. Besonders deutlich wird dies im Zusammenhang der Corona-Krise. Ein Beispiel hierfür ist die Ausstattung der Schulen mit Endgeräten. Viele Medienentwicklungsplanungen sehen vor, dass Leihgeräte für die Schülerinnen und Schüler auf der Basis eines bestimmten Schlüssels, der sich auf die konkreten Lernendenzahlen der Einzelschule bezieht, zur Verfügung gestellt werden. Der im Rahmen der Corona-Krise erforderlich werdende Distanzunterricht macht es jedoch notwendig, dass jede Schülerin und jeder Schüler über ein eigenes Endgerät verfügt, dass auch im häuslichen Bereich genutzt werden kann, um am Onlineunterricht teilnehmen zu können. Entsprechende Lösungsansätze können die existierenden Medienentwicklungspläne mit ihrer mittelfristigen Planungsperspektive natürlich nicht bieten. Auch die gerade in größeren Kommunen festgeschriebenen Rollout-Zyklen für die verschiedenen digitalen Medien erschweren den einzelnen Schulen eine angemessene und zeitnahe Reaktion auf die sich schnell wandelnden Anforderungen an die digitalen Medien.

Jenseits der kommunalen Medienplanung entstehen im Hinblick auf die konkrete Umsetzung der Planungsvorgaben weitere zum Teil erhebliche systembedingte Probleme. Diese beziehen sich auf den Prozess der Beschaffung sowie auf die langfristige und gesicherte Finanzierung der Ausstattung unserer Schulen mit digitalen Medien. Selbst wenn die Finanzierung der Anschaffung neuer Medien z. B. durch staatliche Förderprogramme gesichert ist, bedeutet das für die Schulen noch lange nicht, dass mit einer zeitnahen Ausstattung gerechnet werden kann. Der Grund hierfür ist, dass die kommunalen Schulträger als öffentliche Auftraggeber das Vergaberecht beachten müssen, was bedeutet, dass für Beschaffungen ab einem Wert von 214.000 EUR netto das Kartellvergaberecht anzuwenden ist. Dadurch sind die Kommunen verpflichtet, Ausschreibungen EU-weit bekannt zu machen. Gerade bei Beschaffungsmaßnahmen im Bereich digitaler Medien wird dieser Schwellenwert schnell erreicht bzw. überschritten, was dazu führt, dass die Beschaffungen allein aufgrund der streng einzuhaltenden vergaberechtlichen Vorgaben zu einem sehr langwierigen Prozess geraten, der auch bei allem guten Willen der Beteiligten kaum zu beschleunigen ist. Aber selbst, wenn bei einzelnen Beschaffungen die vergaberechtlichen Hürden nicht so hoch sind, stoßen die jeweiligen Dienststellen bei den Schulträgern, die mit den Beschaffungsmaßnahmen beauftragt sind, häufig personell an ihre Grenzen. Das gilt insbesondere dann, wenn – wie z.B. in Zeiten der Corona-Krise – möglichst alle Schulen gleichzeitig mit digitalen Medien ausgestattet werden müssten.

Ein nicht zu unterschätzendes Innovationshemmnis stellt die Finanzierung dieses Prozesses dar. Dabei geht es nicht in erster Linie darum, dass die finanziellen Mittel fehlen würden. Im Gegenteil bleibt es für die Öffentlichkeit immer wieder unverständlich, wenn z.B. in den Nachrichten vermeldet wird, dass erhebliche Teile der Fördermittel, die etwa vom Digitalpakt zur Verfügung gestellt werden bzw. worden sind, nicht abgerufen werden. Hier stellt das Konnexitätsprinzip einen Innovationshemmschuh dar.

Bei diesem staatsrechtlich verankerten Verhältnis von Bund und Ländern bei der Aufgabenwahrnehmung und Aufgabenfinanzierung geht es schlicht formuliert um den Grundsatz: „Wer bestellt, bezahlt". Ein Problem dabei ist die rechtliche Interpretationsbreite dieses Grundsatzes.

So stellt sich die Anschubfinanzierung durch die verschiedenen staatlichen Förderprogramme auf Bundes- oder Landesebene für die Kommunen durchaus als zweischneidiges Schwert dar. Einerseits können zwar digitale Medien in großem Umfang beschafft werden, andererseits besteht die berechtigte Sorge, dass die Kommunen mit den Folgekosten allein gelassen werden. Dabei geht es besonders um die Instandhaltung und Neubeschaffung dieser schnelllebigen Güter. Mit anderen Worten, es fehlt den Kommunen an einer planbaren Grundlage für die langfristige IT-Versorgung an den Schulen. Solange also die Konnexität in Bezug auf die finanzielle Absicherung des Digitalisierungsprozesses nicht grundsätzlich geklärt ist, wird es immer wieder dazu kommen, dass die Schulträger mehr oder weniger große Zurückhaltung an den Tag legen werden.

20.3 Fazit

Die Chancen, den digitalen Transformationsprozess in unseren Schulen anzustoßen bzw. zu beschleunigen, sind heute sicherlich größer, als sie jemals waren. Dass hierfür eine gesellschaftliche Krise globalen Ausmaßes verantwortlich ist, ist zwar bedauerlich, sollte uns aber nicht davon abhalten, diese Chance zu nutzen. Dabei darf nicht übersehen werden, dass der herrschende gesellschaftliche Druck auf diesen Innovationsprozess auf eine Realität in unseren Schulen trifft, die zum Teil auch durch Widerstände und Hemmnisse geprägt ist. Diese ergeben sich einerseits auf der Ebene der einzelnen Kollegien, andererseits basieren sie auf systembedingten Faktoren der schulischen Praxis selbst sowie den Prozessen politischer und administrativer Entscheidungsfindung und praktischer Umsetzung.

So trivial die Erkenntnis sein mag, dass Innovationsbestrebungen immer auf Widerstand stoßen und stoßen werden, so wenig trivial ist es in diesem Fall, mit diesen Widerständen umzugehen und zu verhindern, dass die knappen zeitlichen und personellen Ressourcen aufgerieben und letztlich vergeudet werden. Auf der Ebene der Kollegien hängt ein erfolgreicher Umgang mit den Widerständen im Kern davon ab, wie es gelingt, den schulischen Diskurs so zu führen, dass es zu einem offenen und ehrlichen Austausch der Positionen kommen kann, die Sachlichkeit der Argumente im Vordergrund steht und eine Fehlerkultur etabliert wird, die es zulässt, nach kreativen Lösungsansätzen zu suchen, ohne dass zu erwartende Rückschläge zur Desavouierung innovativer Konzepte führen. Konkret bedeutet das, einerseits Bedenken und Widerstände ernst zu nehmen und sich konstruktiv mit ihnen auseinanderzusetzen, statt jede Kritik als störend und rückwärtsgewandt zu diskreditieren. Andererseits bedeutet das aber auch, Argumentationslinien und -strategien, die unsachlich und ideologisch sind, zu enttarnen und zurückzuweisen. In diesem Zusammenhang hat sich die Etablierung nachhaltiger Kommunikationsstrukturen wie z. B. Steuer- oder Projektgruppen als erfolgversprechend erwiesen, solange sie demokratisch legitimiert sind und beteiligungsorientiert konstituiert werden.

Die systemisch begründeten Widerstands- und Hemmnispotenziale entziehen sich allerdings weitestgehend der kurzfristigen Beeinflussung durch die schulischen Akteurinnen und Akteure, da sie in aller Regel die unmittelbare Folge von administrativen Vorschriften und Vorgaben sind, die sich ihrerseits aus zumeist langfristigen politischen Entscheidungsprozessen ergeben. Die Erkenntnis, dass schnelle Lösungen aus diesen Gründen bei der Überwindung der vielfältigen systemischen Hürden bei der Umsetzung der digitalen Transformation in unseren Schulen nicht erwartet werden können, mag einerseits dabei helfen, die Frustration über die Langwierigkeit dieses Prozesses etwas abzumildern. Andererseits gilt es aber für alle Beteiligten, Entscheidungs- und Handlungsspielräume auszuloten und auszunutzen, kreative Lösungen für die verschiedenen Einzelfälle zu entwickeln und letztlich mit langem Atem und in demokratischen Prozessen zu versuchen, die politische Willensbildung zu beeinflussen.

Literaturverzeichnis

Ackeren, Isabell van/Aufenanger, Stefan/Eickelmann, Birgit/Friedrich, Steffen/Kammerl, Rudolf/ Knopf, Julia/Mayrberger, Kerstin/Scheika, Heike/Scheiter, Katharina/Schiefner-Rohs, Mandy (2019): Digitalisierung in der Lehrerbildung Herausforderungen, Entwicklungsfelder und Förderung von Gesamtkonzepten. DDS – Die Deutsche Schule, 111, 103–119

Albers, Andrea (2020): Lernräume gestalten: Lernförderliche Rauminszenierungen für den Schulalltag, in: Pädagogik, 6, 6–7

Albrecht-Hermanns, Marc (2016): Wer braucht noch interaktive Tafeln? https://fortbildungsinfo. wordpress.com/2016/02/14/wer-braucht-noch-interaktive-tafeln/, letzter Zugriff 07.011.2020

Anderson, Craig A./Shibuya, Akiko/Ihori, Nobuko/Swing, Edward L./Bushman, Brad J./Sakamoto, Akira/Rothstein, Hannah R./Saleem, Muniba (2010): Violent videogame effects on aggression, empathy, and prosocial behaviour in Eastern and Western countries: A meta-analytic review. Psychological Bulletin, 136, 151–171

Appel, Markus/Schreiner, Constanze (2014): Digitale Demenz? Mythen und wissenschaftliche Befundlage zur Auswirkung von Internetnutzung, in: Psychologische Rundschau, 65, 1, 1–10

Arbeitskreis Schul-IT (2020): Leitlinien für ein „Betriebs- und Supportmodell Schul-IT" in kommunaler Trägerschaft, KDN – Dachverband kommunaler IT-Dienstleister, 31.08.2020, Siegburg, https://www.kdn.de/fileadmin/user_upload/8_Publikationen/KDN-Leitfaden_fuer_Schul-IT. pdf, letzter Zugriff: 07.02.2021

Arnold, Patricia/Kilian, Lars/Thillosen, Anne/Zimmer, Gerhard M. (2018): Handbuch E-Learning, 5. Aufl., Bielefeld

Attwell, Graham (2007): Personal Learning Environments-the future of eLearning?, E-Learning Papers, 2 ,1, https://www.researchgate.net/publication/228350341_Personal_Learning_Environments-the_future_of_eLearning, letzter Zugriff: 08.02.2021

Berking, Peter/Gallagher, Shane (2016): Choosing a Learning Management System, 04.11.2016, https://www.adlnet.gov/assets/uploads/Choosing AnLMS.docx (CC BY NC SA 4.0), letzter Zugriff: 08.11.2020

Bettinger, Patrick/Draheim, Saskia/Meier, Simon/Witte, Ellen (2020): ‚Making' the subject – Eine materiell-diskursive Perspektive auf Lernprozesse in Makerspaces und FabLabs, in: Zeitschrift Medienpädagogik 17 (Jahrbuch Medienpädagogik): 617–645

Bildungskommission NRW (1995): Zukunft der Bildung – Schule der Zukunft. Denkschrift der Kommission „Zukunft der Bildung – Schule der Zukunft" beim Ministerpräsidenten des Landes Nordrhein-Westfalen. Neuwied/Berlin

Bildungsserver Berlin-Brandenburg (o. J.): Orientierungsrahmen Schulqualität (BB): https://bildungsserver.berlin-brandenburg.de/orientierungsrahmen-schulqualita, letzter Zugriff: 02.01.2021

Blatter, Martin/Hartwagner, Fabia (2015): Digitale Lehr- und Lernbegleiter, Bern: Hep-Verlag

Bloomberg, Jason (2018): Digitization, Digitalization, And Digital Transformation: Confuse Them At Your Peril, https://www.forbes.com/sites/jasonbloomberg/2018/04/29/digitization-digitalization-and-digital-transformation-confuse-them-at-your-peril/, letzter Zugriff: 28.10.2020

Bohnsack, Fritz (1995): Widerstand von Lehrern gegen Innovationen in der Schule, in: Die Deutsche Schule, 87, 1, 21–37

Boulianne, Shelley (2009): Does Internet use affect engagement? A meta-analysis of research. Political Communication, 26, 193–211

Brasch, Christine (o. J.): Kurzsichtige Kinder: Jedes Jahr werden es mehr. https://www.eltern.de/kurzsichtige-kinder, letzter Zugriff: 25.10.2020.

Breiter, Andreas/Zeising, Anja/Stolpmann, Björn Eric (2017): IT-Ausstattung an Schulen: Kommunen brauchen Unterstützung für milliardenschwere Daueraufgabe, Bertelsmann Stiftung, November 2017, Gütersloh

Breiter, Andreas/Stolpmann, Björn Eric/Zeising, Anja (2015): Szenarien lernförderlicher IT-Infrastrukturen in Schulen – Betriebskonzepte, Ressourcenbedarf und Handlungsempfehlungen, Gütersloh: Bertelsmann

Buhren, Claus G./Rolff, Hans-Günter (2018): Handbuch Schulentwicklung und Schulentwicklungsberatung, Weinheim/Basel: Beltz

Bundesamt für Strahlenschutz (2020): Biologische Wirkungen hochfrequenter Felder durch Energieabsorption und Erwärmung, https://www.bfs.de/DE/themen/emf/hff/wirkung/hff-nachgewiesen/hff-nachgewiesen.html, letzter Zugriff: 29.12.2020

Bundesamt für Strahlenschutz (2020a): Wissenschaftlich diskutierte biologische und gesundheitliche Wirkungen hochfrequenter Felder, https://www.bfs.de/DE/themen/emf/hff/wirkung/hff-diskutiert/hff-diskutiert.html, letzter Zugriff: 29.12.2020

Bundesamt für Strahlenschutz (2020b): Tipps für Nutzer*innen von Smartphones und Tablets, https://www.bfs.de/DE/themen/emf/kompetenzzentrum/mobilfunk/schutz/smartphone-tablet.html, letzter Zugriff: 29.12.2020

Bundesärztekammer (2017): Mediennutzung und Entwicklungsstörungen hängen zusammen, https://www.aerzteblatt.de/nachrichten/76019/Mediennutzung-und-Entwicklungsstoerungen-haengen-zusammen, letzter Zugriff: 25.10.2020

Bundesgesundheitsministerium (2017): BLIKK-Medien: Kinder und Jugendliche im Umgang mit elektronischen Medien, https://www.bundesgesundheitsministerium.de/fileadmin/Dateien/5_Publikationen/Praevention/Berichte/Abschlussbericht_BLIKK_Medien.pdf, letzter Zugriff: 04.01.2021

Bundesministerium für Bildung und Forschung (2019): Zusätzliche Förderrunde, https://www.qualitaetsoffensive-lehrerbildung.de/de/zusaetzliche-foerderrunde-2070.html, letzter Zugriff: 23.01.2021

Bundesministerium für Bildung und Forschung (2021): Digitalisierung in der Lehrkräftebildung – BMBF Qualitätsoffensive Lehrerbildung. https://www.qualitaetsoffensive-lehrerbildung.de/de/digitalisierung-in-der-lehrerbildung-1752.html, letzter Zugriff: 21.01.2021

Bundesnetzagentur (2020): Allgemeinzuteilung von Frequenzen in den Bereichen 5150 MHz – 5350 MHz und 5470 MHz – 5725 MHz für Funkanwendungen zur breitbandigen Datenübertragung, WAS/WLAN („Wireless Access Systems including Wireless Local Area Networks"): Vfg. 151/2018, https://www.bundesnetzagentur.de/SharedDocs/Downloads/DE/Sachgebiete/Telekommunikation/Unternehmen_Institutionen/Frequenzen/Allgemeinzuteilungen/2010_07_WLAN_5GHz_pdf.pdf?__blob=publicationFile&v=7, letzter Zugriff: 08.01. 2020

Busch, Michael (2015): „Digitale Bildung" – ein berufsbegleitendes schulinternes Lehrerfortbildungskonzept, https://smartclassroomlearning.org/2015/08/30/digitale-bildung-ein-berufsbeglei-tendes-schulinternes-lehrerfortbildungskonzept/, letzter Zugriff: 15.01.2021

Calliope (o. J.): Calliope mini – der kleine Computer für große Ideen, https://calliope.cc/, letzter Zugriff 10.02.2021

Capparozza, Marcel/Irle, Gabriele (2020): Lehrerausbildende als Akteure für die Digitalisierung in der Lehrerbildung: Ein Review, in: Wilmers, Annika et al. (Hrsg.) Bildung im digitalen Wandel. Die Bedeutung für das pädagogische Personal und für die Aus- und Fortbildung, Münster: Waxmann, 103–127

Center for Curriculum Redesign (CCR) (o. J.): https://curriculumredesign.org/wp-content/uploads/meta-learning.png, letzter Zugriff 10.02.2021

Chiu, Yi-hui/Kao, Chian-wen/Reynolds, Barry Lee (2012): The relative effectiveness of digital game-based Learning types in English as a foreign language setting: A meta-analysis. British Journal of Educational Technology, 43, 104–107

Clasen, Astrid (2020): Kurzsichtigkeit bei Kindern. Wie kann man vorbeugen? https://www.onmeda.de/magazin/kurzsichtigkeit_vorbeugen.html, letzter Zugriff: 25.10.2020.

Clayton, R. Wright/Lopes, Valerie/Montgomerie, T. Craig/Reju, Sunday A./Schmoller, Seb (2014): Selecting an LMS: Questions to Consider, https://er.educause.edu/-/media/files/artic-les/2014/4/selecting_lms.pdf?la=en&hash=1A4A03726FDAEAB8506C29267929D25E01BC4E5E, letzter Zugriff: 10.11.2020

Dahlstrom, Eden/Brooks, D. Christopher/Bichsel, Jacqueline (2014): The Current Ecosystem of Learning Management Systems in Higher Education: Student, Faculty, and IT Perspectives, Louisville, https://library.educause.edu/-/media/files/library/2014/9/ers1414-pdf.pdf (CC BY NC ND), letzter Zugriff: 10.11.2020

Deutsches-Schulportal (o. J.): Eine gute Schule braucht keine Klassenzimmer, https://deutsches-schulportal.de/schulkultur/alemannenschule-wutoeschingen-eine-gute-schule-braucht-keine-klassenzimmer/, letzter Zugriff: 13.01.2021

Diedrich, Martina (2020): Die veränderte Rolle der intermediären Akteure, in: Klein, Esther Dominique/Bremm, Nina (2020): Unterstützung – Kooperation – Kontrolle. Zum Verhältnis von Schulaufsicht und Schulleitung in der Schulaufsicht, Wiesbaden: Springer, 45–63

Döbeli Honegger, Beat (2010): Lernplattformen entwickeln sich rasend langsam, in: Petko, Dominik (Hg.): Lernplattformen in Schulen – Ansätze für E-Learning und Blended Learning in Präsenzklassen, Wiesbaden: VS

Döbeli Honegger, Beat (2017): Mehr als 0 und 1: Schule in einer digitalisierten Welt, 2. Aufl., Bern: Hep-Verlag

Dorsemagen, Cosima/Lacroix, Patrick/Krause, Andreas (2012): Arbeitszeit an Schulen: welches Modell passt in unsere Zeit? Kriterien zur Gestaltung schulischer Arbeitsbedingungen, in: Rothland, Martin (2012): Belastung und Beanspruchung im Lehrerberuf – Modelle, Befunde, Interventionen. Wiesbaden: Springer, 213–230

DSGVO (2018): Art. 4 DSGVO – Begriffsbestimmungen, https://dsgvo-gesetz.de/art-4-dsgvo/, letzter Zugriff: 01.11.2020

Dziak-Mahler, Myrle (2020): Wir brauchen Pioniergeist. https://www.bildung.digital/artikel/myrle-dziak-mahler-wir-brauchen-pioniergeist, letzter Zugriff: 02.01.2021

Eickelmann, Birgit (2017): Kompetenzen in der digitalen Welt. Konzepte und Entwicklungsperspektiven, Berlin

Eickelmann, Birgit/Gerick, Julia (2017): Lehren und Lernen mit digitalen Medien. Zielsetzungen, Rahmenbedingungen und Implikationen für die Schulentwicklung, in: Schulmanagement-Handbuch 164, 4, München

Eickelmann, Birgit/Gerick, Julia (2018): Herausforderungen und Zielsetzungen im Kontext der Digitalisierung von Schule und Unterricht. Teil 1: Vier Bereiche des Lernens mit digitalen Medien. SchulVerwaltung NRW, 29 (2): 47–50

Eickelmann, Birgit/Bos, Wilfried/Goldhammer, Frank/Schaumburg, Heike/Schwippert, Knut/Senkbeil, Martin/Vahrenhold, Jan (Hg.) (2019): ICILS 2018 #Deutschland. Computer- und informationsbezogene Kompetenzen von Schülerinnen und Schülern im zweiten internationalen Vergleich und Kompetenzen im Bereich Computational Thinking, Münster/New York

Eickelmann, Birgit/Bos, Wilfried/Gerick, Julia/Goldhammer, Frank/Schaumburg, Heike/Schwippert, Knut/Senkbeil, Martin/Vahrenhold, Jan (Hg.) (2018): ICILS 2018 #Deutschland. Computer- und Informationsbezogene Kompetenzen. https://kw.uni-paderborn.de/fileadmin/fakultaet/Institute/erziehungswissenschaft/Schulpaedagogik/ICILS_2018__Deutschland_Berichtsband.pdf, letzter Zugriff: 13.12.20

Engartner, Tim (2019): Wie DAX-Unternehmen Schule machen Lehr- und Lernmaterial als Türöffner für Lobbyismus, Frankfurt, https://www.otto-brenner-stiftung.de/fileadmin/user_data/stiftung/02_Wissenschaftsportal/03_Publikationen/AH100_Lobbyismus_Schule.pdf, letzter Zugriff: 15.11.2020

Epson (o. J.): Projektor oder Flachbildschirm im Bildungswesen, https://www.ceconet.ch/data/adressen/00000307/Deutsch/Mediathek/Projektor%20oder%20Flachbildschirm%20im%20Bildungswesen_D.pdf, letzter Zugriff: 05.01.2021

Erpenbeck, John/Sauter, Simon/Sauter, Werner (2015): E-Learning und Blended Learning: Selbstgesteuerte Lernprozesse zum Wissensaufbau und zur Qualifizierung, Wiesbaden: VS

Eule, Stefanie/Issing, Ludwig J. (2005): Interaktive Whiteboards. https://www.e-teaching.org/materialien/lehrszenarien/vorlesung/praesentation/elektronische_tafel/Whiteboards.pdf, letzter Zugriff 07.11.2020

Europäische Kommission (2017): European Framework for the Digital Competence of Educators. DigCompEdu, http://publications.jrc.ec.europa.eu/repository/bitstream/JRC107466/pdf_digcomedu_a4_final.pdf, letzter Zugriff: 15.01.2021

Fadel, Charles/Bialik, Mayim/Trilling, Bernie (2017): Die vier Dimensionen der Bildung – Was Schülerinnen und Schüler im 21. Jahrhundert lernen müssen. Hamburg: Zentralstelle für Lernen und Lehren im 21. Jahrhundert e. V.

FernUniversität in Hagen (2020): Lernen neu denken. Das Hagener Manifest zu New Learning. https://www.fernuni-hagen.de/imperia/md/content/universitaet/hagenermanifest/hagener-manifest.pdf, letzter Zugriff: 08.02.2021

Förtsch, Matthias/Stöffler, Friedemann (2020): Die agile Schule. 10 Leitprinzipien für Schulentwicklung im Zeitalter der Digitalisierung, Hamburg: AOL

Forum Bildung Digitalisierung (2020): Schulträger in Deutschland – Ihr Beitrag zur Gestaltung des digitalen Wandels an Schulen, https://www.forumbd.de/app/uploads/2020/09/200812_FBD_Expertise_Schultra%CC%88ger.pdf, letzter Zugriff: 02.01.2021

Ganten, Peter/Laguna de la Vera, Rafael (2020): Mehr Open Source wagen! https://www.faz.net/aktuell/wirtschaft/digitec/mit-grossen-internet-plattformen-mithalten-die-richtige-software-17042706.html, 10.11.2020, letzter Zugriff: 04.04.2021

Gerecke, Patrick/Henningsen, Silke (2020): Moderner Unterricht in historischen Gemäuern: mit kleinen Tricks Lernräume in alten Gebäuden umgestalten, in: Pädagogik, 6, 15–19

Gerhardts, Lara/Dehmel, Lukas/Meister, Dorothee M. (2021): Die berufliche Tabletaneignung von Lehrkräften als Beispiel der Mediatypisierung pädagogischer Handlungskontexte, in: Medienpädagogik 16 (Jahrbuch Medienpädagogik): 130, 129–159

Gesellschaft für Informatik (Hg.) (2016): Dagstuhl-Erklärung: Bildung in der digitalen vernetzten Welt. https://gi.de/fileadmin/GI/Hauptseite/Themen/Dagstuhl-Erkla__rung_2016-03-23.pdf, letzter Zugriff. 02.01.2021

Gewerkschaft Erziehung und Bildung (GEW) (2019): Primat der Pädagogik gilt! https://www.gew.de/presse/pressemitteilungen/detailseite/neuigkeiten/gew-primat-der-paedagogik-gilt/, letzter Zugriff 01.02.2021

Goldberg, Amie/Russell, Michael/Cook, Abigail (2003): The effect of computers on student writing: A meta-analysis of studies from 1992 to 2002. Journal of Technology, Learning, and Assesement, 2, 1

Hafer, Jörg/Kiy, Alexander/Lucke, Ulrike (2014): Moodle auf dem Weg zur Personal Learning Environment, Universität Potsdam, https://www.researchgate.net/profile/Alexander-Kiy/publication/270819964_Moodle_Co_auf_dem_Weg_zur_Personal_Learning_Environment/links/54b545dc0cf26833efd08901/Moodle-Co-auf-dem-Weg-zur-Personal-Learning-Environment.pdf, letzter Zugriff: 07.08.2021

Harhoff, Achim/Rehorst, Philip (2020): WLAN an Schulen – Eine Orientierungshilfe für Schulträger, Schulleitungen und Entscheidungsgremien, Medienberatung NRW, https://www.medienberatung.schulministerium.nrw.de/_Medienberatung-NRW/Publikationen/Broschuere_WLAN_in_Schulen_Final.pdf, letzter Zugriff: 02.01.2021

Hartong, Sigrid (2018): ‚Wir brauchen Daten, noch mehr Daten, bessere Daten!' Kritische Überlegungen zur Expansionsdynamik des Bildungsmonitorings, in: Pädagogische Korrespondenz, 2019, 58, 15–30

Hattie, John A. C. (2013): Lernen sichtbar machen. Baltmannsweiler: Schneider Verlag Hohengehren

Hessisches Kultusministerium (2011): Hessischer Referenzrahmen Schulqualität (HRS): https://kultusministerium.hessen.de/presse/infomaterial/2/hessischer-referenzrahmen-schulqualitaet-hrs, letzter Zugriff 02.01.2021

Hill, Jürgen (2020): Was Sie über das neue WLAN wissen sollten, Computerwoche, 17. November, https://www.computerwoche.de/a/was-sie-ueber-das-neue-wlan-wissen-sollten,3547379 , letzter Zugriff: 30.12.2020

Huang, Chiungjung (2010): Internet use and psychological well-being: a meta-analysis, in: Cyberpsychology, Behavior and Social Networking, 13, 241–249

Ingrisch, Edgar (2000): Mit dem Widerstand – nicht gegen ihn. In: Schul-Management 31, 5, 13–19

Initiative-D21 (2016): Sonderstudie „Schule Digital" Lehrwelt, Lernwelt, Lebenswelt: Digitale Bildung im Dreieck SchülerInnen-Eltern-Lehrkräfte. https://initiatived21.de/app/uploads/2017/01/d21_schule_digital2016.pdf, letzter Zugriff 07.01.2021

Institut für Qualität und Wirtschaftlichkeit im Gesundheitswesen (IQWiG) (2020): Evidenzbasierte Medizin: Was sind systematische Übersichten und Meta-Analysen? https://www.gesundheitsinformation.de/was-sind-systematische-uebersichten-und-meta.2979.de.html, letzter Zugriff: 25.10.2020.

Irei, Alissa (2020): 5 Dinge, die Sie über MU-MIMO wissen sollten, 07.09.2020, https://www.computerweekly.com/de/feature/5-Dinge-die-Sie-ueber-MU-MIMO-wissen-sollten, letzter Zugriff: 28.01.2021

IWD (2019): Datenmenge explodiert, https://www.iwd.de/artikel/datenmenge-explodiert-431851/, letzter Zugriff: 28.10.2020

JGU (2014): Kurzsichtigkeit nimmt mit höherer Bildung und längerer Schulzeit zu. Wissenschaftliche Studie der Universitätsmedizin Mainz belegt Zusammenhang zwischen Bildung und Kurzsichtigkeit, https://www.uni-mainz.de/presse/61304.php, letzter Zugriff: 30.10.2020

Kamal, Nicholas (2015): Smartphone-Nutzung vor dem Schlaf ist Gift für den Körper, https://www.giga.de/smartphones/smartphone-nutzung-vor-dem-schlaf-ist-gift-fuer-den-koerper/, letzter Zugriff: 25.10.2020

Kammerl, Rudolf/Ostermann, Sandra (2010): Medienbildung – (k)ein Unterrichtsfach? Eine Expertise zum Stellenwert der Medienkompetenzförderung in Schulen. https://www.mash.de/files/infothek/publikationen/Medienpaedagogik%20in%20der%20Kita%202018/web%20MA%20HSH_Studie_Medienbildung_180210.pdf, letzter Zugriff: 21.01.2021

Kantereit, Tim/Arn, Christof/Bayer, Heinz/Lévesque, Veronika/MacKevett, Douglas: Agilität und Bildung – Ein Reiseführer durch die Agilität, https://media4schools.de/wp-content/uploads/2021/02/Agilita%CC%88t-und-Bildung-book-sprint.pdf, Letzter Zugriff: 11.02.2021

Karliczek, Anja (2020): SPD macht Ministerin für Digital-Misere an Schulen verantwortlich, https://www.zeit.de/politik/deutschland/2020-08/corona-krise-schulen-vorbereitung-einschraenkungen-anja-karliczek-spd, letzter Zugriff: 25.10.2020.

Kaube, Jürgen (2019): Ist die Schule zu blöd für unsere Kinder? Berlin: Rowohlt

Kegler, Ulrike (2014): Entscheidend sind ein klares Setting und die Orientierung am Lernprozess, in: Pädagogik, 10, 28–31

Kergel, David/Heidkamp-Kergel, Birte (2020): E-Learning – E-Didaktik und digitales Lernen, Wiesbaden: VS

Kerres, Michael (2018): Mediendidaktik, 2. Aufl., Berlin/Boston: De Gruyter

Klaus, Lena (2019): Society 5.0 – Ein Blick in unsere Digitale Zukunft, https://it-service.network/blog/2019/09/04/society-5-0/, letzter Zugriff: 28.11.2020

Klein, Esther Dominique/Bremm, Nina (2020): Unterstützung – Kooperation – Kontrolle. Zum Verhältnis von Schulaufsicht und Schulleitung in der Schulaufsicht, Wiesbaden: Springer

KMK (2012) Medienbildung in der Schule – Beschluss der Kultusministerkonferenz vom 8. März 2012, https://www.kmk.org/fileadmin/veroeffentlichungen_beschluesse/2012/2012_03_08_Medienbildung.pdf , letzter Zugriff: 05.01.2021

KMK (2016): Bildung in der digitalen Welt – Strategie der Kultusministerkonferenz, https://www.kmk.org/fileadmin/Dateien/veroeffentlichungen_beschluesse/2016/2016_12_08-Bildung-in-der-digitalen-Welt.pdf, letzter Zugriff: 21.01.2021

Knaus, Thomas (2011): Weiß ist das neue Grün – Pro und Contra digitaler Tafeln. https://www.thomas-knaus.de/download/pdf/publikationen/fraMediale-Tagungsband2_ThomasKnaus-WeiIstDasNeueGrn-ProUndContraDigitalerTafeln-UT_2011_161-176.pdf, letzter Zugriff: 07.11.2020

Krautz, Jochen/Lankau, Ralf (2020): Digitalisierung mit Verstand und Veranwortung: Zum Primat von Datensicherheit, Pädagogik und Didaktik, in: Lehrer NRW, Jg. 64, Ausgabe 6 November 2020, 15–18

Krommer, Axel (2018). Wider den Mehrwert! Oder: Argumente gegen einen überflüssigen Begriff https://axelkrommer.com/2018/09/05/wider-den-mehrwert-oder-argumente-gegen-einen-ueberfluessigen-begriff/, letzter Zugriff: 02.01.2021

Krommer, Axel (2019): Warum der Grundsatz „Pädagogik von Technik" bestenfalls trivial ist, in: Krommer, Axel/Lindner, Martin/Mihajlović, Dejan/Muuß-Merholz, Jöran/Wampfler, Philippe: Routenplaner #Digitale Bildung, Hamburg: ZLL21 e. V., 67–72

Krommer, Axel (2019a): Paradigmen und Palliative Didaktik. Online-Quelle: https://axelkrommer.com/2019/04/12/paradigmen-und-palliative-didaktik-oder-wie-medien-wissen-und-lernen-praegen/, letzter Zugriff: 13.12.2020

Krommer, Axel, (2020): Warum wir kein „digital gestütztes" Lernen brauchen. https://axelkrommer.com/2020/09/21/warum-wir-kein-digital-gestutztes-lernen-brauchen-ein-bildungs-puzzle/, letzter Zugriff: 13.12.20

Kühn, Christian (o. J.): Die Schule als Raum für Teams, https://publik.tuwien.ac.at/files/PubDat_205730.pdf. Letzter Zugriff: 02.12.2020

Kupfer, Heinrich (1999): Nase vorn – wie viel Vorsprung haben die Erwachsenen vor der Jugend?, in: Kinderschutz Aktuell 1, 9 f.

LANCOM (2017): White Paper MU-MIMO with IEEE 802.11ac, https://www.lancom-systems.de/pdf/whitepaper/LANCOM-Whitepaper-MU-MIMO-with-IEEE-802.11ac-EN.pdf, letzter Zugriff: 30.01.2021

Lankau, Ralf (2015): Das Lernen verlernen? Digitale Medien und Unterricht, in: Pädagogische Korrespondenz 52, 42–58

Lankes, Josef/Matthes, Florian/Wittenburg, André (2005): Softwarekartographie: Systematische Darstellung von Anwendungslandschaften, Wirtschaftsinformatik Proceedings 2005, 76, http://aisel.aisnet.org/wi2005/76, letzter Zugriff: 05.02.2021

Lego Education (o. J.): Produkte, https://education.lego.com/de-de/, letzter Zugriff: 30.01.2021

Lippl, Martina (2016): Wie viel Schlaf brauchen Kinder wirklich? 17.06.2016. https://www.merkur.de/leben/gesundheit/viel-schlaf-brauchen-kinder-wirklich-zr-6497529.html, letzter Zugriff: 25.10.2020.

Lohmann, Armin/Schratz, Michael (2015): „Ja, aber …" – Widerstand als systembedingte Abwehr von Gefährdungspotenzial, in: Lernende Schule, 72, 13–17

Macgilchrist, Felicitas (2019): Digitale Bildungsmedien im Diskurs. Wertesysteme, Wirkkraft und alternative Konzepte. https://www.bpb.de/apuz/293124/digitale-bildungsmedien-im-diskurs?p=all, letzter Zugriff: 13.12.2020

Marshall, S. J./Biddle, S. J. H./Gorely, T.; Cameron, N./Murdey, I. (2004): Relationships between media use, body, fatness and physical activity in children and youth: a meta-analysis, in: International Journal of Obesity, 28, 1238–1246

Means, Barbara/Toyama, Yukie/Murphy, Robert/Bakia, Marianne/Jones, Karla (2009): Evaluation of evidence-based practices in online learning: A meta-analysis and review of online learning studies. Center for Technology in Learning, https://files.eric.ed.gov/fulltext/ED505824.pdf , letzter Zugriff: 11.02.2021

Medienberatung NRW (2019): Medienentwicklungsplanung in NRW. Eine Orientierungshilfe für Schulträger und Schulen. Düsseldorf

Mehnert, Frank (2020): Lernräume in einem Kabinettsystem: In fünf Schritten zum resonanten Lernraum, in: Pädagogik, 6, 8–13

Ministerium für Schule und Bildung Nordrhein-Westfalen (2019): Evaluation der Lehrerfortbildung in NRW. Stellungnahme der Expertengruppe, o. O. https://www.schulministerium.nrw/system/files/media/document/file/Expertenbericht_Lehrerfortbildung.pdf, letzter Zugriff: 04.08.2021

Mittelbach, Tom (2021): Scrum in die Schule!, in: Kantereit, Tim/Arn, Christof/Bayer, Heinz/Lévesque, Veronika/MacKevett, Douglas: Agilität und Bildung – Ein Reiseführer durch der Agilität, https://media4schools.de/wp-content/uploads/2021/02/Agilita%CC%88t-und-Bildung-book-sprint.pdf, letzter Zugriff: 11.02.2021

Monitor Lehrerbildung (o. J.): Lehramtsstudium in der digitalen Welt-professionelle Vorbereitung auf den Unterricht mit digitalen Medien?! https://www.monitor-lehrerbildung.de/Web/Publikationen/Digitalisierung/, letzter Zugriff: 20.01.2021

Montag Stiftung Jugend und Gesellschaft (Hg.) (2017): Schulen planen und bauen 2.0, Berlin: Jovis

Montag Stiftung Jugend und Gesellschaft/Urbane Räume (Hg.) (2012): Schulen planen und bauen. Grundlagen und Prozesse, Berlin: Jovis

Montag-Stiftungen (o. J.): Pädagogische Architektur, https://www.montag-stiftungen.de/handlungsfelder/paedagogische-architektur . Letzter Zugriff: 5.12.2020

MSB (2018): Ministerin Gebauer: Wir wollen den digitalen Wandel aktiv gestalten und die Chancen für modernen Unterricht nutzen, https://www.schulministerium.nrw.de/presse/pressemitteilungen/ministerin-gebauer-wir-wollen-den-digitalen-wandel-aktiv-gestalten-und, letzter Zugriff: 22.12.2020

Muuß-Merholz, Jöran (2018): Die Pinguin Medienmetapher – Jöran erklärt den Leitmedienwechsel und die Mär vom digitalen Mehrwert, https://www.joeran.de/die-pinguin-medienmetapher/, letzter Zugriff: 02.01.2021

Muuß-Merholz, Jöran (2017): Die 4K-Skills: Was meint Kreativität, kritisches Denken, Kollaboration, Kommunikation. https://www.joeran.de/die-4k-skills-was-meint-kreativitaet-kritisches-denken-kollaboration-kommunikation/, letzter Zugriff: 13.12.20

Muuß-Merholz, Jöran (2019): Aufforderung zum Tanz! Damit neue Medien nicht alte Pädagogik optimieren, in: Krommer, Axel/Lindner, Martin/Mihajlović, Dejan/Muuß-Merholz, Jöran/ Wampfler, Philippe: Routenplaner #Digitale Bildung, Hamburg: ZLL21 e. V., 49 – 54

Muuß-Merholz, Jöran (2019a): Digitale Schule. Was heute schon im Unterricht geht, Hamburg: ZLL21 Zentralstelle für Lehren und Lernen im 21. Jahrhundert e. V.

Muuß-Merholz, Jöran (2020): Trojaner, Katalysator oder Verstärker? Was die Digitalisierung mit der Schule macht – und umgekehrt. In: Lernende Schule, 91, 22–24

Muuß-Merholz, Jöran (2020a): Was die Digitalisierung mit der Schule macht – und umgekehrt, in: Lernende Schule, 91

Niedersächsisches Kultusministerium (o. J.): Orientierungsrahmen Schulqualität in Niedersachsen – Grundlage der Qualitätsentwicklung an allgemein bildenden Schulen. https://www.mk. niedersachsen.de/startseite/schule/schulqualitat/orientierungsrahmen_schulqualitat_in_nieder-sachsen/orientierungsrahmen---basis-fuer-schulqualitaet-in-niedersachsen-6339.html, letzter Zugriff 02.01.2021

Nitzsche, Manuel (2018): Digitales Lernen braucht Vernetzung – So profitieren Bildungseinrichtun-gen vom LTI Standard, Computerwoche, IDG Business Media GmbH, 17.07.2018, https://www. computerwoche.de/a/so-profitieren-bildungseinrichtungen-vom-lti-standard,3545444 , letzter Zugriff: 04.02.2021

NTN (2017): Collaboration Rubric High School. https://newtechnetwork.org/resources/collaborati-on-rubric-high-school/, letzter Zugriff: 04.01.2021

Nugel, Martin (2014): Raum-Machen: Aufgaben schulpädagogischen Raummanagements, in: Schulmanagement, 3, 12–14

O' Reilly, Tim (2005): What Is Web 2.0. Design Patterns and Business Models for the Next Generati-on of Software, 09.30.2005, https://www.oreilly.com/pub/a/web2/archive/what-is-web-20. html, letzter Zugriff: 08.11.2020

P21-Netzwerk (2019): Frameworks und Ressourcen. https://www.battelleforkids.org/networks/ p21/frameworks-resources, letzter Zugriff: 02.01.2021

P21-Netzwerk (2019a): A Network of Battelle for Kids https://www.battelleforkids.org/networks/ p21, letzter Zugriff: 02.01.2021

Pant, Hans Anand (2018): Viele Lehrkräfte sind Einzelkämpfer unter https://www.bosch-stiftung. de/de/news/viele-lehrkraefte-sind-einzelkaempfer, letzter Zugriff am 31.10.2020

Petko, Dominik (Hg.) (2010): Lernplattformen in Schulen – Ansätze für E-Learning und Blended Learning in Präsenzklassen, Wiesbaden: VS

Pfeffer, Joachim (2019): Projektmagazin: Scrum, https://www.projektmagazin.de/glossarterm/ scrum, letzter Zugriff: 15.01.2021

Pflanzelt, Sebastian (2017): 1, Digitale Schule 2020 – Erfahrungen der Modellschulen bei der Gestaltung einer lernförderlichen IT-Architektur, Stiftung Bildungspakt Bayern, Dezember 2017, https://bildungspakt-bayern.de/wp-content/uploads/2017/12/Doku-IT-Architektur-Unter-richt_2017.pdf, letzter Zugriff: 07.02.2021

Pflanzelt, Sebastian (2020): Digitale Schule 2020 – IT-Architektur für die Schulverwaltung, Stiftung Bildungspakt Bayern, Januar 2020, https://bildungspakt-bayern.de/downloads/Doku-IT-Archi-tektur-Schulverwaltung_v3-04.pdf, letzter Zugriff: 07.02.2021

Philologenverband NRW (2019): Leitgedanken zur „Schule im digitalen Zeitalter", https://www. phv-nw.de/aktuelles/aktuell/leitgedanken-zur-schule-im-digitalen-zeitalter, letzter Zugriff 01.02.2021

Phywe (o. J.): Cobra SMARTsense: Datalogging in einer neuen Dimension – perfekt für Schülerversu-che, https://www.phywe.de/sensoren-software/cobra-smartsense/, letzter Zugriff: 07.02.2021

Pichler, Roman (2009): Scrum – Agiles Projektmanagement erfolgreich einsetzen, dpunkt.verlag GmbH, Heidelberg

Prensky, Mark (2001): Digital Natives, Digital Immigrants, from: On the Horizon, MCB University Press 9, 1–6

Priboschek, Andrej (2019): Schleicher im Interview: „Eine Technologie des 21. Jahrhunderts passt nicht mit einer Pädagogik aus dem 20. Jahrhundert zusammen", https://www.news4teachers. de/2019/02/schleicher-im-interview/, letzter Zugriff: 31.10.2020

Puentedura, Ruben (2006): Transformation, Technology, and Education. http://www.hippasus.com/ resources/tte/, letzter Zugriff: 03.01.2021

Puentedura, Ruben (2014): SAMR, Learning and Assessment, http://www.hippasus.com/ rrpweblog/archives/2014/11/28/SAMRLearningAssessment.pdf, letzter Zugriff: 06.12.2020

Pugliese, Lou (2012): A Post-LMS World, 23.01.2012, https://er.educause.edu/-/media/files/ article-downloads/erm1216.pdf, letzter Zugriff: 10.11.2020

Qualitätsoffensive Lehrerbildung (o. J.): Digitale Medien in der Lehramtsausbildung stärker vernetzt – BMBF Qualitätsoffensive Lehrerbildung, https://www.qualitaetsoffensive-lehrerbildung.de/de/projektstart-digitale-medien-in-der-der-lehramtsausbildung-staerker-vernetzt-1807.html, letzter Zugriff: 21.01.2021

Rabe-Matičević, Sandra/Veith, Stefanie (2020): Medienbildung in der Hochschule. Handlungsorientierte Medienbildung im Kontext der transformatorischen und kritisch-konstruktiven Bildungstheorie und -didaktik, in: MedienPädagogik 39 (Orientierungen in der digitalen Welt): 103–120

Rat für kulturelle Bildung (2019): Jugend/YouTube/Kulturelle Bildung. Horizont 2019 – Eine repräsentative Umfrage unter 12 bis 19-Jährigen zur Nutzung kultureller Bildungsangebote an digitalen Kulturorten, https://www.rat-kulturelle-bildung.de/fileadmin/user_upload/pdf/ Studie_YouTube_Webversion_final.pdf, letzter Zugriff: 02.01.2021

Rech, Jörg (2012): Wireless LAN, 4. Aufl., Hannover: Heise Zeitschriften Verlag

Reuter, Anna (2021): Potenziale Agiler Prozesse: Das CCR-Modell, in: Mittelbach, Tom (2021): Scrum in die Schule!, in: Kantereit, Tim/Arn, Christof/Bayer, Heinz/Lévesque, Veronika/MacKevett, Douglas: Agilität und Bildung – Ein Reiseführer durch die Agilität, https://media4schools.de/ wp-content/uploads/2021/02/Agilita%CC%88t-und-Bildung-book-sprint.pdf, letzter Zugriff: 11.02.2021

Robbinson, Ken (2010): Bildung völlig neu denken. https://www.bpb.de/mediathek/158066/ ken-robinson-bildung-voellig-neu-denken, letzter Zugriff: 11.02.2021

Roberta (o. J.): Roberta Initiative, https://www.roberta-home.de/initiative/, letzter Zugriff: 03.01.2021

Rolff, Hans-Günther (2018): Grundlagen der Schulentwicklung, in: Buhren, Claus G./Rolff, Hans-Günther (Hg.): Handbuch Schulentwicklung und Schulentwicklungsberatung, Weinheim: Beltz

Romrell, Danae/Kidder, Lisa/Wood, Emma (2014): The SAMR Model as a Framework for Evaluating Learning. Journal of Asynchronous Learning Network, 18, 2 http://dx.doi.org/10.24059/olj. v18i2.435, letzter Zugriff: 10.02.2021

Roßmann, Nina (2018): Der Raum als „dritter Pädagoge": Über neue Konzepte im Schulbau, https:// www.bpb.de/lernen/digitale-bildung/werkstatt/278835/der-raum-als-dritter-paedagoge-ueber-neue-konzepte-im-schulbau, letzter Zugriff: 4.12.2020

Rosa, Lisa (2014): Kulturzugangsgerät, kleine Abhandlung, https://shiftingschool.wordpress. com/2014/10/21/kulturzugangsgerat-kleine-abhandlung/, letzter Zugriff: 15.11.2020

Rotherham, Andrew/Willingham, Daniel T. (2010): „21st Century" Skills – Not new, but a worthy challenge, American Educator, 34, 1, 17–20

Rothland, Martin (2012): Belastung und Beanspruchung im Lehrerberuf – Modelle, Befunde, Interventionen. Wiesbaden: Springer

Rychen, Dominique Simone/Salganik, Laura Hersh (2003): Key competencies for a successful life and a well-functioning society. Göttingen: Hogrefe

Schau Hin (2019): Langzeitstudie: Viel Social Media erhöht Risiko für Depressionen, https://www.schau-hin.info/news/langzeitstudie-viel-social-media-erhoeht-risiko-fuer-depressionen, letzter Zugriff: 25.10.2020.

Schiefner-Rohs, Mandy (2017): Tablets in der Schule aus Perspektive der Lehrerbildung: Schnittstelle Referendariat, in: Bastian, Jasmin/Aufenanger, Stefan (Hg.): Tablets in Schule und Unterricht, Wiesbaden: Springer, 277–297

Schmidt-Hansen, Ulrike (2020): Lernmöbel: Sitzmöbel und Stehtisch in einem, in: Pädagogik, 6, 35

Schulgesetz NRW (SchulG) (2005): https://bass.schul-welt.de/6043.htm, letzter Zugriff: 02.02.2021

Schulmeister, Rolf (2003): Lernplattformen für das virtuelle Lernen – Evaluation und Didaktik, München/Wien: Oldenbourg

Schulz-Zander, Renate (1999): Neue Medien und Schulentwicklung. In: Ernst Rösner (Hg.): Schulentwicklung und Schulqualität: Beiträge zur Bildungsforschung und Schulentwicklung, 8, 35–56. Dortmund: IFS-Verlag

Seegers, Marc (2020): Plattform-Wahl: Leitfragen für Schulen. https://t1p.de/plelms, letzter Zugriff: 04.01.2021

Shklovski, Irina/Kiesler, Sara/Kraut, Robert (2006): The Internet and social interaction. A meta-anlysis und critique of studies, 1995 bis 2003, in: Kraut, Robert/Brynin, Malcom/Kiesler, Sara (Hg.): Computer, phones, and the Internet. Domestication information technology, New York: Oxford University Press, 251–264

Siegert, Steffen (2021): Von „Agile Software development" to „Agile in Education", S. 13/14, in: Kantereit, Tim/Arn, Christof/Bayer, Heinz, Lévesque, Veronika/MacKevett, Douglas: Agilität und Bildung – Ein Reiseführer durch der Agilität, https://media4schools.de/wp-content/uploads/2021/02/Agilita%CC%88t-und-Bildung-book-sprint.pdf, letzter Zugriff: 11.02.2021

Siegfried, Wolfgang/Wanders, Tim (2019): Zocken, futtern, Schule schwänzen. Das ISO-Syndrom – die neue Gefahr für unsere Kinder. Originalausgabe. Hamburg, Rowohlt

Siemens, George (2006): Knowing Knowledge, https://archive.org/details/KnowingKnowledge, letzter Zugriff: 14.06.2020

Sliwka, Anne (2011): „Veränderung ist eine Reise – und Probleme sind unsere Freunde", https://www.buergerstiftung-hamburg.de/fileadmin/user_upload/Projektfoerderung/Projekte/Yousful/yousful_fachtagung_2011/01_LdE%20als%20Innovation%20-%20Veraenderung_ist_eine_Reise.PDF, letzter Zugriff: 25.10.2020

Speer, Markus/Chakoh, Jamaldin/Forsmann, André/Frieler, Dieter (2016): Aufbau einer High Density WLAN-Infrastruktur für Hochschullehre und Veranstaltungen, Gesellschaft für Informatik, 2016, Bonn

Spitzer, Manfred (2012): Digitale Demenz. Wie wir uns und unsere Kinder um den Verstand bringen. München: Droemer.

Spitzer, Manfred (2020): Die Smartphone-Epidemie. Gefahren für Gesundheit, Bildung und Gesellschaft, Stuttgart: Klett Cotta

Stalder, Felix (2016): Kultur der Digitalität. Berlin: Suhrkamp

Statista (2020): Social Networks mit den meisten Usern weltweit 2020. https://de.statista.com/statistik/daten/studie/181086/umfrage/die-weltweit-groessten-social-networks-nach-anzahl-der-user, letzter Zugriff: 30.11. 2020

Steinmayr, Ricarda (Hg.) (2020): Erste Erkenntnisse zur Qualität von Homeschooling, https://www.tu-dortmund.de/nachrichtendetail/detail/erste-erkenntnisse-zur-qualitaet-von-home-schooling-3036/, letzter Zugriff: 25.10.2020

Stock, Lennart (2020): Corona-Pandemie: Jugendliche nutzen digitale Spiele länger als zuvor, https://www.nwzonline.de/digitale-welt/berlin-corona-pandemie-jugendliche-nutzen-digitale-spiele-laenger-als-zuvor_a_50,9,1364105710.html, letzter Zugriff: 25.10.2020.

Stoldt, Till-Reimer (2020): „Für berufstätige Ehepartner ist Homeschooling keine Option", https://www.welt.de/regionales/nrw/article210474551/Homeschooling-in-Corona-Zeiten-Eltern-ueberfordert.html, letzter Zugriff: 25.10.2020.

Stremmel, Jan (2018): Kritik sieht Spitzer als persönlichen Affront, https://www.sueddeutsche.de/leben/buchautor-manfred-spitzer-ueber-einen-der-aus-aengsten-geld-macht-1.3965193-2, letzter Zugriff: 02.01.2021

Tagesschau.de (2021): Amazon entgeht womöglich globalem Steuerdeal, https://www.tagesschau.de/wirtschaft/unternehmen/amazon-mindeststeuer-janet-yellen-101.html, 16.07.2021, letzter Zugriff: 21.07.2021

Tagesspiegel (2018): Social Media führen nicht zu massiven schlechteren Schulnoten, https://www.tagesspiegel.de/wissen/studie-gibt-entwarnung-social-media-fuehren-nicht-zu-massiv-schlechteren-schulnoten/21002148.html, letzter Zugriff:25.10.2020

Terhardt, Ewald (2011): Lehrerberuf und Professionalität. Gewandeltes Begriffsverständnis – neue Herausforderungen. In: Helsper, Werner/Tippelt, Rudolf (Hrsg.) (2011): Pädagogische Professionalität. Weinheim u. a.: Beltz, 202–224, Zeitschrift für Pädagogik, Beiheft, 57

Tillmann, Alexander (2018) Begleituntersuchung zum Projekt Mole. Mobiles Lernen in Hessen, in: Tillmann, Alexander/Antony, Ingo (Hg.): Tablet-Klassen. Begleituntersuchung, Unterrichtskonzepte und Erfahrungen aus dem Pilotprojekt „Mobiles Lernen in Hessen – MOLE". Münster: Waxmann, 13–40

Tondeur, Jo/van Braak, Johan/Fisser, Petra/Guoyuan, Sang/Ottenbreit-Leftwich, Anne/Voogt, Joke (2012): Preparing pre-service teachers to integrate technology in education: A synthesis of qualitative evidence. Computers & Education, 59, 134–144 https://www.sciencedirect.com/science/article/abs/pii/S0360131511002533?via%3Dihub, letzter Zugriff: 21.01.2021

TU-Kaiserslautern (o. J.): U.EDU – Unified Education: Medienbildung entlang der Lehrerbildungskette, https://www.uni-kl.de/uedu/home/, letzter Zugriff: 23.01.2021

Tulodziecki, Gerhard/Grafe, Silke (2020): Kompetenzerwartungen an Lehrpersonen und Professionalisierung angesichts von Mediatisierung und Digitalisierung. In: MedienPädagogik 37 (Medienpädagogik als Schlüsseldisziplin): 265–281, https://doi.org/10.21240/mpaed/37/2020.07.14.X, letzter Zugriff: 02.02.2021

UNESCO (2021): Bildung für nachhaltige Entwicklung – BNE weltweit, https://www.unesco.de/bildung/bildung-fuer-nachhaltige-entwicklung/bne-weltweit, letzter Zugriff: 23.04.2021

van Au, Caspar (2019): Eine halbe Million Jugendliche sollen „Risiko-Gamer" sein, https://www.sueddeutsche.de/digital/computerspiele-spielsucht-dak-studie-1.4355174, letzter Zugriff: 25.10.2020

Vernier (o. J.): Products, https://www.vernier.com/product-category/?category=lab-books,sensors&page_num=1&term_product_family=go-direct), letzter Zugriff: 05.02.2021

Wampfler, Philippe (2017): Digitaler Deutschunterricht: Neue Medien produktiv einsetzen, Göttingen: Vandenhoeck & Ruprecht

Wampfler, Philippe (2020): Digitales Schreiben: Blogs und Co. im Unterricht, Ditzingen: Reclam

Wanka, Johanna (2017): Digitale Kompetenz ist eine Kulturtechnik, https://www.bmbf.de/de/digitale-kompetenz-ist-eine-kulturtechnik-4265.html, letzter Zugriff: 02.01.2021

Weltgesundheitsorganisation (2019): Jugendliche bewegen sich zu wenig, https://www.zeit.de/wissen/gesundheit/2019-11/weltgesundheitsorganisation-jugendlweltgesundheitiche-sport-bewegungsmangel-digitalisierung, letzter Zugriff: 25.10.2020.

Werner, Julia/Ebel, Christian/Spannagel, Christian/Bayer, Stephan (Hg.) (2018): Flipped Classroom – Zeit für deinen Unterricht, http://flipyourclass.christian-spannagel.de/wp-content/uploads/2018/10/9783867938693_Flipped_PDF-Onlineversion.pdf, letzter Zugriff: 24.06.2019

Wieden-Bischof, Diana (2011): „Interaktive Whiteboards" – Überblick und Einsatzmöglichkeiten im Unterricht. https://www.salzburgresearch.at/wp-content/uploads/2011/01/Interaktive_Whiteboards.pdf, letzter Zugriff: 07.11.2020

Wilson, Carol (2019): Bruce Tuckman's Forming, Storming, Norming & Performing Team Development Model, https://www.coachingcultureatwork.com/wp-content/uploads/Bruce-Tuckmans-Forming-Storming-Norming-Performing-Team-Development-Model.pdf, letzter Zugriff: 09.02.2021

Wörner, Kai (2017): Digitale Bildung für Referendare, 24.02.2017, https://twitter.com/Woe_Real/status/835176634076516355?s=20, letzter Zugriff: 15.01.2021

Zies, Ingolf/Schmid, Uwe (2016): Mehr Tempo, weniger Altlasten: IT-Architektur im digitalen Zeitalter, Bain & Company Germany, München, 23.02.2017, https://www.bain.com/contentassets/37315933f242425bb8520709835463ad/bain-studie_it-architektur_im_digitalen_zeitalter2.pdf, letzter Zugriff: 07.02.2021

Zylka, Johannes (2018): Digitale Schulentwicklung. Das Praxisbuch für Schulleitung und Steuergruppen, Weinheim/Basel: Beltz

Abbildungsverzeichnis

Albrecht-Hermanns, Marc (@lbrechtshermann) (2019): Twitter - warum eigentlich?, CC BY SA, https://tafelbilder.wordpress.com/2019/03/04/twitter-warum-eigentlich/, letzter Zugriff: 25.10.2021; siehe auch Heusinger, Monika (2017): Twitter für Lehrende, https://bildungspunks. de/twitter-fuer-lehrende/, letzter Zugriff 25.10.2021

Appel, Markus/Schreiner, Constanze (2014): Digitale Demenz? Mythen und wissenschaftliche Befundlage zur Auswirkung von Internetnutzung, in: Psychologische Rundschau, 65, 1, 1–10

Center for Curriculum Redesign (CCR) (o. J.): https://curriculumredesign.org/wp-content/uploads/ meta-learning.png, letzter Zugriff 10.02.2021

Döbeli Honegger, Beat/Renate Salzmann, (2016): Dagstuhl-Dreieck, https://mia.phsz.ch/Dagstuhl/ GrafikUnterCCLizenz, CC-BY-SA, letzter Zugriff: 03.01.2021

Döbeli Honegger, Beat (2017): Mehr als 0 und 1: Schule in einer digitalisierten Welt, 2. Aufl., Bern: Hep-Verlag

Friedrich, Michael/Müller-Hessling, Thomas (2010): „Grundlagen der Schulentwicklungsberatung", nicht veröffentlichte Microsoft® PowerPoint-Präsentation

International Data Corporation – IWD (2019): Datenmenge explodiert in den einzelnen Wirtschafts- bereichen, https://www.iwd.de/artikel/datenmenge-explodiert-431851/, letzter Zugriff: 28.09.2020

Kammerl, Rudolf/Ostermann, Sandra (2010): Medienbildung – (k)ein Unterrichtsfach? Eine Expertise zum Stellenwert der Medienkompetenzförderung in Schulen. i.A. der Medienanstalt Hamburg/Schleswig-Holstein (MA HSH), Norderstedt 2010. https://www.mash.de/files/ infothek/publikationen/Medienpaedagogik%20in%20der%20Kita%202018/web%20MA%20 HSH_Studie%20Medienbildung_180210.pdf, letzter Zugriff: 21.01.2021

Klinger, Amelie / Wardemann Steffen (2018): Lernen im 21. Jahrhundert, http://unterricht-digital. info/lernen-im-21-jahrhundert-welche-moeglichkeiten-bieten-sich-fuer-den-unterricht/, letzter Zugriff: 25.10.2021

Muuß-Merholz, Jöran (2020): Trojaner, Katalysator oder Verstärker? Was die Digitalisierung mit der Schule macht – und umgekehrt. In: Lernende Schule, 91, 22–24

Pölert, Hauke/Henschel, Clara (2019); Innovationstypen und Reaktionsmuster auf schnellen Wandel nach E. M. Rogers, CC BY-SA 4.0, https://unterrichten.digital/2019/10/22/digitalisierung-in- der-schule-2/, letzter Zugriff: 15.09.2021

Rosa, Lisa (2017): Lernen im digitalen Zeitalter, https://shiftingschool.wordpress.com/2017/11/ 28/lernen-im-digitalen-zeitalter, letzter Zugriff: 30.01.2021

Visual Facilitators/Pertoft, Björn (2020): UNESCO-Programm „BNE 2030", https://www.unesco.de/ bildung/bildung-fuer-nachhaltige-entwicklung/unesco-programm-bne-2030, CC-BY-NC-ND 4.0 letzter Zugriff: 06.09.2021

Wahl, Kristina (o. J.): Das 4K-Modell, CC BY-SA 4.0, (diefraumitdemdromedar.de); https:// diefraumitdemdromedar.de/downloads, letzter Zugriff: 05.01.2021

Wilke, Adrian (2016): Das SAMR Modell von Puentedura, http://homepages.uni-paderborn.de/ wilke/blog/2016/01/06/SAMR-Puentedura-deutsch/, letzter Zugriff: 06.12.2020

World Economic Forum (2016): 21st Century Skills, https://www3.weforum.org/docs/WEF_New_ Vision_for_Education.pdf, page 4, letzter Zugriff: 09.10.2021

Glossar

3-D-Druck	Herstellung eines Objekts durch das schichtweises Hinzufügen von Material auf der Basis eines digitalen Modells
Adobe Spark	Design-App für Social-Media-Grafiken, Websites und Videos
AES	Advanced Encryption Standard: Ein fortschrittlicher Verschlüsselungsstandard mit symmetrischer Verschlüsselung einer Blocklänge von 128 Bit und einer variablen Schlüssellänge bis 256 Bit, der bisher noch als pragmatisch sicher und praktisch unknackbar gilt.
Agiles Lernen	Selbstorganisierte und eigenverantwortliche Lernprozesse mit Unterrichtenden in der Rolle von Lernbegleitenden
Algorithmus	Regelhafte, eindeutige und nachvollziehbare Festlegung von Einzelschritten zur Lösung eines Problems (z. B. in Form eines Computerprogramms)
Arbeit 4.0	Digital transformierte Arbeitsformen und -verhältnisse (Arbeitsort, Arbeitszeit, Arbeitsmitte etc.)
Augmented Reality (AR)	Erweiterung der Wahrnehmung bzw. Darstellung der realen Welt durch zusätzliche computerunterstützte Informationen
Barcamp	Offene, Teilnehmende zentrierte und Teilnehmende gestaltete Tagungen mit offenen Workshops
Big Data	Sammlung, Speicherung, Verarbeitung und Auswertung großer Datenmengen aus dem Internet, Überwachungssystem, Mobilfunk usw.
Blended Learning	Kombination aus klassischem Unterricht und computergestützten Lernen (z. B. via Internet)
Blog	öffentlich zugängliches webbasiertes Tagebuch oder Journal, das durch eine Person geführt wird (Blogger/-in)
Canva	App zur Erstellung von Design-Grafik
CIO	Chief Information Officer, Leitung der Abteilung für Informationstechnik
Cloud	Netzwerk von Servern zur Speicherung von Daten für den privaten und für den öffentlichen Bereich
Confluence	Kommerzielle Software zum Wissensaustausch und Wissensdokumentation in Unternehmen und Organisationen
Convertible	Endgerät, welches eine Mischung aus Tablet und Laptop ist. Touchdisplay und haptische Tastatur sind durch teils ausgefallene Scharniere miteinander verbunden.
CPS	Cyber-physische Systeme – autonome technische Systeme zur Vernetzung und Steuerung von Prozessen und Akteuren vgl. Industrie 4.0
Cryptpad	Internetbasierte Plattform für Kollaborationsarbeiten mit Dokumenten unterschiedlicher Art (Texte, Tabellen, Präsentationen usw.)

DEP	Device Enrollment Program. System der Hardwarehersteller, bei dem bereits die Seriennummer des Endgeräts einer Organisation zugewiesen wird und dadurch eine Konfiguration im Rahmen der Geräteaktivierung erfolgt (siehe auch DEM).
DFS	Dynamic Frequency Selection – dynamisches Frequenzauswahlverfahren, bei dem das WLAN-Gerät selbstständig den Kanal frei macht und in einen anderen Kanal wechselt, sobald eine andere Einrichtung wie z. B. ein Radarsystem erkannt wird.
Digital Literacy	Kenntnisse und Kompetenzen für den Umgang mit digitalen Geräten Netzwerken
Digitale Transformation	Prozess des digitalen Wandels – umfassende Nutzung digitaler Technologien in vormals analogen Prozessen
Digitalisierung	Speicherung und Verarbeitung analoger Werte in digitalen Formaten zur informationstechnischen Weiterverarbeitung
DSSS	Direct Sequence Spread Spectrum – die Modulation eines Trägers mittels einer digitalen Codefolge
E-Portfolio-System	Plattform zur Verarbeitung und Veröffentlichung von Lernergebnissen
EAP	Extensible Authentication Protocol nach IEEE 802.1X EAP ist ein allgemeines Authentifizierungsprotokoll der Internet Engineering Task Force (IETF) und wird z. B. zur Zugangskontrolle im WLAN eingesetzt.
Edkimo	App für Schüler/-innenfeedback
EduScrum	Rahmenwerk für projektorientiertes, teamorientierte, selbstgesteuertes Lernen (siehe auch: Scrum, agiles Lernen)
Ethernet	Technik (Software und Hardware) für den Datenaustausch in kabelgebundenen Netzwerken (siehe LAN)
Etherpad	Online-Editor für kollaborative Texterstellung und -bearbeitung
FabLab	fabrication laboratory – offene Werkstatt zur Verfügungstellung moderner Fertigungsverfahren für Einzelstücke (z. B. Nutzung von 3-D-Druckern)
File-Server	Datei-Server – ermöglicht mehreren Nutzenden den Zugriff auf Dateien
Flipped Classroom	„Umgedrehter Klassenraum" – Wissensinput (z. B. Erkärvideos) erfolgt zu Hause, Vertiefung und Übung in der Schule
G Suite for Education	Lernmanagementsystem (kommerziell)
Google Docs	Kostenloses Online-Textverarbeitungsprogramm
H5P	Open Source Software für interaktive, webbasierte Inhalte
HT	High Throughput, Erweiterung nach 802.11n für höherer Datendurchsatz bis zu 130 MBit/s und optional sogar 600 MBit/s
HTML	Hypertext Markup Language – Programmiersprache zur Erstellung von Webseiten

Hyperlink	Visuell markierte (häufig blau) Verknüpfung mit dem Internet in Texten
IEEE	Institute of Electrical and Electronical Engineers
ILIAS	Lernmanagementsystem (Open-Source)
iMovie	Videoschnitt-Programm für Apple-Geräte
Industrie 4.0	Umfassende Digitalisierung der industriellen Produktion
IT	Informationstechnik, ein Oberbegriff für sämtliche Hardware und Software sowie die mit Ihrer Wartung und Pflege betraute Organisationseinheit
itslearning	Lernmanagementsystem (kommerziell)
Kanban-Board	Strukturierte Tafel (z. B. mit Spaltennaufteilung) zur Visualisierung von Arbeitsprozessen – ursprünglich als analoge Darstellung, heute in erster Linie digital
LAN	Local Area Network – lokales Netzwerk in der Regel Ethernet z. B. zu Hause oder in der Schule und zu unterscheiden vom WAN (Wide Area Network) das hinter dem Router beginnt.
LDAP	Lightweight Directory Access Protocol – mit der Abkürzung wird nicht nur das Protokoll, sondern auch der Verzeichnisdienst selbst bezeichnet, auf dem Benutzerdaten wie u. a. Name und Passwort zentral hinterlegt sind und zur Erteilung von Zugangsberechtigungen von verbundenen Systemen abgefragt werden können.
LDAP	Lightweight Directory Access Protocol – Ein Protokoll zur einfachen Durchsuchung von Verzeichnissen auf verschiedenen Servern
LMS	Learn-Management-System – Oberbegriff für Lernmanagementsysteme
Lo-net	Lernmanagementsystem (kommerziell)
LTI	Learning Tools Interoperability –eine vom IMS Global Learning Consortium erarbeitet Schnittstellenspezifikation, die es einem LMS erlaubt, externe Systeme aufzurufen und mit Ihnen zu kommunizieren, LTI wird u. a. von Moodle unterstützt.
MAC	MAC-Adresse, eine eindeutige Adresse für Netzwerkgeräte im LAN und WLAN
Mahara	Open-Source-Arbeitsplattform
MakerSpace	Siehe FabLab
MDM	Mobile Device Management – Anwendung zur Verwaltung der mobilen Endgeräte, Softwareverteilung, Zugriffsrechte
MDM	Mobile Device Management – Software, die administrativen Zugriff auf alle eingebundenen Endgeräte ermöglicht. Hierbei können grundlegende Einstellungen vorgenommen und ggf. Einschränkungen gesetzt werden. Zudem häufig mit der Verteilung von Software und Updates betraut.
MIMO	Multiple Input and Multiple Output – mehr Antennensystem für senden und empfangen (vgl. Rech 2012, 256)
MOOC	Massive Open Online Course – Onlinekurse ohne Zugangs- und Zulassungsbeschränkungen

Moodle	Modular Object-Oriented Dynamic Learning Environment – Lern-Management-System (Open-Source)
MU-MIMO	Multi-User Multiple Input and Multiple Output, hierbei werden die zwei, vier oder acht Wege des intelligenten Mehrantennensystems nicht zur Erhöhung des Datendurchsatzes, sondern zur parallelen Kommunikation mit mehreren Endgeräten mit jeweils einfachem Durchsatz verwendet. Access Point und Endgeräte müssen dabei zwingend MU-MIMO unterstützen.
mysimpleshow	App zur Erstellung von Erklärvideos
Nextcloud	Open-Source-Arbeitsplattform
ODFM	Orthogonal Frequency Division Multiplexing. Ein Verfahren der digitalen Signalübertragung über mehrere Trägerfrequenzen, welches erheblich größere Datenraten erlaubt, so dass es nicht nur bei WLAN sonderen auch bei DSL, Mobilfunknetzen 3G/5G usw.eingesetzt wird.
OER	Open Educational Resources – frei im Netz zugängliche, nicht durch Urheberrechte geschützte, offene Bildungsressourcen
OLAT	Lernmanagementsystem (Open-Source)
Open-Source	Offene Quelle – allen Nutzern zugängliche und zur Bearbeitung offenstehende Software, die meistens kostenlos genutzt werden kann
OpenOLAT	Lernmanagementsystem (Open-Source)
Padlet	Kostenlose digitale Pinnwand zur Ablage von Texten Bildern und Videos Zeichnungen usw.
PLE	Personal Learning Environment – individuelle Gestaltung von Lernumgebungen z. B. durch die Zusammenstellung von Software, Netzdienstleistungen und mobilen Technologien nach eigenen Vorstellungen
Plugins	Erweiterung einer Software durch eine zusätzliche Funktion
Prezi	Frei im Internet zugängliches Präsentationsprogramm
Proprietär	herstellergebunden
Provider	Anbieter von Kommunikationsdienstleistungen
PSK	Pre-Shared Key – ist 256 Bit lang und wird in der Regel aus einem bis zu 63 Zeichen langen Passwortphrase erzeugt, kann nach 802.11i zur Authentifizierung eines WLAN-Clients gegenüber dem Netzwerk verwendet werden.
Quizlet	App zur Erstellung von Lernsets (z. B. Karteikartenlernen)
SaaS	Software as a Service – auf die Kundschaft mehr oder weniger zugeschnittene Software, die gegen eine Gebühr von einem IT-Dienstleister auf seiner Infrastruktur bereitgestellt und betrieben wird und typischerweise über das Internet genutzt werden kann
Scrum	Spezifische Vorgehensweise bei der Entwicklung von Projekten, die durch kurze Entwicklungsschritte (Sprints) mit klarer Zielsetzung und regelmäßigen Feedbackphasen gekennzeichnet ist.

Sensor	Messwertaufnehmer zur Umwandlung physikalischer Größen oder chemischer Effekte in ein analoges elektrisches Signal
Server	Software oder Hardware als zentraler Schaltstelle innerhalb eines Netzwerks
Smart Glasses	Datenbrillen – mit Computern und Kleinstprojektoren ausgestattete Brillen, die das Bild auf die Netzhaut projizieren
Social Media	Sammelbegriff für digitale Medien und Methoden zur Vernetzung von Nutzenden weltweit
Teams	Lernmanagementsystem (kommerziell)
TPC	Transmit Power Control – automatische Leistungsregelung der Sendeleistung von mindestens 6 dB
USB	Universal Serial Bus – Schnittstelle zur Verbindung von Computern mit externen Geräten
Virtuelle Realität VR	Computergenerierte, interaktive Darstellung und Wahrnehmung einer virtuellen Realität mittels VR-Brille, Headset und Controllern
Web 2.0	Weiterentwicklung der Nutzung des Internets durch Beteiligung der Nutzenden (vom Konsumenten zum Prosumenten)
WebWeaver	Lernmanagementsystem (kommerziell)
Wiki	Hawaiisch: schnell – Website, deren Inhalt direkt im Webbrowser bearbeitet und geändert werden kann (z. B. Wikipedia)
WLAN	Wireless Local Area Network – drahtloses lokales Netzwerk basierend auf Vorgaben der IEEE Standard 802.11 in der Regel im 2,4 GHz und 5 GHz Frequenzbereich

Autorinnen und Autoren

Sören-Kristian Berger Lehrer für Geographie, Spanisch und Informatik in Hamburg, Koordinator für digitales Lernen und Unterrichtsentwicklung, wissenschaftlicher Mitarbeiter im Projekt „Digital and Data Literacy in Teaching Lab" am Zentrum für interdisziplinäre Studienangebote der Universität Hamburg, Mitherausgeber der fachdidaktischen Zeitschrift „geographie heute"

Ines Bieler Lehrerin für Deutsch, Geschichte und Englisch, z. Z. wissenschaftliche Mitarbeiterin beim DikoLa-Projekt der MLU Halle-Wittenberg, Mitbegründerin der @bildungspunks

Detlef v. Elsenau Ehem. Leiter des Heinrich-Heine-Gymnasiums in Dortmund, freier Berater für Schulentwicklung und Digitalisierung

Richard Heinen Systemischer Schulentwickler, learninglab, Köln

Alexander Kallenbach Lehrer für Geschichte, Sozialwissenschaften und Informatik am St.-Antonius-Gymnasium Lüdinghausen, Betreuung der Schul-IT und Administration der schulischen Online-Dienste

Wanda Klee Schulleiterin des Westfalen-Kollegs, Weiterbildungskolleg der Stadt Dortmund, ehemalige Moderatorin der Lehrkräftequalifizierung für abitur-online.nrw

Sebastian Knauf Fachleiter für Schul- und Unterrichtsentwicklung (Max-Planck-Gymnasium Dortmund), Trainer der Bezirksregierung Arnsberg im Programm DTS (digitale Transformation in Schule), Fachmoderator in der staatlichen Lehrerfortbildung im Fach Englisch, Lehrer für Englisch und Philosophie, Google zertifizierter Trainer, Scrum-Master, ehemaliger Medienberater

Tobias Oppenhäuser Medienberater in Leverkusen (Kompetenzteam Lev. – staatl. Lehrerfortbildung), Fachberater für Bildung in der digitalen Welt | BiddiW (Bezirksregierung Köln), Sonderpädagoge

Jenny Radzimski Lehrerin für Englisch und Deutsch am Franz-Stock-Gymnasium Arnsberg, Beauftragte für Medienpädagogik, pädagogische Mitarbeiterin D46.3 Lehrerfortbildung Bezirksregierung Arnsberg, zertifizierte Schulentwicklungsberaterin, Projektleitung Deutsche Schulakademie, zertifizierte Scrum-Masterin

Thomas Rensinghoff Lehrer für Deutsch, Sport und Informatik (Sekundarschule Anröchte/Erwitte), päd. Mitarbeiter und Trainer in der Lehrerfortbildung (Digitale Transformation in Schule) der Bezirksregierung Arnsberg, zert. Medienberater (2016–2019), SEB-Moderator, zert. Scrum-Master, Medienbeauftragter/Admin in der Schule, APLS (Apple Professional Learning Specialist)

Hagen Sarx	Lehrer für Physik, Mathematik und Informatik am Heinrich-Heine-Gymnasium Dortmund, Betreuung der Schul-IT, Quereinsteiger und davor 15 Jahre Netzwerkspezialist und IT-Berater u. a. bei IBM
Marc Seegers	Lehrer für Deutsch, Sport, DaF, Medienberater für Schulen im Kreis Viersen/NRW, Trainer in der Moderierenden- und Lehrkräftefortbildung, Moderator für Kooperatives Lernen, Medienscouts-Trainer
Wolfger Strauß	Lehrer für Biologie, Chemie und Informatik (HHG Dortmund), Betreuung der Schul-IT, ehemaliger Medienberater und Fachmoderator im KT Duisburg
Dirk Thiede	Behördlich bestellter schulischer Datenschutzbeauftragter für die Schulen im Kreis Olpe, Medienberater Schulen Kreis Olpe
Axel Torka	Lehrer für Erdkunde, Deutsch und Deutsch als Zielsprache am Heinrich-Heine-Gymnasium Dortmund, Betreuung der Schul-IT, Trainer der Bezirksregierung Arnsberg im Programm DTS (digitale Transformation in Schule), Fachmoderator in der staatlichen Lehrerfortbildung im Bereich DaZ, APLS (Apple Professional Learning Specialist)
Silvia Untenberger	Krankenschwester, Erziehungs- und Entwicklungsberaterin und ehemalige Erste-Hilfe- und Pflegedozentin, Aufbau eines ganzheitlichen Gesundheitsmanagements am Heinrich-Heine-Gymnasium Dortmund